政治文化与政治文明书系
主 编：高 建 马德普

多元文化与国家建设系列
执行主编：常士訚

本书是国家社会科学基金重点项目
"多民族发展中国家政治整合路径选择研究"
（13AMZ005）的结项成果。

政治文化与政治文明书系

多元文化与国家建设系列

族际合作治理：
多民族发展中国家政治整合研究

The Governance
of Inter-ethnic Cooperation:
A Multi-ethnic Developing
Countries' Political Integration Perspective

常士誾◎著

天津出版传媒集团

天津人民出版社

图书在版编目（CIP）数据

族际合作治理：多民族发展中国家政治整合研究 /
常士訚著. -- 天津：天津人民出版社, 2019.4
（政治文化与政治文明书系 / 高建主编. 多元文化
与国家建设系列）
ISBN 978-7-201-14680-5

Ⅰ.①族… Ⅱ.①常… Ⅲ.①多民族国家—政治制度
—研究 Ⅳ.①D033

中国版本图书馆 CIP 数据核字（2019）第 083554 号

族际合作治理：多民族发展中国家政治整合研究
ZUJI HEZUO ZHILI: DUOMINZU FAZHANZHONG GUOJIA ZHENGZHI ZHENGHE YANJIU

出　　版	天津人民出版社
出 版 人	刘　庆
地　　址	天津市和平区西康路35号康岳大厦
邮政编码	300051
邮购电话	（022）23332469
网　　址	http://www.tjrmcbs.com
电子信箱	tjrmcbs@126.com
策划编辑	王　康
责任编辑	林　雨
装帧设计	卢炀炀
印　　刷	高教社（天津）印务有限公司
经　　销	新华书店
开　　本	787毫米×1092毫米　1/16
印　　张	21.5
插　　页	2
字　　数	310千字
版次印次	2019年4月第1版　2019年4月第1次印刷
定　　价	79.00元

政治文化与政治文明书系

天津师范大学政治文化与政治文明建设研究院·天津人民出版社

编 委 会

目　　录

上篇　族际合作治理总论

下篇　族际合作治理的国别分析

导　论

　　自 20 世纪 80 年代后期苏联解体、东欧剧变以来,一些多民族国家发生了政治动荡甚至国家分裂。然而与此形成对比的是,在一些国家地区尽管出现了民族矛盾和冲突,但这些矛盾最终得到了缓和,国家重新实现了和平、合作与发展。80 年代以来,印度尼西亚政府和亚齐地方之间冲突不断升级,经过长期斗争,特别是在遭受海啸灾害后,面对共同的生存困境,双方最终选择了妥协,通过中央和地方权力划分,避免了像南斯拉夫那样发生国家解体的悲剧;在南非,90 年代以来,心存宿怨的黑、白两大种族经过长达半个世纪的对抗,最终走向和解并实现了政治转型。在 90 年代后期,缅甸政权从军人手中转到文人政府手中。进入 21 世纪后,缅甸在民主化进程中逐渐与一些民族群体结束了对抗而走向和解;21 世纪以来,阿富汗和伊拉克开始战后重建,政府与反政府武装展开谈判;一些部落林立的非洲国家也逐步放弃了对立,实施"发展合作"计划。在一个"起火的世界"①中,不同民族群体开始闪现出新亮点,多民族国家②中的族际合作治理走上历史舞台。其实,多民族发展中国家出现的族际合作治理并非进入 90 年代才有,二战后独立的一些国家,从其把维护国家统一和民族团结写入宪法之日起,就在国家治理中陆续安排了诸如民族和解、对话合作、比例代表制、跨族选举、协和民

---

　　① 参见[美]蔡爱眉:《起火的世界:输出自由市场民主酿成种族仇恨和全球动荡》,刘怀昭译,中国大百科全书出版社,2005 年。

　　② 目前关于多民族国家的解释可以分为两大类:一类是狭义的多民族国家,主要从一个国家包括的民族群体数量角度解释,其中有两种观点,一种观点指一个国家中包括两个以上的民族群体,另一种观点指一个国家中有两个或两个以上的主体控制政权;另一类是广义的多民族国家,偏重于从多元文化角度解释,不仅包括多个民族群体,还包括多个宗教、多个语言和多个不同种族群体等。

主、参与整合、参与性民主、合作式权力转移、民族共治等①带有诸多族际合作治理特点的机制和政策。

从政治学的角度看，国家是社会发展到一定阶段的产物。国家的出现与阶级社会的产生、阶级冲突的出现有着直接的联系。然而国家除了履行一定的统治职能外，还承担着大量的公共职能。如何协调社会内部的利益关系，如何协调和组织社会实现不同集团之间的分工与合作，如何治理社会，如何为社会提供更多的公共产品和公共服务，同样也构成了政治学要关注的问题。在以往的研究中，人们较多关注的是国家宏观层面的制度和理论的建构，而至于国家如何促进和履行这种"合作"职能，还需要从治理的机制和行为上加以研究。

针对上述实践和理论问题，笔者尝试性地提出了"族际合作治理"概念，并将其作为本书的中心议题。

一、选题及其学术研究现状分析

本书研究的重点是多民族发展中国家政治整合路径选择问题。在对此题目研究前，需要对目前国家政治整合问题的研究状况作一分析。对政治整合的研究国内外学界已有丰富的成果。以国内学界发表的相关论文为例，2016 年 1 月在中国知网上以"政治整合"为主题词搜索，有 19937 篇学术期刊论文或硕、博士学位论文。以"政治整合"为篇名搜索，有 1120 条结果，以"政治整合"为关键词进行搜索，有 649 条。将"多民族国家"和"政治整合"作为主题词组合检索的结果有 180 条，作为关键词检索的结果有 153 条，作为篇名检索的结果有 35 条。将"发展中国家"和"政治整合"作为主题词

---

① 涉及带有族际合作特点的机制和理念在不少国家的治理体系和一些学者的著作中得到体现。如亚洲新加坡的"少数民族团体权益委员会""宗教和谐总统委员会""人民协会制度"，马来西亚的"民族政党联盟"；印度尼西亚的"建国五原则"，印度的"二级联系网络""合作联邦制""合作社"。非洲博茨瓦纳的"酋长会议"、索马里的"参与程序"、南非的"种族和解委员会""合作决策""参与民主"、尼日利亚的"联邦上诉法院内伊斯兰教法审判庭"、卢旺达的"社区发展委员会。"等。此外还有不少人提出了人们熟悉的"联邦制""民族区域自治"等制度设计。一些学者在总结发展中国家的实践基础上提到的"协和民主""大联合内阁""比例代表制""聚合式民主""权力分享""合作式权力转移""跨族联盟""跨族投票""交互增强性制度""社会支持网络"等理论，这些机制都含有大量的族际合作治理内容。

组合检索得到的结果有 27 条,作为关键词检索结果有 1 篇,作为篇名检索结果有 1 篇,具体可见下表:

表 1　与政治整合有关的论文检索结果

检索项	主题词	关键词	篇名
政治整合	19937	649	1120
政治整合 + 多民族国家	180	153	35
政治整合 + 发展中国家	27	1	1

西方政治整合理论是伴随着二战后现代化理论和政治发展理论研究而出现的。其产生的背景主要有二:一是欧洲一体化进程,二是新兴国家的发展。前者提供了超越民族国家的思路,后者提供了不同于西方先发展国家的发展道路。因此,从政治整合的向度来看,国外在对此题的研究中主要围绕两个向度进行[①]:一个是横向政治整合向度。主要指国际范围内某一区域以民族国家为单位的国与国之间的整合,重点在于构建超越民族国家的更大范围内的区域认同,比如关于欧洲一体化的研究。1950 年 5 月 9 日,罗伯特·舒曼(Robert Schuman)提出了一个《关于建立统一欧洲的议案》[②]。厄恩斯特·哈斯(Ernst B. Haas)出版了《欧洲的联合:1950—1957 年的政治、社会与经济权力》[③]一书,认为政治整合是几个来自不同国家背景的政治行为体经说服,将其效忠、期望及其政治活动转移到一个其机构拥有或要求涵盖原有一些民族国家的司法管辖权的新中心。20 世纪 60 年代中期,卡尔·多伊奇(Carl W. Deutsch)在《政治共同体与国际政治共同体北大西洋地区》[④]一文中认为,国际政治整合就是政治力量对更大范围共同体的认同。另一个是国内政治角度的政治整合研究,代表作有卡尔·多伊奇的《民族国家的

①　吴晓林:《国外政治整合研究:理论主张与研究路径》,《南京社会科学》,2009 年第 9 期。

②　See Robert Schuman, *Declaration de M. Robert Schuman, Minister des Affaire Etrangers de La France, le 9 Mai 1950*, in Jalons dansl'Europe Unie, edted by S. Patijin, Leyden, A. W. Sijthoff, 1970, p. 49 and 51.

③　Ernst B. Haas, *The Uniting of Europe: Political, Social and Economical Power 1950 – 1957*, London, Stevens&Sons, 1958.

④　Carl W. Deutsch, *Political Commnity and the North Atlantica Area in the International Political Communities*, Garden City, N. Y. : Doubles&Co., 1966.

成长:政治和社会整合的周期性模式》①、克劳德·埃克(Claude Ake)的《魅力型合法性与政治整合》②《政治整合与政治稳定》③、伦纳德·宾得(Leonard Binder)的《国家整合与政治发展》④等,这些研究都关注了民族国家发展与现代化过程中的社会整合问题。而专门针对发展中国家政治整合进行研究的学者有阿尔蒙德(Gabril A. Almond)、派伊(Lucian W. Pye)、韦纳(Myron Weiner)以及科尔曼(James S. Coleman)等。在他们编著的《发展中地区的政治》⑤一书中,采用结构功能主义方法对东南亚、南亚、撒哈拉以南的非洲、近东、拉丁美洲等地区的政治体系及其变迁过程进行了分析,并对这些地区主要国家的政治整合特征、模式与问题进行了评价。类似的地区或国别研究著作有:科尔曼的《热带非洲地区的政党与国家整合》⑥、汤普森的《非洲政治导论》⑦、蔡爱眉(Amy Chua)的《起火的世界:输出自由市场民主酿成种族仇恨和全球动荡》、威廉·阿希尔(William Ascher)的《亚洲的发展策略,认同和冲突》⑧,埃德蒙德·科勒(Edmond J. Keller)的《非洲的认同,公民身份与政治冲突》⑨,阿里松·麦克古勒奇(Allison McCulloch)的《深度分裂社会中的权力分享与政治稳定》⑩,泰德·戈尔(Ted Robert Gurr)的《世界政治中的民族冲突》⑪,安德鲁·芬雷(Andrew Finlay)的《管理民族冲突:联盟,认同与

① Karl W. Deutsch, The Growth of Nations: Some Recurrent Patterns of Political and Social Integration, *World Politics*, Vol. 5, No. 2(Jan., 1953), pp. 168 – 195.

② Claude Ake, Charismatic Legitimation and Political Integration, *Comparative Studies in Society and History*, Vol. 9, No. 1(Oct.,1966), pp. 1 – 13.

③ Claude Ake, Political Integration and Political Stability: A Hypothesis, *World Politics*, Vol. 19, No. 3(Apr. 1967), pp. 486 – 499.

④ Leonard Binder, National Integration and Political Development, *The American Political Science Review*, Vol. 58, No. 3(Sep., 1964), pp. 622 – 631.

⑤ [美]加布里埃尔·A. 阿尔蒙德等:《发展中地区的政治》,任晓晋等译,上海人民出版社,2012 年。

⑥ S. Coleman &C. Rosberg Jr. edited, *Political Parties and National Integration in Tropical Africa*, University of California Press(Berkeley),1964.

⑦ [英]阿莱克斯·汤普森:《非洲政治导论》,周玉渊等译,民主与建设出版社,2015 年。

⑧ William Ascher and Natalia Mirovitskaya, *Development Strategies, Identities, and Conflict in Asia*, Palgrave, Macmillan2013.

⑨ Keller, Edmond. J., *Identity, Citizenship, and Political Conflict in Africa*, Indiana University Press, 2014.

⑩ Allison McCulloch, *Power-sharing and Political Stability in Deeply Divided Societies*, Routledge, Taylor & Francis Group, 2014.

⑪ Ted Robert Gurr, *Ethnic Conflict in World Politics*, Westview Press, 2002.

和平的代价》①等。

政治整合的理论源头来自于社会学的社会整合理论。孔德(Auguste Comte)、斯宾塞(Herbert Spencer)、涂尔干(Emile Durkheim)、帕森斯(Talcott Parsons)、科塞(Lewis A. Coser)、韦伯(Max Weber)、布劳(PeterM. Blau)等人都从不同方面对社会分化、整合与秩序等问题进行了研究。其中有两种模式值得关注:一种来源于分化 - 整合模式,即将整合与分化或冲突相对,代表性人物当属社会学家涂尔干。他提出,社会分工是一种社会功能分化的过程,它带来两种社会后果,即社会异质性增强与社会各个组成部分之间依赖性的增强。这两种后果如果同时出现,就可以在破坏旧有的机械团结的同时,又为新的有机团结创造条件。但是涂尔干也指出,如果社会分工破坏了传统的机械团结却未能建立新的社会联系,就会造成危机和冲突。因此,他强调法律制度与共同的集体意识是建立有机团结的重要组成部分。② 另外,美国社会学家布劳在其交换理论中指出,权力向权威的转化对整合有着重要作用,合法权威的确立减少了群体成员的内耗,促进了群体整合;相反,如果合法权基础被削弱,权威退化为强制性权力,势必造成群体内部的冲突。③

另一种来源于功能主义理论的观念认为,政治整合来源于社会内部的分工安排。以结构功能主义学派代表美国社会学家帕森斯为例,他继承了涂尔干、马歇尔(Marshall T. H.)、帕累托(Vifredo Pareto)和韦伯的理论,建立了一般行动理论。在帕森斯看来,结构分化使得原先承担多种功能的单一结构类型转化为不同的、承担单一功能的多种结构类型,但是结构分化又可能带来系统内部的关系紧张,"制度可以称为复杂的模式化的角色整合,这种整合在相应的社会系统中具有战略性结构的意义"④。帕森斯强调,构成社会的四个子系统承担适应、目标获取、整合、模式维持四项基本功能,并相应地产生了四种制度性结构:经济制度、政体、法律以及家庭教育和宗教

① Andrew Finlay, *Governing Ethnic Conflict*: *Consociation*, *Identity and the Price of Peace*, Routledge,2011.

② 参见[法]涂尔干:《社会分工论》,渠东译,生活·读书·新知三联书店,2000 年。

③ 参见[美]布劳:《社会生活中的交换与权力》,孙菲等译,华夏出版社,1987 年。

④ [美]D. P. 约翰逊:《社会学理论》,南开大学社会学系译,国际文化出版公司,1998 年,第521~522 页。

制度。其中,承担整合功能的社会制度主要是法律和宗教的某些部分,这种制度性结构可以在社会内部成员和组织之间维持最低限度的合作与团结,对可能出现的冲突进行调节,避免出现分裂。

一些学者在对近代国家的兴起问题的研究中,对政治整合进行了探讨。他们认为伴随着民族国家的发展,传统的社会纽带和整合机制的失效,新秩序的建立决定了整合的含义和内容也发生了相应的变化。查尔斯·蒂利(Charles Tilly)在分析西欧国家的变化时指出,"民族国家控制着一个有明确界定的整体疆域;有相对集中的权力支配;区别于其他政治单位的组织形式;掌握着统一的强制性方式,并声称自己对其控制疆域全面负责"①。民族国家的出现,从某种意义上说是地域性以及建立在地域基础上的权力集中的共同体代替了传统的血缘亲属关系,同时也是以公民权为基础的国家的发展。在此,美国学者格罗斯指出:"政治-地域上休戚与共的团结意识之出现,标志着政治纽带从血缘亲属关系向地域性公民权方向的转变。地域上的一致和认同,对以公民和个人团结为基础,而不是以氏族和部落联系为基础的公民国家的发展至关重要。当然,其他的联系仍然存在,但却要受这个新的政治组织的影响。这种类型的公民权把城市国家的一员直接与城邦这种政治共同体联系起来。这种政治共同体把权利和义务给予个人而不是家族和氏族。因此,它是一种不同类型的政治联合的开始,一种个人的直接联合摆脱了氏族或部落的中介环节,它是一种直接的政治伙伴关系"②。因此,在民族国家的意义上思考政治整合问题时,必须考虑社会纽带上的变化。"公民权是现代民主的公民国家的一项基本制度……公民权在这里创造了一种新的认同,一种与族属意识、族籍身份分离的政治认同。它是多元文化的一把政治保护伞,它同时也是一种新的政治联系,一种比种族联系和地域联系更加广泛的联系。因而,它提供了一种将种族上的亲族认同(文化民族)与和国家相联系的政治认同(国家民族)相分离的办法,一种把政治认

---

① Charles Tilly, *The Formation of National States in Western Europe*, *Introduction*, Princeton University Press, 1975, p.27.

② [美]菲利克斯·格罗斯:《公民与国家——民族、部族和族属身份》,王建娥等译,新华出版社,2003年,第204页。

同从亲族关系转向政治地域关系的途径"①。当前,我们研究多民族国家政治整合的命题,既离不开民族国家、公民国家范畴,又要考虑到多民族国家的现实,并在此基础上进行合理的抽象分析。

由于政治整合进程的基础是共同体的形成与团结,因此对于多民族国家而言,政治整合的内容不仅仅包括领土、地域上的整合,还包括认同、价值、文化以及情感上的整合。针对民族国家的整合过程,卡尔·多伊奇分析认为,地域整合、语言趋同、精英结合、文化整合、社会整合以及政治整合是民族国家成长的六个阶段②。迈伦·韦纳对政治整合的认识具有代表性,他将政治整合置于新兴国家政治发展进程中,并在《政治整合与政治发展》③一文中提出,新兴国家政治发展中需要解决的整合问题包括国族认同、领土控制、公共冲突管理规范、建立统治者与被统治者之间的关系、围绕共同的目标将分散的个体组织起来等因素,并在此基础上划分了几种整合类型:一是"国族整合",主要是将确定领土范围内的多样化社会群体整合起来并建立统一的认同,这一过程主要是以国家的认同和团结替代地方认同与忠诚的过程;二是"地域整合",强调以领土为基础的管辖与统治;三是"精英-大众整合",旨在弥合不同阶层社会群体之间的裂痕;四是"价值整合",意在建立共同体所需的最低限度的价值共识,既包括抽象意义上的普遍价值,如公正、平等、自由等,同时也包括与共同体息息相关的历史记忆、传统、表意符号等,更重要的是,在此基础上建立的一整套具体的制度与程序,以解决出现的冲突并实现共同体的目标;五是行为整合,主要指围绕共同的目标将分散的个体行为组织化。而艾森斯塔德(S. N. Eisenstadt)在《现代化:抗拒与变迁》中将整合机制分为两类:"一类是建立某种比较有效的制度框架和能够调节它们的组织,并提供充分的行政服务与指令来调节不同群体间日益增加的冲突。另一类是拟定出为维护产生于这个制度框架之中的各种规章

①　[美]菲利克斯·格罗斯:《公民与国家——民族、部族和族属身份》,王建娥等译,新华出版社,2003 年,第 32 页。

②　K. Deutsch, *Nationalism and Its Alternatives*, Alfread A. Knopf, Inc., 1969, pp. 4 – 20.

③　Myron Weiner, Political Integration and Political Development, Annals of the American Academy of Political and Social Science, *New Nations: The Problem of Political Development*, Vol. 358(Mar. 1965), pp. 52 – 64.

与指令的大多数人所能接受的价值观与象征"①。另外，他还区分了五种制度性的整合机制，分别是法制、科层组织、社团组织、市场机制以及政治组织和政治过程的某些特定领域。② 亨廷顿在分析发展中国家政治发展的历程时提出，政治体系的稳定程度与政治制度化水平和政治参与水平具有相应的关系，如果政治制度化水平低，那么政治稳定程度就低。因此，发展中国家政治现代化的关键因素在于政治制度化，衡量一个国家政治制度化水平的指标包括相应的组织和程序的适应性、复杂性、自治性和内部协调性。亨廷顿认为，发展中国家中强有力的政党制度在政治现代化进程中发挥着重要作用。③

国内学术界对政治整合的讨论中，周平于 2005 年率先提出了"族际政治整合"的概念，他认为："族际政治整合是多民族国家运用国家权力，将国内各民族结合成一个统一的政治共同体，以维护这个共同体的政治过程"④。这一概念更多地强调了政治整合的主体是多民族国家，将国内各个民族视为整合的客体，侧重于自上而下的整合。周平在 2010 年发表的文章中进一步深化了这一概念，指出："族际政治整合是多民族国家将国内各民族维持在统一的国家政治共同体中，巩固、强化各个民族的政治结合的过程，也是多民族国家通过协调族际政治关系而维持国家统一和稳定的过程"⑤。常士𦲷在谈到族际政治整合时，则兼顾了政治整合自下而上和自上而下两个维度的内容。他认为，族际政治整合是指"一定国家中的不同族群通过一定的文化价值体系、权威结构、关系纽带、制度规范等结合成一个整体的过程和状态"⑥。这既强调了多民族国家内的各个不同族群在整合中占有主体的地位，同时也强调了整合中需要的文化价值体系、权威结构、制度规范等整体性权威的存在。因此，在多民族国家的语境下，政治整合包含两个向度，一

---

① ［以］艾森斯塔德：《现代化抗拒与变迁》，张旅平等译，中国人民大学出版社，1988 年，第 43 页。

② 同上，第 45 ~ 46 页。

③ 参见［美］亨廷顿：《变化社会中的政治秩序》，王冠华等译，上海世纪出版集团，2008 年；《难以抉择——发展中国家的政治参与》，汪晓寿等译，华夏出版社，1989 年。

④ 周平：《论构建我国完善的族际政治整合模式》，黄卫平、汪永成：《当代中国政治研究报告Ⅳ》，社会科学文献出版社，2005 年，第 210 页。

⑤ 周平、贺琳凯：《论多民族国家的族际政治整合》，《思想战线》，2010 年第 4 期。

⑥ 常士𦲷：《和谐理念与族际政治整合》，《政治学研究》，2009 年第 4 期。

方面是"多民族国家以政治权力为依托,通过发掘执政资源、意识形态宣传、构建民族制度、发扬国族文化等多种方式,将国内各民族整合为一个统一国族的过程"。另一方面,也是"多民族国家各个民族基于理性和政治认同,在政治权力的作用下,不断强化着各个民族的历史记忆、政治联结、文化交流、经济联系等,进而将自身'镶嵌'进入到统一国族的过程"①。

在当代对政治整合的研究中,最值得关注的是中国学者对政治整合路径选择的讨论。主要观点有:①"民族共治"路径,即"在现代多民族国家主权统一的前提下,由各民族共同造就的旨在保证民族政治民主和共和、协调各民族利益均衡发展、促进民族关系良性互动的政治工具、权力结构和制度形式"②。②利益整合路径,即强调多民族国家对本民族在制度、法律和政策上提供倾斜和优惠并据此在稀缺资源的分配中享有更大的份额。在多民族国家内部,通过利益的不断调整,确保各个民族的共同繁荣和建筑于其上的政治合法性,这些是多民族国家政治整合的现实要求。③ ③族际民主路径。主张"在消除种族主义和文化霸权、实现族际关系真正平等观念的前提下,通过自治共享的手段增进族际的沟通和理解,正确处理民族间的利益纠纷、保证文化价值差异存在的政治空间,增进多民族国家的包容性和灵活性,是多民族国家解决满足民族愿望、避免族际冲突、促进多民族国家内部政治民主化进程、实现各民族和睦相处、共同繁荣发展的可行途径和最佳选择"④。④和谐稳定路径。持该观点的学者认为,国家的多民族结构是人类社会发展过程中形成的既有社会现实,产生于多民族国家的民族问题只能在多民族国家内求得解决,为了实现多民族国家的和谐稳定,必须建立一种合理的民族关系和民族与国家的关系。平等的民族关系、共同的国家认同和一体性社会联系是建立和谐稳定的多民族国家的基本要素。⑤ ⑤国家建构路径。认为"民族国家建构是世界现代化进程的一项根本要求和本质内容,其内涵是从各个方面打破国内各个地区、各个族体间的壁垒,建立和健全全国统一

① 朱碧波:《苏联族际政治整合模式研究》,中国社会科学出版社,2015 年,第 6 页。
② 朱伦:《论民族共治的理论与基本原理》,《世界民族》,2002 年第 2 期。
③ 陈建樾:《族际沟通与民族主义族际政治的一种分析框架》,王建娥、陈建樾等:《族际政治与现代民族国家》,社会科学文献出版社,2004 年,第 41 页。
④ 王建娥:《现代世界体系中的族际政治》,王建娥、陈建樾等:《族际政治与现代民族国家》,社会科学文献出版社,2004 年,第 74 页。
⑤ 参见王希恩:《多民族国家和谐稳定的基本因素及其形成》,《民族研究》,1999 年第 1 期。

的国家权力系统,建立和发展统一的国民经济体系和商品流通市场,在全国范围内推行和传播统一的语言以及能够促进社会、经济现代化的文化模式……直到今天,促进国民整合,推动全体国民忠于民族国家,仍然是民族国家建构的主要内涵"①。⑥"去政治化"路径。认为在思考少数族群的有关问题时,"应逐步把他们看成是'文化群体'而逐步减少作为'政治群体'的角色"②。⑦宪政整合路径。认为在一个国家中公民只要遵守宪法和法律,不用在意民族出身和背景,在此基础上可以促成足够的国家认同。③ ⑧求同存异路径。认为族际政治整合是多民族国家维持自身存在和正常运行的重要机制。强调通过求同存异,实现族际政治整合。④

上述8种不同的观点⑤可以总结为以下两个方面:①制度性政治整合路径,如"民族共治"路径、族际民主路径、宪政整合路径;②政策策略路径,如利益整合路径、和谐稳定路径、国家建构路径、求同存异整合路径、"去政治化"路径。就其共同特点而言:首先,大多数学者将发展中国家的状况作为其中研究的对象,不过在此研究上有两种情况:一种情况是,无论从案例的选择还是从经验的分析上,基本以发达国家的经验作为依据,即使涉及发展中国家也主要将其作为辅助性材料,用来论证发达国家的经验和范式的合理性、科学性。如利普哈特(Arend Lijphart)的协和民主和霍洛维茨(Donald Horowitz)的向心性民主,主要是以瑞士、荷兰、比利时等国家的模式为蓝本的,其中虽然涉及黎巴嫩、叙利亚、印度、马来西亚等发展中国家,但重点论证的是发达国家政治整合模式。另一种情况是,将发展中国家单独列出来研究。在这种研究中,不少学者先按照西方自由主义民主或多元文化主义视角设立某种解释依据,然后选用案例进行论证。冷战后,随着东欧国家和东南亚国家,撒哈拉以南非洲国家与北非、中东地区的民主转型,这种状况开始发生了变化,出现了一批研究发展中国家的民族与国家、民族与民主等

① 宁骚:《民族与国家——民族关系与民族政策的国际比较》,北京大学出版社,1995年,第248页。

② 马戎:《民族社会学——社会学的族群关系研究》,北京大学出版社,2004年,第124页。

③ 参见江宜桦:《自由主义的宪政民主认同》,《宪政主义与现代国家》,生活·读书·新知三联书店,2003年,第57~88页。

④ 周平、贺琳凯:《论多民族国家的族际政治整合》,《思想战线》,2010年第4期。

⑤ 8个方面的总结,参见侯万锋、王宗礼:《多民族国家的政治整合研究》,兰州大学出版社,2011年,第12~23页。

问题学术作品。如对亚洲国家多元文化与民主研究的代表作有,金里卡(Will Kymlicka)和何包钢合著的《亚洲的多元文化主义》①,赖利(Benjamin Reilly)的《民主与多样性:亚太地区的政治工程》②,贝淡宁等的《走向非自由民主》③,威廉·安奇(William Ascher)等主编的《发展战略:认同和亚洲国家的冲突》④,苏珊·J.安德(Susan J. Henders)的《民主化与认同:东亚和东南亚的政权与族性》⑤。对非洲国家民主化与多民族进行研究的代表作有,埃德蒙德·科勒的《非洲的认同、公民身份和政治冲突》⑥,斯梯芬·金(Stephen J. King)的《中东和北非的新威权主义》⑦,利奥纳多·阿里奥拉(Leonardo R. Arriola)的《非洲的多民族联盟:反对派选举运动中的金融支持》⑧。这些作品都是经过作者的考察和精心研究而写就,为后续研究者提供了不少有价值的学术信息和观点,代表了目前对多民族发展中国家研究的最新成果,但在布局和观点中渗透着不少西方的价值。

其次,在对多民族国家的研究中,依然可以看到诸如宪法、民主、公民身份、集体权利、国家建构、民族建构等传统研究路径,其中国家建构、制度建构等研究尤其突出。不过,随着目前国内外学术界对国家治理问题的重视,从收集到的国内外资料看,涉及治理、政策、策略等方面的研究成果屡见不鲜,如伊兰·魏格达-格德特(Eran Vigoda - Gadot)的《建构强大民族:改善治理能力和公共管理》⑨、克莱尔·亚历山大(Claire Alexander)等人的《规划

---

① Will Kymlicka&Baogang He, *Multiculturalism in Asia*, Oxford University Press, 2005.

② Benjamin Reilly, *Democracy and Diversity:Political Engineering in the Asia-Pacific*, Oxford University, 2006.

③ Daniel A. Bell, David Brown and David Martin Jones, *Toward Illiberal Democracy*, At. Martin Press, 1995.

④ William Ascher and Natalia Mirovitskaya, *Development Strategies*, *Identities*, *and Conflict in Asia*, Palgrave Macmillan, 2013.

⑤ Susan J. Henders, *Democratization and Identity:Regimes and Ethnicity in East and Southeast Asia*, Lexington Books, 2004.

⑥ Edmond J. Keller, *Identity*, *Citizenship*, *and Political Conflict in Africa*, Indiana University Press, 2014.

⑦ Stephen J. King, *The New Authoritarianism in the Middle East and North Africa*, Indiana University Press, 2009.

⑧ Leonardo R. Arriola, *Multiethnic Coalitions in Africa:Business Financing of Opposition Election Campaign*, Cambridge University Press, 2013.

⑨ Eran Vigoda-Gadot, *Building Strong Nations:Improving Governability and Public Management*, Asfgate, 2009.

变革中的身份:不确定时代的新方向》①、安德鲁·芬雷的《治理族群冲突:联盟、认同与和平的代价》②等。国内一些学者的著作,如赵磊的《国际视野中的民族冲突与管理》、王剑峰的《族群冲突与管理》、严庆的《冲突与整合:民族政治关系模式研究》等,均已开始从治理的角度来认识多民族国家问题了。

随着人们对国家建构和民族建构问题讨论的升温,人们对发展中国家的研究视角也在发生着变化。在对发展中国家的研究中,中国的变化尤其引人注目,不少学术著作和国际会议都离不开中国话题。经过 40 年的改革开放,中国已经成为世界第二大经济体,国民收入水平进入到中等收入国家层次。但与发达国家相比,中国依然是世界上最大的发展中国家。在发展中国家群中,各个国家地区发展程度不同,如沙特、新加坡等国家都是世界上国民收入靠前的国家(见表 2)。从全球 193 个国家总体状况看,发展中国家依然占多数,且主要集中在亚洲、非洲和拉丁美洲三大地区。但如果从整个国际体系和国际规则的制定和影响上看,它们依然处在西方主导的国际政治和经济秩序的影响之下。不仅如此,发展中国家虽然获得了独立,但无论国家建设还是民族建构尚未完成。多民族、多语言、多宗教等复杂的状况依然困扰着这些国家民族团结和国家凝聚力生成,大规模的民族冲突事件不时影响着这些国家的安全和稳定。在过去的几十年中,中国虽然在族际合作治理方面取得了重大进步,但也面临着不少民族和宗教问题。因此,研究发展中国家的民族与民族、民族与国家关系问题,不仅在学术上具有价值,而且对中国国家建设和国家治理也具有积极意义。

---

① Claire Alexander, Raminder Kaur and Brett St Louris, *Mapping Changing Identities*: *New Directions in Uncertain Times*, Routledge, 2014.

② Andrew Finlay, *Governing Ethnic Conflict*: *Consociation*, *Identity and the Prices of Peace*, Routledge, 2011.

表2　2014年世界人均国民总收入排行

排名	欧洲	收入	北美	收入	大洋洲	收入	非洲	收入	拉美	收入	亚洲	收入
1	列支敦士登	83,717	美国	43,017	澳大利亚	34,431	赤道几内亚	17,608	特立尼达和多巴哥	23,439	卡塔尔	107,721
2	卢森堡	50,557	加拿大	35,166	新西兰	23,737	塞舌尔	16,729	巴哈马	23,029	阿联酋	59,993
3	挪威	47,557			帕劳	9,744	博茨瓦纳	13,049	巴巴多斯	17,966	新加坡	52,569
4	瑞士	39,924			汤加	4,186	毛里求斯	12,918	安提瓜和巴布达	15,521	科威特	47,926
5	荷兰	36,402			斐济	4,145	利比亚	12,637	阿根廷	14,527	文莱	45,753
6	安道尔	36,095			瓦努阿图	3,950	加蓬	12,249	智利	13,329	日本	32,295
7	瑞典	35,837			萨摩亚	3,931	南非	9,469	墨西哥	13,245	韩国	28,230
8	奥地利	35,719			基里巴斯	3,140	阿尔及利亚	7,658	乌拉圭	13,242	巴林	28,169
9	德国	34,854			密克罗尼西亚	2,935	突尼斯	7,281	巴拿马	12,335	以色列	25,849
10	丹麦	34,347			巴布亚新几内亚	2,271	纳米比亚	6,206	圣基茨和尼维斯	11,897	沙特	23,274
11	比利时	33,357			所罗门群岛	1,782	安哥拉	4,874	委内瑞拉	10,656	阿曼	22,841
12	英国	33,296					斯威士兰	4,484	哥斯达黎加	10,497	马来西亚	13,685
13	芬兰	32,438					摩洛哥	4,196	巴西	10,162	黎巴嫩	13,076
14	法国	30,462					佛得角	3,402	秘鲁	8,389	土耳其	12,246
15	冰岛	29,354					刚果	3,066	哥伦比亚	8,315	哈萨克斯坦	10,585
16	爱尔兰	29,322					吉布提	2,335	圣卢西亚	8,273	伊朗	10,164
17	西班牙	26,508					尼日利亚	2,069	多米尼加	8,087	阿塞拜疆	8,666
18	意大利	26,484					喀麦隆	2,031	圣文森特和格林纳丁斯	8,013	泰国	7,694
19	斯洛文尼亚	24,914					苏丹	1,894	多米尼克	7,889	中国	7,476
20	塞浦路斯	24,841					毛里塔尼亚	1,859	厄瓜多尔	7,589	土库曼斯坦	7,306
21	希腊	23,747					圣多美和普林西比	1,792	苏里南	7,538	约旦	5,300
22	马耳他	21,460					塞内加尔	1,708	格林纳达	6,982	不丹	5,293
23	捷克	21,405					莱索托	1,664	牙买加	6,487	马尔代夫	5,276
24	葡萄牙	20,573					加纳	1,584	萨尔瓦多	5,925	埃及	5,269
25	斯洛伐克	19,998					肯尼亚	1,492	伯利兹	5,812	亚美尼亚	5,188
26	波兰	17,451					科特迪瓦	1,387	古巴	5,416	斯里兰卡	4,943
27	爱沙尼亚	16,799					贝宁	1,364	巴拉圭	4,727	叙利亚	4,243
28	匈牙利	16,581					坦桑尼亚	1,328	危地马拉	4,167	印度尼西亚	3,716
29	立陶宛	16,234					冈比亚	1,282	玻利维亚	4,054	菲律宾	3,478
30	克罗地亚	15,729					赞比亚	1,254	洪都拉斯	3,443	印度	3,468

续表

排名	欧洲	收入	北美	收入	大洋洲	收入	非洲	收入	拉美	收入	亚洲	收入
31	俄罗斯	14,561					布基纳法索	1,141	圭亚那	3,192	蒙古	3,391
32	拉脱维亚	14,293					卢旺达	1,133	尼加拉瓜	2,430	伊拉克	3,177
33	白罗斯	13,439					乌干达	1,124	海地	1,123	东帝汶	3,005
34	保加利亚	11,412					马里	1,123			乌兹别克斯坦	2,967
35	罗马尼亚	11,046					乍得	1,105			越南	2,805
36	黑山	10,361					科摩罗	1,079			巴勒斯坦被占领土	2,656
37	塞尔维亚	10,236					几内亚比绍	994			巴基斯坦	2,550
38	马其顿	8,804					埃塞俄比亚	971			老挝	2,242
39	阿尔巴尼亚	7,803					莫桑比克	898			也门	2,213
40	波黑	7,664					几内亚	863			吉尔吉斯斯坦	2,036
41	乌克兰	6,175					马达加斯加	824			塔吉克斯坦	1,937
42	格鲁吉亚	4,780					多哥	798			柬埔寨	1,848
43	摩尔多瓦	3,058					马拉维	753			缅甸	1,535
44							塞拉利昂	737			孟加拉	1,529
45							中非	707			阿富汗	1,416
46							尼日尔	641			尼泊尔	1,160
47							厄立特里亚	536				
48							津巴布韦	376				

目前国内学者对多民族国家治理问题的研究,无论是从制度路径还是政策策略路径的选择上均涉及合作治理问题。在当今世界,合作是一个国家能否获得竞争力的基础。尤其对经历过内战、动荡、家园破坏和重返家园的一些发展中国家而言,不同民族、不同群体之间的合作更加迫切。没有竞争、只求合作会使国家走向停滞;没有合作、只求竞争往往导致国家的失败。中国近代政治思想家在反思中国传统文化和近代中国惨遭外国蹂躏的教训中,把人民的"不合群"视为国家积弱之根源。康有为等一大批近代思想家发出了"合大群而力厚","善合其会则强,不善合其会则弱"①的呼声,目的就是唤起国人,团结起来。这一认识不仅对于近代中国的民族国家建构具

---

① 康有为:《日本书目志》,《康有为全集》(第3卷),上海古籍出版社,1992年,第760页。

有重要意义,就是对多民族发展中国家的国家建构也有重要价值。今天的一些发展中国家之所以不能振兴,其中一个原因就是国内的多元集团各逐私利、人心离散、合作脆弱,虽有国家,但依然屡弱。这种相互对立和拆台的局面不能不被竞争对手各个击破。因此,一些发展中国家悲惨的命运使人们认识到,民族群体合作好了,国家就有希望。不同民族之间、不同民族与国家之间长期交恶,国势必衰,国家必败。而要摆脱这种局面,除了加强制度和国家能力建设外,族际合作及其合作治理体系和机制的建构自然至关重要。

二、可能的理论、观点和视角创新

(一)理论创新

笔者首次提出"族际合作治理"这一概念,以其作为研究的中心议题。通过对国内外大量资料收集和分析,笔者发现,目前,对多民族国家的研究中,以"冲突"作为主题研究的论著较多,而专门以"合作"作为主题研究的论著仍显不足。实际上,在经历了独立后的诸多战争和风险考验后,多民族国家尤其是多民族发展中国家多数保持了完整和统一。与冷战结束后的苏联、东欧等国家相比,亚洲特别是东南亚和非洲独立后的诸多国家,虽然民族矛盾不断,但真正分裂出新国家的数量远远低于20世纪90年代解体时的苏联和东欧国家。此外,随着战争结束,伊拉克和阿富汗在战后重建中的民主建设绩效不佳也说明,在国家建设上过于强调民主和专制的分野已经过时。20世纪70年代政治发展理论把政治制度作为重点研究对象,随着中欧、东欧和中东地区出现的"颜色革命"带来诸多乱政,非洲国家选票飙升,暴力不断,以"颜色革命"为标志的政治发展路径已经变得黯淡无光。美国的金融危机、欧债危机以及欧洲出现的"独立公投"现象,处处暴露出了西方民主政体的弊端,它向世人揭示出西方的"自由民主"已经不是什么经典。处处以变革"国体"、以改变基本政治框架为中心内容的政治发展并不能自动带来国家的成功。在国际竞争环境中,一个国家能否推进和实现善治举足轻重。在实现善治上,多元的力量围绕公共利益彼此合作更是重中之重。对于多民族发展中国家而言,族际合作及其族际合作治理尤为重要。这正是本书研究的主题和力图加以论证的重点。笔者于2016年5月10日在中国知网和国家图书网上输入"族际合作治理"关键词后,中国知网上搜索到的相关文章仅有 1 篇，图书信息为 0 部。从这些显示看，学界对族际合作和族际合作治理的研究尚在起步阶段。

此外，将族际合作治理作为本书研究的重点也是基于对目前学界研究的一种思考。政治学研究从总体上说可以分为政治哲学意义的研究、政治科学意义的研究和政治学理论意义上的研究。就层次上看，可以分为宏观层次、中观层次和微观层次。在当代中国政治学研究中，宏观方面的研究取得了诸多的成果，国家治理体系建设方面的研究也取得了不菲的成绩。不过这些研究还需要进一步向中观和微观治理机制研究方面深入。本书将族际合作治理机制作为中心议题，就是想在此方面做一尝试。

（二）视角创新

本书的创新之处主要有两个方面：其一，研究基点的创新，明确提出了多民族发展中国家的概念，并对其含义和结构进行了分析。在当代对多民族国家的研究中，人们主要关注的是发达国家的经验。笔者认为，发达国家的经验固然是重要的，同时更要关注多民族发展中国家的事实。在此方面，笔者对多民族发展中国家的概念含义进行了解读和分析，认为多民族发展中国家是一个具有强烈的复合性特点的国家群。由于这些国家无论国家建构还是民族建构尚未完成，整个国家以叠加化为特点，这种状况与多民族发达国家形成鲜明对比。在这样一种格局中，国家与社会或国家与多元文化群体的互构对多民族发展中国家的族际合作治理形成了重要影响。

笔者也注意到，在当代比较政治研究中，国外不少学者的著作涉及发展中国家民族问题，在美国学者杰夫·海恩斯的《第三世界政治：简明导论》、霍华德·威亚尔达（Hoard J. Wiarda）的《新兴国家的政治发展：第三世界还存在吗？》、加布里埃尔·A. 阿尔蒙德的《发展中地区的政治》、派伊的《政治发展面面观》等著作中都有对国家民族问题的讨论和分析，但尚未将其列为单独的研究对象。笔者 2014 年在德国杜伊斯堡大学东方研究所做访问学者时，对图书馆图书目录作了一个统计，在输入"多民族国家（multi - ethnic countries）"一词时，共计有 13 部著作，大致出版时间为：1995 年有 1 部，1996 年至 2002 年有 4 部，2003 年到 2007 年有 3 部，2008 年到 2014 年有 5 部。从发表时间看，2007 年后对此问题的研究数量在增多。不过对多民族国家研究的著作主要集中在一些专题上，如关于多元文化主义（multiculturalism）的著作共有 419 部,21 世纪以来共有 333 部;关于民族共存(co - existence)著作共有 55 部,21 世纪以来共有 35 部,占整个总量的 63.6%。关于承认政治(recognition of politics)的著作 174 部,1999 年到 2014 年共计 144 部,占总量的约 83%。在国内,笔者从国家图书馆查到一些间接涉及此题的英文著作:威廉·阿希尔的《亚洲的发展策略、认同和冲突》①、埃德蒙德·J. 科勒的《非洲的认同、公民身份与政治冲突》②、阿里松·麦克古勒奇的《深度分裂社会中的权力分享与政治稳定》③、泰德·戈尔的《世界政治中的民族冲突》④、安德鲁·芬雷的《管理民族冲突:联盟,认同和和平的代价》⑤。国内一些学者翻译的一些著作,如译著米格代尔的《社会中的国家》,瓦尔德纳(David Waldner)的《国家构建与后发展》,可以说都是典型的对多民族发展中国家研究的代表作。就论文情况看,根据中国知网的统计,将多民族发展中国家作为关键词的文章有 339 篇,以发展中多民族国家为关键词的文章有 276 篇,两项加起来达到 615 篇,这反映出对此主题的研究已经进入学者们的视角,但把它作为一个单独的视角和概念进行分析的学术成果依然凤毛麟角。

经过 40 年改革开放,中国发生了巨大变化,但目前依然属于发展中国家。在国内,各个民族的经济和社会文化等事业有了巨大的进步,虽然存在一定的问题,但国家统一和民族团结依然是大局。中国的国家建构,尤其是现代国家治理体系和国家治理能力的建设还有很长的路要走。随着中国政府提出的"一带一路"倡议构想的实施,途经的国家有东南亚、中东、非洲等发展中国家,在这种背景下,更有必要把多民族发展中国家作为一个认识对象,从中总结出一些值得借鉴的经验和教训。

其二,叙述角度创新。该课题研究吸收当代治理理论的最新成果,偏重从治理的角度分析多民族发展中国家的政治整合。近年来,国内学界对公

① William Ascher and Natalia Mirovitskaya, *Development Strategies, Identities, and Conflict in Asia*, Palgrave, Macmillan, 2013.

② Keller, Edmond J. Identity, *Citizenship, and Political Conflict in Africa*, Indiana University Press, 2014.

③ Allison McCulloch, *Power-sharing and Political Stability in Deeply Divided Societies*, Routledge, Taylor & Francis Group, 2014.

④ Ted Robert Gurr, *Ethnic Conflict in World Politics*, Westview Press, 2002.

⑤ Andrew Finlay, *Governing Ethnic Conflict: Consociation, Identity and the Price of Peace*, Routliedge, 2011.

共治理研究升温,相应地也有不少学者将公共治理理论运用到对多民族国家的研究上,出版了不少重要的学术成果。如王剑峰的《族群冲突与治理》和赵磊的《国家视野中的民族冲突与管理》即为代表。这些专著都从宏观和技术的层面上对如何管理民族冲突进行了研究。但民族冲突管理的目的是什么? 国家在管理民族冲突上的主要趋势是什么? 尽管作者在书中有所涉及,但尚未形成一个明确的概念。本书的贡献在于,将公共治理体系中的合作治理提炼出来,运用到对多民族国家政治整合的研究上。

(三)观点创新

(1)提出了族际政治文明的概念,并对其进行了阐述。指明了族际政治文明是多民族国家在正确处理民族关系和共同事务上形成的政治意识、政治制度、政治行为等方面的进步状态和成果的总和。① 族际政治文明建设为族际合作治理提供了内在的文化和环境基础。

(2)提出了"复合一体"的概念。受费孝通"多元一体"概念的启发,从多民族发展中国家的经验看,国家与社会、不同民族群体与国家的相互建构,决定了多民族国家的多元一体严格说来是一种复合性的一体。在这种复合一体结构中,多元与多元之间、多元与国家之间形成了密切交织的整体。在多民族发展中国家,社会内部不同的所有制结构叠加,传统和现代、宗教和政治叠加,并渗透到政治生活中。叠加化状态的存在构成了复合一体结构的基础,并给发展中国家的政治发展带来不同的影响,它可能影响到国家的政治稳定,但内部不同群体间形成的汇合点,又有利于合作和协商的因素,关键对其要合理利用。

(3)笔者对把政治发展视为是制度发展的认识提出了不同的观点,认为自亨廷顿以来的政治发展理论和新制度主义理论,都极力主张发展中国家的政治发展就是制度发展,实现政治民主化。事实上,发展中国家处在变革之中,很多方面处在不定型的状态下,在这样一个时期,一定的政治制度确立后需要保持稳定性,进行一定的体制改革是必要的,而族际合作治理是政治发展的重要内容。

(4)笔者对国内有学者提出的族际政治民主化观点提出了不同的观点,

---

① 常士訚:《族际政治文明建设探析》,《政治学研究》,2015 年第 4 期。

认为在一个族群实际差别极大的国家,以自由竞争和多党选举为基础的族际政治民主化并不一定带来政治整合,南斯拉夫和乌克兰的分裂就是典型。在民族认同严重对立的社会,竞争性民主加族际政治民主只能带来社会的分裂。

(5)在对公共治理的研究中,一些学者接受了西方学者罗西瑙的"没有政府的治理"的观点,治理变成了"社会"的治理,政府降为了其中一个角色。不可否认,当代治理更多强调了公共治理,政府和公民社会都是治理的重要组成部分。但对多民族发展中国家而言,国家依然是公共管理中的一个重要角色,族际合作治理更多是国家治理的一种安排。对这些国家而言,没有国家的作用,族际合作治理依然面临着诸多困难和问题。今天的不少发展中国家,国家衰弱甚至失败,国家难以承担起提供最基本的安全和稳定保障职能。而在亚洲一些崛起的国家之所以取得骄人的成绩,首先是在国家发挥了一定的重要作用下,才有了对社会的治理。当然,这并不是否定社会的作用。因此,在多民族发展中国家的治理上,很难采用像西方国家那样将政府降为一个"部分"或次要的角色的治理思路。

(6)笔者也对目前学界关于多民族国家和民主关系的认识提出了自己的一些看法。一些学者将多民族国家与民主对立起来,这种观念自19世纪密尔提出以来便在学界获得了相当多人的赞同。今天中国学界也有一些学者接受了这样的观点,认为多民族国家搞民主则乱。对此,笔者认为多民族国家和民主的关系存在着二律背反,民主对多民族国家可能带来有益的方面,也可能导致多民族国家内部民族群体的分裂。能否实施民主既要看这些国家的政治格局和制度安排①,也要看族际合作治理的成效。

(7)两种不同的政治整合与族际合作治理。在对政治整合概念的理解上,一些学者接受了西方学者韦纳等人的观念。笔者通过对政治整合概念、理论和材料进行分析发现,政治整合的含义中既有秩序性的政治整合的含义,也有作为过程的或动态的政治整合含义。笔者区分了两种意义上的政治整合,在这些整合中,族际合作治理构成了其中的重要环节,这些也是笔者提出的原创性的观点。

(8)在认识论方法上,笔者采用了建构主义的方法。在此,笔者借鉴了

---

① 参见常士訚:《民主的悖论》,《民族研究》,2016年第4期。

当代西方国际政治理论中的"建构主义"研究成果,国家建构理论中提出的国家与社会互构的理论以及当代"复杂性"哲学理论。笔者认为,当代多民族发展中国家的社会关系结构是一种"复合"性结构,在这种结构中,不同部分之间既存在各自认同的民族群体,又存在多元的镶嵌和相互重叠点,无数的重叠点塑造了这种结构,也构成来了当代多民族发展中国家政治整合的现实基础。

三、理论运用与研究方法

社会科学的研究总离不开一定的方法,在此可以分为两种意义上的方法:一种是哲学和理论意义上的方法,另一种是研究方式和技术意义上的方法。

(一)哲学和理论方法

社会科学的研究离不开一定的理论,一定的理论本身可以转变为研究方法。这种哲学的研究方法主要解决世界观、价值取向和研究视角等问题。从理论研究的角度看,这里涉及基本价值观和认识世界的视角问题。在此,笔者认为马克思主义的辩证唯物主义和历史唯物主义是我们认识和研究的基本方法。具体而言,在研究多民族发展中国家的政治整合上,一定要从我们现代生活的世界、发展中国家本身的特点出发。据此,可以有这样三个方面:①从本体论的角度看,按照马克思主义世界是物质的观点,在对多民族发展中国家的认识上,要把这些国家的物质生活条件作为分析基础。②过程论,世界是联系的、运动的和发展的,发展的源泉来源于内部的矛盾运动。在对多民族发展中国家的分析上,同样要深入这些国家内部的各种复杂结构关系,分析其中民族与国家,族际之间的矛盾及其运行的特点和机制。③历史的方法,世界的发展从来是在一定的时间和空间中运动的。因而各有自己的历史及其现实基础,过去如何? 现实如何? 未来如何? 构成了历史分析的主要内容。不过,需要指出的是,历史的运行不是单线的,而是由诸多复杂因素决定的。将这样一种观点运用到对多民族发展中国家的认识上,同样要从历史的、现实的角度出发,认识民族与国家、不同民族之间的相互关系。

基于马克思主义的方法论原则,本书也注意吸收了当代国外政治学研究的一些主要理论成果:

1.新制度主义方法

新制度主义是一种复杂的理论学说和方法,包括规范制度主义、理性选择制度主义、历史制度主义、实证制度主义、社会学制度主义、利益代表制度主义和国际制度主义等七个流派。[①] 其中最有影响的是理性选择制度主义、历史制度主义和社会学制度主义。新制度主义主要代表人物有道格拉斯·诺斯(Douglass C. North)、埃利诺·奥斯特罗姆(Elinor Ostrom)、奥瑟尔·奥尔森(Mancur Olson)、詹姆斯·马奇(James G. March)等。社会学制度主义包括诸多派别,一般强调认知作用的制度研究。在社会学制度主义中,把制度界定为规约社会关系的交互性规则与规范的网络,制度蕴含的正式或非正式约束性因素塑造了行动者的选择集合。也有的学者,如霍尔(Peter A. Hall)和泰勒(Charles Tylor)在对制度的分析中,选择了"文化路径"的研究方式来研究制度与个体行动的关系,并采用"社会适宜逻辑"来解释制度性实践是如何导致变迁的。理性选择制度主义以"经济人"假设为基础,探讨了目标、行动者决定与私人利益之间的关系。当这些"经济人"进入社会状态后他们的偏好和行动会对制度产生影响,如讨价还价、协商、结成联盟及交易,并在此基础上形成集体行动。与之不同的是,历史制度主义注重环境、背景和制度之间的关系,认为一定的环境、背景影响着行动者的策略,塑造着他们的行动目标。如果缺乏历史基础和因素知识,理性选择制度主义则缺乏依据和脱离实际。历史制度主义深受韦伯、帕森斯和西奥多·洛伊(Theodore J. Lowi)理论的影响,并在此基础上,针对多元主义和现代化理论,强调了各种形式的结构性权力,揭示了人们的意图在权力斗争中不断受到制度的影响,以及制度对行动者的企图构成了重要影响。

值得注意的是,在历史制度主义中,路径选择理论构成了其中重要理论和方法,它有三个重要的方面,即路径依赖、路径替代和路径偶然构成。路径依赖,涉及一定的发展轨迹确定后,此后的制度建构将沿着这一路径进行下去;路径替代,涉及对原有的路径的改变,建立一种新的路径,但新的路径

① B. Guy Peter, *Institutional Theory in Political Science*: The "*New Institutionalism*", London Pinter,1999.

的改变必须比传统路径所带来的利益更大时才有可能；路径偶然，涉及精英的主动的或被动的制度设计对制度选择的影响。

上述新制度主义研究总体上坚持的是方法论个人主义。比较有代表性的当属理性选择制度主义。这一理论往往把人抽象出来，将理性的人和他所属的社会和历史文化脱离开。将这种认识运用到民族群体的认识上，个人归属于一定的民族、宗教群体也是出于利益需要，因为一定的群体作为一种社会资本保护或有利于自我利益的实现。例如，某一生活在科索沃和马其顿的族群，1991 年时声称自己属于埃及人，而且当南斯拉夫进行人口普查时他们同样也将自己登记为埃及人。[①] 就其族群而言，他们与埃及人没有任何关联。他们这样做的目的实际上是为了实现个人利益的最大化。不过这在一定程度上揭示了当代民族群体背后的利益倾向，对本书的研究具有启发价值。笔者在借鉴理性选择制度主义的某些分析方法时，也注意到社会学制度主义和历史制度主义的观点和方法。在笔者看来，这两种理论都有强调社会结构的特点。实际上，在多民族发展中国家中，不同民族群体的相互作用和影响，无时无刻不在冲击和挑战着原有的制度，促使现有的制度和政策做出调整。这种调整可能是在矛盾和冲突中实现的，也可能是在合作和妥协中推进的。从这种意义上看，建构主义的制度理论也就具有了重要价值。按照这种理论，制度不仅仅来源于社会和文化的基础作用，更重要的是人们自觉选择和建构的产物。在制度建构中，不同的政治主体通过正和博弈、相互合作和相互作用，从而推进了制度的发展和改进。同样在民族政治中，民族关系的发展和改善，族际竞争和合作都不单纯是自发的行为，在多民族发展中国家中，政党、宗教或国家对族际合作治理的发展方向和路径选择都存在着不同程度的干预和影响，尤其在强中心－弱多元的结构中表现尤为突出。有鉴于此，笔者在采用新制度主义的理论方法时，一方面借鉴了理性选择制度主义对利益偏好的关注、社会结构的影响以及文化因素的作用，另一方面更加注重了不同民族群体的相互作用对制度的影响。

2. 结构主义理论

结构功能主义是 20 世纪 50 年代西方社会科学理论研究中的重要成果。

---

① Sinisa Malesevic, Rational Choice theory and the Sociology of Ethnic Relation: A Critique and Racial Studies, *Ethnic and Racial Studies*, Vol. 25, No 2, 1 March, 2002, pp. 192 – 212.

结构功能主义在政治学方面的代表人物主要有阿尔蒙德等人。结构功能主义把政治共同体视为一个由不同要素构成的政治系统,其中的不同部分按照一定功能结合成了一个相互依赖的体系。尽管在今天的政治学研究中,人们对阿尔蒙德等人的结构功能主义理论提出了批评,甚至后现代主义的不少思想家试图以解构主义取代其地位。但应该看到,这样一种理论依然有其合理成分。因为在当代世界体系中,国家本身就是一个复杂的有机整体,内部各种因素基本上是按照一定的规则结合在一起的。不同国家、不同的政治共同体都存在着这种复杂的关系格局,并且这种关系格局影响着国家、政治共同体的构成和发展。因此,要理解多民族发展中国家的政治整合,就需要理解其构成中的各种政治关系,尤其是族际政治关系及其构成,这也构成了本书研究的基本方法。不过在对结构主义方法的借鉴上,笔者并不赞同结构功能主义的"单元"式或"单元同质"性的观点,而采用建构主义的方法。

3. 民族政治理论

在当代民族政治理论中,有两大理论对该课题的研究具有借鉴价值。一是原生理论,认为民族群体中有着某种生物遗传本性,它赋予了成员某些生来就有的特质,并塑造了人们的心理上的归属感。另一是建构理论,认为人的民族属性是后来在与他人,特别是与其他民族群体的接触中建立起来的。近代国家的发展、现代技术的运用使人的民族属性有了巨大的扩展,形成了"想象的共同体"。在笔者看来,民族群体的原生论和建构论要与民族群体的成长联系在一起。人类社会越封闭,原生的因素越具有重要地位,而在一个高度交往的社会中,建构的因素更加突出,甚至在一定的条件下,民族群体的相互作用不断改造着民族群体的某些原生性质,而原生的民族认同也在不断适应外部环境的变化中改变着自己、调适着自己。

（二）研究方法

本书主要采用以下研究方法:

（1）经验解读法。本书研究不同于纯粹的政治学理论研究,课题研究中注重从经验事实出发分析多民族发展中国家的政治整合和族际合作治理,并在此基础上提出一些基本的理论观点。在本书的研究中,笔者从世界体系入手深入分析了近代以来世界上不同国家地区各自的发展特点,其中特别是发展中国家的不同特点。本书通过对亚、非、拉不同国家和地区的研究，试图指出当代多民族发展中国家在世界体系中的地位及其发展特点。在此过程中，笔者有幸出席了在菲律宾、古巴、新加坡等国家举行的相关国际会议，走马观花地领略了这些国家的一些风土人情，这使笔者对多民族发展中国家的理解大有裨益。然而，由于研究课题之大，难以亲临更多的发展中国家，只能通过间接的方式接触和研究发展中国家更多的案例和文献，理解和解读其中的机制。在此，笔者也有幸到德国杜伊斯堡大学东方研究所进行了为期 2 个月的访问研究。在那里接触到了大量的资料，见到不少有关多民族发展中国家的案例。

（2）制度分析方法。当代多民族发展中国家的族际合作治理和政治整合是在一定的政治制度基础上运行的。一定的政治制度构成了族际合作治理的依据，并对族际合作治理构成了重要影响；反过来，一定的族际合作治理又是一定的制度得以落实的关键和制度建构的源泉。由于族际合作治理是一定的政策见之于实践的活动，在治理的实践中，不断反思和回应制度建构中提出的问题和挑战，促进了制度的建构。因此，对多民族发展中国家族际合作治理不是就技术问题解释技术问题，而是要通过对制度的解释分析其中的治理之道。在现实的政治制度的研究中，一般的研究方法涉及宪法、法律、议会、政党、政府、选举、司法等因素。在这些因素中，都传递着一个国家的治理体系和治理方式的信息，尤其含有不少族际合作治理的信息。

（3）比较政治分析方法。本书研究属于比较政治研究。由于多民族发展中国家与多民族发达国家、多民族发展中国家内部不同国家和地区之间在族际合作治理与政治整合方面各有自己的特点和发展轨迹，故在研究中需要对这些不同的情况进行比较分析。由此也就需要深入认清和比较它们各自所处的环境、历史、文化、心理等诸多因素。但需要指出的是，比较政治研究不是简单地要指出比较对象的差异，也要指出它们的共性或重叠之处，以便从中寻求带有某种共性的方面。因此，在本书研究中，采取了纵向和横向比较方法。就前者而言，涉及历史分析，既要说明传统和现代之间的差异和不同，也要观察其中带有延续的方面；从后者来看，既涉及发达国家和发展中国家、发展中国家间及其内部不同地区、不同宗教、不同民族之间的差异，也涉及他们之间的相互影响、相互作用及其共性。

（4）跨学科方法。由于多民族发展中国家是一个复杂的政治共同体，内容包括方方面面。由此决定,本书的研究涉及世界历史、地区历史、经济学、文化学、宗教学、政治学、社会学、地缘政治理论、国际政治理论、民族学、人类学等诸多学科领域。这些领域各有不同的知识、话语体系、专业概念。以国际政治理论为例,在以往对民族国家的研究中,人们更多从民族政治或国内政治角度进行研究。不少多民族发展中国家的民族群体有着广泛的国际背景,民族群体嵌入国际关系中,国际关系影响着民族群体,一些国家通过打民族关系牌,试图分裂一个国家或弱化一个国家,从而对不少多民族国家形成严重挑战。又如从地缘政治的角度看,一些民族群体处在一个国家的重要战略位置上,如占据重要的出海口,或占据重要的战略矿藏之地,一些民族群体据此向国家提出了更多的权利主张。与此同时,一些大国为了实现其地缘战略目的,也努力渗透到这些民族群体中,试图影响和控制这些民族群体,使其成为制约多民族发展中国家的力量。上述诸多方面说明,在认识多民族发展中国家的族际合作治理上,需要跨学科的视野和知识。

(三)本书的理论方法预设

本书借鉴公共治理和当代哲学理论的观点,尝试采用一种建构主义的方法,以解释和认识多民族发展中国家的族际合作治理的形成及其重要意义。在当代对多民族国家的研究中存在着两种重要的倾向,一种是冲突理论,另一种是合作理论。前者侧重通过对冲突的分析,理解冲突产生的根源和过程,并最终找到一个解决冲突的合理路径。而合作研究更多地分析了合作产生的条件,并寻求如何保证合作的稳定性和长期性。就共同点而言,两者都倾向于寻求和平与合作的途径。从取向上看,两者都是建构性的理论。笔者也注意到,冲突与合作有时是界限分明的,有时又是相互交叉的,它们形成了一种复合性关系。也就是冲突中可能存在合作,而合作中也存在冲突,它们的中间项是无数重叠的交叉点。从当代善治理论看,公平正义、民主协商、平等合作构成了族际合作治理的重要内容。

一定理论作为一种取向和价值,又可以转变成一种方法性的建构。笔者认为,人类社会的发展是在分化与整合中逐渐发展壮大起来的。分化可能产生两个结果:一种是冲突,另一种是合作。如何解决和缓和冲突,如何合理配置资源实现合作,是人类社会发展下去的重要内容,也是一个国家进行治理活动的重要内容。在政治社会中,国家无疑是治理活动中的主角,但随着社会的分化和发展，国家面对的内外环境日趋复杂化，决定了国家的这种治理活动不是简单的自我中心主义的，而是处在与社会的互构过程中。在这一过程中，既存在着冲突，也存在着复杂关系的重叠，而重叠处的多元因素之间可能是对立的、分层的、分界的或是对接的。区分边界、寻求对接、实现合作、促进整合构成了国家进行治理的重要内容，国家与社会的互构关系集中体现在国家治理体系和治理过程的各个环节上。就前者而言，国家通过一定的制度和治理体系，确立了各自的权力范围和职能，以及它们之间的联系，以保证治理从来是在一定体系中的治理。就后者而言，治理体系是在面对国内各种需求，其中特别是民族群体的需求中运行的，正确地、合理并合法地处理这些需求是实现国家政治整合的关键内容。这些内容通过不同的相互联系的环节，最终形成新的政策，从而实现多民族国家政治整合的维护和发展。上述方法构成了本书研究的基本方法和预设思路。

四、案例选择

本书的研究既是一个理论问题，也是一个实践问题，而对这些问题的回答都需要一定的案例支持。冷战后，一些国家出现了解体，但大多数多民族发展中国家从总体上保持了统一。从地区层面上看，东欧在转型过程中，为什么民族冲突和矛盾连绵不断？为什么一些国家出现了解体，而另一些国家转向民主后国家政权得到改善和巩固？在东南亚国家，为什么内部存在着不同民族群体、宗教群体之间的矛盾和冲突，但总体上保持了国家的政治稳定和发展？是什么力量使不同民族群体、宗教群体能够共同生活在一起？从国家层面看，学界有观点认为，多民族国家与民主是一种对立的关系。然而，为什么印度和南非都是多民族国家却都先后建立了民主制？在威权政治的国家中，同样是面对民族和宗教冲突不断的挑战，为什么有的国家持续政治动荡甚至走向国家失败，而有的国家能够实现不同民族间的和平共存、合作共赢呢？基于此，本书选择了印度、南非、新加坡、中国、苏丹、印度尼西亚、缅甸等国家作为案例，试图通过一些经验事实对本书提出的问题和理论分析提供解答和验证。

首先，上述几个国家在发展中国家的国家建构中具有较强的代表性。在这些国家中，多民族构成了其中的主要因素，而国家是这些不同民族生存的共有场域。在现代主权国家组成的国际体系中,这些国家是其中的代表,但各国的发展状况不同。在发展中国家中,有的国家基本上实现了现代国家的建构,也有的国家建构基础已经牢固,国家作为中心场域有力地克服了国内的离心力量,并组织了本国的现代化建设;同样也有的国家,则处在衰弱或崩溃的状态下。本书所选择的案例主要集中在亚洲和非洲地区,在亚洲和非洲两大区域中,多民族、多种族、多宗教汇合,国家建构发展程度不一。在亚洲,特别是东南亚、南亚等国家,历史的进程使这些国家的某些民族群体在发挥核心作用的同时,也与少数民族群体之间形成了各自不同特色的族际关系。在此方面,新加坡和中国代表了一种和而不同的族际政治格局。在这一格局中,国家拥有较强的权威,形成了较强的核心场域,为民族群体之间、不同民族群体与国家之间的合作关系提供了政治保证。儒家伦理政治的影响、政治精英和民众之间的相互依托为族际合作治理奠定了基础,也为政治整合的形成提供了重要的支持。与之不同的是,南亚是亚洲国家中发展最为不平衡的地区,受高度碎片化地缘政治的影响,一方面政府获得了一定的权威,另一方面各种多元的力量皆有国际势力背景,如得到跨族性宗教势力或西方大国势力的支持,这种影响作用于国内政治,形成了向心力与离心力,左右着国家的政治稳定。在非洲国家中,同样存在部落、种族和教派的冲突。在两大地区中,多元力量之间彼此制衡,不同力量与国家之间进行博弈形成了诸多的汇合点,从而使国家能够在多元政治的基础上走向和平与合作,印度和南非即为典型;也有的国家由于内部强多元的力量各占一方,使国家难以渗透到社会中去,国家孱弱,四野强大,如今天的阿富汗和伊拉克。在这种局面下,一些势力强大的民族在外部力量的作用下或独立建国,或进入同宗国家,苏丹、乌克兰即为代表。

其次,族际合作治理影响着这些国家政治整合的成功或失败。多民族发展中国家存在着复杂的族际关系,在衡量族际关系上,冲突与合作构成了这种关系状况的两个重要因素。从一般的状况看,民族之间关系紧张、族际合作及其治理弱的国家,政治整合基础脆弱。即使一时实现了政治整合,但脆弱的族际治理往往导致政治整合难以持续。而在族际合作治理比较好的国家,政治整合比较成功。不可否认,在一个利益分化的社会中,族际合作充满着矛盾,但较好的族际合作治理可以有效地缓和族际矛盾和冲突,促进政治整合的巩固和发展。上述状况在一些国家效果不同:印度和南非以民主为制度基础,建立了横向族际合作治理,促进了两个国家的政治整合,而缅甸、印度尼西亚则族际合作成效不佳。至于纵向型族际合作治理,有的观点认为,所有的纵向型族际合作是不可能存在的。不过从实际考察情况看,在一些带有明显的统合主义特点的国家中,族际合作治理恰恰是成功的,在此方面,东南亚地区的不少国家明显带有这样的特点,其中中国和新加坡最有代表性,在过去的几十年中,两个国家都是世界上发展最快的国家。只有那些将权威视为唯一、排斥和否定差异存在的国家,族际政治关系紧张,族际合作收效甚微。

五、基本结构

本书分为导论和上下两大篇,导论重点解释本书研究的问题、学术研究状况和研究方法。

上篇"族际合作治理总论",包括五章内容,主要提供了一个理论框架。

第一章"民族国家进程中的多民族发展中国家",主要分析了民族国家进程中的多民族发展中国家,重点分析多民族发展中国家的形成及其在当代的分布。

第二章"多民族发展中国家政治主题的转换与政治整合",重点分析了多民族发展中国家不同时期政治主题的不同,在不同的政治主题下,族际政治整合的重点也不同。不过在这些政治主题的转变中,族际合作治理的内容不断扩展和衍生。在此方面,不少发展中国家的族际合作治理都积累丰富的经验。

第三章"走向族际合作治理的理论审视",主要从思想史的角度分析了族际合作治理思想的发展,其中分析了现当代一些学者对族际合作治理方面的思想。

第四章"多民族发展中国家的族际合作治理",主要从理论和实践结合的角度分析了族际合作治理的含义、族际合作治理的建构及其类型。

第五章"族际合作治理与多民族国家政治整合",重点分析了族际合作治理对多民族发展中国家的价值。

下篇"族际合作治理的国别分析",包括五章内容。

第六章"强中心的族际合作治理:新加坡",重点分析了新加坡族际合作治理案例,指出新加坡人民行动党和共同价值在实现族际合作治理的重要地位和作用。

第七章"中心和边缘博弈与族际合作治理:印度尼西亚和缅甸",主要分析了中心-边缘博弈与族际合作治理。重点分析了印度尼西亚和缅甸两大国家在威权政治时代的强权威与边缘民族地区的抵制,以及两个国家政治转型后的族际合作治理变化及其对政治整合的影响。

第八章"多元政治与族际合作治理:印度和南非",主要分析了印度、南非两国民主政治下的族际合作治理与政治整合。

第九章"族际合作失败与国家解体:乌克兰和苏丹",重点分析了族际合作失败对国家统一的影响,以乌克兰和苏丹两个国家为案例,分析了国家脆弱性下的族际合作破裂对两个国家政治整合的影响。

第十章"两个'共同'与族际合作治理:中国",重点分析了中国个案,指明了中国共产党提出的共同团结奋斗、共同繁荣发展对当代中国族际合作治理的意义。

上篇

族际合作治理总论

第一章　民族国家进程中的多民族发展中国家

一、民族与国家的连接

　　人是社会关系的产物,人的社会关系发生在地球的无数点上,科学家和历史学家对人类起源的发现不仅揭示了人类产生的历史,而且也表明,正是不同的人群从这些不同的点上向外扩展,逐渐形成了更大的共同体,乃至整个地区的和整个全球的人类共同体。我们知道,人要生存和发展就要与自然、与人结成不同的关系,尤其在生产力极其落后的条件下,人只有结合成群体才能抵御外部自然的和各种竞争种群的挑战,并从自然界和人的共同体中获得更多的物质的和精神的需求。在人的这种交往关系的发展和变迁中,不仅生成了一定的直系血缘关系的家族或部落,更重要的是随着这种群体的不断拓展而形成了有着一定的共同祖先、共同的经济条件、共同的语言和历史、共同的心理和感情,有一定的生存地域支持的共同体。在历史上,这些种群有的在与自然界和与其他种群的竞争中衰落下去,退出了历史舞台,成为了历史遗迹。也有的在战胜自然界和外部竞争对手中不断扩大,从而在不同的生活和生产地点上形成了更大的群体,这个群体从民族学的角度说就是"族"。在希腊语中,ethnos 表示的就是"一群""一窝""一小群"的意思。[①] 在中国汉语中,"族"不仅表示的是"群"的意思,而且带有由一定的共同血缘、认同而组成的群体的含义,这个群体即民族[②],构成了人类历史的原初共同体。

---

　　① 郝时远:《Ethnos(民族)和 Ethnics group(族群)的早期含义与应用》,《民族研究》,2002 年第2 期。

　　② 目前学界普遍采用族群的概念。但由于对族群概念解释上存在多样性,本书依然采取中国的习惯用语"民族"概念。

　　远古时代的不同民族群体生活在相对封闭的状态下，然而随着民族群体自我发展和与其他民族群体的接触，通过与异己的民族群体在符号、生活习惯、语言、居住特点、服饰、举止、生活区域、生产特点等诸多方面的对比，逐渐将"我者"与"他者"区别开来，而且这种区别性反过来又固化了我族和他族的区分。在这种区分中，语言成为重要的标志。众所周知，语言是人类特有的属性，也是一个民族群体与另一个民族群体的外部标志。作为一种交流的工具，语言产生于不同的地方和种群中，形成了不同的语音、表达方式和符号。借助于语言的力量传递历史、延续民族、增进感情、强化凝聚力。不同民族群体之间的区分也与人们的生活区域和文化状态联系在一起。自然条件的不同，生产和生活方式的差异以及在此基础上形成的不同的文化、艺术、生活习惯和社会秩序塑造了不同的群体。"一方水土养一方人"，生活区域既养育了不同的民族群体，也成为这些民族群体难以跨越的天然界限。在古代社会，土地是人们生存的基础，保卫本族生活的土地和安全，抵御外部的侵犯是各个族群的首要任务。而对于那些强大的民族群体而言，除了增强自己的安全防御外，随着人口的繁衍、族群的扩大，各种利益要求也越加扩大和多样。由此激励着它们不断向外扩张，寻求土地、草场和水源。这种资源性占有行为当与其他民族群体相遇时，战争不可避免，随着战争而来的民族动员、民族团结自然成为胜利之本。

　　在多民族发展中国家中，不同民族群体存在着一定的"边界"，除了以身体结构、肤色、服饰、行为、语言作为外在标志外，构成其民族群体深刻内涵的是身份认同，所谓"非我族类，其心必异"鲜明地体现了这一特点。不同的认同形成了不同群体的内聚力和外斥力，从而将一族与另一族区别开来。认同最初的意义表示的是一种归属，延伸为一个人对群体的效忠和服从。我们知道，远古时代的人对群体存在着相当的依赖关系，人与人的依赖关系构成了古代社会的本质特征。古希腊思想家亚里士多德提出，人天生是"城邦"的动物，离开了"城邦"，人非禽即兽。[①] 群体既是人生的理想，也是人的归属。人的这种群体归属将人分为圈内人和圈外人。圈内人相互保护、利益共享，圈外人需要防备，甚至排斥。

　　各民族群体在认同的塑造中，宗教、文化、教育和祖先崇拜发挥了极其

----

① 参见［古希腊］亚里士多德：《政治学》，吴寿彭译，商务印书馆，1981年，第7页。

重要的作用,它们共同构造了民族的自我意识、自我心理和维系彼此间关系的精神力量。在古代,这种民族群体的自我意识由于受到经济条件的限制更多带有自发性。近代以来随着教育、文化传播,特别是不同民族之间的竞争加剧,这种自发的意识在民族主义理论和运动的影响下逐渐汇集成自觉的意识,在此基础上形成了一个又一个自觉的民族(nation)。

民族群体的发展从来不是一帆风顺的。一方面民族群体在与其他民族群体的竞争中,通过征服别的民族群体,掠夺那里的土地、人口和其他生产生活资料而发展壮大,或是与其他民族群体联盟以对付共同的敌人,而形成了多民族的共同体。因而不同民族群体之间要么处于交恶状态,要么结为同盟,在这里酝酿了最初的军事防卫与外交权力,从而对近代民族国家的形成构成了重要影响。民族群体的扩大,民族群体内部不同集团、不同阶级之间围绕一定利益而展开的斗争,威胁着民族群体的团结和发展,决定了一定民族群体需要建立一定的公共权力组织和一定的公共秩序,以调节它们内部的利益冲突。由此在一定的民族群体基础上逐渐形成了一定的权威机构和暴力组织,从而保护了族内成员的生命、财产和安全,也组织和发展了本民族群体的经济和文化生活,甚至扩张了本民族生存所需要的土地和战略空间。而一定民族群体中的统治阶级及其精英人物当仁不让地承担起此重任。由此,一定的民族群体,特别是一定的阶级群体联系在一起成为国家而获得合法性的基础。

民族群体的生成有自然的方面,也存在着建构的方面。一定的民族从远古走来,每一步都有民族群体成员共同合力的作用,同时也有民族精英的理念、人格影响和精英集团建构的作用。民族的语言、民族的历史传承、民族经济的获得和维护、民族地区的保护和防卫、民族的宗教和文化,在这些因素中无不有着不同时代民族知识分子和民族精英的影响。尤其进入近代社会以来,民族这一历史上形成的共同体,在与外部民族群体的频繁接触中,其群体的政治性质更加突出:在国际舞台上,它以民族国家(nation - state)的身份表达着自己的要求和偏好,维护着自身的利益和安全。借此,国际政治实际上成为民族之间的政治。在民族国家内部,面对内部存在着的不同民族群体,它带有了国族的特点。中国民族学专家郝时远研究员指出:"民族(nation)是人类共同体依托于民族国家(nation - state)而形成的现代形式。作为通俗的理解,一个民族就是一个民族国家的全体居民或全部享有该国家国籍的人的总称。因此，将 nation 理解为'国族'事实上是非常贴切的。"①

民族的发展离不开国家，而且正是通过国家，民族获得了巩固和发展自身利益的政治手段。民族需要国家是与国家所具有的特性联系在一起的。如前所述，国家是一个"特殊的公共权力"组织。说其"特殊"，就在于它从来是经济上占统治地位的阶级的，而不可能是全民的。即使是民族国家以一定的民族为依托，也从来是一定民族中经济上占统治地位的阶级的国家。不仅如此，作为一种特殊的权力组织，它掌握着暴力机器，如军队、警察、监狱、法庭等，并拥有掌握和运用这种特殊的力量的官僚组织。国家正是凭借这种特殊的暴力力量，将统治阶级的意志变为所有社会成员或所有民族成员必须遵守的最高规则。通过它的组织体系、官员队伍和文化教育体系，将分散在各方的民族群体成员集合起来。如果否定和僭越这种意志，将受到法律的和行政的惩罚。说其是"公共的"，是指国家总要履行一定的社会职能，如提供安全和其他公共物品等，而且国家也只有履行了这种公共职能才能存在下去。列宁指出："国家正是这种从人类社会中分化出来的管理机构。"②国家的这种社会职能就是维护社会的公共利益和处理公共事务。若国家不能履行这些社会职能，人们对国家的认同将面临危机。

国家以一定的领土作为生存和发展的物质基础。在古代社会，大多数国家有边疆而无边界。边疆是模糊的、不确定的，对边疆居民的管辖有时是飘忽不定的，一些游牧民族尤为典型。不仅如此，边疆的模糊性也决定了边疆和边疆以内的政治、法律和文化上的不确定性。因为在一个模糊的生存空间中，一个民族可能越出边疆而进入他人的"领地"，推翻那里的政权，掠夺那里的土地和财产，征服那里的民族群体，由此扩大自己的生存空间，历史上兴起的帝国正是这种状况的集中体现。也可能由于自己的衰落或弱小，不足以保持和维护自己的生存空间，或被强大的邻国吞并或自动臣服，历史上的不少民族群体或王国，如迦太基王朝就是在这种残酷的竞争中泯灭的。近代以来，随着国家主权原则的确立，各个不同的主权国家拥有了自

---

① 郝时远：《类族辨物："民族"与"族群"概念之中西对话》，中国社会科学出版社，2013 年，第253 页。

② 《列宁选集》(第 4 卷)，人民出版社，1995 年，第 28 页。

己的领土和边界。它的存在解决了谁是该领土的统治者,谁是这一领土的居民等这样一些基本问题。它表明,随着主权国家的确立,某一特定的民族或多个民族群体拥有了特定的生存、生活空间。这个空间具有神圣性而不容他人染指。有了这样一个固定的领土,人们的经济生活、社会生活、法律关系、文化发展和政治制度才能获得稳定性,其居民才能拥有受到国家法律保护的公民身份,其居民既享有权利又承担义务,由此民族国家(nation - state)获得了它的政治和法律外壳。然而不能不注意的另一个严酷事实是,随着边界和领土的建立,民族群体活动范围有了最终的界限,而其中的弱小民族,不管他们是被强行并入还是自愿加入,要想独立并获得领土和主权几乎难以实现,这种矛盾状况给多民族国家的政治稳定带来重要的影响。

　　国家并不是从来就有的,按照马克思主义的观点,国家是社会发展到一定发展阶段,社会内部陷入了不可调和的经济利益冲突的产物。为了使社会不至于在这些经济利益上相互冲突的阶级的"无谓斗争"中消灭,就需要一个凌驾于社会之上的"特殊的"公共力量,把冲突控制在一定的秩序范围内。这种力量就是国家。[①] 在这里,国家的出现和存在总和一定的"社会"联系在一起。它来源于社会,又"居于社会之上"。这个社会从经济的角度看,可以分为不同的阶级,从人口的角度看则由一定的民族群体成员组成,甚至可以说是一种民族的社会,尤其近代以来,当资本主义发展把同一民族成员联系到一起,并使其具有共同的公民身份时更是如此。

　　在人类社会的历史发展进程中,国家是文明社会的概括,是解决社会内部存在的各种矛盾和纷争的难以取代的权威机构。国家通过制定一定的制度和规则,将利益的各方控制在一定的秩序范围内,保证了社会正常的生活和生产;国家发展了教育和文化事业,促进了社会成员的文化程度和水平的提高。尤其近代以来,国家在诸多领域提供的教育和文化等方面的公共产品,极大地提高了"公民素质"。通过一定的利益分配,帮助那些处在生存困境中的民族群体和成员获得了安全和发展。国家也发展了它的法治和仲裁机关,控制和裁决了各种利益纷争。在对外方面,国家通过外交努力,缓解了外部的威胁,为境内居民营造了和平的国际环境;通过对外贸易,拓展了经济发展空间,同时也丰富和发展了本国的经济;通过文化交往,不仅加强

---

　　① 参见《马克思恩格斯选集》(第七卷),人民出版社,1972 年,第 166 页。

了与其他民族之间的相互理解和友谊，反过来也促进了本国民族文化的发展和提高。可以说，由于国家的建立、法律和制度的发展，内部多元的因素被纳入一定的秩序中，通过制度、伦理、教育、文化和意识形态对内部成员的反复"敲打"实现了国家的统一和安全。

不可否认，自国家产生以来，一定的国家在一定的民族成员的支持和影响下发动了对其他民族和国家的战争，使用暴力征服和掠夺那些弱小民族或国家的土地、人口和资源。一些民族群体在这些战争中被灭绝，也有的民族在战争中强大起来。无论古代还是近代，以一定的民族为基础的战争给不少民族带来了灾难，也使一些民族获得了重生。民族国家及民族国家构成的世界体系是文明社会发展进程的巨大进步。尽管民族国家体系建立以来战争依然连绵不断，但也要看到，民族国家体系的建立在一定的时期和条件下为制止和缓和民族之间的暴力冲突、实现和平提供了保证。

在人类历史上，民族和国家之间存在着密切的联系，尤其近代民族国家诞生以来，随着分工在社会层面的大规模展开，民族在市场经济和国家双重作用下实现了空前的社会聚合。由于共同的经济条件，民族中的成员无论来自哪个阶层或阶级、无论其职业或受教育程度如何，他们在文化上和政治上相互承认，形成了较高的民族意识和民族自觉，并希望建立他们自己的政治共同体，实现政治上的独立。这样，民族和国家之间也就形成了一种有机的联系，即国家是一种制度、法律和一种公共权力的安排，而民族则是具有一定的文化和精神结合起来的人们的共同体，民族国家也就成为一个有着自己的精神纽带和统一制度保证的实体。

二、民族国家的含义

当今世界是一个由民族国家构成的国际体系。这里的民族国家指的是以一定的领土为基础，有一定数量的居民且以拥有主权为标志的政治共同体。在人类政治史上，曾经存在过"城邦""帝国""王朝"或"酋邦"等不同的政权组织。这些传统的政治共同体自近代以来逐渐退出了政治舞台，代之而起的是民族国家。1648 年《威斯特伐利亚和约》的签订标志着近代民族国家开始成为国际关系的一个基本单位，保护国家安全，维护社会内部成员的相对和平与安全构成了民族国家的基本任务。民族国家最初出现在西欧，之后向中欧、东欧、北美和拉丁美洲蔓延,尤其二战以后,随着民族解放运动的发展,西方殖民地和半殖民地的亚洲和非洲等地区的民族群体或独立、或联合建立了自己的国家,自此,民族国家遍布人类世界,并共同构成了当今的国际体系。安东尼·D. 史密斯(Anthony D. Smith)在《全球化时代的民族与民族主义》中指出:"民族国家依旧是唯一得到国际社会承认的政治组织结构。如今只有正式建立起来的'民族国家'才被联合国以及其他国际团体接纳。"①民族国家作为现代世界体系的一个基本单位,这一概念也在当代政治学、民族政治学、国际政治学、社会学中得到大量采用。不同的学者对其进行了不同的解释。史密斯在讲到民族国家时,更多将其视为一种为联合国承认和接纳的"政治组织机构",即"主权国家"。中国学者宁骚指出:"构成民族国家的本质内容的,是国家的统一性和国民文化的同质性。"②这种解读更多侧重于国家的统一性,忽视了民族在国家建构中的地位和作用。事实上,国家需要一定的"民族",而且构成国家重要因素的人口本身就是由一定的民族或一定民族群体组成的。历史的发展使它们要通过建立自己的政治形式,来保护自己的领土和成员的利益和安全。一定的国家不仅仅是一个政权组织,还有一定的共同文化和历史传统作为其精神的支撑,以此促进领土内的居民的凝聚和团结。显然,没有"民族"这样一个基础,国家缺少凝聚力和用来连接不同群体的精神纽带,在丛林法则盛行的国际社会中不过是一个"泥足巨人",不堪一击。

国家需要民族,一定的民族也需要国家,民族国家正是二者的结合。根据这样一种逻辑,一些学者将"民族国家"解释为"一民族一国家",即单一民族组成的国家。③ 如有中国学者指出,民族国家一般指由单一民族组成的国家。包括两种类型:一种是在资产阶级革命胜利后建立的,一种是无产阶级革命后建立的。④ 马克思、恩格斯在其学说中也有类似的观点:"西欧各民族形成的过程同时就是它们变为独立的民族国家的过程,英吉利、法兰西等民

① [英]安东尼·D. 史密斯:《全球化时代的民族与民族主义》,龚维斌等译,中央编译出版社,2002 年,第 122 页。
② 宁骚:《民族与国家:民族关系与民族政策的国际比较》,北京大学出版社,1995 年,第 209 页。
③ 狭义的民族国家就是指一民族一国家。但今天的世界上,民族和国家重合几乎很难找到这样的例子。
④ 参见陈永龄主编:《民族词典》,上海辞书出版社,1987 年。

族同时就是英吉利等国家"，而且认为这是"典型的正常的国家形式"①。在《俄法同盟》一文中，马克思、恩格斯把民族国家视为民族成分单一的国家，"在一切可能的地方，都应该促进单一的民族国家的建立，这种国家的使命，是把具有共同的思想和意向的居民吸收和集中到一个强大的统一体里"②。列宁认为："在西欧大陆上，资产阶级民主革命时代所包括的是一段相当确定的时期，大约是从 1789 年起，到 1871 年止。这个时代恰恰是民族运动和民族国家建立的时代。这个时代结束后，西欧便形成了资产阶级国家的体系，而且通常是些由单一的民族国家的体系。"③英国学者克雷伊奇和韦利姆斯认为，民族国家就是"以一个民族为基础建立起来的国家"，即"在一个文化同质的民族的范围内建立起来的由本民族的统治阶级治理的国家"，或是"一个国家的全部人口形成一个民族"。④ 日本学者绫部恒雄认为，民族国家就是"民族与国家的重合"。由王云五总纂的《云五社会科学大词典》也如是解释："由一个民族所组成之国家谓之民族国家。"⑤

这种一民族一国家的民族国家观点，反映了西方文化的特点。自希腊文化奠基以来，西方的先哲们受形而上学思维的影响，总是想在变化的世界背后寻求某种不变的永恒的因素，将万物归于它，同时也用它来解释万物。从希腊时代唯物主义哲学家对世界始基的寻求，经过希腊化时代"自然法"的弘扬和中世纪时代"上帝"统治地位的确立，到近代思想家"原子化"个人的设立，无不在预设着某个同质性的"宏大"叙事并按照这样一个蓝图塑造着世界和国家。因而国家在西方学人的视野中应该是"同质"的。德国学者莫伊西（Dominique Moisi）在比较西方国家文化身份的逻辑时指出："亚洲身份的复合性似乎使它们更易于接受一个冲突的世界，不像我们西方世界，总是要求同质性。"⑥这种对同质性追求的冲动否定了组成国家中的个体成员背后的族群身份和各种文化差异，但它带来的问题不能忽视。首先，容易带来理论上的误导。因为既然一民族一国家，自然每个民族都可以建立自己

① 《列宁全集》（第25卷），人民出版社，1988年，第225页。
② 《马克思恩格斯全集》（第15卷），人民出版社，1963年，第122页。
③ 《列宁全集》（第20卷），人民出版社，1988年，第409页。
④ 转引自王希恩：《民族过程与国家》，甘肃人民出版社，1998年，第164页。
⑤ 转引自宁骚：《民族与国家》，北京大学出版社，1995年，第265~266页。
⑥ ［德］多米尼克·莫伊西：《情感地缘政治学：恐惧、羞辱与希望的文化如何重塑我们的世界》，姚芸竹译，新华出版社，2010年，第15页。

的主权国家。18 世纪德国哲学家赫尔德(Johann Gottfried Herder)曾认为,一个以共同的语言为核心所形成的民族(volk)是共同遗产的保存者与携带者。他深信,如果每个民族能够成为一个国家,其人民便能够过着幸福的生活,并与其他民族和平相处。这一思想对意大利民族主义者马志尼(Giuseppe Mazzini)产生了重要影响,在他的民族主义理论中就是把一民族一国家作为理想。在苏联和东欧国家转型中,不少民族同样坚持了这一理论。因为既然民族和国家重合,自然原来处在一个大的国家中的民族群体就可以追求自己的"自决",即建立自己的"民族国家"。这样,生活在多民族国家中的民族可以独立出去,建立自己的国家,苏联的解体、南斯拉夫的分裂正是这种理论的结果。其次,为同化论或民族灭绝论提供了依据。既然追求"一民族一国家"的同质性。构成国家中的"他者"则成为被"同化""排斥"或"灭绝"的对象。德国启蒙时代的思想家主张的日耳曼精神为后来的希特勒继承,并发展为对德国和欧洲其他国家犹太人的屠杀。法国右翼代表人物勒庞(Jean - Marie Le Pen)提出"法国是法国人的"口号,斯里兰卡总理班达拉奈克(S. W. R. D. Bandaranaike)提出斯里兰卡是僧伽罗人的,马来西亚与新加坡合并后,拉赫曼(Tunku Abdul Rahman)总理提出"马来人的马来西亚",以上这些都带有强烈的排斥异族的政策倾向。最后,导致国际社会的重组。当今世界上的文化民族有 3000 多个,主权国家到 2011 年南苏丹独立时已有 193 个。这样一个数字对比说明,今天世界上众多的国家中生活着不止一个民族,而是多个民族,如中国有 56 个民族,越南有 54 个民族。如果追求"一民族一国家",世界上的多民族国家就得解体,其中有多少民族就自立多少国家。这不仅使多民族国家陷入永无宁日的民族暴力冲突之中,而且也导致不少国家边界重新划分,资源和利益重新分配,人口重新安置,整个国际社会和国际秩序陷入空前的混乱。

　　事实上,今天世界上的民族国家可能是单一民族的,也可能是多民族的,这些都是民族国家的不同表现形式。有鉴于此,一些学者从国族角度解释民族国家,认为民族国家就是指由一个政治整体的民族或民族集团为基础的政治共同体。构成这个政治共同体的可以是一个民族也可以是几个联合起来的民族。中国学者王希恩指出:"民族国家就是由自认为是一个政治整体的民族或民族集团建立的国家。自愿构成这个政治整体的可以是一个民族,也可以是多个民族(或称民族集团),可以是有着悠久历史联系的民族,也可以是由共同命运、利益或共同斗争目标联系在一起的民族。于是,由这样的政治整体建立起来的国家,因族体数量的不同,可以是单一民族的,也可以是多民族的。"①国外学者安东尼·D.史密斯在对民族国家解释时也持有这样的观点。在他看来,民族国家既可以是单一民族的,即由一个核心族裔完全或几乎完全控制的民族国家,如波兰、丹麦、日本,也可以是有鲜明族裔划分的民族国家,如比利时、加拿大、黎巴嫩、尼日利亚、扎伊尔、安哥拉、印度以及巴基斯坦。处在上述两类典型案例中间的是一个以一定的民族群体为主,同时又伴有一个或数个族群组成的国家,这种状况在中国、越南、印度尼西亚、缅甸、伊朗、埃及、津巴布韦、墨西哥、西班牙、法国、英国、罗马尼亚、保加利亚等诸多国家大量存在。上述分类基本也是从掌握政权的角度来解释民族国家的。

从上面所采用的概念看,民族和国家并不完全是对应的关系。在笔者看来,由于民族、国族和国家是三种不同的共同体类型。民族是一种有着某种文化特质,且有共同的身份、共同信仰并共同依附于某个特定区域的人们构成的一个区域(如一个社区的地方);国族则是多元的,包括了多个民族群体且共同处在一个边界和政府管辖下,它们更多是一个以异质社会体为基础的政治共同体;国家是一个"覆盖某一特定地域的一个政治组织"②。由于民族、国族和国家是三个不同的共同体,且民族与国家并不完全对应,今天说到的民族国家更多是一种国族国家,即一个国家内部包括了多个不同的民族群体③的国家。在这样一种国家中,一个民族群体可能存在于不同的国家中,也可能一个国家中包括了若干个不同的民族群体。在今天地球上的陆地基本上各有归属的条件下,不同民族群体均存在于一定的领土国家中,没有脱离开一定领土国家的民族群体。基于上述认识,多民族国家可以这样界定,即两个或多个民族群体在一定的领土范围内基于政治认同而形成的主权国家。

在对民族国家的探讨上,尤其需要强调一下领土对国家的地位。领土

---

① 王希恩:《民族过程与国家》,甘肃人民出版社,1998 年,第166 页。

② [美]约翰·雷尼·肖特:《多维全球化》,张淑芬译,海峡文艺出版社,2003 年,第60 页。

③ 多民族国家的数量远远超过单一的民族国家。只有大约10% 的国家完全吻合民族国家的概念标准。参见[美]约翰·罗尔克:《世界舞台上的国际政治》,宋伟等译,北京大学出版社,2005 年,第177 页。

是国家存在的基础,是国家存在的客观标志,没有领土的民族群体不能成为主权国家,如生活在中东地区的库尔德民族即为代表。然而需要指出的是,今天的民族国家赖以存在的领土不仅仅是一个客观的没有任何人为因素作用的"自在"客体,任何领土经过生活其上的人民以及政治权力的作用,已经加入更多的伦理的、文化的和政治的内容。因而领土具有了领土性的含义,它包括了三个方面的人类行为:"区域的划分、边界的交流方式以及加以贯彻实施的意图"①。因而领土不是简单的名词,现代历史学家创造出一个名词——"领土性",即"社会和人为构建出来的……因为它是一种语境的产物,故而,不管人们怎么说它……都能给它赋予规范的含义,同时,也能够回归到某一社会语境当中"。也是"个人或群体通过对地理区域的划界及全面控制以影响或控制人民、事件以及关系的一种企图……(它)并不是一种本性或本能需求,而是一种相当复杂的策略……(并且)通过这种策略,人们建构并维持了空间上的组织架构"。②显然,当我们说起领土,不仅仅是一个自在的客体,它已经赋予了更多的社会的、文化的和政治的内容,而民族国家自然是基于一定领土上的国族(这种国族可以是一个民族,也可以是多个民族组成的)国家。随着各国现代化的发展,自然的、政治的、文化的和社会的各种因素相互作用,民族、国家和文化紧紧地联系在了一起。

三、民族国家的产生与扩展

自从私有制产生以来,人类建立了一定的政权组织,但国家权力能否渗透到社会各个层面依然受到各种条件的限制。一些大的王朝或帝国拥有庞大的官僚组织和相当数量的军队,但依然不同程度地受到地方势力的抵制,甚至反抗。尤其进入王朝统治后期,更陷入外强中干的境地,即中央权力只在有限的领域享有威严之势,而不少地方则为边缘群体掌控。由于农业社会自给自足性强,交通的不便严重地阻碍着兵力投送和官员的派遣,古代不少多民族帝国采取了较为明智的政策,如中国古代的羁縻制,由当地民族自己统治。不仅如此,在传统社会中,国家更多扮演了一种"政治国家"或"自

---

①② [美]通猜·威尼差恭:《图绘暹罗:一部国家地缘机体的历史》,袁剑译,译林出版社,2016年,第22页。

然国家"的角色。所谓的"政治国家"更多依靠的是君主的权威和行政的力量；所谓的"自然国家"更倚重于庇护关系，与建立在地缘联系、"经济体系"和"公民体系"基础上的"人造国家"截然不同。然而，近代民族国家的兴起开辟了一个新的时代。

民族国家建构肇始于西欧，此后逐渐遍布于世界。在这样一个历史过程中，政治学家、历史学家、民族学家对其发展阶段进行了不同的划分。吉登斯在《民族－国家与暴力》中认为，自近代国家出现以来，经历了传统国家——绝对主义国家——现代民族－国家三个阶段。在绝对主义国家阶段产生了资本主义、工业主义和人民主权，最后民族国家取代了绝对主义国家。迈克尔·曼（Michael Mann）在其巨著《社会权力的来源》中，把民族国家创建进程划分为四个主要阶段：16 世纪为第一阶段，在这一阶段上，意识形态权力发挥了重要作用，天主教改革和新教运动等，催生了早期的民族；第二阶段从 1700 年开始，近代国家与商业资本主义结合产生了具有普遍意义的共同体意识；第三阶段从法国大革命到 1792 年，在这一阶段，广泛的认同和与民族国家在军事权力的影响下进一步推进；19 世纪晚期为第四阶段，伴随工业资本主义的发展，政府变得更加代议制化和民族化。吉尔·德拉诺瓦（Gil Delannoi）主要以民族主义浪潮发展为依据，分析了民族国家的产生和发展，不同的是，他对民族国家的发展更多是以民族国家向世界的蔓延为特点的。第一阶段以美国革命和法国大革命为始端，这一阶段既是"民族主义的第一浪潮"，也是民族国家建构的第一阶段；第二阶段为"民族认同的民族国家"阶段，这一阶段是法国的浪漫主义浪潮溢出，对其他国家影响以及其他国家模仿和借鉴阶段；第三阶段是以德国和意大利统一以及爱尔兰和波兰的独立为标志；第四阶段是"非殖民化浪潮阶段"，主要以中国、印度和非洲国家为典型；第五阶段是 20 世纪 80 年代后期以来苏联、东欧国家剧变和解体阶段。[①]

在对民族国家兴起和发展的认识上，国内学者也进行了研究和分析。宁骚主要从民族国家的建立，特别是独立国家的出现来认识民族国家发展阶段的。他认为，第一批民族国家兴起于 13 世纪到 15 世纪下半叶的西欧，

---

① 参见［法］吉尔·德拉诺瓦：《民族与民族主义：理论基础与历史经验》，郑文彬等译，生活·读书·新知三联书店，2005 年，第 12 ~ 13 页。

在这个时期中,封建中央权力普遍得到加强,民族国家已见雏形;第二阶段,17 世纪上半叶,为崛起的民族国家阶段,主要出现在美国和拉丁美洲地区,但结果不同,美国通过对印第安人的征服以及对内部不同民族群体采取了熔炉政策,成功地以白人移民群体为主体建立了多种族的民族国家或曰国家民族,拉丁美洲国家在天主教文化和大量的不同种族的通婚基础上建立了新的国家民族和民族国家;第三阶段为一战到俄国十月革命阶段。俄罗斯帝国和奥斯曼帝国解体产生出了民族国家;第四阶段则是苏联、东欧国家解体产生的民族国家阶段。在对民族国家的成熟程度的分析中,他认为,存在着发达的民族国家、中等发达的民族国家和发展中民族国家的区别。

随着研究的深入,在对民族国家发展进程的分析上,不少学者侧重于将类型分析与时间分析结合起来。马戎将第一批西欧的民族国家称之为原生型民族国家,把后来从帝国主义或殖民主义统治下独立出来的民族国家视为"被动型"的民族国家,①在此基础上,他分析了被动型国家的道路选择问题。贾英健区分了三种类型的民族国家,它们出现在不同的时间上。第一种为原生的民族国家,主要以欧洲民族为主;第二种为衍生形态的国家,主要由欧洲移民组成的民族国家,如美国、澳大利亚、加拿大、新西兰等;第三种为脱离殖民统治中产生的国家,主要集中在非洲、亚洲和部分拉丁美洲国家。②

根据上述学者的不同认识,同时也基于从西欧原生的民族国家到后来在亚洲、非洲等地区产生的国家民族(State – Nation)的历程,笔者认为,人类的历史是一个漫长的进程,既有寂静的量变,也有质的变革,往往后者代表了一种新的时代、新的类型国家的产生。因此,在对历史进程的认识上,那些对人类社会进程产生过世界性影响的事件是认识历史进程的关键。具体到国家形态发展进程看,民族国家的出现是人类政治历史发展的关键,它的出现经历了三个重要阶段:

第一阶段为原生的民族国家形成和奠基阶段。这里的"原生"是指民族群体自身在战胜内部的多元的贵族力量的基础上,无论在经济上,还是在文

---

① 参见马戎:《现代国家观念的出现和国家形态的演进》,《西南民族大学学报》,2012 年第 2 期。

② 参见贾英健:《全球化背景下的民族国家研究》,中国社会科学出版社,2005 年,第 77～81 页。

化和民族感情上紧密地结合在一起，在统一市场的基础上形成了具有较高的同质性民族或以一个人主导的民族群体为核心，同时吸收了其他民族群体的政治共同体，其代表为英国、法国、西班牙、葡萄牙等国家。原生的民族国家发展中也有两个重要阶段：王朝国家阶段和民主国家建设阶段。在第一阶段王朝国家阶段，封建王权战胜了诸侯割据势力，建立了统一的市场、常备军和官僚组织，形成了统一的国家政权，并使骄横的教权服从王权。在统一的王朝国家时代，作为资产阶级前身的市民阶级发展起来，凭借巨大的经济潜能，开辟了世界市场、拓展了殖民地，国家军事实力大增，极大地刺激了周边国家的对外扩张野心；适应于资本主义发展需要，作为封建势力支柱的基督教内部开始发生裂变，适应于市场经济需要的宗教——新教破茧而出，并在一些民族成员中得到了传播；古代希腊和罗马时代的人文主义与新的时代需要结合而发展起来的文艺复兴运动冲击了封建的思想文化基础，为现代国家建构提供了巨大的精神土壤。然而，这样一个时期的资本主义尚处在兴起阶段，资产阶级依然弱小，民族国家建构的重任落在封建王权身上。在此过程中，不同封建国家之间、基督教国家、诸侯国家、君主国家之间为了各自王国的利益展开了长达30年的战争。旷日持久的厮杀不仅削弱了在欧洲具有重要影响的哈布斯堡王朝和神圣罗马帝国，而且战争带来的巨大破坏也使参战各方精疲力竭，最终选择了通过和平方式解决国际争端。在此背景下，荷兰、法国、德国、西班牙、葡萄牙的君主和教皇国的教皇们最终走到一起，于1648年签订了《威斯特伐利亚和约》（以下简称《和约》），通过条约的方式划定了各自的领土边界和各自主权的管辖领域，《和约》的签定标志着民族国家体系的到来。

首先，它颠覆了罗马教皇神权统治下的世界主权论，使国际法脱离了神权的束缚，确立了加尔文宗等新教的合法地位。主要体现为加尔文教派教徒享受到了与路德教派同样的权利。在帝国法庭内，天主教和新教的法官各占相等的人数，这不仅扩大了新教的力量，而且有力地制约了天主教势力的扩张，为资本主义的发展提供了新的精神支柱，也为民族国家的发展扫清了宗教上的障碍。但需要指出的是，这一时期的民族国家依然处在建构阶段，封建王权依然是民族国家的核心。

其次，重新划分了欧洲诸多国家的版图。随着古老的神圣罗马帝国、哈布斯堡帝国和基督教统治权威的削弱，《和约》确立了各国的疆界和版图，进而维护了各国的利益。同时《和约》也限制了皇帝的权力,承认各诸侯有独立的外交权,神圣罗马帝国陷入分裂。法国从《和约》中取得了巨大的收获,壮大了自己,削弱了强邻,由此为以后法国称雄欧洲打下了基础。英国由于国内发生革命未能派代表参加,失去了一次分赃的机会。瑞典从《和约》中不仅补偿了在战争中的损失,而且获得了波罗的海沿岸和北海沿岸的重要港口,从而一跃成为北欧强国。德国在政治上被分裂,受到条约的压抑。意大利各邦在此后的民族国家建构中统一起来。

再次,建立了主权国家原则。罗马教皇神权统治体制的世界主权论被打破,昔日尊卑分明的国际等级制被悄悄地抛到了一边。主权是国家的属性,国家主权的统一性、不可分割性和独立性原则得到各国的认同,主权国家无论大小强弱、制度差异,一律平等。新出现的大国,如瑞典和荷兰共和国,都得到了诸如法国和奥地利等老牌大国的礼遇。凡是国王一律称为"陛下",凡是大使一律称之为"阁下",这一崭新的称谓被推到极致。在谈判和签订《和约》时,"坚持绝对平等的各国代表团想出了各自通过不同入口走进谈判会场的办法,为此需要修建很多入场口。同时还规定各国代表团以同等速度入席,从而任何一方不至于因为坐等姗姗来迟的另一方而受辱"①。细微之处体现的不仅是礼仪,还体现了主权国家地位平等的理念。由于坚持主权国家原则,国家不再是帝国、王朝或宗教国,肯定了各签署国不受外来干涉、自由选择本国的制度和宗教信仰的权利。同时一些新条款确保了宗教少数派可以平安地信仰自己的宗教,不用担心被强迫皈依其他宗教。

最后,这次会议创立了以国际会议的方式解决国际问题的先例,规定了缔约国不得破坏和约条款,对违约国家实施集体制裁条款,为民族国家的存在和发展提供了和平生存空间。

原生的民族国家发展的第二阶段是民主国家的建设阶段。在这一阶段,英国、法国、荷兰等国家相继发生了资产阶级革命。在资产阶级革命中,整个民族成员被调动起来,在社会契约论思想、人民主权思想和启蒙运动精神的影响下,国家不再被视为是君主的,人民也不再被视为是臣民,而是成为国家的主权者。在启蒙时代,社会、国家和民族三者之间相通,社会是由个人构成的社会,社会在理论上被认为是"契约"的产物,因而社会又是国

---

① [美]亨利·基辛格:《世界秩序》,胡利平等译,中信出版集团,2015 年,第 22 页。

家,而这种基于"原子化"构成的个人共同组成了人民,在观念上人民即是民族。人民、社会、民族和国家在逻辑上结合成一体。政府的权力不再来源于上帝或家长,而是人民的授予。人民可以授予政府权力,也可以收回政府的权力。法律取代了君主的意志和教会教条的权威,法律面前人人平等。国家按照法律来组织,政府的权力按照法律制定的程序和规则来运行。个人在法律范围内享有自由权利,并在宪法上成为国家的公民,公民权利获得了首要地位,人从各种封建的等级制度中摆脱出来,实现了人的"政治解放"。在这样一种观念的影响下,欧洲国家经过一次又一次的革命和动荡,到19世纪中后期相继建立了现代国家制度,即产生了政党,设立了选区,进行了议会代表的选举和政府重要官员的选举,公民资格的财产和性别限制逐渐取消。公民参与到政治生活中来,在这样一种民主化的建设中,英、法等国家旧有的、寡头的或贵族的政治体制逐渐退出历史舞台,经过精心设计的近代宪法原则和各项制度已经形成相互衔接的现代体系,民族国家和民主国家实现了契合并成为后来不少西方民族国家建构的典范。

近代民族国家形成的第二个阶段为民族国家向外扩散阶段。主要有两种形式:一种是近邻模仿。英、法民族国家的建构带来资本主义的发展、海外市场和殖民地的扩张及国力的巨大变化极大地刺激了德国和欧洲其他国家的扩张欲望。西欧、东欧等不少国家出于国家安全和竞争的考虑,纷纷仿效。这些国家在民族主义的思想和运动的影响下战胜了国内的割据势力,通过军事暴力等手段实现国家统一,组成了民族国家。

在欧洲中世纪,德国、意大利和法国本是查理曼帝国成员,但在查理曼帝国分裂后各自建立了自己的封建王朝。近代以来,它们都从《威斯特伐利亚条约》中得到了自己的领土,但国内依然处在封建割据状态。18世纪后半期英国工业革命的发展和法国资产阶级革命的爆发冲击着德国、意大利和中东欧国家。英国的对外殖民征服,欧洲大陆上的拿破仑战争,极大地冲击了这些国家的国王和封建统治集团。在英、法、荷、比以及美国等民族国家浪潮影响下,随着国内民族主义的发展,统治集团出于民族利益、国家安全、统一和对外扩张的考虑,纷纷仿效英、法等原生民族国家经验,凭借军事暴力战胜了国内割据势力,实现了国家统一。随后走向对外扩张、抢占海外市场和进行殖民扩张的道路。在这一民族国家形成的过程中,国家主义、军事暴力发挥了作用。

东欧国家则是在"几步走"后才建立起民族国家的。从 13 世纪到 16、17 世纪,沙皇俄国、奥斯曼土耳其、奥匈三大帝国陆续入主中欧、东欧与小亚细亚等地区,战胜了那里的王朝,扩张了自己的统治范围。伴随三个帝国在一战前后统治地位的崩溃,先后出现了三十余个民族国家。不过,与西欧和北美地区形成的民族国家不同,这些国家在独立前就已经形成了各自的民族。当欧洲开始进行民族国家建构时,三大帝国统治下的地区处在各自的民族化进程之中,只是三大帝国的统治阻碍或延缓了它们的民族国家的形成过程。三大帝国解体时,这里的民族已经形成。不过与西欧、北美国家不同的是,这里没有先进的资本主义制度和发达的市场条件。不仅如此,由于地缘政治的关系,中、东欧国家虽然形式上获得了独立,但依然依附于一定的大国,而已经完成了民族国家建构的英、法、德和北部的沙皇俄国也把控制这些国家作为实现自己国家利益和地缘战略的重点。这样,中、东欧新生的民族国家也就处在了各种复杂的国际政治势力干预和国内复杂的宗教和民族关系的漩涡之中,民族认同和国家认同的冲突开启了这些国家的"巴尔干化"①进程。

另一种是近亲移植。由有着与西欧同宗联系的殖民者按照西欧国家经验,将海外的殖民地从宗主国控制下解放出来,使其成为独立的国家,但在国家的建构上依然移植了原来宗主国的宗教和文化。这里有两种方式:一种是分裂式的。主要出现在北美十三州殖民地以及拉丁美洲地区。就北美十三州殖民地而言,由以英裔为主的西欧殖民者和来自西欧不同国家和地区的移民组成,受欧洲自由主义思想和民族国家理念的影响,在强烈的个人主义和新教精神的作用下进入新大陆。他们按照新教伦理精神发展了资本主义经济,建立了以资本为核心的经济制度,并努力使这种资本主义摆脱宗主国的控制,实现国家经济上的独立。不仅如此,他们按照盎格鲁 – 撒克逊精神重新组织以白人为主的美利坚民族,形成了以自由主义精神为内核的白人精英阶层。基督教文化和语言上的彼此接近,民族交往关系的发展,使

---

① 巴尔干(Balkan)是指位于东欧的巴尔干半岛。"巴尔干化(Balkanization)"表示的是地方政权等在诸多地方之间的分割,及其所产生的地方政府体制下的分裂,即碎片。原指巴尔干地区由于没有一个可以独当一面的民族和国家或者实体,再加上外国势力的干预,而使得该地区成为局势紧张的"火药桶";后指一个地区没有强大的力量维护该地区的所有权,再加上该地区重要的战略和经济地位,于是成为许多对象争夺的焦点而致使局势紧张。

来自不同民族的西欧白人彼此接受、相互承认，在盎格鲁－撒克逊化中超越了族属差异而结合到一起。在共同的政治价值——"独立宣言"精神的鼓舞下，在对宪法和法律的认同基础上建立了自己的国家。在此进程中，白人种族利用他们的优势对当地印第安人进行了大规模的屠杀或驱赶，将掳来的黑人变成奴隶，以实现资本的快速积累，对其他人种强制同化，以使其适应资本主义的经济秩序。统一的美利坚合众国由此建立起来。

在近亲移植中，拉丁美洲却是另一番景象。拉丁美洲大部分地区为西班牙、葡萄牙和法国殖民地。完成拉美地区独立的各国政治精英都是原来宗主国的后裔。在确立各自的势力范围后，这些殖民主义者后裔按照欧洲民族国家的模式，建立了各自的管辖领地，鼓励或强制不同民族群体之间相互联系，特别是鼓励伊比利亚人和新大陆居民通婚，在宗教、语言和生活领域中对不同种族进行强制同化。然而在经济上，新的统治者虽然也采取了商品经济，但它没有离开封建藩篱，他们在各自庄园中按照家长制原则组织自己的经济和政治。大庄园主为一家之长，整个家族、仆人、奴隶、佃农、分成农、农民甚至邻居都是他的仆人，接受他的绝对统治。在政治上，殖民主义者后裔按照封建等级制建立了绝对的统治。19世纪初（1804—1828年），西班牙和葡萄牙内政外交出现危机。教会、殖民者后裔借机发动独立运动，先后产生了19个独立国家。其间，受拉美一体化思想的影响，委内瑞拉、哥伦比亚（时称"新格拉纳达"）和厄瓜多尔（时称"集多"）试图建立大哥伦比亚，但最终失败。拉美国家的建立并不是社会内部现代思想解放运动的结果，更缺乏西欧民族国家的"政治解放"，即公民化进程。虽然它实现了宗教、语言上的同质化和不同种族之间的融合，降低了不同种族之间的语言、文化和宗教上的分野，对拉美国的民族国家产生了重要影响，但缺乏现代民族国家所需要的理念和制度，因而虽有现代民族国家之名，而缺乏现代国家之精神。这样，在美洲大陆现代民族国家建构中，美国高歌猛进，而拉美国家长期处在落后和依附的地位上。

另一种是蚕食式。主要在加拿大得到了体现。这一国家是从英国的统治中通过"寂静的革命"，到20世纪80年代宪法归国才实现了彻底的独立，但这一国家同样以自己特有方式遵循了西欧民族国家建构的逻辑。入主这一国家的法裔和英裔与西欧国家有着直接的同宗关系。近代以来，在欧洲人最初的移民中，法裔是人数最多的一支，并在加拿大实行了一个世纪之久的殖民统治。继法国殖民者之后,英国在 1763 年夺取了新法兰西。不过当时英裔还是少数民族。美国独立战争后,有 5 万效忠派人士移居加拿大,大大壮大了英裔人口的比例。此后英裔在逐渐扩大自己的统治范围,并与法裔达成协议。除魁北克省外,英裔人数在全国人口中占多数。在文化上,除魁北克省外,加拿大全国以英语文化为主。面对邻国美国的强大实力,两大民族通过联合的方式,按照欧洲民族国家建设的特点,建立了具有加拿大风格的民族国家,并通过盎格鲁－撒克逊方式对待其他民族。尽管加拿大在后来的发展中接纳了一百多个来自不同国家和文化背景的民族群体,并成为"多元文化主义政策"的国家典范,但正如多元文化主义代表人物金里卡指出的:"多元文化政策涉及对一体化条件的修订,而不是对一体化本身的否定。它们否定的是盎格鲁化,而不是一体化。"[1]这里的一体化以"自由主义"作为价值核心,同时将宪法和法律作为多元文化必须遵守的最高准则。

　　民族国家的第三阶段为脱殖的民族国家建构阶段,主要兴起于二战之后的亚、非两大洲。这些国家的建立是由当地主体民族的政治精英仿效西方民族国家经验建立起来的,但民族国家所需要的"民族性"带有很强的本地特点。西欧建立民族国家并开始在海外建立殖民地时,亚洲、非洲和拉丁美洲国家仍然停留在较为原始、封闭和落后的状态下。随着殖民主义的扩张,这些地区先后沦为殖民主义经济体系中的一个部分。殖民主义在划分势力范围时,将不同的部族、地方或民族群体纳入其控制范围,形成了后来独立国家的基础。由于共同的利益和对帝国主义的反抗,各个殖民地内部的不同民族群体在民族主义精英的动员和影响下通过艰苦的斗争,最终建立了自己的"民族国家"。但这种民族国家不同于早发的民族国家,甚至与拉丁美洲的民族国家也存在很大的差异,其显著特点是缺乏或没有统一的"民族性(nationality)"支持。这些国家更多是一种国族,有学者采用了"国家－民族(state-nation)"[2]的概念。

　　20 世纪 90 年代,苏联和东欧等国家发生了解体和剧变。但需要指出的

---

　　① ［加拿大］威尔·金里卡:《少数的权力:民族主义、多元文化主义和公民》,邓红风译,上海世纪出版集团,2005 年,第 173 页。

　　② 林茨等提出了"国家－民族"的概念。在他看来,"国家－民族"内部包括了多元文化。美国、瑞士和印度是这种国家的代表。参见［美］胡安·J.林茨:《民主转型与巩固的问题:南欧、南美和后共产主义欧洲》,孙龙等译,浙江人民出版社,2008 年,第 36 页。

是,苏联加盟共和国本身就是由有民族国家基础的国家组成的,只是后来在列宁领导的布尔什维克政党的影响下,这些国家共同组成了苏维埃社会主义共和国联盟,即苏联。南斯拉夫和捷克斯洛伐克组成国家时就已经有了自己的民族或民族国家,后来他们的解体不过是原来民族国家的回归,与亚、非等地形成的民族国家存在着很大的差别。

四、多民族发展中国家的当代分布

当代国际体系是一个民族国家体系,在这个体系中,所有国家都是由一定的民族群体或多个民族群体组成的主权国家。但由于各个国家经济发展状况不同,形成了两个具有鲜明特色的国家群:发达国家群和发展中国家群。发达国家主要集中在今天的西方,它们是当代民族国家体系创始者,是最初的殖民主义国家和近现代国际秩序的建立者和维护者。在这个国家群中,既存在单一民族主体的国家,如阿尔巴尼亚、爱尔兰、奥地利、波兰等,也存在由两个或多个民族组成的国家,如荷兰、比利时、加拿大等。在发展中国家群中,既有由单一民族体组成的国家,如朝鲜、蒙古、孟加拉、约旦、也门;也有由两个或多个民族组成的国家,尤其后者在发展中国家中占绝大多数,分布于亚洲、非洲和拉丁美洲广大地区。这些国家的发展和崛起,及其内部民族关系格局的巨大变化,对国家的发展和政治稳定、国际秩序产生了深刻的影响。为便于研究,笔者在这里采用了"多民族发展中国家"这一概念,既相对于发展中国家群中的单民族国家,也相对于西方发达国家群中的多民族国家。对它们的区分重点不在于它们的现代化和经济一体化程度,主要在于这些国家的国家建构与民族建构的对接程度以及它们各自的内部结构,即多民族发展中国家主要是指国家建构和民族建构发展程度和内部结构上具有高度复合性的国家,更准确地说,是以异质的社会体为基础的叠加化的国家。在此,笔者通过比较的方式,主要对多民族发展中国家的构成和运行逻辑作一分析。

对于发展中国家,人们有不同的称谓,如"落后国家""贫穷国家""新兴国家""第三世界""欠发展国家""后发展中国家""欠发达国家""传统国家"等。至于什么是发展中国家?人们有不同的解释。中国学者彭刚认为,所谓的发展中国家就是指"亚洲、非洲和拉丁美洲那些在历史上曾是殖民地、半殖民地或附属国,后来摆脱了殖民主义统治,获得了民族独立和国家主权,目前经济发展又处于较低发展阶段的民族和国家"①。王丽荣在对发展中国家的研究中指出,发展中国家是指那些曾受过殖民统治和压迫的亚、非、拉国家。迈耶(Laerence C. Mayer)认为,第三世界是和欧洲国家的殖民帝国联系在一起的,主要是指区别于工业民主国家和共产主义国家之外的"其余所有国家"②。罗斯金(Michael G. Roskin)在《国家的常识》一书中,将国家分为发达国家和发展中国家。作者并没有对发达国家和发展中国家给出定义,但从全书分布看,发展中国家和发达国家显然是两个对应的区域。所谓发达国家,就是近现代历史上最早形成的工业化国家,而发展中国家则是有过殖民地或半殖民地历史、受过殖民剥削的国家。不过在我们看来,在今天的世界上,发展中国家已经发生了不同程度的变化。发展中国家群中也有了"发达国家""工业国家""现代国家",所谓的"传统国家"也不"传统",现代的内容已经充斥国家的文化和社会生活,而且这些国家的数量还会继续增加。但由于这些国家独立兴起时间短,在经济发展和社会生活的很多方面依然还有很长的路要走,他们在总体上依然属于发展中国家。

从空间上看,"发展中国家多数属于地域意义上的位于南半球的亚非拉国家"③。在当今世界,除了南极之外的地球陆地均有归属。到 2002 年 9 月,联合国成员国已增加到 193 个④。在五大洲中,原西方殖民地主要集中在非洲、亚洲和拉丁美洲,二战后,从 1945 年到 1975 年去殖民化中涌现出来的独立国家也主要集中在这三个地区。而这些国家随着边界的确立,内部都包括了不同的民族(族群、部族或部落、教派等)。由于拉丁美洲国家作为近亲移植的国家,这里不作为重点。同时考虑到北非与阿拉伯国家同属于中东地区,这里主要分析一下非洲(不包括北非)、中东和亚洲等三大地区的多民族国家分布状况。在进行这一分析前,有必要对多民族国家的概念作一分析。

---

① 彭刚:《发展中国家的定义、构成与分类》,《教学与研究》,2004 年第 9 期。

② [美]劳伦斯·迈耶:《比较政治学》,罗飞等译,华夏出版社,2001 年,第 346 页。

③ 刘青建:《发展中国家与国际制度》,中国人民大学出版社,2010 年,第 3 页。不过在我们看来,这是一个模糊性判断。因为南半球的国家中也有发达国家,如澳大利亚和新西兰,而北半球并不一定都是发达国家,如东南亚、南亚、西亚或中东地区都属于发展中国家集中的地区。

④ 参见《世界地图册》,星球地图出版社,2014 年,第 14 页注。

在当代民族国家体系中，发展中国家严格说来是一种以异质性社会体为基础的"非正常"的民族国家。为对这一观点有一明确认识，有必要对"多民族国家"的含义作一解读。在对"多民族国家"含义的认识上，1884年，恩格斯就欧洲的民族国家有过这样一段描述："从中世纪末期以来，历史就在促使欧洲形成为各个大的民族国家。只有这样的国家，才是欧洲占统治地位的资产阶级的正常政治组织"①。之后的列宁也持同样的观点，他指出："在全世界，资本主义彻底战胜封建主义的时代是同民族运动联系在一起的。这种运动的经济基础就是：为了使商品生产获得完全胜利，资产阶级必须夺得国内市场，必须使操同一语言的人所居住的地域用国家形式统一起来，同时扫清阻碍这种语言发展和阻碍把这种语言用文字固定下来的一切障碍。语言是人类最重要的交际手段：语言的统一和无阻碍的发展，是实现真正自由广泛的、适应现代资本主义的商业周转的最重要条件之一，是使居民自由广泛地按各个阶级组合的最重要条件之一，最后，是使市场同一切大大小小的业主、买主和卖主密切联系起来的条件。""因此，建立最能满足现在资本主义这些要求的民族国家，是一切民族运动的趋势（趋向）。最深刻的经济因素推动人们来实现这一点，因此民族国家对于整个西欧，甚至对于整个文明世界，都是资本主义时期典型的正常的国家形式。"②与之形成对比的是，"东欧的情形却有些不同。当西欧各民族发展成国家的时候，东欧却形成了多民族国家。在奥地利，当时政治上最为发达的是德意志人，于是他们就负起了把奥地利各民族统一成一个国家的任务。在匈牙利，最能适应国家组织性的是匈牙利各民族中坚——马扎尔人，于是他们成了匈牙利的统一者。在俄国，是以历史形成的强大而有组织的贵族军事官僚为首的大俄罗斯人担负了统一各民族的使命"。为什么东欧没有形成"正常的国家"，即民族国家呢？斯大林解释说，就内部因素而言，在于"封建制度还没有消灭、资本主义不发达、被排挤到次要地位的各民族在经济上还没有结合成完整的民族条件下，才能有这种特殊的国家形成方式"③。在这种情况下，当这

---

① 恩格斯：《暴力在历史中的作用》，《马克思恩格斯全集》（第21卷），人民出版社，1965年，第463页。

② 列宁：《列宁选集》（第2卷），人民出版社，1972年，第370、371页。

③ 斯大林：《马克思主义和民族问题》，《斯大林全集》（第2卷），人民出版社，1953年，第301页。

些民族要求建立自己的民族国家时,已经来不及了,"它们在自己的道路上碰到了早已居于国家领导地位的统治民族中的领导阶层极其强烈的反对"。就外部因素而言,当时的东欧主要表现为"自卫(抵御土耳其人、蒙古人和其他人的侵犯)的需要",使"这些地方的民族没有发展成也不能发展成民族国家,而建立了一些混合的多民族的"国家。这种内外因素的合力作用使"这些国家通常都由一个强大的统治民族和几个弱小的从属民族形成"。①

恩格斯、列宁和斯大林对多民族国家含义的认识显然是与单民族的民族国家相对的。在他们的视野中,西欧的民族国家属于正常的国家,而东欧及其后来的多民族国家则属于"非正常的国家",主要标准在组成民族群体的数量上。但随着世界的巨大变化,冷战之后的东欧多民族国家发生了巨大转变,纷纷仿效一族一国思路建立了自己的民族国家。而二战后产生出来的亚、非等地区的国家都是多民族的政治共同体,并在今天的世界上成为"常态"。

中国学界对多民族国家最新的讨论中,涉及如何判定多民族国家的问题。周平的《多民族国家族际政治整合》讨论了多民族国家这一概念。在他看来,"多民族国家与民族国家,都是从民族的角度描述和考察国家类型而形成的概念,并且在社会科学研究中和现实中被广泛地使用。但是,这两个概念,尤其是多民族国家却缺乏准确的界定,因而常常被误用。其典型的表现就是,将多民族国家与民族国家对应或对立起来。其实,多民族国家与民族国家,既是对从不同角度划分出现的国家类型的概括和抽象,也是用以描述和分析不同国家类型的概念"②。在他看来,"多民族国家,是从国家的民族构成的角度区分出来的一种国家类型,指生活着多个民族并具有复杂民族构成的国家。作为一种国家类型,多民族国家并非相对于民族国家来说的,而是相对单一民族国家来说的"③。在对多民族国家的区分中,周平指出,多民族国家中各个民族与国家政权的关系是不同的。存在两种情况,一是各个民族共同执掌国家政权;另一种是一些民族被完全排除在政权之外。在不同国家和地区中,两种情况都存在。在笔者看来,周平对多民族国家的

---

① 斯大林:《论党在民族问题方面的当前任务》,《斯大林全集》(第5卷),人民出版社,1985年,第14页。

② 周平:《多民族国家的族际整合》,中央编译出版社,2012年,第23页。

③ 同上,第24页。

界定主要是从社会学的角度来确定多民族国家的，可以视为是一种广义的多民族国家。从现实角度看，一些国家民族的规模和人口数量不同。一些规模较大且占有土地和资源的民族不仅在经济上，而且在政治上拥有较多的发言权，影响比较大，因而能够在一些国家的议会中获得一定的席位。但也有一些民族规模小，流动性强，如移民群体等，很难在政治上获得发言权，甚至难以进行人类学意义上的统计，因而他们很难进入政治生活范围。但他们在社会生活或局部生活领域中确实存在，在人权上得到一定的保护。

与周平不同的是，王希恩主要从民族整体或民族集团掌握政权的角度来认识多民族国家。他指出："民族国家就是由自认为是一个政治整体的民族或民族集团建立的国家。自愿构成这个政治整体的可以是一个民族，也可以是多个民族（或称民族集团），可以是有着悠久历史联系的民族，也可以是由共同命运、利益或共同斗争目标联系在一起的民族。于是，由这样的政治整体建立起来的国家因族体数量的不同，可以是单一民族的，也可以是多民族的。"①也就是多民族国家主要取决于掌握政权的民族数量，即如果掌握政权的民族群体是两个或多个，则视为是多民族国家。笔者认为，王希恩对多民族国家性质的认识是一种狭义的多民族国家，即主要从参与政权的数量上来界定多民族国家。这种多民族国家比较容易识别和操作，而且更符合族际政治研究的内容。

在笔者看来，就发展中国家的经验看，多民族发展中国家中各个民族群体的发展状况存在很大的差异，有的数量和规模足以影响一个国家的政局，也有的民族群体人口数量很少且难以识别。但从保护文化多样性和民族平等的法律意义看，这些弱小的民族群体依然属于多民族国家的成员，享有文化上的权利。不仅如此，现实中的多民族国家，尤其是民族发展中国家其含义远远要复杂得多。在确定多民族国家的概念时，更要随着时代和历史区域的不同而重新进行理解和解释。我们知道，一般说来，西方国家在对多民族国家的概念的解释上通常以原生的民族国家为参照物，在对民族国家的解释上，多以"文化同质"作为预设前提。实际这样一种认识在西方多元文化主义的视野中已经受到挑战。当代多元文化主义思想家金里卡在《多元文化公民权：一种有关少数族群权利的自由主义理论》一书中对多民族国家

① 王希恩：《民族过程与国家》，甘肃人民出版社，1998年，第166页。

的解释上有了一些新变化。在他看来,现实的多民族国家中的民族群体,一种是有"土"之民族群体。这里的有"土"之民族群体由于历史的或后来强大国家的吞并而加入到一个国家中来,因而形成了多民族国家。他在解释多民族国家时指出,民族是"一个历史性共同体,它在制度上或多或少是完整的,占据着一块既定的区域或领土,共享着一种独特的语言和文化"①。美国、加拿大等国家便属于这种。今天的美国不仅包括了美国本土的民族群体,而且也包括了美国本土之外的民族群体,如夏威夷、波多黎各等地方的民族群体。加拿大是由法裔、英裔和印第安人三个民族群体组成的多民族国家。另一种为移民群体。他们不一定拥有土地,但他们拥有自己的文化,如语言等。他们虽然分散在全国各地,但共同的文化、宗教或来源地方,在人口上形成了相当的规模,并构成了具有相当影响的政治力量,金里卡对多民族国家含义的界定更符合当代不少国家的现实。这种认识如果放在对发展中国家的认识上表现得更加复杂。即在今天的发展中国家,除了生活在这一土地上的古老民族群体之外,还有不少民族群体在历史上或近代以来被强行纳入进来的。如在今天的泰国、印度尼西亚、菲律宾,就有不少被西方殖民主义强行纳入其中的其他民族群体,他们可能拥有土地,如泰国南部的马来人,但他们是所在国的少数民族。不仅如此,还有不少民族或宗教群体或是出于政治上迫害或是历史上迁徙的原因而离开故土流落到另一个殖民地区。在这些地区建国后,他们已经融入这一国家的经济体系或文化体系中。如在今天的新加坡、马来西亚、印度尼西亚、斯里兰卡等国家居住的华人、印度人,在近代殖民主义的扩张中背井离乡,在异国他乡通过打拼而建立了自己的产业或有了自己的一份职业。他们在这些国家已经有相当规模,随着移民于海外,他们也把故乡的宗教、文化带到迁入的地方。还有另一种情况是,由于历史上世界上的不少地区,"民族与宗教通常混而为一体,或为代议的神权政治体系,或为宗教与世俗权力交织的某种形式"②。在今天的伊斯兰世界,一方面存在着多个穆斯林国家,另一方面遍布世界各地的伊斯兰社团乌玛呈现出非领土性的政治形态。在不少国家中,根据宗教和

---

① [加拿大]威尔·金里卡:《多元文化公民权:一种有关少数族群权利的自由主义理论》,杨立峰译,上海世纪出版集团,2009年,第13页。

② [美]哈罗德·伊罗生:《群氓之族:群体认同与政治变迁》,邓伯宸译,广西师范大学出版社,2008年,第228页。

种族划分各自不同的生活地区,黎巴嫩即是典型。在黎巴嫩,同是阿拉伯人种,但宗教信仰的不同使民族群体彼此区分,并生活在不同的区块中。"黎巴嫩是一个多元社会,它由诸多严格而自主的宗教区块构成。主要教派包括马龙派基督徒(在 20 世纪 50 年代中期约占人口的 30%),逊尼派穆斯林(占 20%)、什叶派穆斯林(占 18%)和希腊人(占 11%)。另外,还有大约十个较小的教派,其中大部分是基督徒和穆斯林。"①因此,在今天的发展中国家,多元文化性更加突出。因此所谓的多民族国家不仅仅要从"民族群体"的数量来认识,而且要从文化的角度来认识,因而它是一种由不同的部族、宗教群体、种族群体、语言群体组成的政治共同体。

就非洲国家而言,分为东非、中非、西非、南非和北非,计有 55 个国家和地区。② 非洲又分为两个地区——北非和撒哈拉以南非洲,后者主要生活着黑色皮肤的土著人民。该地区在习惯上进一步划分为西非、中非、东非和南非地区,总共有约四十余个国家。8 世纪以来,阿拉伯人向非洲大陆移民并传播了伊斯兰教,进行殖民和控制。不过大部分地区依然处在原始社会或各种不同形态的古代酋邦或王国中。一些文明程度较高的地区已经出现了统一的古代民族和国家组织(如西非地区 15、16 世纪存在的非洲历史上最大的帝国桑海帝国,以及 16 世纪至 19 世纪中叶中、西部非洲地区逐渐统一、融合的古代豪萨民族及豪萨城邦)。③ 从 15 世纪开始,葡萄牙、西班牙、英国率先在非洲开始殖民贸易,19 世纪,非洲大部分地区处在了西欧诸多国家的殖民和瓜分狂潮之中。在那里,大规模的奴隶贸易直接破坏了非洲的劳动力人口结构,而且强行的边界划分将一些形成中的民族重新部落化。如古代民族中的豪萨人,在奴隶贸易和殖民瓜分浪潮中被"重新部落化",同一族的人口被人为地分割到了尼日利亚、喀麦隆、尼日尔、贝宁、加纳、布基纳法索、多哥和马里等国家。同样的悲剧也发生在索马里,同一民族被分割到埃塞俄比亚、肯尼亚、吉布提、厄立特里亚等地。二战以后,随着民族独立浪潮在非洲国家展开,一批西方国家的殖民地从宗主国的控制下独立出来。但这些国家的版图并非建立在与历史或民族因素密不可分的基础上,生活

---

① [美]阿伦·利普哈特:《多元社会中的民主》,刘伟译,上海人民出版社,2013 年,第 125 页。

② 参见《世界地区册》,星球地图出版社,2014 年,第 148 页。

③ 参见贺文萍:《非洲国家:民主化进程研究》,时事出版社,2005 年,第 59 页。

其中的不同部落是被强行并入了一个共同体中。如西非大国尼日利亚是非洲拥有部族最多的国家之一，共有 250 个部族，其中人口超过千万的主要是北区的豪萨－富拉尼族、西区的约鲁巴族和东区的伊博族这样三大部族。东非国家索马里民族成分比较单一，全国 98% 的人口系索马里族人。但索马里国家同样也是一个部族林立的国家，占全国人口 80% 以上的北部萨马勒族系，西区又可分为达鲁德族、哈威伊族、伊萨克族和迪尔族四大部落，南部地区的萨布族系下也可分成迪吉尔和拉汉文两大部族，而且这 6 个大部落下又分为几十个小氏族。肯尼亚也是东非的一个多部落的国家，境内有一百多个部落。此外还有部分阿拉伯人、亚洲和欧洲的居民，几乎所有的部落又分别归入 9 个语言集团中。全国最大的部族是基库尤人，此外还有卢伊亚人、卢奥人、卡兰津人、古西人等。这些大小不同的部族同样又分为不同的部落。非洲各国境内的多部族、多部落状况使这些国家要不徒有形式，要不国家政权力量孱弱。英国学者汤普森指出："当代非洲国家的出现不是因为本土社会力量有这样的要求，不是本土民族主义呼吁的产物。相反，非洲国家是由外部强加的……帝国列强划定的政治边界与非洲人原属区域之间并没有很大的关系。这导致认同不同甚至冲突的群体被强行糅合在一个'陌生'的国家。缺乏凝聚力和共同文化使这些群体很难被界定为国家。相反，非洲人继续在当代和次国家层面维护和实践着共同体的理念（家族、氏族和部落）。"[1]

　　北非总计 6 个国家[2]与中东其他 20 个国家共同组成了中东地区。在历史上，这一地区不仅受到埃及文明、希腊文明和基督教文明的影响，更重要的是受到了伊斯兰文明的影响。在这一地区，由于民族迁徙、通婚、人员的往来，特别是伊斯兰教的传播和扩散。该地区的政治与社会具有强烈的泛阿拉伯和泛伊斯兰的特点。然而在这些具有共同语言和共同宗教信仰的中东地区并没有产生一个共同的民族国家。相反，其下不仅分出了诸多的国

[1]　[英]阿莱克斯·汤普森：《非洲政治导论》，周玉渊等译，民主与建设出版社，2015 年，第 57 页。

[2]　有学者认为，北非有 6 国：苏丹、利比亚、突尼斯、阿尔及利亚、摩洛哥和毛里求斯。参见王联：《中东政治与社会》，北京大学出版社，2009 年，第 5 页。除了上述国家外，有学者认为还有埃及、乍得、厄立特里亚、毛里塔尼亚北部、西撒哈拉地区。见[美]戴维·莱文森：《世界各国的族群》，葛公尚等译，中央民族大学出版社，2009 年，第 177 页。

家,而且这些国家内部同样存在着诸多的部落、部族、宗教教派等群体。部族、教派纠缠在一起,深深嵌入到了社会和国家的方方面面。中国记者薛庆国以其亲身经历讲到阿拉伯政治运行的三大内在逻辑时,把宗派主义传统列为榜首。他指出:"在多数阿拉伯国家,部族、族裔、教派等传统因素迄今仍是维系民众间关系的主要纽带。"[1]如在伊拉克境内主要有什叶派、逊尼派和库尔德人三大教派/民族。叙利亚境内的居民中有 14% 信奉基督教,85%信奉伊斯兰教,而伊斯兰教徒中逊尼派占 80%,什叶派占 20%,阿萨德家族来自什叶派的阿拉维派。利比亚境内部落上百。也门大约有二百个大部落[2]。埃及的族群构成具有较高的同质性,90% 的人口是东闪米特的阿拉伯人,94% 为穆斯林[3],主要是逊尼派穆斯林。但同样内部生活着贝都因人、利普特人、柏柏尔人和奴比亚人。此外,埃及境内还有亚美尼亚人、希腊人等[4]。

与上述两个大陆比较,亚洲国家处在欧亚大陆的东部、中部。目前这一地区按照习惯分为东亚、东南亚、南亚、西南亚、中亚和北亚。现有 48 个国家和地区,人口约 36.81 亿,约占世界人口的 60.2%[5]。中亚五国原为苏联加盟共和国,20 世纪 90 年代从苏联分解出来,成为独立的民族国家。北亚和东亚包含俄罗斯、朝鲜、韩国、日本、蒙古和中国。由于俄罗斯是苏联的主要继承者,属于转型中的国家,而日本、韩国、朝鲜和蒙古属于单民族国家,作为亚洲最大的国家,中国就是由 56 个民族组成的,其中汉族占人口的 90%以上。就东南亚而言,主要分布于亚洲东南部的海岛或中南半岛上,有菲律宾、越南、老挝、柬埔寨、印度尼西亚、文莱、马来西亚、泰国、新加坡、缅甸等国家。东南亚国家内部同样也是由多民族构成的。新加坡由华人、印度人、马来人、巴基斯坦人和其他民族组成,华人占全国人口的 76% 以上。作为岛国的印度尼西亚有一百多个民族,其中爪哇族占人口的 45%;菲律宾有近九十个民族,马来系族占全国人口的 85%。[6]

① 马晓光:《阿拉伯巨变:西亚、北非大动荡深层观察》,新华出版社,2012 年,第 444 页。

② 参见马晓光:《阿拉伯巨变:西亚、北非大动荡深层观察》,新华出版社,2012 年,第 446 页。

③④ 参见[美]戴维·莱文森:《世界各国的族群》,葛公尚等译,中央民族大学出版社,2009年,第 219 页。

⑤ 参见《世界地区册》,星球地图出版社,2014 年,第 19 页。

⑥ 参见张蕴岭等主编:《简明东亚百科全书》(下册),中国社会科学出版社,2007 年。

在古代社会,这里就产生了不同于西方的儒家文明、佛教文明、印度教文明、波斯文明等,其中儒家思想和中华文明对东南亚国家构成了重要影响。受中华文明和其他文明的影响,一些民族群体逐渐凝聚起来,凭借自身的实力,扩大了自己的范围,建立了以一定的民族群体为核心的政治实体,如王国、王朝和帝国。凭借军事征服或诱降等手段将分散的、弱小民族群体吸纳或合并进来,经过长期的同化,一些王朝或王国扩大了自己的统治领域。在东北亚地区,高句丽民族和日本大和民族在中国儒家文明的影响下,先后建立和发展了各自的中央集权的封建王朝,形成了各自的官僚体系和各自的语言和文化。在东南亚半岛上,无论是越南、柬埔寨、老挝、缅甸、泰国等国家,还是岛国如印度尼西亚和菲律宾,在殖民主义到来前已经形成了各自的王朝体系,如柬埔寨的古代国家扶南及其吴哥王朝,越南历史上的李朝和黎朝,缅甸历史上的骠国及其勃固王朝和阿瓦王朝,泰国的素可泰王朝、阿瑜陀耶王朝,老挝的澜沧王国,马来半岛的狼牙修和吉打王国、室利佛逝王国,印度尼西亚爪哇的麻喏巴歇王国等。这些王朝身处东方,偏安一隅,在君主的推动和影响下,发展了各自的语言、宗教、法制和人伦。人文地理学家卡尔·格伦地(Carl Grundy-Warr)指出:"前殖民时代的许多亚洲国家,主权的重点并不在于控制疆界,'而是国家象征中心的壮丽景象、其典礼以及祭祀性建筑',古代南亚和东南亚的印度化国家往往以自命为神的统治者为中心,在其东面的国家,皇帝们握有'天命',官员行使权力,是因为他们身为君子(按照儒家理念立身行事的人)。但是如果仅从帝王将相的角度考虑主权,将会失之简单,因为现代时期统治者和被统治者、政府和社会的关系往往是复杂的、等级的以及转换的,而不是以严格领域性为基础的。沃尔特斯(O. W. Wolters)将东南亚权力关系图解为曼陀罗(Mandala)——一个难以言传的梵文词,意为没有固定边界的政治组织,但是其权力是以中央朝廷的权威为基础的。"[1]近代西方殖民主义者的入侵,破坏了东南亚王朝发展的历史进程,但一些强大的民族群体构成了不同殖民地的核心民族,他们没有遭受像非洲一些国家"再部落化"的厄运。在东南亚,一方面殖民主义者借助于原有封建统治者的力量延长着自己的统治,另一方面当地的封建王朝

① [英]彼得·丹尼尔斯等:《人文地理学导论:21世纪的议题》,邹劲风等译,南京大学出版社,2014年,第663~664页。

或地方势力借机靠西方殖民力量来巩固自己的特权。二战后，这些殖民地在民族主义思想和运动的影响下纷纷获得了独立，但即使独立了，最终依然要依靠西方国家，在西方国家的影响下获得依附性的发展。然而也有一些国家，如泰国、缅甸、新加坡、马来西亚和印度尼西亚经过一定时间的调整后，群雄崛起，极大地带动了其他国家的发展；东盟国家的建立及其发挥的协调作用，使东南亚国家逐渐从彼此之间的对立中解放出来，获得了和平发展的机会。如果说巴尔干地区的国家虽然有过王国的历史，但长期以来一直处在欧洲和亚洲帝国的夹缝之中，难以形成自己的边界和认同。受欧洲私有财产权、一族一国理念的影响，一些生活其中稍有力量的民族群体总想伺机独立，自立为国。而东南亚国家的核心民族凭借强有力的权威奠定了较为厚实的国家性基础。尽管在这些国家中，存在着本土的少数民族和不少殖民主义时代的移民群体，但核心民族依然构成了这些国家的中坚，为战后这些国家的发展奠定了政治基础。[①] 除此之外，东南亚国家偏安一隅，由于高山和海洋的阻隔，历史上较少受到大的帝国侵扰，在一定程度上保持了自己的统一性和文化上的延续性。尽管东南亚国家在 20 世纪末面临苏联解体、东欧剧变、民族主义浪潮波及世界的挑战，尽管东南亚国家也发生了民族冲突，正是上述的历史和现实基础决定了东南亚地区没有出现像巴尔干地区那样的政治动荡，甚至国家分裂。不仅如此，这些国家在参与世界经济和中国的经济发展中起着举足轻重的作用，这一地区已经成为今天世界上发展最快的地区之一，其中新加坡已经跻身于世界发达国家之列，泰国、马来西亚、印度尼西亚紧随其后，已步入中等收入国家[②]之列。

南亚国家主要由印度、巴基斯坦、尼泊尔、孟加拉、阿富汗、斯里兰卡、不丹、马尔代夫等国家组成，总面积为 400 万平方千米，人口超过 13 亿，是连接东亚、东南亚与中亚、西亚、东非乃至欧洲地区的重要纽带，是印度洋区域文明以及东西方文明交往的重要通道。南亚文明正是在与埃及文明、希腊罗马文明、伊斯兰文明、欧洲工业文明的交汇中发展形成的。在地缘上由于处

① See Dan Slater, *Ordering Power: Contentious Politics, State-Building, and Authoritarian Durability in Southeast Asia* A Ddissertation submitted to the Faculty of the Graduate School of Emory University in partial fulfillment of the Requirements for the Degree of Doctor of Philosophy Department of Political Science, 2005. Cambridge university press, 2010.

② 见表 2。

在地球的"中间地带"和"碎片化"地带,历史上的诸多国家都曾在此进行过战争和利益争夺,从而留下了诸多不同文明和民族文化的因子。在此背景下,南亚诸多国家内部也形成了不同民族群体共存的局面。此外,受地理、气候和高山作用的影响,这里形成了大大小小的部落、公社、宗教教派甚至酋邦,如在印度"目前为止至少还有 500 个部落"①。它们分布在这一国家的东北部、中部和西南高山地区,且与宗教、语言、种姓密切结合在一起,从而进一步增加了这一国家的文化多样性和复杂性。在巴基斯坦,行政区划的 4 个省——信德省、俾路支省、旁遮普省和开伯尔－普赫图赫瓦省,基本上按照相对应的民族群体,即信德人、俾路支人、旁遮普人和普什图人而划分,而在这些大的民族群体还包括更多的族裔群体。在斯里兰卡,僧伽罗人占人口多数,此外还有泰米尔人、摩尔人、维达人。阿富汗同样也是一个由普什图人、土库曼人、乌兹别克人、塔吉克人和吉尔吉斯人等高度异质的民族群体组成的国家。

南亚各国的多民族状况与宗教密切联系在一起,印度教、伊斯兰教、佛教、基督教、锡克教、耆那教、祆教并驾齐驱。不仅如此,各国民族群体还与种姓制度联系在一起。种姓制度不仅在印度存在,就是在其他南亚国家中也同样存在,如斯里兰卡的僧伽罗和泰米尔人中就存在种姓制度。不仅如此,在这些国家中,民众使用的不只是一种土语,他们不愿意接受某一种土语成为官方语言。如果一种地区的语言成为官方语言,说另一种地区语言或方言的群体就害怕失去经济权利。马来西亚、菲律宾、斯里兰卡和印度都曾经试图将某种土语作为官方语言或书面语言,但都遭到了各方面的抵制,甚至酿成大规模的冲突。由于各种不同语言顽强地保持自己的独立,自然对他们的"感情融和"和民族团结带来影响。瑞典经济学家谬尔达尔指出:"民众只讲本地语,新国家就不可能有真正的感情融和,因而不可能有牢固的民族团结。"②但为了维护国家统一,便于人们的交流和经济活动的展开,这些国家只能把原来殖民地时代使用的语言——英语作为官方语言。而在

① 参见[美]戴维·莱文森:《世界各国的族群》,葛公尚等译,中央民族大学出版社,2009 年,第 367 页。

② [瑞典]冈纳·谬尔达尔:《亚洲的戏剧:南亚国家的贫困问题研究》,方福前译,商务印书馆,2015 年,第 43 页。

社会生活中,依然保留了各地土语。这样,在南亚的统一语言——英语下,生活着具有不同感情的部落和民族群体。这些群体与民族、部落、宗教等多元文化状况结合,更使形式上的国家建立在了"碎片化"社会的基础上。

第二章　多民族发展中国家政治主题的
转换与政治整合

多民族发展中国家主要形成二战以后。作为一个拥有自己特色的现代民族国家集合体,由于面临的时代主题不同,政治整合的重点存在很大的差异,进而作为构成其重要环节的族际政治整合也存在很大的差异。

一、多民族发展中国家的政治生态变革

人类社会的形成和发展与其所处的生态有着密切的关系。这里说的生态并不是作为自然意义上的生态,而是作为政治意义上的生态。它涉及政治或政治系统自身生存发展的外部条件和环境,如经济、文化、社会制度、社会团体及其活动、自然地理气候等对政治系统自身的作用与反作用。《布莱克维尔政治学百科全书》在对政治生态的解释中指出:"政治生态学的特点在于试图测定不同的环境对于这些环境周围的、一种或多种被看成是特征相似的个人或团体所产生的影响。"①从对政治生态的这种解释中可以看到,一定的政治或政治系统存在于一定的环境中。这种环境可以从两个方面考察,一是外部环境,其中特别是国际的经济的、政治的和人类生存环境;另一种是政治赖以存在的社会环境,涉及社会本身的历史发展进程中,一个国家赖以存在的社会的、经济的、文化的环境。

人们的活动处在与外部环境和内部环境的各种因素始终不断交换和影响之中,同样,政治或政治体系也处在与外部环境的相互作用和影响之中,由此影响着作为政治或政治体系的重要功能,即政治整合也处在与外部环境的相互作用和影响之中,在这种与环境的交换和影响下形成了各具特色

---

① ［英］戴维·米勒:《布莱克维尔政治学百科全书》,中国政法大学出版社,1992 年,第554 页。

的政治整合体系和政治整合过程。

如前所述,政治整合从来是发生在一定的领土和一定的内外环境下的政治整合。政治整合的目的就是要将国家内部的多元因素组织起来,纳入到一定的秩序中,从而将一个国家内部的多元因素组织到一定的体系中,以求得人们的生存和发展。从基本的构成因素看,政治整合要涉及两个重要方面:就客观状况而言,涉及人与外部的物质条件的结合,如一定的领土、海洋、资源、地缘、市场、不同群体、不同政治机构等关系;就无形的方面看,涉及认同、价值观念和意识形态等。一定的政治整合不仅是对有形的对象进行组织和协调,使其按照一定的秩序要求组合成一个相互连接的体系,而且也涉及将人们从思想、价值和观念上凝聚起来,使人们自觉地结合成一体。

多民族发展中国家政治整合的存在和构成并不是政治家或参与者完全独立的"理性选择"的产物,或者说,即使政治家或参与者们做出了"理性选择"和"理性"干预也离不开时代和现实给予他们的影响。从国际经济秩序和国际秩序的角度看,今天的发展中国家发端于近代世界形成中心 - 边缘的资本主义关系结构,而发展中国家本身就处在"边缘"地位上;同样,今天的发展中国家内部存在着复杂的族际关系格局,也存在着"中心 - 边缘"状况。在这种关系模式中,一些民族群体处在了"主导地位上",而一些弱势民族群体处在"边缘"地位上,这些状况与人类生存环境有着直接的关系。

人类的发展离不开所处的自然环境和资源状况的支持。大自然在塑造不同的自然环境和资源状况时,也塑造了生活在这种环境中的生活的共同体。在远古时代,各个不同的民族群体生活在不同的环境中,形成了不同的共同体。一些民族群体兴盛起来,也有一些民族群体衰落下去。不过在近代社会产生之前,人类的不同种群处于地区性的隔绝状态下。美国历史学家斯塔夫里阿诺斯在总结人类历史的基础上指出:"1500 年以前,人类基本上生活在彼此隔绝的地区中。各种族集团实际上以完全与世隔绝的方式散居各地。直到 1500 年前后,各种族集团之间才第一次有了直接的交往,从那时起,他们才终于联系在一起"。① 然而,这种联系并非是一种平等的联系,而是一种纵向的等级性的联系或是一种不平等的、带有剥削和压迫特点的

---

① ［美］斯塔夫里阿诺斯:《全球通史:1500 年以后的世界》,吴象婴等译,上海社会科学院出版社,1999 年,第 3 页。

中心－边缘关系。

从经济上看,现代世界经济体系本质上是建立在经济关系基础上的。在这样一种关系中,以西方国家的利益为核心建立了国际劳动分工、贸易和货币体系。在这种体系中,西方国家是主动者,决定着国际劳动分化、国际贸易和国际货币体系的规则的建立,并通过这一规则实现自己的利益最大化。与其形成对比,广大殖民地或后来的发展中国家作为国际分工、贸易和国际货币的被动接受者,其绝大多数的经济活动处于被动地位,受到了西方国家的剥削,从而在国际体系中形成了一种不平等关系。同时,由于西方国家在经济上的统治地位或中心地位的确立,也使殖民地或后来的发展中国家处在"依附"地位上,正是这种依附地位衬托出西方的"中心"地位。"所有的第三世界国家的边缘和依附地位导致了西方核心国家对第三世界国家限定在落后与依附的状态中。"①在这种依附性发展中,发展中国家虽然也获得了"发展",但这是在西方国家所划定的发展内的发展,发展的结局不是获得了"自主",而是处在"依附地位"上。

从政治上看,在世界体系中,西欧国家使自己成为世界体系的核心,必然依托经济上的"中心"地位。沃勒斯坦指出:"现代国家——位于一种国家间体制之中,并受到这种国家间体制的制约——的建构是现代世界体系自16世纪开始以来的一个组成部分。各国的统治者都专注于以两种方式来增强国家的实力:提供国家的权威,即它在国家边界内做出有效决策的能力;提高它在世界范围内的权力,即将其意愿强加于其他国家和减少相反情况发生的可能性的能力。"②西方国家在强化自己的中心地位中,力图在同质化或营造一个同质化高的民族群体来提高自己的社会内部凝聚力和竞争力,民族国家成为这种选择的必然结果。同时,西方国家之间为了避免战争,建立了国际法和国际政治秩序,以便在维护自身关系的和平与稳定中,共同完成对殖民地的掠夺和世界政治秩序的建构。而处于"中心"之外的半中心和边缘地带的地区也就成为西方政治力量的投放地。在这些地区,西方殖民者依靠自身的实力建立了各自的势力范围,划定了各自势力范围的边界,由

---

① [巴西]特奥托尼奥·多斯桑托斯:《帝国主义与依附》,杨衍永等译,社会科学文献出版社,1999年,第302~306页。

② [美]伊曼纽尔·沃勒斯坦:《现代世界体系》(第四卷),社会科学文献出版社,1998年,第462~463页。

此成为后来不少多民族发展中国家的疆界;也在这些国家按照自己的意志设立了他们的代言人,扶持了他们所需要的统治者。二战以后,西方控制下的殖民地获得了独立,但建立起来的独立国家基本上是在西方殖民主义者划定的国际政治秩序和边界内。而不少在西方殖民主义影响下的新的独立国家,基本上也是按照西方"民族国家"范式建立自己的国家。所不同的是,这些国家基本上是在社会内部高度异质的情况下,凭借政治的力量建立起来的。

值得注意的是,在资本主义中心力量向外扩展的进程中,人类经历了两次世界大战。在两次世界大战后,美国和苏联成为两个霸权国家。前者继承了西方中心-边缘结构关系,不同的是,往日的西欧在战争中已成颓势,而美国成了这一中心的领导者和维护者,并乘势而起,在世界建立了它的霸权地位,继续推行着延续了两个多世纪的中心-边缘关系;后者在打败法西斯主义的战争中,依靠其强大的政治力量和军事力量扩展了其影响力,并以苏联为中心,形成了新的同盟。① 一批原来西方的殖民地将其作为样板,采取了苏联的模式,试图通过集中的权力,推进新的国家建构。

中心向边缘的渗透和影响对发展中国家无疑有着重要的影响。一方面,现代国家秩序冲击了这些地区的传统秩序,使这些地区独立后实现了"整合的革命",告别了属地原则而采取了以属人原则来组织国家的历史;从经济上看,工业和市场的发展也使这些国家开始逐渐地或部分地拥有了自己的经济主权。从文化上看,这些国家可以独立自主地建立自己的文化。另一方面,国际秩序同样也发生着巨大的变革,以美国和西方国家为中心的中心-边缘结构也处在裂变之中。中心对边缘的剥削铸就了西方国家进入了"后工业社会",然而后工业社会的出现解构了启蒙运动以来的"现代性"。经过两次世界大战的影响,后现代主义建立起来的"去中心化"运动,从内部影响着西方同质性国家的追求;西方国家不能不接受"多元文化";世界的多元文明的发展冲击着权力秩序;冷战的结束,后金融时代的出现,"多元文明"的世界秩序的"重建"为发展中国家的"崛起"提供了了机会。而中国的

---

① 有研究表明:1945年,苏联对世界上9%的国家产生影响;在1950年后期高峰期时达到14%;20世纪80年代则下降至12%,参见[美]斯塔夫里阿诺斯:《全球分裂:第三世界的历史进程》,王红生等译,北京大学出版社,2017年,第696页。

崛起和影响,更使人们看到以"和而不同"为价值理念而组织起来的国家,无论对世界,还是对发展中国家都有着重要的影响;在经济发展和民主潮流影响下的发展中国家培育起来的经济自主能力和国家变革,决定了"元治理"时代而不是"无政府治理"的到来。

二、多民族发展中国家政治主题的转换与政治整合

什么是政治整合?在拉丁文中,整合(integration)表示的是社会过程,即社会内部克服了分工与异质性因素,形成了一个新的、平衡的整体。①《牛津高级字典》将"整合(integration)"解释为将两个或多个独立存在的个体通过某种方式合并到一起并形成一个整体。西方学者卡西墨里从分工合作的角度将"整合"理解为:"一种状态,表示不同族群能够维持团体的界限和独特性,同时平等地参与到基本的生产、分配和治理过程中。"②而社会学家把"整合"理解为构成文化的"诸要素或特质不仅仅是习俗的随机拼凑,而是在大多数情况下相互适应或和谐一致"③的过程。显然,整合不是多元因素的简单相加,而是按照一定秩序"组合"成一个相互联系的整体。

在汉语中,2010 年商务印书馆研究中心主编的《现代汉语学习词典》将"整合"解释为:通过调整重新组合。李行健主编,由外语教学与研究出版社、语文出版社,2004 年出版的《现代汉语规范词典》对"整合"的解释为调整后重新组合之意。整合两字如分开解释,"整"在《现代汉语词典》中为:"全部在内,没有剩余或残缺,完整;整顿、整理,整顿,使吃苦头,搞,弄等意";在《辞海》中,"整"表示:整齐,严整。如,衣冠不整。整顿,整理,完全无缺等意义;"合"字在《现代汉语词典》中的解释是"闭合,合拢","结合到一起;凑到一起";"全","符合"等意。《辞海》对"合"的解释主要为:"闭合,合拢,投契;融洽,协同;共同,匹配等意"。两个字典对"整"与"合"的解释各有侧重,但基本含义是一致的,即将多元的因素组合成一体。

与整合概念相联系的是"融合"。在英语中,"integration"既当"整合"也

---

① Guido Bolaffi, ed., *Dictionary of Race*, *Ethnicity and Culture*, SAGE Publications, 2003, p.151.

② See Ellis Cashmore, ed., *Dictionary of Race and Ethnic Relation*, London and New York, Routledge, 1994. p.148.

③ [美]C.恩伯、M.恩伯:《文化的变异》,杜彬彬译,辽宁人民出版社,1988 年,第 47 页。

当"融合"讲。实际上"融合"不同于"整合"。如果说整合中的多元保留了差异性和个性，并以存在差异或个性为前提，融合则意味着差异的消失和同质性的生成。如以民族融合而言，可以指"历史上的两个民族，由于相互接近、相互影响最终形成一个民族的现象"①。显然，整合不同于融合。如果在族际政治整合上混淆二者的区别，必将带来不利的后果。

在对整合一词的解释中，也有将其等同于"一体化"的解释。今天对英文单词的解释中还保留了这一意义，不过细辨之，一体化更强调了同质性和有机性等内容。因为一体加"化"时，意味着构成其中的各个部分或多元因素已经失去了自身独立个性，完全与总体秩序结成了一个有机的体系。当然，社会科学面对的是复杂的人类社会这样一个机体，在这样一个机体中，各个不同的因素带有自己的个性，但其个性基本上以服从和适应于整个机体的性质和秩序为前提。因此，当我们说到整合时，中国传统语境中的"和而不同"表达了整合的意义。在这样的一种整合中，整合离不开多元，离开了多元因素，整合也就失去了内容。同样，多元也不能离开整合，因为多元一旦离开了整合，多元也将被另一个多元的因素所侵犯。因此，整合应该是多元与一体的统一。

中西方语境中对整合概念的不同解释大同小异，都遵循了"多元－合并－整体"这样一个逻辑。进而言之，所谓的整合就是将多元的因素整理成一个相互配合、相互适应的状态或过程。具体运用到社会生活的不同领域中，由于各领域的性质不同，所包含的因素不同，因而也就存在着不同的整合，如人员整合、经济整合、社会整合、文化整合、政治整合等，在这些不同的整合中，由于政治是经济的集中体现，也是各种不同力量的汇合点，因而政治整合是诸多整合中最重要的整合，也是含有复杂内容的整合。有鉴于此，人们对政治整合的解释以及各个国家和地区在政治整合上的实践，使政治整合有了不同的意义，其中有两个不同的层面的政治整合：

一是国际政治意义上的政治整合。这种政治整合主要是基于对近代以来国家如何超越民族主义带来的战争和冲突，进而实现国家间和平与安全的思考而提出的一种理论。1950 年 5 月 9 日，罗伯特·舒曼提出了一个关

---

① 《中国大百科全书》（民族卷），中国大百科全书出版社，1998 年，第 310～311 页。

于建立统一欧洲的议案①。在该议案中提出,法国准备与战败的联邦德国为
建立统一的欧洲进行合作,以消除世代仇恨。统一的欧洲将从法、德两国的
煤钢联合生产起步,将法、德两国的煤钢生产置于一个共同的高级机构管理
之下,其他欧洲国家都可以参加这一个联合的组织。由此开启了超民族国家
的政治整合实践先河,也为超民族国家的政治整合奠定了实践基础。厄恩
斯特·哈斯侧重于从心理意义上研究政治整合,在《欧洲的联合:1950—
1957 年的政治、社会与经济权力》②一书中,认为政治整合是一个过程,在这
一过程中,几个来自不同国家背景的政治行为体经说服,将其效忠、期望及
其政治活动转移到一个其机构拥有或要求涵盖原有一些民族国家的司法管
辖权的新中心。哈斯的《政治整合的经济学与不同模式:拉丁美洲联合预
测》③分析了不同政治整合的含义和条件,对未来拉丁美洲整合的前景作了
预测。20 世纪 60 年代中期,卡尔·多伊奇等人在民族国家的政治整合研究
上进行了卓有成效的工作,发表了《政治共同体与国际政治共同体中的北大
西洋地区》④一文,为二战后研究政治整合的第一部著作。在该篇文章中,作
者从社群意识扩展的角度解释政治整合,认为国际政治整合就是政治力量
对更大范围共同体的认同,并认为,国际意义上的政治整合也可以用于区域
和国内政治整合。

二是国内政治意义上的政治整合。面对亚非拉地区出现的新兴民族国
家,这些国家大量涉及复杂的多民族、多宗教等问题。因此国内政治整合的
研究,实际上就是多民族国家的政治整合研究。卡尔·多伊奇在《民族主义
与社会沟通》⑤一书中侧重于对行为的解释,认为政治整合(政治一体化)是
政治行为者或政治单位(诸如个人、集团、城市、地区、国家)的政治行为的结
合。在政治中,整合是一种关系,其中政治行为者、单位或组成部分的行为

① Robert Schuman, Declaration de M. Robert Schuman, Minister des Affaire Etrangers de La France,
le 9 Mai 1950, in *Jalons dansl'Europe Unie*, edted by S. Patijin, Leyden, A. W. Sijthoff, 1970, p. 49.

② Ernst B. Haas, *The Uniting of Europe: Political, Social and Economical Power 1950 – 1957*, London, Stevens& Sons, 1958.

③ Ernst B. Hass, Economics and Differential Patterns of Political Integration: Projections about Unity
in Latin America, *International Organization*, Vol. 18, No. Autumn, 1964.

④ Karl W. Deutsch, *Political Commnity and the North Atlantica Area'in the International Political
Communities*, Garden City, N. Y. : Doubles&Co., 1966.

⑤ Karl W. Deutsch, *Nationalism and Social Communication*, New York, Wiley, 1953.

受到限制，即不同于它们没有结合在一起的情况。迈伦·韦纳在《政治整合与政治发展》①一文中对政治整合的多重含义进行了解释。具体而言，一是"国族整合"，主要是将确定领土范围内的多样化社会群体整合起来并建立统一的认同，这一过程主要是以国家的认同和团结替代地方认同与忠诚的过程；二是"地域整合"，强调以领土为基础的管辖与统治；三是"精英－大众整合"，旨在弥合不同阶层社会群体之间的裂痕；四是"价值整合"，意在建立共同体所需的最低限度的价值共识，既包括抽象意义上的普遍价值，如公正、平等、自由等，同时也包括与共同体息息相关的历史记忆、传统、表意符号等，更重要的是在此基础上建立一整套具体的制度与程序，以解决出现的冲突并实现共同体的目标；五是行为整合，主要指围绕共同的目标将分散的个体行为组织化。韦纳对政治整合的认识各有侧重，但主要是从政治与社会关系角度来解释政治整合的。

即使是从国内意义上理解的政治整合，同样也存在着各种不同的理解，形成了不同的类型。诸如民族主义和民族统一上的政治整合，政治发展意义上的或民族建构意义上的政治整合，联邦主义的政治整合。除此之外，一些学者还从文化意义上理解政治整合，即存在着同质性文化意义上的政治整合，也存在着异质性文化意义的协和性政治整合；从政治整合中的政治单元的独立性看，有强中心的政治整合，也存在着合作性的政治整合。凡此种种都说明了政治整合的复杂性，同时也可以看到，在这些复杂的政治整合含义背后，不同时代的政治主题的不同，政治整合的含义和结构存在着很大的差异。具体到发展中国家，政治整合的结构变迁，尤其是合作性政治整合的出现、族际合作治理的形成，更多发生在发展中国家的政治转型时代。

（一）国家建构与多民族发展中国家集中性政治整合

绝大多数的多民族国家脱胎于殖民地，尽管有的殖民地此前或殖民地时代有过国家的历史，也有的国家在独立前不过是一个由殖民者，由不同部落混合而成的地区。而当殖民主义者离去，这些前殖民地地区只是形式上获得了边界，而内部却陷入秩序混乱、政治难以维持的窘境之中。因此对于

① Myron Weiner, Political Integration and Political Development, *Annals of the American Academy of Political and Social Science*, Vol. 358, New (Mar, 1965), pp. 52 – 64.

新兴的独立国家而言,"首要的问题不是自由,而是建立一个合法的公共秩序"①。在此方面,国家建构,其中特别是国家政权建构也就成了这些发展中国家的主题。

作为新兴的国家,与西方民族国家存在着很大的不同,如果说,西方民族国家是在资本主义的市场经济发展的基础上逐渐建立起现代国家,那么新兴的国家则更多体现了政治权力或行政权力决定一切这样一个基本特点。新兴国家独立后百废待兴,没有强有力的政权是难以实现国内的和平与改造的。对于新兴国家而言,国家政权建立的关键是政权体系的建设。在这样一个政权体系的建立中,以一定的统治集团或统治者的意志为核心组织起一定的权威体系,并将这种体系渗透到社会中去,是新兴国家将多元的力量组织起来的重要内容。在此方面,新兴国家建立了中央政权和地方政权各种机构,议会、政府、司法、税收、金融等重要的机构,也建立了各种机构关系,也就是一定的政治体制,试图通过这些政治体制将不同的机构按照一定的规则组织起来,使其成为一个相互联系的体系。在此方面,西方国家经历了一个长期的进程,而实现了政治权力体系的逐渐下沉。而在发展中国家,一切,一切来的十分迅速。挪威学者文安立指出:"对于大多数民族——尤其是非洲——而言,解放是一个人始料不及的快速进程。1957年到1962年仅仅五年时间,就有25个国新国家被建立起来,其中大部分只经历了短短几年的准备期。"②大部分情况是,后殖民时代的精英直接进入殖民当局先前建立起来的政府中任职。如历史学家大卫·阿伯内西(David Aber-nethy)所说,政府使殖民者建立起来的屋子,现在它第一次向新的主人开放。由殖民宗主国直接传输而来的制度和经验,在独立后的新政府中占据了核心地位,而且通常会有一个殖民时期遗留下来的当代官僚群体在履行日常管理职能,比如印度和尼日利亚。那些新的领导人力图赋予这套国家实体以他们自己的内容,但这个实体是一个殖民主义的建构,包括其边界、首都和官方语言。正如法国社会学家贝特朗·巴蒂(Bertrand Badie)指出的,从一开始,这就是一个"进口来的国家"。

---

① [美]塞缪尔·亨廷顿:《变化社会中的政治秩序》,王冠华等译,上海世纪出版集团,2008年,第6页。

② [挪]文安立:《全球冷战:美苏对第三世界的干涉与当代世界的形成》,牛可等译,世界图书出版公司,2012年,第90页。

面对国内存在的高度异质社会体和艰巨的经济发展任务，建立后的多民族发展中国家在实现政治整合上有两个方面具有突出地位：一是国家凝聚力的建构，即将内部高度异质性的群体按照一定的思想和文化组织起来。詹姆斯·科尔曼指出，发展中国家的最大特点就是内部缺乏整合性。"这些社会所特有的民族、种族、宗教和文化的多元性；还有一部分原因是其现代化的有限性和不平衡性。不过，关键并不在于这些社会的多元性——多元性是现代社会的重要特征之———而在于利益往往主要是依据部落、种族、宗教或村落关系集团来界定的。这些集团的继续存在并处于主导地位，妨碍了他们被新兴国家和社会同化的过程。而且，只要利益仍然是根植于村落利益集团，并通过村落集团表现出来，那么，在讨价还价和竞争过程中，这些利益就更加不容易综合。"①整合性的缺乏决定了一些多民族发展中国家的统治集团将一个民族一个国家作为了组织国家的原则。在此方面，不少国家的政治精英不仅将核心民族或优势民族作为自己的依靠对象，而且也将所依靠的民族的宗教、文化、秩序、语言和习俗作为标准，通过政策的、政治的、行政的、法治的途径将其转变为实现国家统一的标准。在这一标准下，或是同化那些异己的民族群体，使其放弃掉自己的一些文化传统，包括语言；或是采取民族歧视、民族排斥、民族压迫、甚至民族驱逐的方式，使那些异己的民族群体离开目前所在的国家，以保证本国国民的同质性和核心民族的统治的地位。在这种思路下，"这个虚构的'民族国家'给那部分不认为自己属于这个实体的人们造成的痛苦简直难以言说。在伊拉克，库尔德人和什叶派穆斯林在复兴社会党人的政府里几乎难以立足。在阿尔及利亚，柏柏尔人强烈抵制后殖民政权的阿拉伯化。在津巴布韦，少数族裔的恩德贝勒人被迫接受一个建立在多数族群即修纳人的利益基础上的政府。而卢旺达和布隆迪则是后殖民时代第三世界中建立的所有国家里最不成功的，不同的国家政权构建和民族国家构建计划在两大主要族群——胡图人和图西人——之间引发了种族灭绝战争"②。

二是集中性的权威的构建。多民族发展中国家建国初期都仿效西方国

---

① ［美］詹姆斯·科尔曼：《发展中地区的政治体系》，［美］加布里埃尔·阿尔蒙德：《发展中地区的政治》，任晓晋等译，上海人民出版社，2012 年，第 466 页。

② ［挪］文安立：《全球冷战：美苏对第三世界的干涉与当代世界的形成》，牛可等译，世界图书出版公司，2012 年，第 94 页。

家的政治体制建立了多党制和竞争性民主。但竞争性民主下有着不同族群、家族和宗教背景的政党竞争使多民族发展中国家陷入政治动荡之中。而对于发展中国家的首要任务不是政治的,而首先是经济的。经济发展构成了诸多发展中国家的重要任务。加纳首任国家领导人卡瓦米·恩克鲁玛(Kwame Nkrumah)指出:"(我们这个曾经的)依附地区在教育、农业和工业上均十分落后。政治独立之后还必须赢得经济独立,并以此维持政治独立,而这就要求我们的人民付出全部的努力,要求我们发起一场对智力和人力资源的总动员。一个曾经的依附性国度要想存活下去,就必须在一代人的时间里完成其他国家花了三百年或是更多时间才实现的成就。可以说,除非它是'喷气推进'的,否则它就会落后,而它通过斗争得来的东西也将面临危险。"①为了实现经济快速发展,力求在短时间内实现国家的现代化,不少多民族发展中国家加强了权力的集中性建设。利用政治的力量推动国内的经济发展构成了这些国家实现快速积累的重要途径。在此方面,苏联通过计划经济推进经济发展的模式得到了不少发展中国家的青睐。在不少发展中国家的统治者看来,通过国家推动的经济发展模式,不仅可以改造传统制度,而且可以带来国家的发展。赞比亚、阿尔及利亚、印度尼西亚和叙利亚的政治领导人都从苏联的经验中看到了国家发展的希望。印度开国总理尼赫鲁在 1947 年面对来访的苏联代表团时说:"过去多年来,由于多种原因,我们一直怀抱着极大的兴趣观察苏联,但尤其是由于苏联在过去二三十年里所取得的巨大成就……你们在许多领域都是先驱,我们眼看着你们以令全人类震惊的速度变革了国家的辽阔疆土。不可避免地,既然我们期望印度发生巨大的变革,我们就想以你们为榜样。"②

　　当把苏联为模式运用到发展中国家时,国家发挥了极其重要的作用。由于这些国家是在与殖民主义的斗争中独立出来的。其发展的资本主要来源于自己,或者主要靠汲取农业剩余进行全面的、快速的工业化。这里不能不对农村土地制度进行全面改造,在农村推行集体土地制度,消灭农村的地主和地方势力集团。将农民组织起来。大量的少数民族地区也就成为被改

---

　　① 　[挪]文安立:《全球冷战:美苏对第三世界的干涉与当代世界的形成》,牛可等译,世界图书出版公司,2012 年,第 90 ~ 91 页。

　　② 　同上,第 93 页。

造的对象。这里可以起到两个重要效果，一是通过将农村组织起来，将其纳入现代化的建设中来。二是政治的，即通过对民族地区的上层集团的打击，削弱其力量，并将民族群体的成员解放出来，重新纳入对新政权的认同中。

在国家建构政治主题下而进行的政治整合为多民族发展中国家的政治秩序建构和国家凝聚力的形成奠定了初步基础，具有重要的历史意义。然而，其问题也是不可忽视的：这些国家的建构试图按照一民族一国家的理念来建立国家的政策，受到了来自国内一些少数民族或宗教力量的抵制和反抗。一些民族群体为了维护自身的利益和认同，凭借一定的地理上的优势、成立自己的武装，进行武装割据，与中央对抗。因此，多民族发展中国家在国家建构的进程中，国内的武装叛乱、暴力冲突、军事政变不断；多民族发展中国家在集中权力发展经济的同时，也带来政治上的封闭。在其经济快速增长的同时，国内的利益集团进行了重组，政治关系在发生新的变化。在这种状况下，一方面伴随这些国家市场经济发展而形成的公民社会也有了前所未有的发展，另一方面，伴随强制性的现代化推进，国家干预的强化超越了殖民时代，对原有的身份认同和宗教信仰造成了极大的冲击，导致了民族地区群体的抵制。"追求经济发展与其说弱化毋宁说加剧了社会的离心倾向。"①

缅甸奈温时代推行一种佛教的社会主义。1973 年，缅甸社会主义纲领党通过一部新宪法，并于 1974 年开始实施。宪法承认民族平等原则和尊重民族宗教和文化原则，把少数民族邦从 5 个扩大为 7 个。宪法中写道："国家应摆脱人剥削人和一个民族集团剥削另一个民族集团的现象。国家的职责是发展和巩固全国各民族的统一、他们之间的互助、友谊和互相尊敬、全国建立一党制，缅甸社会主义纲领党是领导国家的唯一政党。"②奈温在统治期间也进行了大量的工作，然而民族问题并没有得到解决。由于缅甸的民族政策冲击了不少民族地区的利益和头人的利益，严格的中央集权制剥夺了民族地区的自治权力，否定了最初的《彬龙协议》中的原则，遂引起了地方反政府力量的聚集。1974 年新宪法实施后，各反政府武装组织开始联合起

---

① ［英］詹姆斯·梅奥尔：《民族主义与国际社会》，王光忠译，中央编译出版社，2009 年，第 147 页。

② 转引自韦红：《东南亚五国民族问题》，民族出版社，2003 年，第 46 页。

来,制定共同的行动纲领。1975 年 5 月,有 5 个少数民族(克伦、克耶、孟、若开和掸)的组织秘密成立"民族民主联合阵线"。该阵线的纲领是:解散现有的缅甸联邦,建立"民族自治原则为基础的民族联邦,保证各民族的民族独立、平等和进步";全体预想的联邦成员都将获得分立权,成立联邦军队,把外国人和买办的企业收归国有,推行独立的外交政策等。而这些内容无非是一种少数民族的动员令,即通过武装斗争建立缅甸联邦制国家,推翻当时的缅甸政府,使各族人民得到自决权。

多民族发展中国家对同质性民族的追求和强制性权力推动下的经济发展使这一时期的政治整合具有比较强的中心化和同质化取向。对此,尼库拉·Lj. 埃利威斯基(Nikola Lj. Ilievski)指出:"政治学意义上的整合。是指一个集团中的两个或多个党员被联合、统一或组织到一起。它代表的另一层意思是'中心化'。从联合和中心化角度来理解整合,以下几个基础性条件和要素与其相关;建立统一的法律框架;创建共同制度,发展决策中心,创立身份认同。也就是,这种政治整合意味着将两个或多个政治单元组织起来。"①而在功能主义理论代表阿尔蒙德的政治文化理论中,他更多地从"同质性"的政治文化角度加以分析,将某种"同质性"的政治文化与政治整合联系在一起。在他看来某种同质性的政治文化是政治整合的前提。对于新生的多民族发展中国家而言,埃利威斯基和阿尔蒙德所讲的政治整合反映了以国家建构为政治主题的政治整合的基本特征。在这种体系下,对于刚刚从殖民地发展为独立的国家,统一、中心化和追求同质性具有更重要的价值。

然而,这种集中性的政治整合同样也带来了一定的问题,一方面,一些国家通过强制性同化对待民族群体;同时,随着战后的经济发展出现的曲折,不少发展中国家出现了种种政治动荡,进一步刺激了人们的权利意识,其中既包括公民权利意识也包括民族集体权利意识。另一方面,20 世纪 70年代西方国家出现的多元文化主义的蔓延和影响,也逐渐扩展到了发展中国家,市场经济的发展和一些发展中国家的市场化改革,集中性的政治整合受到了来自发展中国家社会本身的挑战。在这一时期中,从西班牙而起的第三波民主浪潮开始兴起,由此带来了多民族发展中国家政治主题的又一

① Nikola Lj. Ilievski, MA, The Concept of Political Integration: The Perspectives of Neofunctionalist Theory, *Journal of Liberty and International Affairs*, Vol. 1, 2015(EDC327). p. 2.

次重要的转变，由此进一步推进了多民族发展中国家政治主题的转换和政治整合的新的调整。

（二）政治转型与多民族发展中国家的协和性政治整合

政治转型主要是指多民族发展中国家从原来的威权政治体制向西方的自由民主体制的转型。在这一转型中，自由民主成为不少发展中国家的政治主题。按照这样一个主题：多民族发展中国家改变传统的威权体制，采用多党竞争体制，通过民主选举、政治参与产生国家政权，实现了现代国家的民主化。具体而言，公民通过政治参与从而实现公民和国家的结合。国家通过公民选举实现国家不仅是"民族"的国家，也是"公民"的国家，"人民主权"的国家。在这样一个政治主题的转变中，多民族发展中国家的政治整合也相应地发生着深刻的变化。首先，就政治整合的主体而言，在集中性政治整合下，政治整合具有较强的单向性，即在政治整合中，构成政治整合中的主导性力量运用军事的、行政的力量，将国内诸多的政治单元按照一定的秩序组织到一起；同时，政治整合具有中心性：这里的中心并不是指坐落在一国地理上的中央，而是指：①高于社会内部各种多元组织的；②与边缘相对；③内容上的包容性。三个方面主要通过价值信仰、制度和精英的三者结合表现出来，即多民族发展中国家为了实现国家的统一，力求通过中心力量的运用将边缘组织到一定的体系中，并通过一定的政治权力、行政权力渗透而影响社会，并在对社会的渗透中汲取资源，集中表现为税收和财政；在这种集中性的政治整合中，统治集团对民族地方带去了"整合的革命"，运用行政的、经济的和政治手段将传统的民族地区、家族势力纳入国家中来。而在民主政治的主题下，多民族发展中国家的政治整合发生了新的转变。

首先，不同的政党和集团被动员起来，就某些共同关心的问题展开争论，并在此基础上形成某种"共识"，这种共识使其成为社会不同集团赖以合作的力量，政治整合带有了"社会契约"的特点。这种状况可以追溯到近代西方的"社会契约论"。埃利威斯基指出："社会契约就是整合，但它是建立在个人基础上的。整合的主题是个人，它把个人的自由限制在一个新建的政治共同体之内。"①这样一种认识在霍布斯、洛克和卢梭的政治思想中得到了集中表达。不过多民族发展中国家的"社会契约"绝非是个人的社会契约,也非不同民族群体的"契约",而是不同民族群体在国家的影响和作用下,在共同的法律和制度的框架内结成了某种权利与义务关系。

其次,在民主转型的政治主题下,多民族国家的政治整合有了能够表达自己利益和认同的共同的平台。在这一平台上,不同民族群体基于共同法律或制度展开交流,并在交流的基础上形成各政治主体的共识,用以指导共同体成员的行为。

再次,个人的权利意识和集体的权利意识得到了弘扬。在这种政治主题下,构成民主政治主体的个体和集体都意识到了自己的权利。权利意味着一种自主和利益。在这种自主和利益的诉求面前,传统社会的家长制原则受到了抑制;单一的制度原则需要变革,甚至一些民族群体由此提出了"民族自决"的主张。由此一种合作的政治整合正发展起来。发端于奥地利和瑞士的"契约主义"开始在一些发展中国家,如黎巴嫩、印度尼西亚、马来西亚、塞浦路斯和一些非洲国家得到了运用。②

在民主主题下的多民族发展中国家的政治整合是一种"协和性"的政治整合,或是带有比较强的"合作性"的政治整合。在这种政治整合中,不同的政治主体参与了政治进程,并力求在一致性的原则下达成共识,作为约束各方行为同时借此实现合作的重要条件。在这种政治整合中,合作构成了政治整合的关键。也就是政治整合已经不是最初的与融合相等同的概念,而是带有一种较强的主体参与的概念。这种状况在 1994 年罗特莱格(Routledge)出版的《种族与族裔关系词典》(第三版)对"integration"概念的解释得到集中反映。按照作者的解释,认为整合是一种状态,在此状态中,"不同的族群在能够保持群体界限和个性的同时,平等地参与生产、分配和管理的实质性过程"③。而从政治整合本身的变化看,受民主理念影响的政治整合同样体现了尊重不同政治主体,其中特别是不同民族群体权利的特点,即作为

①　Nikola Lj. Ilievski, MA, The Concept of Political Integration: The Perspectives of Neofunctionalist Theory, *Journal of Liberty and International Affairs*, Vol. 1,2015(EDC327). p. 3.

②　参见[美]阿伦·利普哈特:《多元社会中的民主:一项比较研究》,刘伟译,上海人民出版社,2013 年。该书第五章涉及对第三世界国家协和民主的探讨。

③　转引自李红杰:《由自决到自治》,中央民族大学出版社,2009 年,第 122 页。

一种合作性的政治整合需要一种"联合政府"。这种政府超越了"执政"与"反对"格局。在这种格局中，政府内阁按照选举比例分配职位。其次，实施区块制，即实施代表制。所有的政党在所有决策机构中均占有职位，包括内阁本身。再次，建立跨区块的政党制。最后，建立联邦制。这样一种合作性的政治整合基本上都是在前西方殖民地国家。而协和民主的模式也不过是西方给一些多民族发展中国家设计出的一个制度安排。利普哈特在讲到这一类型的政治整合基础时指出：这样一种模式在发展中国家有着历史基础。因为在这些国家中，"原始的忠诚非常强烈，而国家主义则显得薄弱。但是，就精英和大众层面仍存在着某种国族情感这一点而言，实施协和民主的机会仍会增加很多"①。

以竞争性民主为主题的政治整合发生在发展中国家内部复杂的社会和经济的变革中。虽然它在一定程度上释放了公民的权利与民族集体权利的诉求，但对这些诉求安排依然没有离开西方国家的影响。而按照西方竞争性民主而进行的政治整合又在一定程度上并没有真正达到"整合"的目的，相反，伴随"竞争性"民主而来的是政府的效能下降，社会发展停滞；社会内部的矛盾并没有得到解决，社会内部断裂性增强。尤其在不少多民族发展中国家，一些政党为了获得自己的地位，利用民族或宗教支持来获得更多的"选票"，在这种状况下，民族或宗教群体之间的裂痕不是得到了弥合，而是被扩大了。一些群体为获得选票，在一定的时期联合起来，一种"合谋"的民主发展起来。民主中的合作精神在发生畸变并给多民族发展中国家的政治发展和社会发展带来了不利的影响。

（三）现代国家治理与多民族国家复合性政治整合

多民族发展中国家的民主转型虽然在一定程度上促进了社会内部不同政治主体的参与，一种自下而上的政治整合得到了发展，但也给国家的治理带来了新的挑战：其一，政治主体的多元化意味着利益的多元诉求有了巨大的扩张，所谓的"公共用地"危机由此产生出来，从而对发展中国家的财政、税收、资源汲取和分配提出了新的要求。其二，竞争性民主带来的政权转换

---

① ［美］阿伦·利普哈特：《多元社会中的民主：一项比较研究》，刘伟译，上海人民出版社，2013年，第140页。

导致了几年一次的政治变革,使社会和内部的诸多问题并不能得到很好的改善,政府难以作为,这些都影响着多民族发展中国家的可持续发展。其三,在多民族发展中国家,民主政治更多的是民族政治、教派政治或家族政治的竞争。由于民主政治中的参与者更多具有民族群体背景,民主政治并没有带来政治稳定,而是加大了国家安全和族际政治风险。因此,多民族发展中国家的政治主题不是民主转型,而是国家治理和国家治理能力的现代化。其四,多民族国家对全球化的参与以及全球化对发展中国家的渗透,尤其是对公共事务的大量渗透,决定了多民族发展中国家的重点不是政权归属问题,而是政权的自主性和效能的问题。在这种背景下,国家自主性和国家治理问题成为多民族发展中国家的政治主题。

这里涉及对"治理"的解读。治理概念出现在当代,在中国古代汉语中不曾出现过"治理"概念。但在中国传统的政治思想和政治文化中,蕴含了大量的治理思想和文化传统。在先秦时代,"治"和"理"只作为单字概念,但内涵丰富。"治"字从"水",本身反映了中国古代的治水传统。中华文明发源于长江和黄河流域,远古王朝的发展与这一状况密切联系在一起。据统计,见于文献记载的黄河决堤泛滥总计 1500 余次,较大的改道有 26 次。①由于黄河的多次改道,河水泛滥,需要有力的治理方式来应对频繁的水灾。因而在治水上产生了两种方式,一种是"堵",即通过修筑堤防,"堵塞"洪水;另一是"疏",即疏浚河道而治水。两种治水方式形象地阐释了治和理这对概念的内涵。在中国汉语中,"治"的含义有:①管理。如治国、治家。《荀子·君道》:"法者治之端也。"②旧称地方政府所在地,如郡治、县治等。③合力有秩序,与"乱"相对。《荀子·天论》:"天行有常,不为尧存,不为桀亡,应之以治则吉,应之以乱则凶。"④修理,整理。⑤如治河等。此外,还有惩处之意,如治罪。所谓的"理"是指梳理,如理顺关系,治理两字放在一起,即是治国理政。

治理(governance)一词最初来源于拉丁文和古希腊语,原意是控制、引导和操纵,意味着对船只的驾驶和对公共事务的管理。长期以来治理和统治(government)交替使用,并且主要用于与国家公共事务相关的管理活动和

---

① 转引自燕继荣等:《中国治理》,中国人民大学出版社,2017 年,第 5 页。

政治活动中。① 从学术状况上看，人们有不同的解释。有的从治理的功能上认识，认为治理就是行使政治权力、管理国家事务。也有的从过程角度界定，认为治理包括传统、机构和流程，涉及如何行使权力，公民如何发表意见，如何决策等问题。但当代不少学者更多基于多元利益、对话协商和合作的角度解释治理。国外学者克赫（Beate Kouch）认为，所谓的治理就是"将不同公民的偏好意愿转化为有效的政策选择的方法手段，以及将多元社会利益转化为统一行动，并实现社会主体的服从"②。也就是说，治理是一种自下而上的过程。彼德（Guy Peters）认为治理是在多元行动者合作基础上，为实现管理社会的一种运行过程，即代表了这种倾向。表示在政治系统的特定范围内行使权威，对政治或公共事务做出有效的安排，以达到维护政治秩序和维护正义价值的目的。就此而言，"治理"经常被缩小为国家作用的运转问题，而且每一种政治文明都有治理的问题和传统。联合国对治理的含义作了更为全面的定义："治理是指一套价值、政策和制度的系统，在这套系统中，一个社会通过国家、市民社会和私人部门之间，或者各个主体内部的互动来管理其经济、政治和社会事务。它是一个社会通过其自身组织来制定和实施决策，以达成相互理解、取得共识和采取行动的过程。③ 治理由机制和过程组成，通过这些机制和过程，公民和群体可以表达他们的利益，缩小相互之间的分歧，履行他们的合法权利和义务。规则、制度和实施为个人、组织和企业设定了限制，并为其提供了激励。治理有社会、政治和经济三个维度，可以在家庭、村庄、城市、国家、地区和全球各个人类活动领域运行。"④显然，这种对治理的理解，主要是从民主化理论或新自由主义角度认识治理的。所强调的是社会权利和个人权利。

不可否认，今天的发展中国家经过独立后的发展有了不同程度的改观，甚至一些国家进入了高收入国家之列。随着现代化的发展，公民权利意识和民族群体权利意识的增长，个人或民族群体的政治参与意识也有了巨大

---

① 参见王鼎：《英国政府管理现代化：分权、民主与服务》，中国经济出版社，2008年，第90页。

② Beate Kouch, Rainer Eising, *The Transformation of Governance in the Europeanion*, London：Routledge, 1999, p. 14.

③ Arthur Benz and Yannis Papadopoulos, ed., *Governance and Democracy：Comparing Naional*, *European and International Experiences*, Routledge, 2006, p. 37.

④ UN, *Governance Indicators ：A Users*, www. undp. org.

的发展。尤其是中国独立后按照自己而不是按照西方提供的治理方案发展,进一步回答了在一个多民族国家中如何能够进行有效治理的问题。

按照西方的公共治理理论,公共权威与多元的力量在国家治理中的地位基本上是平起平坐的,治理中的主体重点并不在国家,而是多元的力量的参与。西方国家之所以能够放开手发挥多元力量的作用,其原因在于他们已经完成了现代国家性的建设。不同的国家已经形成了自己的国家性。什么是国家性? 即国家本身具有的民族共同体感。泰国学者通猜·威尼差恭(Siam Mapped)指出,共同体感就是一种"建立在共同的本性、同一性或利益上的积极认同"①,表现为泰国性、新加坡性、中国性等;一种偏重于主权国家权力体系上的国家性。② 不少学者更多是从国家本身具有的客观表现界定的。而从英文的国家性(statehood 或 stateness)构词看,当国家 state 一词加后缀 hood 或 ness,均表示该词变为一种抽象名词。在这种意义上,国家性表示了一种普遍性的状态。在笔者看来,所谓的国家性更多强调的是主权国家不同于一般的政治组织或国际组织所具有的特性,它不仅形成了一个共同体所具有的政治和秩序体系,而且也形成了用来支持这一共同体所需要的某种共同的文化特性。在这一共同体中,尽管存在着不同的种族或民族群体,但他们已经生成了某种共同的意识和秉性。上述两个方面在不少发

---

　　① 〔美〕通猜·威尼差恭:《图绘暹罗:一部国家地缘集体的历史》,袁剑译,译林出版社,2016年,第3页。

　　② 英文 statehood 在《英汉大词典》中的解释为:①国家的地位,②(美国)州的地位、(印度)邦的地位。《牛津高阶英语词典》中的解释是:①作为一个独立国家的状况以及一个国家所拥有的权利和力量的状况,②用以表示美国、澳大利亚等国家的州。1933 年的《国家权利和义务公约》中认为国家性包括如下内容:①有长久居住的人口,②明确划分的领土,③政府,④与其他国家交往的能力。参见[Convension on Rights and Duties of State,*Articlesl. League of Nations Treaty Series*,Vol. 165,No. 3802(1936). p.25.]林茨在《民主转型与巩固的问题:南欧、南美和后共产主义欧洲》一书中以描绘的语言作了解释:"在许多国家非民主政体的转型同时伴随着深刻的分歧:哪些在事实上构成了政治体(或者政治共同体),哪些民众或者民众们(大众或者大众们)应该成为这个政治共同体的成员。关于政治共同体的地理边界的分歧的出现,以及关于谁在这个国家拥有公民权利的分歧的出现,我们称之为'国家性'问题。"(〔美〕胡安·J. 林茨:《民主转型与巩固的问题:南欧、南美和后共产主义欧洲》,孙龙等译,浙江人民出版社,2008 年,第 16 页。)哈维尔·科拉莱斯更注重从客观上解释国家性,认为国家性是指"国家在国土内宣示权威的能力"。它是"国家制定政策并争取必要的共识——国内外的——以确保履行的一个程度上的衡量标准"。(参见[美]彼得·H. 史密斯:《论拉美的民主》,谭道明译,译林出版社,2013 年,第 257 页。)中国学者刘作奎认为:国家性泛指一个国家得以存在的一些基本要素,主要包括稳定的政治制度,拥有固定的领土、人口、军队,确保经济和社会正常运行的制度和传统,维持必要国际交往的功能等。(参见刘作奎:《国家构建的"欧洲方式":欧盟对西巴尔干政策研究(1991—2014)》,社会科学文献出版社,2015 年,第 10 ~ 11 页。)

达国家已经生成并得到了巩固。

在多民族发展中国家，两种意义上的国家性依然脆弱。而要加强国家性建设，巩固共同体意识，就需要发挥国家或政府的优势，通过若干世纪的建设来不断培育这种国家性。在发展中国家，如果照搬西方新自由主义提出的治理，弱化政府力量，不仅会使中央权力式微，地方或部落头领权力扩大，而民众很难从分权中获得更多的好处，民主真正变成了如达尔说的"多头政治"。同样，以分权化为特点的治理也不会带来绩效，相反会进一步导致国家治理效能的下降和地方矛盾的加剧。进入 21 世纪以来，不少国家出现了民主绩效不佳，腐败问题严重，两极分化加剧、民族冲突、恐怖主义和极端主义进一步蔓延，这些都与简单地照搬国外的"新公共管理"运动有关。在这种背景下，"没有政府的治理"难以达到治理多民族发展中国家的目的。

在当代对治理的理解和实践中，"协同治理"构成了其中的重要内容。美国学者柯克·艾默生（Kirk Emerson）基于对治理本质的分析，提出了"协同治理"的概念。在他看来，协同治理是指"公共政策决策、管理的过程和结构，它能够使人们建设性地跨越公共机构、政府登记以及公共、私人与市政领域的边界，以实现其他方式无法到达的公共目标"[①]。安塞尔（Chris Ansell）认为："协同治理是一种治理安排，指一个或多个公共机构直接与非政府利益攸关方进行正式的、共识导向的和协商的集体决策。旨在制定或执行公共政策，或是管理公共项目或资产。"[②]协同治理的出现是在政治、法律、社会经济、环境以及其他因素的联合作用下出现的。在多种因素的联合作用下，逐渐形成协同治理制度。在这种制度中，既有对立的成分，同时也存在着各参与主体的合作。安塞尔指出："当利益攸关方高度相互依存的时候，高水平的冲突实际上可能产生协同治理的强大动机。"由于利益的矛盾促使对立的各方或是通过对抗解决问题，或是通过接触、协调与合作解决问题。前者将付出巨大的代价，后者通过相互依存，通过对话、形成共同理解，也就是"共同使命""共同目标""共同愿景""共同意识形态"等实现协同治理。

艾默生和安塞尔对协同治理的认识主要是以发达国家的经验为基础，

---

① 王浦劬：《治理理论与实践：经典议题研究新解》，中央编译出版社，2017 年，第 304 页。

② 同上，第 332 页。

是在他们对协同治理的研究中，更多寄托于多元力量之间的相互制衡，从而达到协同治理的目的。在发展中国家不乏这样的状况，如印度、黎巴嫩等国家的治理具有代表性。同时也要看到，在东南亚国家，推进协同治理的主导力量正是国家。唯有国家通过建立一定的政治秩序才能使社会中多元的利益主体，其中尤其是具有不同认识的民族、宗教或地方政治共同体在一定的秩序中运用其自主的权力或权利；同时，现实的多民族发展中国家经过现代化的发展和全球化的影响，不同政治主体彼此之间的矛盾发生激化的同时，相互的依赖性也增强了。不同民族群体之间的相互嵌入、横向性的社会组织的渗透并穿插于不同民族群体或教派之间，由此产生的复杂性的关系决定了对这些关系的协调和管理变得愈加重要，在这种状况下，除了需要社会内部的不同组织参与外，更需要政府发挥中心协调作用。

值得注意的是，多民族发展中国家经过独立以来的政治发展和现代化建构，逐渐告别了独立初期的极端的贫困状态。不少国家已经从传统的农业社会转向工业社会。财富的积累、公共物品的逐渐丰富、公共基础设施的建立、教育的普及、公务员队伍的扩大和素质的提高、国防军事力量的增强等诸多因素决定了多民族发展中国家国家治理能力有了巨大的发展，同时也对政治整合的发展提出了新的要求。在这种意义上，一种复合性的政治整合在当代具有了重要的价值。

治理在多民族国家中地位的凸显，尤其是协同治理理念的发展和实践的扩展，进一步促进了国家自主性的成长。民主转型后的发展中国家治理效果不佳，驱使这些国家进行反思，更加认识到，试图通过弱化国家地位，追求自由民主体制并不一定带来政治整合，甚至可能颠覆政治整合。一些国家在总结教训的基础上努力将现代民主的因素和威权结合起来，创立了"竞争性的威权政治""选举的威权政治""混合政体"等治理体系。在这种治理体系中，一方面，一定的政府或权威机构克服了竞争性民主带来的对政府效能的影响，开始发挥重要的协调和管理作用；另一方面通过一定机制的设立，不少国家吸纳多元的民族群体于政府管理机构中，通过协商而共同管理国家。在地方层面看，一些多民族国家在建立强有力的国家同时，也赋予民族地方一定的自治权力，或通过积极的政策保护和扶持少数民族群体以实现发展。尤其值得一提的是，中国、印度、柬埔寨、印度尼西亚、菲律宾、新加坡和泰国等不少亚洲国家和机构都提出了"包容性"发展战略。在这一战略中,"机会上的不平等不能再被忽视,贫困地区不能再这么容易地与不断增长的财富和平共存"①,无论国与国之间,还是不同的社会群体之间都是如此。在这种包容性的战略发展计划中,除了解决收入、教育、城乡差别、卫生、性别、族际关系等问题之外,更重要的是推进一种包容性的治理。在这种治理中,"良好的治理和不平等程度的下降是一个良性循环中的一部分。如果治理情况有所改善,各国机构将不可能给予富裕群体特殊的待遇,这将提高平等程度。国家要避免被精英阶层控制。如果存在这种势头,那么一定要得到遏制,因为它往往会使不平等状况继续存在甚至恶化。应当通过鼓励政治包容性和提高政治参与度来避免这个问题"②。

---

① [美]哈瑞尔达·考利等:《2050年的亚洲》,姚彦贝等译,人民出版社,2012年,第66页。
② 同上,第69页。

第三章 走向族际合作治理的理论审视

族际合作治理是当代多民族国家,特别是多民族发展中国家的重要内容。在此方面的研究和探讨大量存在于当代的不少文献中。

一、历史维度中的族际合作治理

在古代社会,政治生活很大程度上奠定在农业社会基础上。分配和维护土地的权力构成了政治生活的主要内容。基于土地制度基础上建立起来的部落和血缘家长制构成了政治秩序的基本特点。在此基础上形成的"自然国家"使政治统治更多带有了单向性。尤其在古代社会中,一个国家对另一个国家的征服,从而使国家内部形成了统治的民族和被征服的民族。古代的国家也由于商品交换和人员交往关系,在一些城市和贸易点上生活着一些外来的民族,但他们很难得到土地。在古代社会,这些被征服的民族群体被并入一个国家中,处在了被奴役的地位。不过一些开明的统治者,为了维护境内的安全,对少数民族采取了软硬兼施的手段,其中已经蕴含了一定的合作的因子,不过这种合作只是统治者的策略,目的是获得这些被征服的民族群体的归顺,以使自己的利益最大化。

(一)对东西方古代社会的民族关系的解读

比利时学者马克·马尔蒂尼埃罗指出:"历史上(在西方)关于移民融入和多元文化社会的争论总是局限于一系列的二元对立观中。"[①]与之不同的是,安东尼·D.史密斯用等级、契约和共和三种文化解释了多民族国家治理

---

① [比利时]马克·马尔蒂尼埃罗:《多元文化与民主》,尹明明等译,社会科学文献出版社,2015年,第51页。

上的三个不同模式。① 多民族国家的二元统治管理模式由来已久。在古代世界中，随着国家对外征服和被征服地区的民族群体沦为这些国家的奴隶，由此揭开了一个王朝国家内存在多个异族的历史。在古代雅典城邦时代，希腊人就区分了"我者"和"他者"，谁是我的敌人，谁是我的朋友，关系城邦的团结和安全，要不成为自由人，要不就是外邦人或是奴隶，共同的命运决定了公民集体在城邦政治整合中的中坚地位。在此方面，公民资格的确定尤为关键。在古希腊时代，公民意为"城邦之人"。但城邦之人并非都是公民。在希腊城邦中，既有奴隶也有外邦人，既有儿童也有没有政治权利的妇女。城邦要保证政治整合的实现，首要的就是保证一个"公民集团"的存在。但在私有制的条件下，公民集团在分化，"富人"和"穷人"，"贵族"和平民的分野威胁着公民的团结，如何维护公民集团的团结也就构成了古代政治整合的重要内容。亚里士多德在《政治学》一书中总结了公民资格区分的方法。他关注到，不少城邦通过土地、血缘、出生等标准将一些成年男性自由人列为公民。由于这些自由人集中了多种身份：如公社土地的所有者、战士、公民大会或议事会的成员，因而公民在经济上、政治上和文化上结合到了一起，形成了公民共同体。在这个共同体中，公民通过公民大会，担任议事会成员，在政治上获得了发言权。相反，那些外邦人和奴隶不在其列，只是被治理的对象。在这里，同质化的公民集团成为城邦的统治主体。公民集团内部基于公共利益和共和体制实现联合，共同管理外邦人，并运用公民的集体力量对付奴隶的反抗。

在古罗马时代，基于公民集团的管理模式在共和国时代得到了培育，随着罗马国家对外征服，一个横跨欧亚非的多民族大帝国建立起来。在这样的大帝国中，罗马人奠定了法治国家的模式。在此方面，西塞罗从文化和法律的方面解释了公民集团的基础。在《论职责》中，他指出了人们的共同性有许多方面，如语言和出生的共同性把人们联合起来，但是应该属于同一公民公社，即基维塔斯（civitas），乃是人们之间的一种更加密切的联系。② 除此之外，西塞罗还从法律的意义解释了罗马共和国结成一体的机制，即以共同

---

① See Anthony D. Smith, *The Cultural Foundations of Nations: Hierarchy, Covenant, and Republic*, Blackwell Publishling, 2008.

② 《古代世界城邦问题译文集》，时事出版社，1985 年，第 194 页。

利益为基础,以法律为结合纽带。进入帝国时代后,随着境内市场经济的发展,大量异族被并入罗马控制的版图。为了维护罗马人的统治,罗马统治者加强了法治建设。一方面,在他们的法律体系中确立了市民法的核心地位。在这一法律中,财产权成为核心,并相应地规定了人的三种身份权,即自由权、公民权、亲属权,作为私有财产的主体,必须同时具备这三种身份权。自由权是自由人的生存权,它否认作为"物"的奴隶的人格存在。公民权或市民权由罗马公民独享,排斥其他民族自由人的政治权利。亲属权肯定了家长在家庭中的私有财产主体的自权人身份,贬低其他成员,包括妻子、子女、奴隶在内的家子或他权人的地位。另一方面,确立了万民法,以调整帝国范围内自由民财产关系。这就适应了帝国统治的需要,从而形成了以罗马人为核心,将异族群体纳入法治之下的统治性合作体系。在这种体系中,既要保证罗马人的统治地位不受动摇,同时又要使少数异族人获得一定的保护。

　　与希腊和罗马对异族统治的方式不同,中国古代社会基于伦理关系建立了与少数民族的合作关系。在中国古代社会,对少数民族的管理并不像西方国家那样先划清界限,将我者和他者严格分开,而是将少数民族置于伦理政治的纵向合作关系中。在这种政治秩序安排中,一方面,家庭和国家中的等级秩序得到了运用;另一方面,家庭的亲情文化贯彻于民族关系中。在此方面,华裔澳大利亚学者何包钢进行了解释。他指出,在中国古代对少数民族的关系中,形成了一种为儒家所称道的夏–夷秩序,即夏是统治者而夷是被统治者;夏是中心而夷是边疆;夏是内部人或同胞而夷是外人或陌生人;夏是高人一等而夷则低人一等。夏–夷关系代表了一种中央和地方之间的关系。以这样一种关系,中国古代在中央权力得到保证的条件下,对民族地方实行了一定的地方自治的制度,如土司制度。在夏–夷秩序下,从大一统秩序的需要出发,通过加强汉族文化价值对"夷"的同化,其途径是吸收"夷人"进入到政治制度中进而同化他们。而在处理民族关系上,倡导儒家五伦学说的运用。所谓的儒家的五伦学说即君臣、父子、夫妇、兄弟、朋友五种关系。如家庭中兄弟关系可以运用到对少数民族身上,将少数民族称为"兄弟"。孔子学说讲"仁",如果少数民族都本着"仁"的精神,各个民族就可以和平共存。[1] 不仅如此,这种仁义治理反衬了对少数民族的尊重。何包

---

[1]　Will Kymlicka & Baogang He, *Multiculturalism in Asia*, Oxford University Press, 2005, p.57.

钢指出："基于历史习惯所具有的自治权利,责任驱动的权利,少数民族享有某些优惠政策的权利,家长制的怀柔政策,社群主义对集体权利的支持,以上所有的权利或优惠形式都具有工具性特征。"①需要指出的是,何包钢这里说的"权利"在中国古代的法律中很少涉及,他提到的"工具性"特征反映了二元化时代的国家和少数民族间的合作带有着庇护特点。

在世界上的其他非西方国家,由于历史上一些强大国家对周围区域的扩张,弱小的民族或被征服或被合并进来。这些国家多数采取了君主制的形式。在君主制形式下,形成了以君主和中央权力为中心的纵向权力体系。国家和民族群体的关系同样也构成了一种上下隶属的统治与臣属的关系。在金里卡和何包钢主编的《亚洲的多元文化主义》②一书中,弗西纳(Vatthana Pholsena),特亚塔(Mika Toyota),格尼斯安(N. Ganesan)等不少学者结合老挝、泰国、马来西亚、印度尼西亚、印度、斯里兰卡等国家的经验,在解释了东南亚国家多元文化主义的治理的同时,不同程度地分析了历史上这些国家的管理方式。其中,他们发现不少国家在对少数民族的管理模式上存在着中心与边缘的等级秩序,不过这种等级秩序中同样含有某种相互承认的合作形式。在东南亚国家中,由于历史上的王国存在以及一些族群在国家中的优势地位,往往形成一种中心与边缘的隶属模式。在 14 世纪中叶的老挝,法昂王创建了老挝历史上第一个统一的封建中央集团制王国——澜沧王国,意为"百万大象之国"。受大乘佛教的影响,昂克瑞安(Angkorean,音译)国王宣称具有神性,是宇宙秩序和人类世界的中介。其任务就是维护帝国和宇宙的和谐。国王是崇拜的对象,也是政治的中心,在宗教观念的影响下,形成了一个中心－边缘环形图,中心为统治者,由此向外扩展,边缘既表明了权力所达范围,也表明了地方和民族群体所处的地位。受佛教思想影响,人在功德等次(merit－ranked)中各有其位。每个人如此,少数人族群也同样如此,特别是非泰语族(non－Tai－speaking people)处在隶属地位上。③麦克·特亚塔借用了"银河政治"④概念来描绘泰国存在的中心－边缘的管理安排。在这种管理方式中,处在银河政治中心的统治权力,它对处在边缘

---

① [澳]何包钢:《民主理论:困境和出路》,法律出版社,2008 年,第 219 页。
② Will Kymlicka &Baogang He, *Multiculturalism in Asia*, Oxford University Press, 2005. p. 82.
③ Ibid., p. 83.
④ Ibid., p. 113.

地位的群体实施间接统治。如高地卡伦(Karen,音译)和鲁阿(lua,音译)地方政府要向清迈(Chian Mai)王子进贡,反过来,王子要承认这些地方的权威的合法性。国王对地方实行权力保护,同时地方权力可以控制他们的土地和人民,享有一定程度的间接统治。通过朝贡关系,中心权力和边缘群体之间形成了一种松散的庇护性的合作关系。

(二)对殖民地社会的民族关系的解读

在对传统的殖民地民族群体的关系分析上,一些学者也对殖民地多元文化共存模式作了分析,按照西方社会学家涂尔干的观点,市场经济是实现社会整合的机制。因为在市场经济下,人们之间在分享认同方面能够形成共同的感情,它可以指导公民。20世纪30年代至40年代英国行政官和政论家弗尼沃(J. S. Furnivall)在对新加坡、马来西亚和印度尼西亚等东南亚国家的考察中认为,以为通过市场就可以实现不同民族的政治整合是不可能的。他指出,多元社会是一个由两个或多个社会因素或多种秩序彼此划分,共存于一个政治单元中。正如在英属马来西亚那样,华人、印度人和马来人地理上接近,但社会是分离的。他们就如一种劳动分工一样,其中不同族群扮演着各自的角色。这种社会的断裂反过来导致了政治上的动荡不安。①在他看来,由各自不同的族群和宗教组成的社会相互区分,除了市场上的交换外,没有任何共同性。在他看来,即使是民族主义也不能解决这样一个难题。因为民族主义带来的不过是一个族群共同体反对另一个族群共同体。除非采取联邦制度,否则这种多元的局面会走向无政府。

与弗尼沃不同的是,在金里卡与何包钢共同主编的《亚洲的多元文化主义》一书中,格尼斯安研究了英国统治下的马来西亚共同管理模式。19世纪时,英国将触角延伸到了马来西亚,为了便于海上商业的发展,英国殖民当局在马来西亚采取分而治之的政策。一方面,将马来人作为依靠对象,并使其在殖民地统治秩序中处在主导地位,同时又通过职业分工,使华人、印度人等移民群体处在边缘地位。殖民地统治时期,在英国人的统治下,马来人与印度人和华人等移民群体存在着等级关系。在英国人的政治统治下,马

① Robert W. Hefner, ed., *The Politics of Multiculturalism: Pluralism and Citizenship in Malaysia, Singapore, and Indonesia*, University of Hawai'i Press, Honolulu, 2001, p. 5.

来人苏丹听从英国的统治，在政治上享有一定特权。同时英国殖民当局承认和保护马来人的文化习惯和宗教。这项政策传递出这样一种信息，即英国在处理马来人与华人关系上，更加注重保护和承认马来人的利益，诸如在教育、公务员任用、土地保护等方面优先考虑马来人。由此也就奠定了马来人的统治地位和华人及其他族群的弱势地位。

这种中心－边缘治理模式在印度也得到了体现。印度底层研究代表人物查特杰（Partha Chatterjee）在《被治理者的政治：思索大部分世界的大众政治》一书中揭示了英国殖民统治当局对印度的等级式管理的两种途径："一条途径是由殖民地官员保护低种姓的利益，或是由殖民地政府任命来自贱民群体的杰出人士充任他们的代表；另一个方式是，在立法机构里为来自低种姓的候选人特别保留一定数目的席位。但是还有一条途径是，为低种姓选民设立单独选区，使他们可以选择他们自己的代表。"①查特杰在书中指出，英国在印度统治地位的确立，为印度现代国家的建构奠定了基础。但这种建构不是建立在主权和公民平等基础上，而是建立在殖民主义者民族歧视的基础上。在对印度的统治上，英国殖民者不是把印度构建成一个独立的主权的民主国家，而是把印度置于英国的统治之下，将当地人视为"野蛮人"而治理之。为便于英国殖民当局的统治，殖民主义者采取了间接统治方式，地方事务交给地方人治理。不同的是，在这种治理中采取了某种民主的外衣。不同等级的人在"民主"外衣下，依然保留了自己的地位。尤其卑劣的是，在这种英国式的民主中，并没有取消"种姓"，而是使"种姓"的存在合法化，如不同的种姓在"议会"中均有代表。

西方学者把殖民地国家视为"民族志国家（ethnographic state）"②。具体而言，殖民当局发展了人口群体的识别和划分方式，并将其作为政策目标和建立共同体的标准。其目的是为英国在殖民地推行"分而治之"提供依据。查特杰指出："在采用这些现代化和发展的技术策略时，较早的民族志概念经常进入关于人口的知识的领域——作为方便的描述性范畴，用来将人群划分为行政的、法律的、经济的或选举的政策的合适目标。在许多情况下，

---

① ［印度］帕萨·查特杰：《被治理者的政治：思索大部分世界的大众政治》，田立年译，广西师范大学出版社，2007年，第16页。

② 参见［印度］帕萨·查特杰：《被治理者的政治：思索大部分世界的大众政治》，田立年译，广西师范大学出版社，2007年，第44页。

殖民政府统治使用的划分标准继续延用于后殖民时代,既塑造了政治要求的形态也塑造了发展的政策形态。因此,种姓和宗教,东南亚的族群群体,以及非洲的部落,仍然是辨识作为政策目标的各人口共同体的主要标准。"①这样,在这些殖民地国家还没有独立建国前,对人口进行差别对待的原则就已经建立起来。这不是一种建立在公民和大众民主基础上的民族国家路径,而是一种差别对待多重治理的路径。殖民当局的设计不是要建立大众主权,而是继续发展一种非公民身份治理体制。

二、多民族发展中国家独立初期包容性族际治理解析

现代国家的建立开始了一个新的时代。随着主权国家和边界的划分,理论上属于境内的居民被视为公民,全体人民也由此成为主权者。但在实践中,如何管理公民,如何对待公民群体与其他民族群体的关系,成了政府管理的重要内容。

(一)对新兴国家的公民与多元文化群体关系的解读

在当代对发展中国家的治理方式中,西方学者如安德森·史密斯、格罗斯、诺斯等依据西方公民国家建构的检验对非西方国家建构进行了分析和评价。在他们看来,西方公民民族主义管理国家的一个重要途径是,把人从原来隶属的族群的、文化的、宗教的共同体中解放出来置于一个共同的政治共同体中,所有社会成员不分民族、文化和宗教等差别还原为一个共同身份,即公民。在这样一个公民身份的抽象概念中,国家成了每个个体成员效忠和归属的对象,多元的族群或宗教集团降到了次级组织的地位上,公民身份、对法律的服从高于其他任何身份和团体。由此实现了对境内不同群体的政治整合。法国学者皮埃尔·罗桑瓦龙在《法兰西政治模式:1789年至今公民社会与雅各宾主义的对立》中反思了法国大革命时代的政治整合途径:政治思想家西耶士创立了"单一"的民族理念。他曾经指出:"我们应该把民族想象成脱离了社会联系的个人的集合。"政论家吉罗代说得更为明确:"法

---

① [印度]帕萨·查特杰:《被治理者的政治:思索大部分世界的大众政治》,田立年译,广西师范大学出版社,2007年,第45页。

兰西民族是一个由大约两千五百万个人组成的社会。"①大革命要用一个全新的世界来取代由行会组成的物欲横流、支离破碎的社会。这是一个"由个人而非由阶级组成的大协会，这个协会对其成员一视同仁，决不分三六九等"②。按照这种"单一"的规则，法兰西民族的所有成员一律平等，所有个人都享有相同的权利与义务，而公民的特殊主义和文化身份只能存在于私人生活中。在公共领域内，民族的属性是排他的和不可分割的。按照多米尼克·史纳培的定义，只有"公民的共同体"是被承认的，也就是说，不同的个体被限定在同一个社会契约内，集合在同一个国家中，这份契约定义了每个公民所要捍卫的普世价值观。

比利时学者马尔蒂尼埃罗在《多元文化与民主：公民身份、多样性与社会公正》一书中分析了加拿大和法国的同化主义传统，即将具有不同文化传统的人最终都变成同质性的"公民"。"历史上，在加拿大或是法国这样的国家采取了这种融合论做法。在法国，对于法兰西民族的从属性是排他的且不可分割的。法律只承认法国人。所有的法国公民都正式地享有相同的权利与义务。所谓'来自外国的法国人'的概念是不合法的。同样，少数民族和宗教群体总体上也是不被法律承认的群体。"③

将多元族群嫁接到公民体系基础上的管理方式也传播到了独立后的新兴国家。查特杰总结了两个线索："一条是将公民社会与建立在大众主权基础上并赋予公民以平等权利的民族国家联系起来的线索。另一条是将人口与追求多重安全和福利政策的治理机构联系起来的线索。"④前者，不少国家通过宪法，确立了所有公民平等的原则；而后者则涉及了对境内公民的管理。在此领域中，西方国家由于几百年的市场经济和市民化进程，使社会生活中的个人实现了"从身份到契约"的转变，政治整合也由此从私人关系纽带，如中世纪的庇护关系中实现了政治解放，而那些具有自己文化特点的族群也被强制接受和纳入公民权利体系。然而，对大多数多民族发展中国家

---

①② ［法］皮埃尔·罗桑瓦龙：《法兰西政治模式：1789 年至今公民社会与雅各宾主义的对立》，高振华译，生活·读书·新知三联书店，2012 年，第 5 页。

③ ［比利时］马克·马尔蒂尼埃罗：《多元文化与民主：公民身份、多样性与社会公正》，尹明明等译，社会科学文献出版社，2015 年，第 54 页。

④ ［印度］帕萨·查特杰：《被治理者的政治：思索大部分世界的大众政治》，田立年译，广西师范大学出版社，2007 年，第 45 页。

而言,市场经济基础缺乏,市民社会历史短浅,社会一体化程度低,本国传统文化根深蒂固,国家的独立仅仅是形式上,诺斯所讲的"自然国家"因素大量保留下来。原生情感和盘根错节的私人关系构成了社会的组织基础,现代社会所需要的"公民原则"不过是一种形式,并没有发挥核心纽带的作用。原生主义代表人物格尔茨通过在东南亚的长期生活体验和观察,分析了多民族发展中国家社会结合力薄弱问题。在《文化的解释》一书的第十章"整合的革命"中,格尔茨指出:"新兴国家很容易被基于原生依附的严重不满所伤害。原生依附的意思是指来自所'给定的'——或者更精确地说,就像文化不可避免地卷入这类事物一样,它被假定是'给定的'——社会存在:主要是密切的近邻和亲属关系,此外,给定性还源自于特殊的宗教团体,说特殊的语言,甚至是一种方言,还有遵循特殊的社会习俗等等。这些血缘、语言、习俗及诸如此类的一致性,被视为对于他们之中及他们自身的内聚性有一种说不出来的、有时是压倒性的力量。"[①]而新兴国家越来越强调了民族团结、社会的互动和公民对国家的忠诚。然而,在主流民族群体控制和影响着公民纽带的内容中,个体成员一旦超越自己的族群进入到一种"陌生的分类中,将冒失去自主和个性的风险"。在他看来,在法国、英国和美国等一些国家中,国家管理族体(ethnicity),人民不大可能把他们自己的族群纽带视为比对国家的忠诚更重要,在这些国家中,公民民族主义取代了族裔民族主义。之所以出现这种不同,格尔茨认为,这是现代化发展的结果。而在新兴国家,由于没有实现全面的现代化,因而族群民族主义问题非常严重。人们一直认为,新兴国家只要推进现代工业,这些问题就可以解决。实际上,这一目标实现起来并不那么容易。因为,现代化的发展也促进了各个不同民族群体利益要求的发展。在国家发展尚处在非常落后的条件下,现代化带来利益分化和民族之间差别的扩大。不同民族群体为了在竞争中获得更多的国家支持,往往反求于原生纽带的作用,这就加强了原生纽带的地位。发展中国家的政府在满足这些要求面前,无论是能力、条件还是制度设计依然捉襟见肘,由此必然会带来民族群体与国家之间、民族群体与民族群体之间的冲突。

① ［美］克利福德·格尔茨:《文化的解释》,韩莉译,译林出版社,2002 年,第 307 页。

（二）对独立后多民族群体管理机制的解读

面对这种状况，如何将这些离心离德的不同群体组合起来呢？公民民族主义只是提供了一个管理上的基本框架。而要管理这样一个复杂多元的社会，不能不借用传统的力量。独立后的国家为了实现国家的发展，一般依然采取了国家中心主义的方式，也就是通过国家对边缘地带的渗透的统治管理方式，通过包容的方式，将不同民族群体纳入到政治共同体中，通过一种宏观的制度性框架，以实现不同民族群体的共生共存、差异互补。

1. 民主吸纳性治理

民主吸纳性治理，也即是运用现代民主方式，将传统的群体力量纳入民主体制中，既实现了国家对民族群体的管理，也满足了民族群体参与政治的要求。在此方面，印度和印度尼西亚的独立后的统治方式取得了不同的效果。古普里特·马哈亚恩（Gurpreet Mahajan）指出："在最初的几个民主国家中，印度率先走向多元文化道路。在西方自由主义赞成中立性和非差异性时，印度认识到了少数民族的权利和文化多样性的价值。这是一个创新和大胆尝试，它否定了那个时代的主流思想。"[1]如果按照自由主义的思想，多数人的统治容易带来多数人民族的统治，而个人主义的自由公民理想容易导致对少数人文化群体，尤其是对少数民族的权利剥夺。这两个方面对多族群、多文化的印度来说都是不利的。印度独立后，政治精英在国家的治理上采取了一种全新的方式，即在承认个人是公民的同时，也承认个人的文化群体成员身份，并把二者结合起来，实现对不同族群和文化群体的管理。马哈亚恩指出："印度独立后的民主政治是通过积极评价不同宗教和文化群体而塑造的。进而言之，各种结构和制度带有了这样一种理解，即不同的群体必须在公共舞台上得到平等对待。这就意味着所有的群体应该自主地与给他们的文化相一致，而不是被迫同化到多数的文化中。为了使这一规定具有实质内容，选民委员会为少数人群体设立了特别代表权，以使这个委员会承担起设计宪法框架的基本任务。"[2]印度的这一治理方式，已经完全不同于自由主义的个人权利传统和多数人统治传统，其中含有的协商过程可以有

---

[1] Will Kymlicka & Baogang He, *Multiculturalism in Asia*, Oxford University Press, 2005, p. 288.

[2] Ibid., p. 291.

效地将不同群体黏合到一起。印度的这种民主吸纳使多元的群体最终集合到了印度国家之下。民主治理没有导致多元群体的离心发展,而是促进了印度向心性政治整合。

相比之下,印度尼西亚独立后也试图通过民主的方式将不同族群纳入到体制中来,但适得其反。格尔茨对印度尼西亚最初民主性的吸纳管理的失败进行分析。在他看来,1955 年印度尼西亚曾经创立了议会制度,试图通过公民秩序的方式来管理内部的多元状况。在一定时代,这种新的体制尚能控制爪哇与外岛地区之间的紧张关系。原因在于:①团结的感情;②多党体制;③二元执政的行政体制。在这种体制中,有两个老资格的民族主义领袖,爪哇人苏加诺和苏门答腊的穆罕默德·哈达,一个是总统,一个是副总统,共同分享最高领导权。但随着现代化的发展,利益的分化,不同民族群体间的矛盾加深导致了建国初的团结局面逐渐消失,由此也影响到议会政治的发展。议会本来由多党组成。而社会不满在政党表达时,议会内部难以形成一致,从而导致政治制度崩溃,以及由此支持的二元领导体制的瓦解。因此,对于离心性很大的社会来说,议会多数制和竞争制有其软弱性,不能起到治理的效果,也不能带来政治整合。由此,威权性管理自然也就有了重要地位。

2. 威权式管理解读

对于刚刚取得独立地位的国家而言,采取威权式管理更为有效。当代不少学者对多民族发展中国家的威权政体治理作了不同的解读,在此,戴维·阿普特的分析独树一帜。通过运用结构主义的方法,他把现有社会分为了世俗 - 自由主义模式和神圣 - 集体主义模式。两种模式在发展中国家都有代表,不过在发展中国家中,第二种模式更有普遍性。这种模式有三个层面:"在行为层面,它由具备独特潜能的个体单位构成。个体被认为是具有潜能的存在。在结构层面,政治共同体是将潜能转化为现实的工具。因此,社群是社会生活的中心。此外,作为社会化的首要工具,政治共同体本质上是一个教育机构,它本身为共同体的提升而存在。个性仅仅是派生的。是一种派生的特性。"[①]他指出,在神圣 - 集体主义模式中,权威发挥着重要的作用。它强制人们对特定的关键政治问题进行有选择的交流。如果原初

---

① [美]戴维·阿普特:《现代化的政治》,李剑等译,中央编译出版社,2011 年,第20 页。

的目标是引导人们形成一种共同的社会语言，那么其最终的结果便是一致性的建立。不仅如此，这种权威被神圣化，即通过一种政治教条化的信仰转化，而求得政治统治的合法性。其内容就是创造各种忠诚，使其超越人的原始忠诚，即超越对种族、宗教和语言归属的忠诚。阿普特指出，种族划分、宗教和语言是人们用来表达自己、组织社会的工具。而政治宗教要做的事情就是使这种原始的忠诚变得越来越没有意义，并通过努力使人们超越原始忠诚，在一个更大的政治共同体中发现公共利益。而这样一来，也就使"政治宗教"受到了各种挑战。现代国家为了获得这种政治宗教，越来越注重"意识形态"的权威和对领导人的崇拜。这种状况在加纳、几内亚、马里等国家的政治统治中表现得尤其突出。

威权式统治管理模式曾经是不少多民族发展中国家独立后选择的管理模式。一些学者从发展型国家角度解释了这种管理模式背后的政治构想。英国学者詹姆斯·梅奥尔(James Mayall)从多民族发展中国家的经济发展与民族主义的角度作了解释。在他看来，如果说发达国家的民族主义是深嵌的，它具有相当的控制和动员力量，那么发展中国家仅仅是"名义上的民族国家"①。由于民族主义主要是形式上的，决定了发展中国家的领导人一方面选择意识形态输入来激励"大众的情感和政治忠诚"，另一方面通过政府垄断所有的生产资料以及集中发展重工业。他们试图通过快速的经济发展和社会现代化的计划单独完成去殖民化的过程。② 加纳首位总统卡瓦米·恩克鲁玛曾说："首先建立起政治王国，其他诸事将逐一列入解决。"③对大多数多民族发展中国家而言："经济发展不仅仅是一个技术性问题；它是政府可资利用的一个战略：既具有不可否认的现代性（因此也具有合理性），同时又似乎为把人们的忠诚从宗族、部落以及宗教上剥离并转移到新的民族国家上提供了一种途径。甚至是在某种世界性的宗教依然强力地控制着大多数民众的情感和忠诚的地方，情况也普遍如此。"④不少多民族发展中国家注

---

① ［英］詹姆斯·梅奥尔：《民族主义与国际社会》，王光忠译，中央编译出版社，2009 年，第132 页。

② 同上，第135 页。

③ 转引自［英］詹姆斯·梅奥尔：《民族主义与国际社会》，王光忠译，中央编译出版社，2009年，第138 页。

④ ［英］詹姆斯·梅奥尔：《民族主义与国际社会》，王光忠译，中央编译出版社，2009 年，第139 页。

重政府权威的作用,其政治目的非常明显:一个是去殖民化,另一个是去部落化或去族群化。如果说,威权式统治管理带有国家主义和全局性思考特点,这样一种价值取向对多民族发展中国家具有重要价值。毕竟一些多民族发展中国家正是在政府的积极作用下站立起来的。今天的新加坡和亚洲的不少国家即为代表。然而威权式统治管理是否达到了政治整合的目的呢? 梅奥尔认为,这一战略是失败的。他指出:"在很多,甚或是大多数这些国家,占据政治主导地位的不是民族主义而是希望获得更大的自治权的种族的或是宗教的压力。种族和宗教的区分被地方政治家(有时单独地有时联合地)利用来迫使中央政府做出各种让步。在这样的情形中,追求经济发展与其说弱化毋宁说加剧了社会的离心趋向;亚民族政治运动的最后武器就是威胁煽动分离主义运动;它们为与中央妥协提出的要价是要求在分赃中获得更大的份额。"[①]这种状况在非洲出现的"重新部落化"现象中得到了验证,在亚洲国家中也大量存在。

而美国学者德隆·阿西莫格鲁在《国家为什么会失败》中同样也从经济角度作了回答。在他看来:"现代国家失败是因为他们汲取性经济制度没有给人们创造储蓄、投资和创新所需要的激励。汲取性政治制度通过固化那些汲取性制度中获益者的权力,来支持汲取性经济制度。汲取性经济制度和政治制度的细节在不同环境中有所不同,但通常都是国家失败的根源。"[②]在汲取性制度背后,往往是权力的集中或权力被单一的家族或部落控制。优势利益主要控制在这些既得利益集团和精英一边,他们既是汲取性制度的设计者,又是利益的获得者,为了长期保持权力,不惜牺牲社会大多数人的利益。如冷战时代的埃及,政变上台的军队支持西方,从原来采取苏联计划经济方式转变到裙带资本主义。在哥伦比亚,中央政府在很多地方缺乏权威,自然造成了精英们分帮结派,造成了社会内部的严重分裂,甚至相互仇杀。显然,在汲取性制度下,统治和管理的方式更多是为部分精英和既得利益集团服务的。因而,这种管理助长了社会内部的分裂力量,降低了社会内部和政治上的合作力量。阿西莫格鲁在总结威权政治时指出,威权政治可能促

---

①　[英]詹姆斯·梅奥尔:《民族主义与国际社会》,王光忠译,中央编译出版社,2009 年,第 147 页。

②　[美]德隆·阿西莫格鲁:《国家为什么会失败》,李增刚译,湖南科学技术出版社,2015 年,第 278 页。

进了经济增长，但从长远看，"威权增长既不是渴求的，也不是可行的"①。

阿西莫格鲁认为，威权式统治以单向度为特点，但也可以采取更为包容性、开放和适应的方式。这种状况在加拿大学者贝淡宁的分析中得到了发展。他在分析亚洲国家的威权或半威权国家的治理特点时指出，在亚洲国家中，贤人治理适应了现代化的需要。因为在现代化发展进程中，"经济与法律问题如此复杂，以至于多数选举出的领导人——更不用说普通公民——不能够试图做出稳健而有效的判断，换句话说，公共事业的复杂性本身意味着很大部分进行决策的权力必须置于一群具有机敏头脑的精英手上"②。新加坡人民行动党的统治即证明了这一点。在治理体制上，亚洲国家同样借用了民主体制。以新加坡为例，新加坡在名义上是民主制的，但是反对派候选人会面临各种报复，这包括破产、侮辱以及被驱逐，结果是在选举时很少有合格的候选人敢于挑战执政的人民行动党。贝淡宁指出："现代社会面对的问题是要将对民主的肯定与对由具有才能、热心公益的精英进行决策的思想的肯定结合起来。"③准确地说，就是儒家"君子"的治理与民族的价值和实践协调起来。在亚洲国家中，存在着多元的族群、多元的语言和宗教集团，在这种背景下，怎样的民主才能有效地面对这种多元的局面并起到应有的治理效果呢？从新加坡、马来西亚、印度尼西亚的实践效果看，贝淡宁认为，这些国家并没有接受西式的自由民主，而采取的是在平等基础上的非自由主义民主。在这种民主中，各个民族的平等高于单个公民的平等。也就是为了发展这种民主，国家通过一定权力干预多数人的优势，而对少数人予以保护，通过对不同民族群体的调试和平衡，实现各个民族的平衡。反之，如果采取西方竞争性的民主，以多数选票为规则，这些国家的民主必将导致国家政治上的动荡或分裂。以新加坡语言政策为例，贝淡宁指出，如果选择汉语为国语，可能满足了华人的要求，但最终得罪了马来人和印度人，还有其他群体，那样国家将陷入种族冲突中。同样在马来西亚，在有关宗教的安排上，马来西亚政府有意地压制了多数穆斯林的利益要求，采用了世俗国家的原则。正是亚洲的这些国家采取了一种更为包容的统治管

---

① ［美］德隆·阿西莫格鲁：《国家为什么会失败》，李增刚译，湖南科学技术出版社，2015年，第323页。

②③ ［加拿大］贝淡宁：《超越自由民主》，李万全译，上海三联书店，2009年，第155页。

理,才保证了国家的稳定和团结。

三、当代多民族发展中国家族际合作治理解析

二战后发展起来的各个国家,随着现代市场经济的发展,不同民族群体和个人的权利意识得到了发展;同时,伴随人口流动和经济一体化的发展,这些国家内部的不同民族群体也日益生成了一个同生、同在、相互依赖的族际关系格局,其中族际合作因素逐渐发展起来,这些已经在不少学者的文献中得到了集中反映。

(一)对族际精英合作的解读

在发展中国家,治理主体存在不同的表现形式,如政党领袖、社会集团的领袖、民族群体的代表、部落的首领等。最能反映政治精英主体的是政府的领导人或政党领袖。他们的地位和作用对多民族国家的治理有着重要的影响。伊兰·魏格达-格德特(Eran Vigoda-Gadot)在《建构强大民族:改善治理能力和公共管理》一书中指出,在公共管理中,通向治理能力、变革和改革的一般路径基本上采取的是由国家发动、有计划地从"旧"向"新"的转变过程。支持政府推进变革的人士认为,通过有效的战略性思考,由国家实现对整个国家的进步和发展的领导。其机制就是平衡公共人员、专家等诸多方面的关系。在此方面,理性选择理论和理性决策模型提供了充分的理论支持。然而要保证这种成功,需要按照一定的目标要求,实现个人、团体和政治制度结构之间的合作,以此来支持"理性"选择或"理性决策"的成功。

麦格在《族群社会学》中通过对南斯拉夫解体的分析和总结指出,应该明了这种族群的和政治权力内部的相互对立与不合作带来的后果。他指出,在各个族群的权力、财富和声望差距较小的情况下,族群关系有可能合作。但在今天的社会中,这种情况不多见,相反,经济和政治上的不平等是今天多族群社会的基本特征。此外,各种文化差异的存在同样也会引起族群冲突。麦格指出:"当政治和经济资源在各族群之间的分配的平等达到最大化时,多族群社会中的各个族群能否相对和谐共存,很大程度上就取决于是否存在一个有足够力量的能将族际冲突控制在可容忍范围内的中央政府,仅仅公平并不足以取得所有群体的忠诚。""南斯拉夫的情况表明,将各

个族群结合在一起的强大政府垮台,将会带来怎样的灾难。""一旦强大的中央政府的黏合力消除,潜藏的族群仇恨就会以排山倒海之势卷土重来。"①麦格在对南斯拉夫解体前后的解读中指出,南斯拉夫本来采取的是一种"团体多元主义"代表。"各个族群共存于一个松散的联合体制中……中央政府官方认可这些族群的存在,并且试图按照一定比例给它们分配政治权力和经济资源。而且,每个族群都享有某种程度的政治自治。"然而,在这种联合体中,各个团体都凭借自己的优势地位谋求"政治独立","每个族群都试图尽量扩张领地并网罗那些在其他地区以少数族群身份生活的该族群的成员"。原来的各加盟共和国领导在铁托逝世后都转而追求各自所代表的族群利益最大化,加剧了族群间的敌意,使裂痕逐步扩大。先从克罗地亚共和国和斯洛文尼亚共和国开始的民族冲突,逐渐影响和扩展到南斯拉夫各个加盟共和国,不同民族群体之间难以和解。排山倒海般涌来的族群民族主义和分裂主义使中央政府的权威式微,最终使南斯拉夫分崩离析。

南非则是另一种状况,在这个国家中,历史上黑人和白人两大种族积怨已久,族际和解渺茫。20 世纪 90 年代的世界,民族主义第三波和民主化浪潮在不少国家兴起,南非大有分离成两个国家的可能。然而,这个国家在新的政治转型中维护了国家的统一,两个种族化干戈为玉帛。美国学者戴维·奥塔韦在《德克勒克与曼德拉:用妥协和宽容重建南非》一书中,通过对两个种族群体精英及其他们所在的政党、集团的解释,指明了两个政治精英对南非国家重建中的重要影响。在这部著作中,作者以细腻的手法描绘了黑人领袖曼德拉和白人领袖德克勒克各自不同的心路历程。他们之间存在着矛盾,但这种矛盾不是两个人之间的矛盾,而是两个重要种族之间的矛盾。如果按照零和博弈的规则思考各自利益的最大化,带来的结果只能使黑、白两大种族之间的分歧不断扩大下去,暴力依然充满社会,"国家陷入分裂"并最终"摧毁国家"。② 但是两位领导人都站在了"南非社会究竟应该如何重建新的政治秩序"这样一个大前提下,评价和认识国家所面临的危机形势,找到和平谈判的解决办法。他们都努力说服各自所在的政党成员,尤其

---

① [美]马丁·N.麦格:《族群社会学》,祖力亚提·司马义译,华夏出版社,2007 年,第 523 页。

② [美]戴维·奥塔韦:《德克勒克与曼德拉:用妥协和宽容重建南非》,启蒙编译所译,上海社会科学院出版社,2015 年,第 23 页。

是党内和党外的激进派成员,通过对话,协商解决了黑、白两大种族之间存在的诸多关键问题,结束了长达半个多世纪的种族隔离历史和白人的统治,实现了政治转型。在这种转型中,无论是曼德拉还是德克勒克都曾经影响着转型的前后进程,尽管他们的认识未必就是南非两大种族的意识,但经过艰苦工作使两大种族中的多数人选择了民族和解之路。精英的意识变成了各党派的和解,最终支持了南非的成功。

南非的案例仅仅是一个方面,但它反映了转型进程中精英的重要地位。如果精英在政治转型战略的上选择了合作,并努力按照这种精神进行组织和安排,由此也就为日后的族际合作治理奠定一个良好的开端。如果依然坚守零和博弈,族际合作治理将难以成行。伯兰德(Jacques Bertrand)在《民主化与少数民族:冲突还是妥协》一书中曾专门分析了精英战略的选择问题。他指出,精英在政治策略上都试图寻求新环境下的优势。他们试图保留他们的权力,而反对派则为获得新的资源而展开竞争。如奥·唐奈尔(O'Donnell)和施密特(Schmitter)评价到,这可能在政治转型中出现某种非确定性。民主的结果取决于国家的改革者和政权的反对者之间的成功谈判和同盟。如果威权政治中的强硬分子获得优势,势必给未来的国家治理带来隐患,影响到民主转型。

在多民族国家,不同民族群体由于文化和利益上的复杂性,决定了族际政治精英之间的谈判扑朔迷离。精英谈判更多涉及利益计算,如果族群的利益得到满足,族群就会支持精英,或由他组成的政权,但由此也容易导致族群利益的变化和族际关系的紧张。对此,雅克·辛德(Jack Snyder)指出,在政体变革中,为了巩固权力,精英们诉诸地方感情以获得支持。由此导致族际间的仇恨和暴力。罗斯柴尔德(Rothchild)和勒玛桑德(Lemarchand)指出,1993 年和 1994 年布隆迪发生的内战与民主化导致了极端主义的兴起。当时,精英通过族群认同动员,以期在选举中获得优势,但也带来了一些少数人族群的不满,随后族际矛盾升级,给日后的治理带来了不利影响。

精英策略的结果并不总是暴力的,有时精英在把强硬派和极端主义者边缘化时,更倾向于建立一种温和的同盟。这里有三种情况:第一种,除了周期性的暴力外,为了物质利益而操纵认同,重新塑造身份。第二种,随着自由化发展,代表单一族群的组织由于目标不明确或由于过于极端,分离主义倾向开始加强;一些团体内部的极端主义者得势,并迅速扩大组织并逐渐在规模上超越了温和性组织，由此很容易导致暴力的产生。第三种，当精英的妥协或分层先于民主化并得到巩固时，就会产生和平的结果。在第一种情况下会产生族群代表间的交易，转型和选举比较和平；在第二种情况下，主导的精英会反对民主化压力，并巩固其统治地位以预防完全的民主化；在第三种情况下，民主容易巩固，此后的治理则比较容易。

在走向民主化进程中，一些政治精英也在族群政治上做文章。丹尼尔·波斯内尔（Daniel Posner）指出，在赞比亚和肯尼亚，从一党制到多党制导致了一些主导族群出现裂痕。因为在一党制政权中，精英倾向于诉诸地方认同。而政体的转型激励了对更大社区单位，如教派的、地区的和语言团体的依赖。而且精英们为了物质利益，也可能求助于更多的地方认同，甚至创造新的身份和更多的自治。林茨和安德森指出，他们以肯尼亚,蒙特埃尔岗地区（Mount Elgon）为案例，发现精英们在实现多党民主转型后带来了新的"族群识别"。随着选举的引进和地区边界的重新划分，原来在萨波特和布库索之间的冲突转变为说萨波特语的族群内的冲突。政治领导人寻求政治力量支持，坚持对土地的所有权和政治的控制权力。他们用有关对这块土地的归属和历史来表明他们对这一土地拥有合法权利，否定说萨波特语人的土地权利要求。林茨和安德森注意到，在所有这些事件中，"选举已经成为用来维护土地利益的手段：相应地，土地和族群身份成了政治家手中的工具"①。

然而，精英并不总是把暴力视为有用的策略。皮特森（Peterson）、沃普（Wolpe）和麦克唐纳（Macdonld）认为，21世纪布隆迪成功的转型在于领导人把族群内部的合作看得比冲突更有利。伯兰德和杰拉姆（Jeram）认为，民主化经常带来寻求代表单个族群的组织数量的增加，以及这些组织之间竞争加剧。以前的一些族群会在政治上发生分裂。面对新的政权，精英们通过建立新的渠道而不是诉诸暴力来获得政治支持。当反叛组织为了重新建立他们的统治及其关系，尤其是在竞争中获得了最多的支持者，他们有可能转变为一种缓和的力量。但是一旦温和派不能与新的政府完成谈判，暴力就会增加或重新开始。因而暴力和非暴力结果模式的变化是随着团体内部的

①　Edited by Jacques Bertrand and Oded Haklai, *Democratization and Ethnic Minorities: Conflict or Compromise?* Routledge, 2014, p. 13.

精英及其他们的能力和面对共同策略的意志而变化的。

越南学者佟玉(Tuong Vu,音译)从亚洲国家的发展道路的选择中发现,在亚洲国家的发展进程中,政治精英人物发挥着国家核心领导作用。在他看来,一些学者往往吸取了蒂利的社会学观点,即从战争、殖民化和商业化等方面考察国家构建。在佟玉看来,尽管这些因素非常重要,但他们没有看到,不少发展中国家是帝国主义或殖民体系解体的结果。① 在这一过程中,本土精英和大众利用千载难逢的机会参与到政治中来。这种机会非常难得,也非常短暂。在这样一个变革中,精英与民众之间形成了不同的组合。他们可能是团结的,也可能是分裂的;可能是妥协的,也可能是对立的。如果大众是自发参与的,精英可能将他们吸纳进来,也可能将他们镇压下去。在国家建构进程中,精英和大众的结合方式多种多样。从亚洲一些国家的情况看,存在对抗、包容和二者兼得。而在包容的形式中,精英的妥协和大众的吸纳结合在一起,印度尼西亚和越南同属于这种形式。

(二)对政治体系中的族际合作治理的解读

所谓的治理关键涉及治理体系,在此方面,林茨和福山开辟了一个新的研究视角,他们都侧重从治理的角度来评价和认识政治体系。应该说,政治体系和治理体系存在很大的差别。当人们讲政治体系时偏重于国家的基本政治秩序,而治理体系偏重于操作层面的认识。实际上,随着政治和行政二者之间越加密切地联系在一起,也就使一定的政治体系承担起一定的治理功能。在此,林茨在《民主转型与巩固的问题:南欧、南美和后共产主义欧洲》一书中,将民主政体称之为一种"治理形式"②。不过这种"治理形式"在多民族、多部落、多宗教的国家中,"治理"效果存在很大的差异。

作为近代意义上的民主萌生于威斯敏斯特时代。在这种模式中,多数人统治与同质性人民主权的理念相得益彰。但这种模式一旦被置于多民族国家中,种种挑战便接踵而来。19世纪后期,英国自由主义思想家密尔曾提出:"在一个由不同民族构成的国家,自由制度简直是不可能的。在一个缺乏共

---

① Tuong Vu, *Paths to Development in Asia*, Cambridge University Press, 2010, p.327.

② [美]胡安·J. 林茨:《民主转型与巩固的问题:南欧、南美和后共产主义欧洲》,孙龙等译,浙江人民出版社,2008年,第17页。

同感情,特别是语言不同的人民中,不可能存在实行代议制政府所必要的统一的舆论。"①进入当代,林茨在分析中也谈到多民族国家与民主之间的矛盾:"在由多民族、多种语言、多种宗教和多元文化社会组成的国家之中,人口越多,政治就越复杂,这是因为就民主问题达成一致意见将越困难"②。然而,独立后不少国家由于受到西方民主模式的影响,依然采取了威斯敏斯特议会模式,但很快就受到了来自国内各种族群、宗教利益集团的挑战。前面提到印度尼西亚20世纪50年代议会制的失败即为典型。在印度尼西亚这样一个受族群、部落、家族、宗教力量影响的国家中,采用多党联合议会制和内阁制,并不能自动带来政治上的联合。各个政党背后的族群、部落或家族势力的竞争,往往使各个政党难以从全局利益出发思考问题,议会也难以在一些重大问题上达成共识。议会内阁制下的政府本来受制于议会,加之作为发展中国家,无论官僚体系还是政府能力依然非常有限。在社会急剧的变革中,政府软弱,国家缺乏凝聚力,不同族群、不同宗教群体之间难以实现合作,因而印度尼西亚建国初期的议会民主制并不能带来国家的政治整合,在此条件下,议会民主制不能不让位给苏加诺提出的"有秩序的民主"。

印度尼西亚的状况仅仅是一个缩影,赖利(Benjamin Reilly)以亚洲太平洋国家为蓝本,分析了这些国家独立后采取民主制度的状况,指出了这些国家民主制度并没有起到"治理"的作用。赖利指出:"许多亚太国家长期以来所面对的问题源于民主政府和族群多样性的关系。"③独立后民主并不能起到应有的协调作用。除了日本之外,缅甸、印度尼西亚、马来西亚、菲律宾独立后都曾采取了西方民主模式。进入20世纪70年代后,这些国家的政治均转向某种形式的"非民主"体制。赖利指出,在这些国家中,民主政治中所需要的因素均受到社会内部存在的断裂因素影响:政党软弱,立法机构分裂,政府无能等因素使民主政治难以发挥治理的作用。在印度尼西亚,集团政治化导致了民主失败。在马来西亚和新加坡,出于对族群政治表现出来的忧虑,不能不依靠一定的威权发挥作用。在菲律宾,家族、部落和地区认同

---

① [英]J. S.密尔:《代议制政府》,汪瑄译,商务印书馆,2007年,第223页。

② [美]胡安·J.林茨:《民主转型与巩固的问题:南欧、南美和后共产主义欧洲》,孙龙等译,浙江人民出版社,2008年,第30页。

③ Benjamin Reilly, *Democracy and Diversity: Political Engineering in the Asian-Pacific*, Oxford University Press, 2006, p.15.

严重,民主基础脆弱。在柬埔寨,族群和地区的分裂困扰着民主的推进。在泰国,即使公民社会获得了一定的发展,同化政策在一定层面上有所展开,但民主政治依然不能摆脱族群和城乡对立的纠缠。即使今天亚太国家民主政治有了很大进步,但各国家发展依然悬殊。尤其在那些异质性高的国家,如印度尼西亚、菲律宾、巴布亚新几内亚、所罗门群岛、瓦努阿图等,社会分裂严重,收入差距悬殊,政府效率低下,诸如此类的因素困扰着这些国家的民主和国家能力的发展。

赖利以公共物品为例,说明了在民主制下,多族群国家治理能力不足的问题。在他看来,公共物品毫无例外应该是对所有人的,如财产权利、法治、公共教育、健康保障、道路和其他基础设施等。然而在为获得这些资源的竞争中,多元社会中的竞争群体获得的结果是不同的。一些竞争力强的对手将潜在的公共物品变成只有自己共同体成员单独享有的私人物品,这些群体先富裕起来。例如,公共教育的分配在传统中被认为是一种公共物品,它可以分配给一个特定地区或族群,但这也就意味着对其他族群或地区的排斥或剥夺。尤其是在高等教育名额分配中存在的歧视,往往加剧了国内的族群之间的冲突。如在斯里兰卡,僧伽罗人和泰米尔人之间的冲突就是由此引起的,此后不断升级,最终导致内战。

然而,一些国家也取得了成功的经验。如在利普哈特和霍洛维茨各自描绘的不同国家中,就出现了一些成功的治理形式。在利普哈特对发展中国家的民主研究中,曾间接地引用了两个作者的观点。一个学者指出,亚洲人的传统和非洲人的传统尽管存在着很大的差异,但"他们都有一种与生俱来的倾向,就是广泛地听取意见、不慌不忙地思考,在深思熟虑之后形成最终的共识。其显著特征不是通过清点人数的方式迅速解决问题的能力,而是从容不迫地找出各方能够达成一致的领域"。另一学者也认为,"非西方社会不仅有强烈的民主传统,而且在这些民主传统中共识民主的色彩远比多数民主的色彩鲜明得多,它们的'共同特征不是对抗性决策,而是达成共识这个要素',他多次把非西方社会的民主过程描绘成一个以强烈的'和谐关怀'为基础的'寻求共识的过程'"①。就是利普哈特在对协和民主研究中,也发

---

① ［美］阿伦·利普哈特:《民主的模式:36个国家的政府形式和政府绩效》,陈崎译,北京大学大学出版社,2006年,第226页。

现印度、巴布亚新几内亚、巴巴多斯、黎巴嫩、马来西亚、毛里求斯等国家，有不少协和民主的案例，由此帮助他创立了协和民主理论（后来发展成为共识民主理论）。其基本精神就是用正和博弈规则取代威斯敏斯特民主政治中的零和博弈规则，体现为"要共识而非对抗、主张包容而非对抗、力求使处于统治地位的多数规模最大化而不是满足于微弱的多数"①。具体要素如下：

（1）改变多数民主中的权力集中为共识民主中的行政权分享，即"由社会所有重要政党与社会上主要团体代表组成'广泛联合内阁'，一起分享行政权力。'勉勉强强过半数内阁'及由大党和数个小党所组成的'巨型联合内阁'是理想的类型"②。显然，在这种内阁中已经不是清一色的同质性某党或某族成员，而是包容了不同政党或民族、宗教的成员。

（2）实行行政、立法和司法权力分立。在多数民主下行政权力居优，而在共识民主下行政和立法平衡，如瑞士和乌拉圭的"团队式总统制"③。

（3）平衡的两院制。即在多数民主中，立法权力集中在单一的议会上，而共识民主要体现包容精神，要以两院制为特点，立法权力平等地在两院中划分，两院立法权力相当或基本相当。

（4）实行多党制。多数模式以两党为特色，而共识民主则容纳多个数目的重要政党。

（5）党派差异的多样化。多数民主下的政党主要在"左"和"右"上存在差异，是高同质性社会的产物，而共识民主的党派差异具有多样性，这种差异表现为社会经济、宗教、文化－种族、都市－乡村、政体支持、外交政策和后物质主义。当政党数目增加时，差异性的数目也随之增加。

（6）比例代表制。多数民主模型采用的选举制是"单一选区相对多数和过半数制"，而共识民主模式实行的是比例代表制，前者实行的是"赢者全得"原则，而比例代表制使多数党和少数党获得成比例的代表数，以避免任何政党获得超额代表或代表不足。

（7）实行联邦制和地方分权。多数民族模式实行单一制，即中央集权制

---

① ［美］阿伦·利普哈特：《民主的模式：36个国家的政府形式和政府绩效》，陈崎译，北京大学大学出版社，2006年，第23页。

② ［美］艾伦·李帕特：《当代民主类型与政治——二十一个国家多数模型与共识模型政府》，陈坤森译，台北桂冠图书股份有限公司，1993年，第51页。

③ 同上，第90页。

度,而共识民主采用的是联邦制和地方分权,使联邦成员享有实质的自治权。

(8)成文宪法和少数否决权。多数民主采取的是不成文宪法,修宪程序依据国会多数原则,没有相关的司法措施,在此,利普哈特显然把英国作为典范。而共识民主把成文宪法作为国家最高法律,修宪程序对议会多数有着重要的限制(为少数者提供潜在的否决权),并实行完备的司法审查。

从总体上看,多数民主体现为权力向多数人手中的集中,而共识民主体现为权力分散和分享。[①] 他试图通过不同团体精英的权力制约,进而达到修补文化群体之间的分裂的效应,实现国家的政治整合。他指出:"在一个多元社会里建立并维持稳定的民主政府形态,或许是困难的,但并非全然不可能。在协和式民主国家里,多元社会固有的离心倾向,因不同族群的政治精英彼此间的合作态度与行为而抵消了。"[②]

与此不同的是,霍洛维茨提出了聚合性民主理论。他同样从不少亚洲、拉丁美洲和非洲等国家案例中获得灵感。他指出:"在一个分裂的社会中,族群结盟(Ethnic Affliation)提供了安全、信任、相互帮助感,并保护不受到多数人一方的忽视。"[③]由此,一种聚合民主(centripetalism)成为多民族国家的制度选择。其基本原理就是强调跨族合作、调适和整合,降低族性在政治上的分野。这种合作性机制的基本原则是,政治领导人超越族裔意识,使不同政党联合起来。在制度上,通过制定选前协定,确立选举规则,激励温和少数人对多数人决策影响,加强不同族群之间的责任,以保证不同民族群体之间长期合作。在具体机制的安排上采取:①替代投票制,②建立承诺型联盟,③地域性总统选举制,④行政联邦制。采取这四种机制的目的就是要打破族群界限。这四种机制中,关键是替代投票制,这是一种以多数制为基础的选举方式,通常与单选区结合,要求获得胜利的候选人获得所有选票的多数,即霍洛维茨说的"一个对第一名过关制(first - past - the post)的折中和

---

① [美]艾伦·李帕特:《当代民主类型与政治——二十一个国家多数模型与共识模型政府》,陈坤森译,台北桂冠图书股份有限公司,1993 年,第 223 页。

② Arent Lijphart, *Debocracy in Plural Societies*:*A Comparative Exploration*, Yale University, 1980, p. 19.

③ Donald L. Horowitz, *Democracy in Divided Societies*, See Edited by Larry Diamond and Marc F. Plattner, *Nationalism*, *Ethnic Conflict*, *and Democracy*, The Johns Hopkins University Press, 1994, p. 49.

修正,它可以减少多数制的武断,在甄选候选人时,不会产生比例代表制中的中间党突起"①。按照这种投票法,投票时,选民根据自己的偏好将候选人按顺序标示在选票上。如果有候选人获得绝对多数的"第一偏好",则该候选人即可当选;如果没有候选人可以获得绝对多数的"第一偏好",那么获得"第一偏好"票数最少的候选人将被淘汰,并按照被淘汰候选人选票上的"第二偏好"把这些选票分配给其他候选人,以此类推,直到某个候选人达到绝对多数为止。这种制度设置使得政党候选人如果要当选,就得依赖从其竞争对手那里转移而来的第二偏好选票,从而促使候选人跨地区、跨族群去寻求选民的支持。在这种选票汇集过程中,反对力量之间便达成了妥协与和解,同时也促进了候选人主动争取其他族群选民次级偏好的政党,促进了中间派联盟的产生。而大的党派或者联盟要想获胜,就必须考虑在关键领域承诺一些有利于少数族群选民的政策,以此来吸引他们的次级偏好选民投票,这在某种程度上使得相互敌对族群间实现包容、和睦,因此聚合模式主张跨族政党和政党联盟。

受当代这种"协和"的启发,西方学者安德鲁·雷诺德(Andrew Reynord)创立了一种"包容性"民主。在《危险世界中的设计》(*Designing in a Dangerous World*)中,雷诺德在开头引用了一位学者的话:"进步的艺术不是把秩序保留在变化中,而是把变化保留在秩序中。"②雷诺德指出,在过去的半个世纪中,不少脆弱的国家在追求民主,一些取得了成功,但实现的道路坎坷。一些国家,如伊拉克和阿富汗,民主未稳,民主往往有时点燃了冲突的火种。也有不少国家由于设计了完善的政治制度,从而使领导人的选举合法化,少数民族的权利得到了保证。在此方面,他提到了"宪法设计"和"民主设计"。在他看来,好的宪法设计为共同体的和谐奠定了基础,但它只是一个支柱。因为即使宪法设计再精巧,新的国家也会被地区冲突和邻国的干预拖到暴力和混乱之中。而精巧的政治制度结构是处理民族国家内部存在的群体冲突的最好途径。在他看来,"一个合适的民主政治可以为缓和少数民族的恐惧,为多数人提供包容的激励"③。

① Donald L. Horowitz, *A Democratic South Africa? Constitutional Engineering in a Divided Society*, Berkeley: University of California Press, 1991, p.191.

② Andrew Reynord, *Designing in a Dangerous World*, Oxford University Press, 2011, p.1.

③ Ibid., p.2.

他从非洲、亚洲、拉丁美洲、东欧国家的民主治理经验中看到,民主涉及个人尊严和集体荣誉。一个设计良好的民主政治可以更好地管理多元社会。当各个族群被分割到各自独立的私人生活中时,在很大程度上,他们不能在一起工作、生活、娱乐、做礼拜、上学,只有公共领域是他们交流的主要场所。如果没有一个民主的和包容的论坛,领导者也就不会通过谈话而寻求妥协。如果没有对话的平台,解决纠纷只能诉诸暴力。

雷诺德主张一种包容的民主。在他看来,在一个分裂的社会中,要实现社会和政治稳定需要有两个因素:第一,每个重要的团体必须感觉到在管理国家上被包容和得到承认;第二,更弱的团体和个人(多数人或少数人)必须得到保护,一个国家有可能将少数人包容到政府之中,而不是保护那个团体的权利。换句话说,一个国家在制定治理决策时可能保护但不承认少数人的权利,一个国家可能有承认但没有保护。但是真正的包容需要这两者,保护最终是合法的,但包容是政治领域的特点。

包容是多维度的,但雷诺德特别强调了社会团体被包容进国家的管理机制中。他认为,如果某些团体被边缘化,不能分享国家的权力和财富,如果经济部门由多数人统治或者确实由少数人垄断,而少数族群长期被排挤在外,处于边缘地位上,就不能不带来族际政治上的紧张。而一旦少数人能在政府中有发言权,他们的团体权利也就不大可能受到控制和践踏。如果多民族国家能够按照包容的原则恰当地推进民主建设,不同的文化团体就会形成一种合作。

(三) 对国家管理方式中的族际合作治理的解读

多民族发展中国家的治理同样在政策、治理方式上存在着多样性,各种不同的治理政策和方式具体体现了合作的价值和合作的精神。

就政策层面上看,现代多民族国家在相关的族际政治方面的政策安排上存在着多样性。不过在政策上可以从政府对少数民族地位关系及其采取的博弈规则上来区分,也可以从整个国家政策系统建立的基本要求上来区分。库克在《分离、同化或融合:少数民族政策比较》一书中,主要是从前者入手总结多民族国家政策特点的。他以欧洲、非洲和亚洲国家为案例,分析了多民族国家对少数民族政策上的分离、同化和融合三种趋势:"第一种只强调不同,通常出现一些疏离现象;第二种只强调相同点,通常出现集中现象;而第三种则反对严格的彼此排斥,对于共同之处和不同之处,给予合理的道德认同甚至于制度安排,也可以接受分离和聚合的各种混合。"①这三种趋势又表现为不同的策略,如存在强势族群的战略、弱势族群的战略。强势族群的同化战略,作为一种整合的同化——弱势族群的发展战略。最小化的融合是强势族群的策略,最大化的融合是弱势族群的战略。各种战略不同。不过有意义的是,作者的重点不是简单介绍不同战略形成的技术,而是在最后部分通过印度、巴基斯坦克什米尔地区的矛盾和冲突,其中也夹杂了马来西亚、塞浦路斯、波斯尼亚等国家案例,对零和博弈下的战略及其摆脱路径进行了分析,以此帮助人们认识不同群体之间的关系,以及不同群体之间合作或不能合作的逻辑。而只有认清了这种逻辑才能找到一个更好的合作方式。对此作者指出,所谓的零和博弈就是一方的胜利意味着另一方的失败。然而,人生都在探讨着"走出引起互相毁灭的危险境地"②的途径。

作者分析了博弈发展的进程,分为七个方面:①纯粹的协调问题,关键是明确清晰的交流。②合作问题,其益处是聚合性。如果任何一个人都可以分享合作成果,所有的人都可以这样做,但容易出现搭便车现象。③非纯粹协调。人们希望达成协议,但在具体条款上能否体现公正,难以形成一致意见。④囚徒困境问题。双方愿意合作,但都担心对方算计自己。⑤零和博弈,双方发生激烈的利益冲突。⑥负和博弈,双方利益冲突,赢家感觉自己的获得依然少于输家。⑦两败俱伤。攻击和反击,双方都有损失。如何转变这种局面,作者提出的可能策略是:①放弃目标,求得和解。②增加供给。③给没有出路的冲突强加一解决办法。④分割竞赛目标。⑤替换控制竞争对象。⑥共同控制。作者认为,这种方案可能转变为一个合作问题。"两者都可以分享不可分割的不排外的好处。"⑦互利基础上的包容。⑧通过解决矛盾,促进共享共同体的建构。经过对这些方面的全面论证后,作者在全书的最后部分指出,建立模型的目的是帮助人们理解种族冲突的形式,并从原则上找到可以防止"后代继续使用暴力"的途径。库克引用了卡尔·波普尔的话:"人的一生都是在解决问题,过度的悲观永远都不会解决问题。"③从库

① [美]特伦斯·E.库克:《分离、同化或融合:少数民族政策比较》,张红梅译,东方出版社,2015年,第13页。
② 同上,第190页。
③ 同上,第223页。

克给出的"路径"看,他所说的合作包括了复杂的内容。大致可以看到,合作的底线是脱离冲突,脱离冲突也是一种消极的合作;而更高的合作就是实现包容和建立同一性。包容和同一性的建立才是合作的最高境界。

在多民族发展中国家,政策问题不仅仅是国家对少数民族的政策,更重要的是它表达了一种国家在对多民族问题的价值和目标选择。也就是民族政策体现了如布朗说的:"政府在促进和平、维护秩序和稳定,以及政治、经济和社会公正方面的进展。"从亚太国家政府对民族关系方面的政策制定和政策实施看,"被错误思想引导的或恶意的政策会使民族问题更加恶化,并且会将潜在的暴力局势转化为致命的冲突。相对温和的政策有利于在困难的环境下实现民族团结。在思考政府政策如何影响民族问题的时候,我们必须牢记,政府同时制定面向整个国家的总体政策和针对具体民族问题的具体政策"。① 因此,在对政府政策的分析上,要注意政策制定、广义的政策参数和具体政策范围。从对亚太一些国家的状况看,由于人口模式和民族地理分布,殖民前和殖民时期族群的历史遗迹,经济发展趋势以及地区和国际影响,这些因素都不同程度地受到政府政策的影响。在此方面,政府的作为或不作为,与群体的恐惧和目标间的关系尤其重要。如果政府对群体的要求没有回应,甚至具有挑衅性,群体经常会变得激进。而激进的军事冲突非常危险,很难转变,在此方面,政府通常将民族群体和冲突推向这个方向。显然,在这里,政府和民族群体都走向到了各自的相反方面,两方缺乏合作。

在政策制定中,采取怎样的民族观同样也影响到政府和民族群体之间的关系。在多民族国家中,亚太国家的政策实践存在着两种民族观:单一文化观,即政策目标是同化;多元文化观,即政策目标是在保留文化多样性的同时维护政治团结。一般说来,考虑到国家统一和政治团结需要,不少发展中国家比较多地坚持单一文化观。甚至以此来服务于政府的狭隘政治利益,同时由此也成了一些国家的政府用来镇压少数民族群体的依据。遂此,强迫式同化、诱导性同化等政策在一些亚太国家,如泰国、马来西亚等国家中出现过。但在开放的世界面前,效果并不明显。少数民族依靠自己与国外同宗民族的联系,依然保持了自己本民族的文化和宗教信仰。与之不同

---

① [英]米歇尔·E.布朗等:《亚太地区的政府政策和民族关系》,张红梅译,东方出版社,2013年,第463页。

的是,一些国家的政府审时度势,面对国内存在的多元文化状况,采取了较为宽容的态度,在宽容中促进团结,在柔性政策中同化民族群体。

在亚太的政策保证机制中,涉及民主和专制政体、联邦制和单一制、公民政策、公民和少数民族权利政策、宗教政策、语言政策、教育政策和经济政策等。这些政策有的获得了成功,也有的以失败告终。比如,专制政体不可能拥护法律,对民族别有用心的领导者也不可能采用民族中立政策,这些都有可能带来国家和民族之间,民族与民族之间的对立。不过将政策置于公正价值和政治稳定这一大前提下,是一些国家治理成功的关键。

其实,无论从政策的制定,还是政策所秉承的价值原则,都涉及政治上如何处理族际关系,也就是政治承认的问题。2004年,拉克斯(John Rex)主编了《多元文化社会的治理》一书。在此书中,作者区分了三种不同意义的多元文化主义,即作为民族主义意义上的多元文化主义、作为社会哲学的多元文化主义和作为公共政策的多元文化主义。① 作为一种公共政策意义上的多元文化主义集中体现为当代多民族国家对不同文化的一种治理。如作者所分析的,当代国家正面临着来自多元文化群体权利保护和分享政治权力的要求。面对多元文化的权利要求,拉克斯假设了几种情况:①完全排除在公共领域之外,并将少数民族遣送回原籍。②不承认少数民族的文化特性,但赋予那些出生在客居国的一代以公民权。③将他们作为移民或他们的后代作为临时居民对待。合同到期后,他们将返回原住地。④接受各种形式的多元文化主义:首先,承认少数民族群体和他们的文化是社会秩序结构的一部分,但要置于国家的法令和主导民族的文化之下(如像殖民地社会那样实施间接统治);其次,检视全国文化结构,分析其中的复杂构成,保护少数民族文化。在政策选择上,没有一种族群文化拥有超出其他文化之上的特权。在上述几种状况中,传统的自由主义国家选择前三项,而新的多元文化主义政策则接受第四种安排。也就是通过一种"多元文化"的承认,接受少数民族群体进入公共领域的要求。在该书"多元文化与现代民族国家的政治整合"一章中,作者通过对欧洲、东南欧和苏联等地区和国家的考察,提出:"多元文化政策的可行性在于,承认不同群体之间在利益和文化上的

---

① See John Rex and Gurharpal Singh, ed., *Governance in Multicultural Societies*, Great Britain, Ashgate, 2004, pp. 8 – 14.

冲突,但要考虑谈判和妥协解决这些冲突的途径"①。

在当代对多民族发展中国家治理模式中,冲突性治理和建构性治理机制构成了治理的两个重要维度。冲突性治理的关键在冲突上。研究冲突的起因、过程,是不少学者关注的重点,不过研究冲突并不是目的,真正的目的是如何控制冲突,并最终使冲突的各方实现和平共存。在此方面,戈尔(Gurr)在《民族与国家:新世纪危机中的少数民族》一书中对20世纪末21世纪以来多的民族国家,特别是发展中国家的民族冲突进行了深入的分析。作者指出,"长战争、短和平"是冷战结束后世界的一种趋势。形成这种趋势的原因有很多,其中贫穷、歧视是主要因素。在此基础上,作者就如何管理异质性社会的冲突作了总结;其中包括政体建设,这里的"政体"概念是从国际政治角度界定的,系指"一种便于国家之间的协定而形成的规则、规范、原则和程序性的框架"②。也就是,多民族国家的民族冲突不仅仅是国内问题,重要的是国际性问题。也即是,民族冲突的管理和控制需要得到国际社会多方面的协作和支持。

而从国内政治的角度看,同样需要从社会自身的建设上进行治理。这里涉及对实现族群的共存与合作的路径问题的探讨。乌里奇·辛尼肯尔(Ulrich Schneckener)在《管理和处理民族冲突》一书中总结了不少发展中国家的治理模式,主要有这样几个方面:①宏观政治条件的建立,即通过一定的政治制度保证和平得到实施,在此方面,利普哈特、萨特曼、霍洛维茨、戈尔等都从大量的经验性事实中认识到,用于和平的因素越多,维护和平的过程也就越成功。②团体间的社会经济角色的悬殊,即社会和经济的差异越小,创造和平的条件就越好。如作者指出,在不少多民族发展中国家中,经济和社会贫富悬殊严重。如在塞浦路斯的土耳其人、孟加拉人、科索沃人、阿尔巴尼亚人、东泰米尔人、巴勒斯坦人等,这些族群经济上处于边缘地位。他们所在的地区属于或过去就属于最贫穷的地区,他们的生活条件在相当时期中很难得到改变。只有个别国家或地区,如南非、意大利的南提罗尔、法国的科西嘉,经过冲突管理后社会经济方面的悬殊得到明显改善。③历

① John Rex and Gurharpal Singh, ed., *Governance in Multicultural Societies*, Great Britain, Ashgate, 2004, p.47.

② Ted Robert Gurr, *Peoples versus States: Minorities at risk in the New Century*, United States Institute of Peace Press Washinton, D.C., 2000, p.277.

史上形成的族际关系模式对冲突管理有着重要的影响，也就是历史上族际关系越好，则未来解决民族关系的前景就越好。④精英的作用。精英的行为对多民族国家的成败至关重要，他们之间存在的合作状况构成了重要的前提。一般情况下，精英和他的选民之间构成了一种合作关系。但精英多少拥有某种独立性，他们拥有进行某种谈判的权利，精英同盟经常以多数的、主导政党的形式存在。一般采取闭门协商，联合实施谈判结果等方式。这种政党合作主义在一些国家得到了反映，如在南非过渡时期即为如此。但多数情况下，精英和选民之间形成了一种庇护关系，他们相互依赖。选民也在一定程度上通过运用手中的否决权力，限制精英进行谈判的空间。在极端的情况下，每一步都需要精英和他的选民，至少是他的选民中的多数之间达成一致意见。然而也存在这种状况，在中东构架的冲突中，精英并不依赖他们代表的团体的多数，而更多站在经济上支持他们的少数人一边。犹太人定居点或巴勒斯坦难民营即为佐证。在这种情况下，达成妥协的可能性非常小。⑤妥协和准地位取向。即每一个团体不是作为领导，一般尊重协议，承认政治上的准地位。⑥和平进程的包容性，所有相关各方，他们的政治精英都能出现在谈判桌上，都扮演着调停的角色。⑦国际干预作用。⑧政治文化的作用。也就是一个协定反映的政治文化越多，实现和平控制的前景就越好。因为在这里涉及少数人的权利、权力分享和国家领土的控制。⑨合作结构高于相互封锁。也就是制度安排应该在精英中建立合作而不是建立一种进一步冲突的工具。如它们可以这样规定，双方不相互封锁。⑩改零和博弈为正和博弈。⑪实施偏好管理。⑫发展管理上的灵活性。⑬利用管理上的灵活性，尽可能为妥协留下空间。⑭报告各个层面的冲突状况。① 从辛尼肯尔的这些管理策略看，都涉及合作性方面。不同的是，这种合作可以是消极意义上的合作，也就是对立的双方和平共存，各方不超过应有的底线；也可以是积极的合作，即双方通过共享权力，实现互通。

除了从社会基础层面上进行治理外，要达到不同族群之间的共存与合作还需要诸多的具体环节。这些环节都涉及如何使原来对立的族群逐渐由对立走向和解和合作。中国学者严庆对此进行了详细的划分，从主体而言

① Ulrich Schneckener, ed., *Managing and Settling Ethnic Conflict: Perspectives on Successes and Failures in Europe, Africa and Asia*, HURST &Company, London, 2004, pp. 271 – 283.

涉及控制、吸纳、认同调控、民族政治参与、民族自治、隔离与分治和接触等
多个环节。

　　通过上述当代理论对多民族发展中国家出现的合作状况中的得失分析
可以看到,尽管当代多民族发展中国家存在着民族与国家、民族群体与民族
群体之间的矛盾和冲突,但合作构成了当代治理的一个重要倾向。

　　从上述作者对多民族发展中国家不同阶段族际发展的研究看,古代社
会主要是以农业为基础的社会,由于土地占有和收授的关系,古代国家形成
了以一定的君主、等级官僚和部落首长等为主要代表的统治体系。血缘关
系和等级原则构成了古代国家(一般是王朝国家)的纽带。由于战争、对外
征服和文化上的交换关系,古代的亚洲、非洲等王朝控制的版图生活着不少
其他的民族群体。面对这些群体,王朝国家或是采取了同化方式,或是采取
了粟米制度、自治制度。在这种制度中,在维护王权或中央权力的前提下,
承认了某些民族在其领地内的某些自治权力。少数民族与国家的合作带有
强烈的不平等特点,即少数民族归顺和统治者对少数民族某些自治权力的
承认。在对近代,主要是独立初期发展中国家民族状况的研究看,根据不少
研究文献,随着各国统一和国民体系的建立,各个民族在形式上也获得了平
等的权利。因而发展中国家在族际合作上进入了一个新的时代:族际合作
开始有了法律和政治保证。在对发展中国家的研究中,一些学者指出,由于
发展中国家本身的特点,更多的民族群体难以离开他们生活的家园,国家实
际上为各自不同的民族群体所分占。在这种状况下,多民族发展中国家在
其采取包容性政策时,延续了某些传统的做法,如给予自治权等。但各国体
制不同,在采取联邦制的国家,中央和地方之间的关系通过严格的宪法和分
权体现出来,民族群体所获得的自治权带有刚性特点;在行政权力比较大的
国家中,由于行政集权的特点,也通过一定的行政授权方式,承认了少数民
族的权利。在这样两种体制中,多民族发展中国家已经在宪法和法律基础
上发展和建立了一定的族际合作机制。与之不同的是,从当代不少学者研
究成果看,发展中国家正在发生深刻的变化。随着民族群体意识的发展和
对集体权利的追求,随着内外多元文化的影响,多民族发展中国家不同民族
之间在发生冲突的同时,也在努力寻求着彼此之间的合作,特别是族际政治
上的合作。

第四章 多民族发展中国家的族际合作治理

多民族发展中国家是在高度异质性社会体的存在基础上建立起来的。内部的异质共生、社会的分化、全球化的渗透、国际势力的影响,诸多因素带来族际矛盾的同时,也推动着族际合作治理的发展。

一、族际合作治理的含义

自20世纪80年代后期苏联解体、东欧等国家发生剧变以来,一些多民族国家出现了政治动荡,甚至国家分裂。然而,也有一些多民族国家,民族矛盾和冲突得到了有效的治理,国家重新实现了和平、合作与发展。值得注意的是,在处理民族关系和民族矛盾过程中,多民族发展中国家也在各自的国家治理体系中发展了族际合作治理方面的机制。如新加坡的"少数民族团体权益委员会""宗教和谐总统委员会""人民协会制度",马来西亚的"民族政党联盟",印度尼西亚的"建国五原则",印度的"二级联系网络""合作联邦制""合作社"。非洲博茨瓦纳的"酋长会议",索马里的"参与程序",南非的"种族和解委员会""合作决策""参与民主",尼日利亚的"联邦上诉法院内伊斯兰教法审判庭",卢旺达的"社区发展委员会"等。

除了上述实践外,在比较政治学研究中,一些学者提出了"协和民主""大联合内阁""比例代表制""聚合式民主""权力分享""合作式权力转移""跨族联盟""跨族投票"等新概念,这些新概念都大量含有关于族际合作治理方面的设计和思考。

自殖民地从宗主国的统治下独立建国以来,如何将这些有着不同利益追求和认同的民族群体纳入一定的政治秩序,就成了新生政府治理的重要任务。面对身份不同,文化各异的不同民族群体,如何协调和处理不同民族群体之间的关系,如何使这些各有自己认同的民族群体能够和平共存、合作发展,也就成为政府治理活动的主要内容,族际合作治理应运而生。

何为族际合作治理? 这里需要就几个问题做出回答。首先,族际合作治理的参与者。顾名思义,族际合作是发生在不同民族群体之间的合作,族际合作中的参与者是不同的民族群体。如是推理,族际合作治理也就成为民族群体参与的治理。按照这样一种逻辑,似乎国家被排除在外,即使有政府参与,政府也不过是一个普普通通的参与者,与其他民族群体代表平起平坐。然而,在现代化和市场经济的刺激下,发展中国家的不同民族群体已经行动起来,利益的驱动和认同的作用促使族际政治中的参与者力求实现自己的利益和权力,如果放任这种各逐自己群体利益和权力的发展,势必导致国家,民族之间暴力冲突不断,多民族国家内部"酿成种族仇恨",世界陷入"动荡"。①

实际上,多民族发展中国家的族际合作治理不可能是罗西瑙所主张的"没有政府的治理"②,也不能是没有中心的治理。在多民族发展中国家,族际合作治理是发生在有国家存在前提下的,是在政府发挥影响作用下的族际合作治理。一方面,多民族发展中国家依然是国内秩序、公共物品、国家安全的提供者和维护者,政治扮演着重要的角色。因而把"没有政府的治理"的观点运用到多民族国家中不过是一种幻想;另一方面,在现代化的推动下,社会内部的不同群体,特别是不同的民族群体被动员起来。群体的利益和身份的竞争带动了不同民族群体的政治参与热情,民族群体不再是政治的局外人,而是公共事务的参与者。传统的仅靠国家的治理活动已经捉襟见肘,只有通过一定的平台和机制把不同民族吸纳到治理体系和治理活动中,才能有效地缓和和解决不同民族群体之间的矛盾和冲突,促进族际合作发展。因此,族际合作必须是发生在有民族群体参与和政府发挥一定积极作用下的合作治理。

其次,族际合作中的主体状况千差万别。多民族发展中国家的不同民族群体在经济上、文化上和身份认同上存在着种种实际差别,甚至内部存在着难以克服的矛盾和冲突。不同民族之间、不同民族与国家之间的合作能

---

① 参见[美]蔡爱眉:《起火的世界:输出自由市场民主酿成种族仇恨和全球动荡》,刘怀昭译,中国大百科全书出版社,2005年。

② 参见[美]詹姆斯·N.罗西瑙:《没有政府的治理》,张胜军、刘琳等译,江西人民出版社,2001年。

否实现？能否巩固？存在着很多的不确定因素。族际合作也存在着相当的复杂性。就族际合作中主体的实力状况而言，尽管不少多民族发展中国家在独立后确立了民族平等原则，为族际合作奠定了法制和政治基础；但不同民族群体在规模、人口、资源优势、政治影响力诸多方面存在着实际的差别。优势的民族群体为了维护自己的地位而不愿使自己的利益被异己的民族群体分享。而弱势的民族群体也凭借自己的某种优势据理力争，双方存在着矛盾。然而彼此之间的相互需要又使他们在某些方面存在着合作的可能和基础，在这种既矛盾又合作的条件下形成的族际合作充满了变数；从合作的规模和针对的目标上看，不排除"合谋"[①]性的族际合作存在。一些民族群体情谊相投、历史相通，容易产生合作。尤其当合作的主体在历史和现实中都受到中央政府的打压和不公正对待时，更容易联合起来对抗政府，如今天缅甸北部的一些山地民族为了维护其各自的利益而联合起来对付政府军。也有的民族群体与和自己同舟共济的民族群体联合起来，共同对付与自己竞争或敌对的民族群体或国家，以便寻求在政治生活中获得政治上的一席之地或显著位置。从国家与优势民族群体关系而言，由于国家是现实的，从不少国家的政治实践看，国家政权不仅是一定的经济上占统治地位的阶级的国家，而且往往也是那些具有一定优势的民族群体的国家。当一些民族群体控制国家后，国家和一定的优势民族群体之间便形成了某种合作关系，而对那些异己的民族则采取排斥性政策。

再次，族际合作带有一定程度的不确定性。毕竟在全球化时代，随着资本化在发展中国家的蔓延和影响，追求利益最大化不仅构成个体成员的重要目的，而且也构成了发展中国家内部不同民族群体追求的目标。在各逐利益的条件下，彼此的合作带有相当的功利倾向。当合作双方均得到自己的利益时，合作可能持续。而当所需要的利益不能得到满足时，族际合作也就陷入危机之中。除此之外，由于行动主体的各方受到历史和自身实力的作用，当原有的合作基础丧失，合作便会走向破裂。除了在经济领域中功利

---

① 国际政治学家基欧汉在区分"合作"与"和谐"的不同含义时指出："和谐是指一种状态，在这种状态中，行为者的政策（追求自身利益而不考虑其他人）能够自动地促进其他行为者的目标实现。"他认为，"和谐盛行的地方，合作是不必要的，甚至还是有害的，如果合作意味着某些个体密谋剥削他者的话"。见［美］罗伯特·基欧汉：《霸权之后：世界政治经济中的合作与纷争》，苏长和译，上海世纪出版集团，2001年，第62页。

性合作较为明显外,在政治社会中,同样也存在着功利性合作。所不同的是,这种合作的形成都与政治权力的获得、同盟的建立有着相当的联系。从这些方面看,无论是经济领域中的合作,还是政治领域中的合作都带有很大的不确定性。一旦这种不确定性扩大而向不利的方向转变时,极易导致矛盾冲突,甚至大规模的政治动荡。因此,要保证合作的稳定和持续,就需要有一定的政治权力支持和一定的法律和制度作保证,以防止合作破裂带来的种种政治风险。同时,政治权力也要做好努力挖掘和利用不同群体合作的积极工作,将其转变为一种法律和制度上的安排,以降低合作失败的概率。由此,无论从消极意义上的防范还是从积极意义上的利用,政治社会在政治制度的安排上都要为合作做出种种机制安排。通过这种制度设计和安排不断地协调和处理它们之间的矛盾和冲突,将已经出现的裂痕控制在一定的范围内。

合作的事项发生在不同的个体之间,也发生在群体之间,其中也包括民族群体之间。不过在多民族发展中国家,族际合作发生的层次存在很大的不同。其中,有两种形式比较有代表性:一种是发生在族群之间的族际合作。这种合作可能是由于族群之间的相互需要关系而进行的族际合作。有的是发生在主体民族和非主体民族之间的合作,即主体民族由于安全等方面的因素或经济利益的需要而展开与非主导地位的民族群体之间的合作。而处在次要位置上的民族群体也出于对安全和利益的考虑,需要得到主导民族群体的帮助而产生合作的愿望,这些不同状态的合作带有自发性和不确定性。从时间上看,不同民族群体之间的合作可能是长期的,也可能是短期性行为。由于当代不少民族群体与宗教认同以及各种利益结合在一起,因而不同民族群体之间的合作时间长短不一。由于存在着不同民族群体之间的合作,自然也就产生了族际合作治理问题。同样这里存在两种形态:

一种是不同民族群体之间自身结合过程中产生的族际合作治理。如通过民间方式而形成的机构或组织对彼此之间经济上的、文化上或社会上的合作治理。如印度的三级合作网络。

另一种是国家层次的族际合作治理,也就是通过有国家作用影响族际合作治理。而且也只有以国家为中心或国家参与的族际合作治理才具有重要价值。其一,族际合作治理最为重要的主体首先是国家,是国家通过一定的机制吸纳不同民族群体参与其中,对不同民族群体之间的合作进行的治理。并且也只有当国家发挥中心作用，并吸纳不同民族参与其中时，才能从全局上影响族际合作治理。同时由于在多民族发展中国家中，族际政治对政治整合发挥着全局性影响作用。尽管在多民族发展中国家，社会内部存在着自发的族际合作和治理，但只有国家占有主导地位且又吸纳了不同民族群体参与其中的族际合作治理才能有效地避免族际政治中存在的风险，达到合作的目的。其二，族际合作治理是处在一定国家治理体系和治理环节中的族际合作治理，借助于一定的国家治理体系和治理环节克服了族际合作中的不稳定性，同时也只有在一定的国家治理体系和环节中，族际合作治理才能发挥巩固和发展政治整合的积极作用。

尽管族际关系中的不同民族群体的实力、地位、政治倾向等方面的差别和多样性决定了多民族发展中国家族际合作治理的复杂性，然而随着多民族发展中国家内部不同民族群体间的交往和相互影响，随着《联合国宪章》对少数人权利的保护政策的影响，国际性组织的干预和作用以及各个国家对稳定和发展的需要，族际合作治理不可能只是局限于族际之间的关系，而越来越成为整个国家治理中的一个不可分割的组成部分。通过宪法规范和国家治理体系安排，不仅要克服族际合作中存在的"功利性"和"不确定性"，而且通过一定的法制建设防止和约束政府滥用权力侵犯民族群体的权利，保证族际合作治理不是一种"自发"的行为，而是一种制度的、法制的和自觉的政治文明行为。

最后，族际合作的内容。由于族际合作中的主体都有着各自的利益偏好，出于利益考虑而维系的族际关系不可避免地会产生冲突，而利益的实现又离不开合作，化解冲突、发展合作也就成了不同民族群体实现利益最大化的选项。这也正符合了合作的本质，即共同行动。要达到这样的目的，既需要道德上的自律，即各方在共同的利益目标下结合起来，彼此信任，并自觉地实现自我约束，在此基础上形成一种共有精神；另一方面，又需要一定的制度和法律的保证，通过法律的、制度的和治理机制的安排，促进和发展族际共有精神的建设，促进族际合作治理的发展和巩固。

基于上述分析，笔者认为，所谓族际合作治理，就是国家和不同民族群体为了实现共同的利益和目标，建立起旨在促进和发展不同民族群体之间，不同民族群体与国家之间相互支持、相互信任和相互帮助的过程和制度。不可否认，在多民族发展中国家，存在着作为民间的族际合作活动，但在有国家的存在下,它更是通过一定的法律和制度安排,使不同民族群体参与到族际合作中来。有鉴于此,族际合作治理有两层含义:其一,从主体角度说,指的是建立了由政府和不同民族群体共同参与的合作体系和工作运行机制;其二,从过程意义上看,指的是围绕共同利益和目标,针对不同民族群体之间、民族群体与国家之间出现的共同利益和共同事务而展开的协调和管理活动。

二、族际合作治理的建构

在当代多民族国家的政治整合中,无论从目标、价值、基本准则、机制和手段等多个方面均体现了族际合作治理机制在其中的运用。

(一)价值性治理:包容多样

什么是价值?经济学家视野中的价值和政治学中对价值的理论存在着很大的差异。经济学中的价值一般与收益联系在一起;而政治学中的价值涉及用来支持整个体系的目标和规则,特别是一定的世界观的确立。一个国家的组织当然涉及利益,如经济发展、国家实力和人民生活水平。但除了从经济角度考虑外,自然涉及另一个主观的方面,即一定的伦理的规则或目标的建设和灌输,借此作为一种精神的力量将具有不同观念或价值观的人凝聚起来。具体到政治整合上,政治整合既是一种制度的安排,也是一种治理活动。而从治理活动的角度看,如何有效地将不同群体组织起来,价值治理自然构成了一个重要的选项。在这里,价值治理并不是对多元的价值进行控制,而是指国家通过设计某种价值准则以指导和影响宪法和法律的建立和影响人们的道德行为。在近代西方民族国家形成过程中,自然法学派曾创立了自然法学说,其中明确了自由、平等和私有财产原则,其核心就是在平等的个人基础上组织国家。法国大革命中的《人权与公民权宣言》、美国的《独立宣言》都通过一定的政治文件形式确立了用来指导国家建立宪法和法律的基本价值准则,并在此基础上对革命或独立的国家建构和政治整合构成了重要影响。

同样,多民族发展中国家也是各个不同民族群体保持自己文明的基础上建立起来的。不同的是这些国家尚未发展出类似于西方那样的基于产权上的"个人"，而是一种以异质文化为强烈特点的民族或宗教群体。在内部缺乏共同的文化的条件下，没有一种既能够包容又能超越多元文化差异的目标和价值作为总的方向和方针是难以实现政治整合的。要实现政治整合，把这些不同民族群体组织起来，就需要建立一种为各个民族或宗教群体可以接受的包容性价值，为各个不同民族群体的归属提供一种方向，使其能够超越各自归属而集合于共同的价值下。这种价值，从内容上应该是既基于不同民族群体所具有的文化价值，又能够超越和影响各自的价值。在形成的形式上，它来源于各群体参与共建。而在此进程中，其一，以开国领袖的思想构成了重要的思想和理论依据，如印度的甘地（Indira Gandhi），尼赫鲁（Nehru Jawaharrlal），印度尼西亚的苏加诺（Sukaino）、加纳的恩克鲁玛、缅甸的吴努（U Nu）、越南的胡志明（Hò Chí Minh）、巴基斯坦的真纳（Jinhah Mohammad Ali）、南非的曼德拉（Mandela Nelson）。他们不仅以自己的人格魅力影响了各个不同民族群体，得到了更多民族群体的拥戴，而且这些开国领袖的思想均能够以国家大局和对各个民族文化承认为内容，因而成为一个国家价值原则的主要来源，并写入宪法和基本政策中去，以其影响不同民族群体的伦理观念和思想意识。但这种价值设立与对领袖思想和人格魅力的认同联系在一起，一旦这些强势领袖故去或发生意外，则极易带来国家的危机。其二，主导党的纲领与政策。即在建国目标和方针的内容中，大量涉及民族团结与合作内容，因而得到了各个不同民族群体的认同。而构成政党的成员也努力推进和践行这一目标和政策。由于政党的目标和纲领具有包容性，凭借政党的组织作用，实现了民族的团结与合作。新加坡人民行动党在制定国家的核心价值和目标上，能够反映新加坡各个不同民族群体的利益要求，因而获得了新加坡人民的广泛支持。同样的情况也发生在政治转型后的印度尼西亚，独立时期确立的"建国五原则"依然成为保持大局稳定的重要原则；新加坡1991年国会提交了《共同价值观白皮书》，在共同价值观中，民族和谐与合作构成了其中的重要内容。其三，通过意识形态的作用，努力推进一种意识形态并将其作为立国根本。在这些意识形态中，大量地涉及民族平等和合作，并足以影响到各个不同民族群体的价值观，从而推进了不同民族群体的团结与合作，如中国和越南等社会主义国家。

(二)原则性治理：民族平等

多民族发展中国家政治整合是基于一定原则的政治整合。在这里,"原则性治理"指的是通过设立一定超越不同民族群体的原则而进行的治理。这种原则以一定的核心价值为中心内容,并在它的指导下制定宪法和法律。对多民族发展中国家而言,价值原则内涵丰富,包括公平正义、包容差异等,但核心是民族平等原则,它是诸多原则的基础。众所周知,在现代一些发展中国家,如旧南非、分裂前的苏丹国家中,都曾经出现过民族歧视、民族隔离、民族排斥、民族同化等政策,这些政策本质上坚持的是一种民族不平等原则。实践证明,这些政策受到了来自国内不同民族群体的抵制和反抗,也受到了国际社会的谴责。而就大多数国家而言,从实现民族团结、促进民族合作、组织国家而言,民族平等原则均构成了这些国家的重要原则。但在这一原则的具体实施中,发展中国家走了一条不同于西方的道路。西方国家近代以来一直寻求的是公民国家的道路,通过开放的权利体系,不断地将差异群体纳入公民权利体系中。即使采取了多元文化主义政策,对多元文化群体的承认也是以公民权利体系为基础的。比较典型的是美国的国家治理,它强调的是公民权利体系,而不大注重多元文化群体的权利。在发展中国家,尽管宪法确立了公民的权利和义务,但公民所归属的民族或宗教群体在经济上、文化上和政治上存在着程度不同的差别,这种差别往往容易造成社会的断裂。要减少这种断裂,实现它们的合作,就需要对那些发展比较落后的民族群体予以一定的特别对待,以缩小差距,为不同民族之间的合作提供一种政治上或经济上的前提条件。如在马来西亚,1969 年马、华冲突后,马来西亚政府调整了民族政策,优先扶植马来人。尽管这一政策带有民族歧视的特点,但马来人原来落后的局面获得了极大改观,为后来马来西亚的发展奠定了基础;在新加坡,1965 年被马来西亚政府排挤出来后,新加坡政府对生活在新加坡的马来人并没有给予报复,而是采取了帮扶的政策,提高了马来人的经济和文化水平。两个国家对少数民族的特殊对待构成了另一种合作治理,促进了两个种族的和平共生与合作。

需要指出的是,民族平等原则的实现受到复杂的国际与国内条件的限制。多民族发展中国家内部生活着不同的民族群体。由于历史上,特别是近代以来殖民主义者人为地划定边界,带来了今天非洲和亚洲的不少国家存在着大量的跨界民族。这样，民族平等原则在具体落实时不能不受到各种国际因素的影响。某些民族群体在本国是少数民族，但与邻国有着同宗关系。当相邻的两国发生矛盾冲突或者相邻的两国都在提防对方强大而威胁到自身安全时，邻国就会以与自己同宗的民族群体遭受不公为由，与其所在国家的政府对抗。或者这一少数民族就会求助和投靠邻国，以其为靠山，希望同宗的国家进行干预。这样，一个国家的少数民族表面上是弱势群体，但当依托于同宗国家或同宗的民族群体时，就会对一个国家的民族之间、民族与国家之间的格局和合作条件造成影响，甚至导致一个国家内部族际合作治理的失灵。因此，民族平等原则的实现不能脱离一个国家的根本利益，尤其不能影响一个国家的统一、完整和稳定。这是当今主权国家在落实民族平等原则上的底线。尤其对于发展中国家而言，殖民主义给这些国家带来的伤痕和屈辱，更使领土完整和国家统一占据了优先地位。在此，新加坡的李光耀对民族平等的理解、处理耐人寻味。1986 年，新加坡总理李光耀在新加坡国立大学向师生演讲时，针对 11 月以色列总统访问新加坡调查显示很多马来族反对以色列总统来访，而较多非马来族不反对，明确指出，这种不同的态度反映出马来族/穆斯林宗教认同强于国家认同的态度。1999 年 9 月 18 日，李光耀在"新加坡 21 世纪"论坛上针对这个课题发表公开言论，虽然新加坡在种族和谐方面进步良多，但某些（宗教）情结的本能行为无法旦夕间消除。他假设说："假如我们派一名对宗教很虔诚，又有亲戚朋友在马来西亚的马来军人指挥机枪部队，那将是个高度棘手的问题。我们不能做出错误的判断……我说明这样的事，因为这是实在的问题。如果我不去想它，即使今天，假如（当时的）总理（吴作栋）不认真考虑这个问题，新加坡将可能陷入灾难。"平等问题是一个非常现实的问题，政府在处理问题上不能仅凭理想化原则处理事务，而要依据现实情况做出判断。他曾经以《新加坡共和国宪法》中保障马来族的少数种族权益和第 152 条为例，规定政府有责任肯定马来族作为新加坡原住民的特殊地位，并确保他们在政治、教育、经济、宗教、社会、语言及文化等方面的权益。他认为："我们明确地在宪法中列明政府有不平等地对待每一个人的义务。因为平等原则既非现实，也不实际。如果我们完全遵照这一理想化原则决策，将造成严重而且无可弥补的损害。所以,这只能是我们的抱负。"①

(三)机制性治理:协商对话

多民族发展中国家政治整合的重要内容之一是"合"的治理,这种状况在一些国家主要通过两个层次的协商治理表现出来,一种为自上而下的协商,另一种是自下而上的协商。这里提到的"上"主要指领导层或精英层。"下"主要指普通公民和不同的群体。自上而下的协商,主要体现为"上"在统治和管理过程中,注意吸收"下"的人员及其他们的代表所发表的意见,并有所选择地体现到政策内容和利益分配中。具体到处理民族群体的政策和利益上同样如此。这种状况在一些新威权主义国家表现得比较突出,诸如对话、协商等,即通过一定民主的对话方式,将意见吸纳到由一定的政党、政府或宗教权威所设计的体制中。在这种机制安排中,首先要使不同族群代表、宗教团体在一定的机构中拥有一定的代表,以此表示对他们的集体的一种"承认",并通过他们向政府或国家表达利益要求。而决策者如政党、宗教的领袖或政府首脑、国家元首也能在与多元群体的对话中及时了解不同民族群体的利益偏好和要求,并在所制定的政策上体现和满足他们的要求。如在泰国,政府在发展政策上曾经一度将重点放在泰族集中的地方,而疏于对泰南马来族的投资和发展,因而泰南马来族生活的地方普遍比较贫穷。不仅如此,对泰南的治理主体主要是泰国政府派下的官员,不通当地语言,更是难以治理。马来族和泰族之间、马来族与国家之间关系紧张,多次发生冲突。20 世纪 80 年代以来,泰国政府改变传统的治理方式,不仅在泰国南部加大了投资发展的力度,帮助那里发展经济,而且在政府中也吸收了泰南的马来人担任官员。在对泰南的管理中注重协商对话,大胆启用当地人进行管理。泰国政府和马来人民族群体、泰族和马来族之间的关系得到了缓解。

在新加坡,在对多元文化存在的现实问题上,新加坡注重对话合作。无论在人民行动党还是国家治理体系中都注重吸纳不同文化群体的代表,建立了"少数民族团体权益委员会""宗教和谐总统委员会""人民协会"等制度,通过对话寻求合作之道。在涉及宗教、语言、族群关系等方面的重大决策上,广泛听取各方面的意见。如在国家法定假日上,让四个主要民族和宗

---

① ［新加坡］《联合早报》,2009 年 8 月 20 日。

教所占的比重相同；在语言政策上，企业和政府使用的英语加上马来语、汉语和泰米尔语共四种语言。新加坡政府也建立了和各宗教领袖的交流的专门渠道，进行经常性的对话。尤其在"9·11"恐怖袭击事件、发现伊斯兰恐怖主义组织后，新加坡加强立法，对破坏种族或者宗教融合的恶意行为进行严格立法，对煽动种族、宗教不满的行为严厉惩罚。在泰国，2006 年素拉育（Surayud）政府时期恢复设立了泰南边境政府行政中心。尽管在上述机构的设立上各国有自己的宗旨和原则，但总的精神都是通过政府和民间、政府和不同民族群体的协商和对话，共同解决族际合作中面临的问题。

　　另一种是自下而上的协商。这里的"下"主要表现为人民通过各种不同的团体和政党参与政治生活，并对公共政策和事务提出要求，将民主的"共识"生成机制转变为公共政策。而作为"上"的政府或领导集团也日益受到"共识"的制约，按照"民意"的要求，行使管理国家的权力。这样一种自下而上的逻辑促进了政府和民众、国家和族群之间更加广泛的合作治理。众所周知，在当代世界中，为帮助发展中国家实现发展，国际社会设立了不少项目，同时不少发展中国家也下放权力给地方，试图通过地方政府的作为，缩小社会下层的贫富分化。"政治分权化未能减少贫困"①。分权肥了地方官员或部落的头人，而普通民众并不见任何改善。在这种背景下，以往民族之间的紧张关系并不见任何改善。在此，有必要发展一种由基层民众参与的机制。在卢旺达，分权化旨在继 1994 年种族大屠杀的创伤之后，为"政府和卢旺达人民密切协作进行反贫困提供一种组织安排，并通过地方公民的赋权，促进他们之间的和解"。乌干达在经历了残酷无能的伊迪·阿明政权和奥博特二世（Apollo Milton Obote）政权之后，分权化被认为是一个民主的改革。② 在这种权力下放中，发展了一种基层的参与性民主。如南非的"论坛"性组织，主要由政府人员、世袭的领导者、区委委员、群体代表组成。论坛的主旨就是"为代表各自选民利益的利益相关者提供机会；为讨论、谈判与合作决策提供组织平台、保证所有利益相关者与城市之间适当沟通；监督规划和执行过程"③。

---

　　① ［美］G.沙布尔·吉玛：《分权化治理：新概念与新实践》，唐贤兴等译，格致出版社，2013 年，第 115 页。

　　② 同上，第 74 页。

　　③ 同上，第 78 页。

（四）共有文化治理：族际合作文明

多民族发展中国家的政治整合的关键是"合"的建立，从治理的角度考察，"合"不仅是不同民族群体共存于一个政治共同体中，更重要的是建立一种"合"的文明。文明相对于野蛮和落后而言，其终极关怀是人的发展和进步。而要实现这样一个目标，尊重他者、善待他者正是文明的重要内容。文明有着诸多的表现，其中族际政治文明是关键。这是一种不同民族群体在处理彼此关系上的一种包容的、相互尊重的进步状态，也是支持多民族发展中国家政治整合的力量源泉。在东南亚传统社会中，农业文明既带来了这一地区社群主义的发展，也培育了人们之间的守望相助、彼此包容的文化环境。伊斯兰教、儒家文化和佛教思想中的"包容"和"合作"理念真实地表达了这种文化的要求。也为这一地区的族际合作治理奠定了强大的文化土壤。在现代化发展和市场经济的扩张面前，不同地区间经济和文化往来的加强，大量的"陌生人"或"他者"出现在生活中。在共同的交往和对现代化建设的参与活动中，这些"陌生人"已经参与到这些国家的经济和社会生活中去，成为这一国家生活中的一员。

我们知道，在东南亚国家中，印度尼西亚和马来西亚是两个海岛或半海岛国家，这两个国家不仅受到来自东南亚大陆的文明影响，也受到来自阿拉伯世界的伊斯兰教和来自西方的欧洲文明的影响。各种文明在此汇合，使这些地方形成了强烈的多元文化格局。然而由于历史上的原因，这两个国家又都是伊斯兰教信众占总人口绝大多数。但两个国家都选择了世俗国家的组织原则，以一种包容与合作的精神对待不同的民族群体和宗教。与之不同的是，处在东南亚战略要道上的新加坡也是多元文化群体汇合地。尽管岛上华人居多数，但儒家的和而不同精神为建国者提供了治国智慧，他们以包容的态度善待各个种族，以法治和统合主义维护着族际政治安全，从而在社会生活中培育了种族和谐氛围，同时为新加坡的发展提供了强大的文明支持。同样的状况也发生在南亚大国印度。这是一个宗教氛围缭绕的国家，全国中的绝大多数成员无不是某种宗教或教派中的成员，但印度的开国领袖们选择了世俗主义立国原则，与政治民主、联邦主义共同成就了印度国家大厦，为不同民族、不同宗教、不同语言群体共同生活在一起提供了宪法保证。

族际合作文明也渗透到他们的日常生活中去。在东南亚，如泰国、越南、柬埔寨、缅甸、菲律宾等国都有着来自印度、中国和其他民族群体的身影。凭借着商业网络，这些群体深入到这些国家的不少地方，在为那里的经济生活带来方便的同时，也与当地民族群体紧密地结合在一起，甚至与当地人通婚，献身于这块土地的建设上。在印度，由不同种族、等级、阶级、宗教或其他因素相互交叉组成的"二级联系网络"遍布于社会，"不同主体为了发展经济、社区和平以及政治参与而共同努力"①。

文明的建立也需要社会下层的创造和培育。从草根做起，自下而上更有益于从日常生活和实践解决不同民族群体之间的实际问题，并由此逐渐影响到全国。在此方面，一些非洲国家的做法很有启发价值。如今天的索马里，国家脆弱，政治动荡，但长期的政治战乱和安全威胁，也使一些地方的普通民众产生了人心思定的愿望，甚至一些军阀也厌倦了常年的战争。在联合国一些分析和调节人员的影响下，一些地方开始接受通过现代和平对话解决问题的思路。我们知道，在索马里这样一个部落国家中，不少村落或部落中普遍盛行"习惯法"的统治。但这些"习惯法"有的缺乏科学论证，甚至一些"习惯法"是当地酋长或部落头领建立起来的，在运行中难以起到管理和协调村落或部落关系的作用。而他们之间的矛盾要等到政府人员下来协调，不仅时间漫长而且不少政府官员背后都有部落背景，难以公正处理问题，甚至导致矛盾激化。在国际社会的协调下，一些联合国方面的协调员与当地人开创了一种"参与整合"的实践，围绕"习惯法"具体内容展开讨论，"参与程序""让人们彼此达到的坦诚、信任和社区参与的程度之高，的确令人印象深刻。村庄以部族支系的划分为基准推选出来的二十位代表到会。由于会议日程是村庄自己设定的，讨论的话题是每个人的兴趣点，争论异常激烈。"②这一活动由草根发起，草根代表自己安排和组织，而不等待政府来调节，村庄代替了政府的职能。正是在这样的活动中，协调者和参与方代表就"习惯法"条款问题展开充分讨论，发现问题并进行修订，对当地部落关系的调整起到了一定的影响。按照这样一个思路，这一经验又进一步运用在"瓦吉德"地方举行的专门人员培训会议上，"有老人、妇女和传统的权威人

---

① ［英］范达娜·得塞：《发展研究指南》（上册），杨光明等译，商务印书馆，2014 年，第 262 页。
② ［德］李峻石：《何故为敌：族群与宗教论纲》，吴秀杰译，社会科学文献出版社，2017 年，第252 页。

物来参加",甚至到后来还有"军阀"参与进来。① 尽管这样一种培训在索马里开始试验,但它注重从基层培育族际政治文明的做法蕴含了积极的价值,对族际合作治理的意义还是很大的。正如参与这一试验的分析人员指出的:"瓦吉德会议不光具有和平会议的功效,它也是移动的调解组。哪里重新爆发了暴力冲突,长老代表团就去哪里进行调节。"②

(五)归位性治理:冲突控制

在多民族发展中国家,民族和民族之间、民族和国家之间、民族群体和个人之间、不同社会群体之间的矛盾和冲突是不可避免的。什么是"冲突"?冲突(conflict)按英语词典的含义,指的是具有不同观点和原则的人们之间的主动不一致,也指两个或更多的团体或国家之间的战争。因此,冲突意味着不同群体之间的对立、对抗或是战争。而至于多民族国家的族际冲突或国家和民族之间冲突,表示的是一种大规模的民族群体之间的对抗性行为。冲突可以分为宽泛意义上的冲突,指的是:"有明显的社会力量之间的争夺、竞争、争执和紧张状态"③。从狭义上理解,指的是:"一种企图剥夺、控制、伤害或者消灭另一方并与另一方的意志相对抗的互动;真正的冲突是一场战斗,其目标是限制、压制、消灭,否则将受到对方的伤害。"④而至于民族冲突,俄罗斯学者 B. A. 季什科夫指出:"民族冲突是一定程度上的社会抵抗,是有组织的政治行为、社会运动、群众骚乱、分离主义行动,甚至内战,其对抗发生在民族的一致性范围内。"⑤多民族国家的民族冲突自独立以来就未中断过。随着全球化的发展、苏联解体和东欧国家的剧变,以及发展中国家内部不同民族群体之间利益上的差别加大和不同认识之间的碰撞,民族冲突在发展中国家中还会不断发生。

① 〔德〕李峻石:《何故为敌:族群与宗教论纲》,吴秀杰译,社会科学文献出版社,2017 年,第 261 页。
② 同上,第 260 页。
③ 〔德〕拉尔夫·达伦多夫:《工业社会中的阶级和阶级冲突》,斯坦福大学出版社,1957 年,第 135 页。转引自赵磊:《国际视野中的民族冲突与管理》,社会科学文献出版社,2013 年,第 75 页。
④ 〔美〕罗宾·M. 威廉:《社会秩序和社会冲突》,转引自〔美〕乔纳森·H. 特纳《社会学理论的结构》,吴曲辉等译,浙江人民出版社,1987 年,第 212 页。
⑤ 张俊杰:《俄罗斯避免民族纠纷与冲突的法律机制》,《辽宁大学学报》(哲学社会科学版),2008 年第 1 期,第 147 页。

多民族发展中国家的民族冲突存在着复杂情况，从性质上看，不同民族群体之间的冲突分为认同性和非认同性的冲突。认同性的冲突主要包含了宗教、种族、语言、意识形态等因素。前三个因素带有原生性，它们都有着相当长的历史，深入到了民族群体成员的心灵中，成为这些群体的第二心理，甚至成为其民族尊严的重要组成部分。这种认同性冲突具有自我性和离心性，不少情况下与国家或与自己竞争的民族相对立，对多民族国家的合作治理产生了重要影响。因此，如何化解矛盾和冲突自然也就成为多民族发展中国家合作治理的一个重要内容。

冲突的出现总是意味着一种离心性行为的产生，并对政治整合造成冲击。因此，归位性治理同样是对离心性行为的纠正，是使那些可能或已经存在的"离心"行为重归到一定的制度和秩序中来，从而保证政治整合巩固和发展下去。因而冲突治理自然是政治整合的重要内容。由于冲突的出现并不是一蹴而就的，冲突的事先处理是族际合作治理的一个重要方面，这里有三个方面：

其一，政治精英事先认识和及时处理。即不同民族群体的领导人能够顾全大局，深刻认识到可能发生的冲突，主动交流，并通过彼此之间的相互一致，影响其所领导的政党或群体，将可能存在的冲突限制在萌芽状态。20世纪新加坡独立后，很多华人希望立中文为官方语言。李光耀力排众议，选择英语作为官方语言，而将其他民族类语言作为第二语言。谈到这一选择时，李光耀指出："假设我们选择了中文或者试图支持中文，我们怎么能够生存？我们怎么能够使我们融入整个地区以及世界？我们会无法生存。但是那个时候华人希望如此。如果我们进行投票的话，我们将不得不执行这一政策。所以当人们说，'噢，问问人民的意见！'这是幼稚的废话。我们是领导人。我们知道后果……他们说人民可以为他们自己考虑？你真的相信无法通过小学六年级考试的伙计们知道他们在回答关于语言、文化与宗教的问题之时，他们本能的选择的后果吗？但是我们知道后果，我们会饿死，我们会有种族动乱，我们会分裂。"①印度是一个多语言、多宗教的国家，很难建立中央集权制度。独立时期"如果不是其政府承诺了民主及自治，并采取一系列十分具有建设性的政策提议，它很可能就在 1947 年脱离英国殖民统治

---

① ［加拿大］贝淡宁：《超越自由民主》，李万全译，上海三联书店，2009 年，第 176 页。

后的几十年中走向分裂。确切地说，就是政府灵活的语言政策及其抓住机遇重组国家体系的计划对该国家非常有用"①。南非长期以来就存在着黑白两大种族的矛盾，20 世纪 80 年代末，在国际压力和国内不同派别的压力下，黑人种族的代表曼德拉和白人种族代表德克勒克围绕南非未来，捐弃前嫌，围绕新南非的建设主动接触商谈，在他们的努力下，说服了各主要的政党和同盟组织，防止了大规模的民族冲突，共同合作建立了新南非。

其二，体制内信息交流。多民族发展中国家由于文化异质性，极易造成信息垄断或信息不畅。这种状况容易带来族际合作治理上的理解和决策的失误。事实上，如果信息流通顺畅，彼此之间能够相互理解和及时交流，即使存在着不同的民族群体，冲突也可以得到化解，不同民族之间的合作也是能实现的。基于对信息的高度重视，一些多民族发展中国家建立了自己的交流渠道和信息联络机制。在此方面，马来西亚的民族政党联盟的制度设计和安排具有典型性。1955 年马来亚联合邦进行选举，根据选举需要建立了政党联盟。联盟内部各党成员代表名额按比例分配，派出候选人参加历届大选；在党内，国民阵线设立了各成员党代表参与的最高理事会；在政府内，国民阵线按一定比例由成员代表担任各级政府官员。各党领袖经常开会，就各个民族的权益和问题及时沟通，发现问题及时解决。碰到重大问题交由主要成员党集体协商，寻求解决问题之策。在政党联盟和政府中，马来人占有优势并享有多种特权，但这一党内沟通机制对缓和族际之间的矛盾，增进不同民族群体的理解和合作有着重要的价值。非洲的博茨瓦纳国内存在着八个主要部落，独立后，建立了多党民主。当非洲国家为部落争斗所困扰时，这个国家成为一个种族和睦和统一的国家。博茨瓦纳在接受西方现代国家模式时，将本国传统的酋长制度引入其中。在政体上建立了酋长院，作为政府的咨询机构。博茨瓦纳也设立了立法权，由 15 名成员组成，其中 8 名成员来源于国内的主要部落，这些部落的代表是当然的成员，4 名是当选的成员，来自少数人的 4 个部落，3 名特选成员，由当然的成员或当选成员选举产生。种种机构的设立帮助了不同部落之间的对话和交流，为政府进行族际合作治理提供了及时信息。

---

① ［英］米歇尔·E.布朗：《亚太地区的政府政策和民族关系》，张红梅译，东方出版社，2013年，第 13 页。

冲突预测和管理自然是最佳的途径。"从冷战结束到21世纪开始的时候，世界上所发生的116次冲突中，有89次纯粹是国家内部的冲突，还有20次是有外国干涉的内部冲突。有超过80个国家行为体，2个地区组织以及200多个非政府组织卷入了冲突之中。在这些国内冲突中，很多属于'族群'战争，战争中各方部分依据诸如语言、宗教或者相似的特性这样的文化界限，来给自己界定身份。"①从这些数字可以看出，暴力占据了重要地位。暴力一旦进入到冲突阶段，不仅意味着以往的合作彻底失败，而且也意味着控制冲突的手段发生了质的变化。在这一阶段，通过强制力量的运用，恢复秩序自然成为多民族发展中国家控制冲突的首要选择。其主要形式有：警力控制、选择性控制、强力控制和分化控制。② 警力控制指通过对暴力行为的惩罚，为各民族提供一个安全的环境；选择性控制指主动地对民族政治动员的领导和组织进行压制；强力控制是指通过广泛、系统地使用武力对付某一或某些民族的所有成员，不管他们有没有采取非法民族政治行动；分化控制是通过使用报偿机制来分化民族成员，推动民族内部分化，并以此阻止民族政治运行。③ 上述种种控制就是将冲突的各方置于非暴力的状态。但控制不是目的，关键是控制后的和平建设，能够使对立的双方回到谈判桌前，最终重新走向合作。

其三，打击极端主义和恐怖主义势力。在当代多民族发展中国家，极端主义势力对多民族发展中国家的族际合作治理构成了严重的威胁。极端主义势力不同于一般的民族、宗教冲突。如果说一般的民族或宗教冲突在一定的条件下有实现妥协和和解的可能，如卢旺达冲突的图西族和胡图族在联合国和各种外界力量的作用下，最终实现了"和解"。而极端主义势力秉承了某种极端主义信念并以极端的反社会、反人类的行为实现自己的政治目标。他们以自我利益为中心，否定"他者"的存在和利益；在手段上，极端主义采取暴力和恐怖手段对待社会和人类安全，其目的就是迫使当局做出原本不会做的事情，其中，如改变政治态度或对内、对外政策，制造各种恐

① [美]小约瑟夫·奈、[加拿大]戴维·韦尔奇：《理解全球冲突与合作：理论与历史》，张小明译，上海世纪出版集团，2012年，第236页。
② 严庆：《冲突与整合：民族政治关系模式研究》，社会科学文献出版社，2011年，第78页。
③ 参见严庆：《冲突与整合：民族政治关系模式研究》，社会科学文献出版社，2011年，第78～79页。

惧,破坏民族团结与合作,阻碍国家统一,从事国家分裂活动,或试图通过极端方式建立独立国家,如今天活跃在也门和中东以建立"伊斯兰教国"为目标的恐怖主义活动就是典型。对于这样的极端主义活动,多民族发展中国家必须采取严厉的措施,联合国际爱好和平的力量对其进行坚决打击。不这样,不足以凝聚国家,也不足以为族际合作治理提供一个和平的环境。当然,多民族发展中国家在打击极端组织的同时,也要努力改善国内的民族关系环境,铲除极端主义产生的土壤,通过对极端主义的打击和对冲突的控制,实现合作归位,政治整合的再造。

三、族际合作治理的类型

多民族发展中国家,国家与社会之间存在着复杂的关系,其中国家与由多民族群体构成的社会之间的强弱状况对国家的治理结构具有重要的影响。第一种是强国家－弱社会的关系。在这种状况中,所谓的"强"国家,主要指以一定的强势力量为核心的国家,所谓的"弱"社会主要指社会在诸多方面依赖于国家。在这里有两种形态,一种是国家以全权代表的身份对待社会,社会完全处在依附地位上。在这种形态中,国家试图以同质化取代差异和多元,其典型代表就是苏联模式。这种模式曾有效地促进了政治一体化进程,但强制性的进程也带来了社会对国家的抵制或反叛,导致了20世纪末苏联和东欧一些国家在民主转型过程中出现的国家性断裂。另一种为统合主义的方式,国家将社会置于自己管理之下,但不是否定社会和其中的多元文化群体。在这里,一元是主要的,同时,又与多元形成某种合作关系。其主要形式有两种:一种是中心吸纳,即通过一定的组织,如政党、议会等将不同民族代表吸纳其中,不同政党可以在这一平台上实现对话与制衡,政府也可以借用这一平台实现对多元的民族或宗教群体控制和影响,双方通过遵守宪法和法律实现合作;另一种为结构性分权,即通过宪法和法律,承认少数民族群体在其生活的区域中拥有一定程度的自治权。这种形式大量存在于今天的东南亚国家,如马来西亚、越南、老挝、缅甸、泰国、印度尼西亚等国家。第二种是强社会－弱国家关系。在这种形式中,社会内部为部落、教派力量所控制,国家不过是诸多群体中的一个部分,强大的民族群体或宗教群体或地方军阀之间相互制衡或形成了一定的联盟,国家和这些组织中的某些派别形成一定的合作关系。如在家族、部落和教派执力强大的中东国家、非洲国家。第三种为强社会－强国家关系。也即，一方面社会内部存在着多元的文化群体，但这些文化群体彼此之间相互制约，但已经开放；另一方面是强国家。也就是国家拥有强大的影响力，并能够将自己的权力渗透到地方中去，实现了对地方的有效控制。但由于社会与国家之间的相互制衡，决定了国家和社会之间形成了某种合作治理的局面，这种状况在今天的印度、南非等国家均得到了集中体现。国家与社会之间的不同关系产生了三种不同的族际合作治理形式。

（一）强中心族际合作治理

多民族发展中国家的民族结构存在很大的差异。中国学者宁骚曾将多民族国家的民族结构区分为五种类型。第一种为一元的单一民族结构，即在一些国家中，有一个主体民族，其人口占全国人口的绝大多数，并以这个民族为骨干形成了国族，建立了单一制的国家。国内也存在少数民族，但人口不超过全国人口的5%。这类国家主要集中在俄罗斯之外的欧洲大陆。

第二种为双主体的民族结构。在这些国家里，分布着两个主体民族，近代以来他们共同建立了单一制的主权国家。两个主体民族的人口之和占全国人口的90%以上，但是人数占优势的那个主体民族不超过全国人口的80%，人数占劣势的那个民族不少于全国人口的15%。尽管二者存在矛盾，但任何一方都不可能单独建国。这类国家欧洲有8个，亚洲有7个，斯里兰卡、伊拉克、哈萨克斯坦、吉尔吉斯斯坦、斐济、土耳其、塞浦路斯。

第三种为一元的多民族结构。在多数国家里，虽然民族众多，但这些民族群体在现行的疆域内已经组成为一个国族。其中主体民族为90%，少数民族中至少有一个其人口所占比例在5%以上。具有一国通用的语言，属于这样的国家在欧洲有19个，亚洲有27个，即伊朗、阿富汗、巴基斯坦、马来西亚、菲律宾、柬埔寨、老挝、缅甸、尼泊尔、泰国、文莱、新加坡、印度、印度尼西亚、越南、不丹、土耳其、叙利亚、沙特阿拉伯、黎巴嫩、科威特、卡塔尔、巴林、阿拉伯联合酋长国、土库曼斯坦、乌兹别克斯坦、中国。非洲有12个国家，即马拉维、博茨瓦纳、肯尼亚、坦桑尼亚、莱索托、卢旺达、斯威士兰、苏丹、利比亚、阿尔及利亚、摩洛哥、埃塞俄比亚，在美洲和大洋洲，绝大多数国家也属于这种类型。在这些国家中，有的有一个主体民族，也有的有三个主体民族,有些有四个主体民族,这些民族在全国的社会和政治生活中发挥着主导作用。

第四种为多民族结构,在一个国家中国家不仅在民族成分上存在着两个或两个以上的主体民族,而且在近代以来的历史发展中,成长为几个并立的国族,并各自建立了本民族的国家,同时这些分立的单一民族国家实现了自愿的联合。这类国家主要是苏联、南斯拉夫、捷克斯洛伐克等东欧国家。

第五种为无中心多民族结构。这些国家尚未形成国族,他们多是在民族主义运动领导人的领导下,在反对共同的殖民主义统治中建立起来的国家,故而这些国家又叫"民族主义国家"。在这些国家中,境内民族群体之间融合程度不一,由一些政治实体临时拼凑而成,目前尚未形成全国统一的语言。①

从上述不同类型的民族关系结构看,除第一种和第四种结构外,其他三种结构中的大部分国家出现在中东、非洲等多民族发展中国家中。

强国家 - 弱社会格局又是强中心格局。在这种格局中,某个主体民族长期居住一地,形成了自己的历史。主体民族与其他少数民族之间长期交往,共处一体;不仅如此,正是在主体民族的基础上,形成了各自的王朝国家,尽管在历史的发展进程中,这些王朝有盛有衰,有合有分,但经过长期的历史发展,已经形成了一定的政治文化,一定的官方语言、文化和宗教,国家有了强大的中心场域,并辐射到地方去。即使殖民主义曾经中断了这些国家独立发展的进程,但外来的力量没有完全解构其历史文化基础和各个民族长期形成的交往关系。这些国家大量集中在亚洲,特别是东南亚。这一地区的越南、老挝等建国后,曾经照搬过西方国家或苏联的模式,但经过调整,一种以强国家为核心的族际合作治理模式发展起来。

在强中心的合作治理模式中,一定的政党权威、宗教权威占据了中心位置并控制了官僚机构,一定的核心民族或宗教信仰构成了中心权威的文化基础。这里的"合作"主要表现为纵向的、有一定价值影响的合作。在导向上,表现为中心能够听取边缘群体的意见和利益诉求,并通过一定的政策满足边缘群体的要求。而边缘群体由于从政策中得到了一定的承认,因而能够接受中心的统治和管理。在这种治理方式中,政治机构并不完全是排外

---

① 参见宁骚:《民族与国家——民族关系与民族政策的比较》,北京大学出版社,1995 年,第258~264 页。

的，而是通过一定的协商机制，吸纳少数民族群体参与其中，构成权威中心的政治精英通过与不同民族群体代表的对话，对民族群体之间合作中存在的问题进行积极主动的自上而下的调整。在此方面，东南亚国家即为代表。

在20世纪90年代，苏联解体、东欧剧变时，亚洲国家依然取得了骄人的成绩，与这种纵向的合作治理不无关系。这里需要对新加坡、马来西亚、印度尼西亚、泰国等四国的族际合作治理体系作一总体分析。上述四国各采取不同的政体形式，因而也存在着不同的合作治理的形式。观察上述四国的治理结构可以看到，这些国家都存在着一个核心的民族群体，他们在人口数量上占有绝对优势，居于国家中心为位置，并占有了一国之内的优势资源和重要战略要地，因而能够对国家的安全或全局有较好的控制保证。这些主要的民族群体有着悠久的历史，并通过语言、宗教、文化和生活的区域紧密地结合在了一起。这些国家在边缘地区都存在着一定的少数民族，他们来到这一国家的原因有很多，主动移民、躲避战乱、历史上征服关系或是商业往来，最终成为这些国家的少数民族群体。经过长期历史交往，他们已经成为这些国家中不可分割的部分。在这种条件下，这些国家建立了一定的制度，推进了对不同民族群体的合作治理。就政党而言，如新加坡的人民行动党本身就包容了不同的种族成员，而在议会组织中，通过集选区进入议会的成员并不都是以华人为主，而是包括了不同的种族群体的成员代表，议会成为不同种族代表的协商之地。不仅如此，20世纪90年代以后，新加坡赋予了总统一定的权力。总统最为重要的一个头衔就是民族事务委员会主任。而且总统对议会通过的法律有签署意见的权力，尽管总统带有虚位国家元首的特点，但在维护民族团结与合作方面，总统具有重要的制衡作用。也就是说，如果议会通过了不利于种族团结方面的法律，总统有权否决。当然，新加坡迄今为止还没有出现过这样的事件，但起码这种制度已经建立了起来，这对新加坡不同种族之间的合作起到了重要的保证作用。与新加坡不同的是，马来西亚主要通过民族协商制度来处理不同种族之间的矛盾和冲突。马来西亚政府在处理马来人和非马来人问题上一直秉持马来人优先的原则，尽管这一原则带有民族不平等色彩，但它保证了马来人在国家中的核心地位。另外，马来西亚也建立了协商制度，尽可能听取不同种族群体代表的意见，通过政策调整，适应非马来人的利益诉求。这就使马来西亚自1965年发生大的冲突以来，总体保证了各个民族的和平共存。上述两个国家的案例说明,在多民族发展中国家中,通过吸纳不同民族群体进入治理机构中,就共同的事务进行联合治理。

(二)中心与多元制衡性族际合作治理

在多民族发展中国家中,有不少国家是在民族主义的浪潮中建立起来的,而非由社会自发演化而成。在这些国家中,各种部落组织、地方势力集团或宗教教派组织依然有着相当的力量,保留着自己的传统体制,如有的部落的民族群体依然处在原始公社的阶段,也有的保留了更多的封建农奴制度。不同的民族群体各有自己的宗教信仰、生活区域和自己的管理体制。他们聚集一方,既不足以独立,又不能统治或同化其他的民族群体,现代主权国家的建立使他们共存于一个政治共同体中。在这一共同体中,中央政府为一个民族群体所控制,面对国内严重的多元制衡环境,其权力难以深入到民族群体或地方中去。这种局面不能不使政府和地方或民族群体之间就共同性事务采取合作治理的方式。在中央政权建构上采取权力分享或轮流执政的方式。在黎巴嫩这样一个多元社会中,存在着马龙派基督徒、逊尼派穆斯林、什叶派穆斯林和希腊人。这些大的宗教或民族群体各有生活的区块。此外还有大小不同的教派,使黎巴嫩形成了典型的碎片化社会。自1943 年独立到1975 年爆发内战,政府权力主要为一种不成文的"民族协定"所规定。按此规定形成了"准总统制"。权力为马龙派总统、逊尼派总理、什叶派立法机构主席以及希腊正教的副主席与副总理所共同掌握,这样既体现了"民族共治"精神,又通过这种"共治"形成彼此制衡的局面。黎巴嫩的合作治理机制就是在这样一种既共治又制衡的环境中建立起来的。在尼日利亚,20 世纪90 年代发明了一种总统职位在南北方轮流的制度。也就是每8 年一轮(两任),以平衡南北方不同民族群体之间的矛盾。其途径就是组建一个由不同政党组成的"政党卡特尔"联盟。通过这个带有政治垄断性的组织可以削弱民族性政党与其所代表的支持群体之间的联系,即使该党没有兑现与其相关的选民群体的承诺,也可以分享到权力。尼日利亚的治理方式表明两个或多个族群联合,可以通过共识进行决策和治理。也就是说,没有另一个群体的同意,单独一个群体在重要事务上不能做出决定。基于正式或非正式规则,所有群体都可以介入到政治权力和其他资源中来,通过制衡的方式,实现合作治理。阿里森·麦克罗奇(Allison McCulloch)认为:"在一个分裂的社会中,为了实现政治稳定,前景看好的方式就是社会中主要团体的某种联合决策。"比埃贝尔(Florian Bieber)对权力分享作了解释,认为权力分享由两个方面构成:"权力(power)"和"分享(sharing)"。就前者而言,权力由国家运用才能有效,而不至于成为一个符号,不过权力是由集体来控制的。分享权力出现在国家权力被联合掌管的而不是由一小部分相关人员控制的政治体系中。通过一种由集体掌管的权力分享,可以为不同群体进入决策程序中提供渠道。① 在多民族发展中国家,面对各种不同的民族或宗教群体,"多数人和少数人为了政治目的而合作,这一观念宣告了在后冲突地区,如阿富汗、波斯尼亚、黑塞格维那、科索沃和伊拉克,已经构成了一种国际政策方案……权力分享表示了对分裂地方,即塞浦路斯、斐济、肯尼亚、马来西亚、尼日利亚、卢旺达、南非、斯里兰卡、津巴布韦的一种制度安排"②。以布隆迪为例,这是一个中非的内陆小国,北部与卢旺达交界,东部与南部毗邻坦桑尼亚,西部与刚果(原扎伊尔)交界。国内主要民族群体为胡图族和图西族,他们控制着该地区达数世纪之久。19 世纪直到第一次世界大战结束,布隆迪一直为德国殖民地,后为比利时控制。1962 年布隆迪成为独立国家。自独立以来,胡图人和图西人长期交恶,战乱不已。从 20 世纪 90 年代到 2000 年,大约有 30 万人被杀害。③ 在联合国的调停下,双方签署了和平协定,即阿路什和平协议(Arusha Peace Accord)。到 2005 年新宪法建立,明确规定实施总统制大内阁。两个副总统分别来自胡图族政党和图西族政党,总统选举采取两轮制;内阁成员比例为胡图族代表占 60%,图西族代表占 40%,此外,联合内阁中有 30% 来自妇女。政府的安全部门和国防部门中的工作人员,不能来源于同一民族群体。立法议会的议席同样也按照一定的比例主要在胡图族、图西族中分配,如在新增的 18 名议会成员中,4 名为胡图人代表,11 名为图西人代表和 3 名为特瓦人代表。④ 同样的情况也出现在泰国,泰国政府就积极吸收马来人担任政府官员。在印度尼西亚和玻利

---

① See Allison McCulloch, *Power-Sharing and Political Stability in Deeply Divided Society*, Routledge, 2014, p. 4.

② Allison McCulloch, *Power-Sharing and Political Stability in Deeply Divided Society*, Routledge, 2014, p. 1.

③ Ibid., p. 50.

④ Ibid., p. 55.

维亚,政党精英利用在国家中最活跃的(分裂的)政治群体分享行政权力,以此来应对转型危机。精英之间通过非正式的规范和网络达成一种合作,以保证民主顺利实现。

权力分享的制度可以瓦解不同政党之间的对立和竞争,所有的相关性政党组成一个类似垄断性的"政党卡特尔"联盟,有力地削弱了政党对其核心支持者的代表性和责任性,这样既可以使有强力民族或宗教背景的政党不能不与其他政党合作,也降低了一些民族群体的影响力,保证了多民族群体的平衡。

这种制衡性的合作治理也体现在国家的结构形式上。多民族国家大小不同,中央权力和地方权力之间同样可以通过权力的分配实现制衡,也即通过中央和地方的分权,中央有权但不能否定地方的权力存在。同样,地方有较大的自主权力,但不能否定国家的统一。双方在共同的制度框架下实现合作治理。根据《布莱克维尔政治学百科全书》的解释,联邦制"是一种政治组织形式,它通过其存在和权威都各自受到宪法保障的中央政府与地方政府之间的分权而将统一性和地区多样性同等纳入到一个单一的政治体制之内。"①多元文化主义代表人物金里卡解释联邦制的意义时指出:"联邦制既尊重民族群体的自治和保留特色文化的愿望,同时又承认这些群体并非自足的和孤立的,而是由政治和经济互相依存的关系而紧密地联系在一起的。又由于联邦制度以其灵活性而著称,它可以适应不同民族团体的不同程度及不同形式的自治的要求。"金里卡援引了伯吉斯的话支持他的这一分析:"联邦制精明之处在于它那无限的能力去通融和化解一国之内竞争者甚至是冲突着的、政治上有显著地位的各式各样的群体。容忍、尊重、妥协、谈判、相互承认是它的'口号','联邦'与'自治'相结合是它的标志。"②

从形式上看,联邦制是一种国家结构形式,但它也是一种合作治理形式。在这种形式下,同样存在不同的形式:"民族联邦制""领土联邦制"和"混合联邦制"③,尤其后两者表现尤为突出。

(1)多民族联邦制(multi – nation federalism)主要指以民族群体为地方

---

①　邓正来主编:《布莱克维尔政治学百科全书》,中国政法大学出版社,1992年,第254页。

②　[加拿大]威尔·金里卡:《少数的权利:民族主义、多元文化主义和公民》,邓红风译,上海世纪出版集团,2005年,第90页。

③　同上,第93页。

主体的民族联邦制。这种国家结构在非洲国家有埃塞俄比亚、尼日利亚，在南亚有印度。以印度为例，印度是一个多民族、多语言、多种族国家，境内比较有影响的语言多达 14 种。1947 年印度独立时期，执政的国大党就非常谨慎地对待以语言划邦问题。虽然建立语言邦的问题在 1947 年制宪会议时被暂时搁置，但建立泰卢固语言邦的"安得拉运动"与政府僵持不下，最终基于日趋严重的事态和对多样性的肯认，国会同意了建立讲泰卢固语的安得拉邦。从此，多样性的问题就以各地区纷纷建立语言邦的形式摆在联邦政府面前，到 1967 年为止，印度共有 17 个邦和 9 个中央直辖区，宪法所列的 14 种主要语言中，除梵语外，每一种主要语言和 13 个主要民族都建立了其依托的邦级区划，并且在邦级区划上，语言和民族保持了高度的重合。这从两个侧面反映了国大党的政策，一方面"一个国家一个民族"的整合政策得到了承认，另一方面各个语言邦又在统一国家的框架内联合起来。

（2）地区或领土联邦制（regional or territorial federalism）。在发展中国家，民族联邦制更多把国家视为一个整体，各个成员单位不是以民族群体为依据，而是以居住地方为特点分配权力，在此方面，"马来西亚是领土联邦制的而非多民族的"[1]典型。威廉·克斯（William Case）在分析马来西亚联邦制度的特点时指出："随着这个国家社会团体逐渐散布开来，其所带来的不是领土上的断裂，联邦制并没有保护少数民族的文化认同和自治，相反，如我们见到的，联邦主义安排首先进入到马来西亚政策中，以便保留当地人对主权的申索权利，联邦制就是这样以领土的方式而不是多民族的方式组织起来。"[2]克斯的观点基于"马来人优先原则"，即无论在获得土地和关键的经济利益上，还是在政府官员和文化教育等领域中，马来人都获得了特殊地位，以保证马来人对马来西亚的控制权。

（3）混合联邦制（hybrid federalism）。混合联邦制"涉及特定的混合制度上的安排。在这种安排中，中央和国家中的主要部分保留在一个单一的体系中，同时，下放或提供给一个或两个边缘地区或单位地区自治地位。[3] 这

---

① Baogang He, *Federalism in Asia*, Cheltenham, UK. Edward Elgar, 2007, p. 11.

② Ibid., p. 127.

③ 西方学者所说的混合联邦制类似于民族区域自治，即在单一制下给予民族地区一定的自治权，甚至高度自治。See Baogang He, *Federalism in Asia*, Cheltenham, UK. Edward Elgar, 2007, pp. 13－18.

种制度形式把单一制和联邦因素结合起来"①。它与单一制不同,原因在于特定地区的自治并不划到传统的中央和地方关系的范畴。在此方面,印度尼西亚和菲律宾即为代表。印度尼西亚独立初期曾一度采取国家联邦制,但后来采取了单一制。由于印度尼西亚中央政府和亚齐之间的冲突持续了几十年,最终中央政府和亚齐地方都做出妥协,赋予了亚齐以高度的自治权力。同样的情况也出现在菲律宾。菲律宾是一个由七千多个岛屿 8120 万人口(2001 年)组成的多民族国家,其中包括各种族群、语言团体,几个移民群体,4 个主要宗教,即天主教、伊斯兰教、基督教新教、佛教。20 世纪 80 年代末,菲律宾民族问题突出,主要体现在两个少数民族聚居地区,即棉兰老岛的穆斯林聚居区和吕宋岛北部的高地部落区的冲突。

菲律宾的政治体制带有中央集权特点,总统是这个体制的核心。政府管理和决策均由这个核心做出,由此形成了"马尼拉帝国主义"②。有学者在评价菲律宾政治体制时指出:"菲律宾具有强总统制下的单一性,由于权力集中在马尼拉,因而它的管理特点带有集中性"③。菲律宾的国家结构形式主体是单一性结构形式。根据菲律宾统计局公布的资料,菲律宾全国主要由吕宋、米沙鄢和棉兰老三大岛组成,内设 17 个行政区,包括国家首都区、科迪勒拉行政区和棉兰老穆斯林自治区。全国实行省、市、村政府管理体制。省政府为最大的行政单位,省政府首脑为省长,是中央政府在该省的主要代理人。省政府由省长、副省长和负责各部分工作的官员组成,副省长和各部门官员由省长任命。地方各级政府设有立法机构,在职权范围内行使立法权。

然而,菲律宾不能不面对现实,20 世纪 80 年代后期,菲律宾的两个民族聚居区与菲当局矛盾突出,导致当地民族成立了各自的武装,并进行反抗。阿基诺(Cory Aquino)上台后,面对难以调和的民族冲突,向宪政委员会提出了在棉兰老岛地区和吕宋岛北部科迪勒拉部落地区建立自治区的方案。但此方案落实几经周折,吕宋岛北部地区自治方案失败,而棉兰老岛地区的自治方案最终获得成功,南部棉兰老穆斯林组建了"政治实体",实行高度

① Baogang He, *Federalism in Asia*, Cheltenham, UK. Edward Elgar, 2007, p. 13.
② Edited by Kusuma Snitongse, *Ethnic Conflicts in Southeast Asia*, ISEAS, Singapore, 2005, p. 113.
③ Ibid., p. 112.

自治。

制衡性合作中的各方并不是静止不动的,当合作中的各方力量发生变化,原有的均势打破后,制约性条件发生变革,合作治理也就面临危机。1946 年缅甸独立时,缅甸各方曾在昂山的影响和主持下签订了《彬龙协议》,该协议承诺给予缅甸独立后的少数民族自治权要求。然而,独立后的政府并没有履行承诺,一些民族群体借此发难。不少民族群体,如克隆、克钦等民族群体武装割据,缅甸陷入民族冲突之中。在苏丹,部族协商会议是部族协商治理的重要机构,一般由地方政府主持。遇有部族冲突,特别是发生人员伤亡和财产损失之事,一般通过给钱或给物加以解决,各部酋长签字保证监督协议执行,政府不加干预。这种契约性的矛盾处理方式保证了地区的和平。独立后的一段时间,这一传统延续下来。但从 20 世纪 80 年代以来,随着权力集中于中央,部族商议会地位下降。原因在于政府官员几乎都有部族背景,在这种状况下政府很难保持中立;再者就是政府内部矛盾重重,无论议会还是政府为部族派别捆绑,致使政府难以正常开展工作。80 年代后期,通过签订协议解决双方关系的方式难以为继。1989 年 5 月 29 日,阿拉伯人和富尔人双方势力签署停火协议,但几个月后双方又继续开打,通过协议解决冲突的传统名存实亡。

(三)多元向心性族际合作治理

在发展中国家,共同的利益和命运使不同民族群体在共识的基础上实现了族际合作。在共识的形成中,通过族际合作治理的结构安排,吸纳和包容了不同民族群体及其代表。尽管在这种族际合作治理中,不同民族群体及其政党的竞争依然存在,但只有通过合作才能保证竞争各方利益的最大化。其所带来的结果是,竞争中各个民族群体代表超越民族群体的狭隘眼界,经过协商达成共识,在新的共同利益和目标基础上联合起来;在机制的设立上,能够将现代民主政治与传统政治因素结合起来,实现现代与传统的有机结合,通过一定的治理体系安排,使多元的力量通过对话而达成共识,在此,一定的制度安排发挥了纽带和桥梁作用;在向心型族际合作治理中,政府或国家领导人处在中心地位上。但这个"中心"以其公正性和包容性赢得了多元力量的认同。面对国内复杂的民族问题,政治精英不是以所在民族群体的狭隘私利出发,而是从国家的全局出发平衡各方的利益。

霍洛维茨的聚合性民主涉及多元向心性合作治理。聚合(centripetal)按照剑桥国际英语词典解释,表示的是"向中心点的运动"。霍洛维茨提出聚合论是相对于高度异质性社会而言的。在他看来,不少非洲、亚洲和东欧国家则属于这种高度分殊的社会。战后,这些国家曾采用了民主制度,但效果不一,有的获得了成功,有的问题不少,甚至不乏失败案例。而失败的主要原因在于"族群冲突"①。他指出,民主涉及包容和排斥、获得权力、包容相关的权利,同时也意味着某种排斥性的设立。在族群分裂的国家中,族群认同提供了明确的界限,由此决定了谁被包容进来和谁被排除出去。在族群政治中,包容影响到物质的和非物质的物品分配,这里包括了不同族群的声望和对一个团体的身份归属。在分裂性社会中,自然影响到政府的包容和排斥政策,也就是哪些族群可以包容进来,哪些族群被排除出去,哪些群体可以享有政府提供的利益,哪些不能享有这些利益,这种状况不能不影响到多民族国家的族际合作治理。

为了解决多民族发展中国家存在的族群冲突,实现族际合作治理,霍洛维茨主张通过一种向心的和跨族性民主解决多民族国家与民主的对接问题。如他指出的:"在一个分裂的社会中,族群结盟(Ethnic Affliation)提供了安全、信任、相互帮助感,并保护陌生人的利益不受多数人一方的忽视。"②由此一种聚合民主(centripetalism)成为多民族国家的制度选择。其基本原理就是强调跨族合作、调适和整合,降低因族性而划分政党和政治程度。在《冲突中的族群》(1985年)一书中,霍洛维茨把跨族性适应和调试作为实现多民族国家政治整合的重要机制。在这种机制中,无论多数人或是少数人,都不固守于自己本群体,而是超越于本群体,实现彼此之间的"承认"与族群之间的"和谐",在此基础上实现不同族群的合作治理。

从实践角度考察,博茨瓦纳和新南非的做法带有多元向心性合作治理特点。1966年博兹瓦纳独立时是世界上最穷的国家之一,铺筑的公路仅有12千米,共有22名大学毕业生、100名中学毕业生。而且它几乎被南非、纳米比亚和罗德西亚的白人制度所包围,所有这些国家都对黑人统治的独立

---

① Donald L. Horowitz, *Democracy in Divided Societies*, See Edited by Larry Diamond and Marc F. Plattner, *Nationalism*, *Ethnic Conflict*, *and Democracy*, The Johns Hopkins University Press, 1994, p. 35.

② Ibid., p. 49.

国家怀有敌意。然而，在后来的发展进程中，这个国家成为非洲发展最快的国家之一，而且人均收入在撒哈拉南部非洲也属最高。在这个国家中，绝大部分为班图语系的茨瓦纳人（占人口的90%），全国有8个主要部族，其中有一万多白人组成的群体。博茨瓦纳国旗有黑、白、蓝三色组成，分别代表黑人、白人、蓝天和水。表示在非洲的蓝天下，黑人和白人团结、生活在一起，显示了国家的核心价值。在国徽中，呈"品"字形的3个齿轮，代表各个部族之间的合作与工业，足见合作与工业构成了国家核心价值的重要内容。博茨瓦纳独立以来一直实行民主制，国家定期选举，实行议会和酋长院两院制。酋长院的设立表明了部落共同治理的原则。2009年10月，该国举行独立后的第十次大选，民主党获得议会57个议席中的45席，卡马（Ian Khama）蝉联总统并组成新一届内阁。卡马政府以民主、发展、尊严、纪律和落实五原则作为治国理政纲领。博茨瓦纳保护私人财产权。而当国家发现了钻石财富后，卡马政府对法律进行了修订，明确规定国内地下矿产归属国家而非部落。比较起来，在塞拉利昂等国家，钻石矿的发现引发了不同集团之间的冲突，造成了持久的内战。血的教训证明了卡马政府的治国政策既保证了国家拥有充足的财富，也通过一种包容性的制度，将各个不同的部落群体团结起来。博茨瓦纳的这种合作治理使这个国家不再受种族问题困扰。

在南非，旧南非的民族隔离和歧视制度，使南非内部的两大种族处在极端的对抗之中，南非社会实际上已经断裂，它的进一步发展就是国家分裂。如果按照密尔的民主和多民族不能兼容的逻辑，南非绝对不可能走向民主，黑、白两大种族也不能实现合作治理。然而，奇迹还是发生了。由于种族隔离带来的黑人种族和白人种族的矛盾，驱使两大种族在付出了代价之后，白人中温和派人心归向种族和解和建立民主，曾经的激进派也在观念上发生转变；而作为黑人中的激进派也逐渐认识到，通过极端的方式反抗并不能带来国家的和平。可以说，对立的双方都在寻求某种和解和实现国家进步的途径。不可否认，国际社会的外部压力确实起到了很大的作用，但两大种族自身的努力是关键。在这一过程中，南非的两位杰出领导人以他们的理性和智慧影响了他们各自代表的民族群体的发展方向，使他们从各自极端的民族主义心态中解放出来。有学者指出："曼德拉（Mandela Nalson）与德克勒克（De Klerk）的成功并不是因为他们跟着'民心'走，恰恰相反，是因为他们成功地使'民心'跟着自己走。"①这一观点还是正确的。身陷囹圄达30年的曼德拉心系南非国家发展前途,站在整个南非未来命运的立场上思考问题,不仅赢得了黑人的尊重,而且得到了白人的认同,这也就为后来的南非种族和解和政治转型奠定了基础。而德克勒克能够审时度势,努力影响白人转变观念同样功不可没。无可否认,民主转型后的南非,黑人和白人两大种族的矛盾依然存在,但民主建设已经不是基于种族而是基于政党进行了。政党尽管存在着竞争,但两大力量循着"共治"的方向前进。在这里,两大力量有矛盾但不是对抗,有差异但选择的是合作。议会议席按照比例代表制度分配,全国各省均有代表。从中央到地方各级政府均按比例为不同种族留出位置。在国防军构成上,接受国会和国家行政当局的管辖,以尊重和平等对待所有成员。

在多元向心性合作治理中,政党发挥着重要的作用。问题是这个政党是基于种族还是跨族、基于私利的还是公共价值而建立的? 如果以某个族群利益为中心,势必强化民族群体的自我利益,并带来社会内部的离心倾向。多民族发展中国家在这种多元的向心性的合作治理中,需要政党超越种族或民族群体的限制。这就意味着一种相互渗透的关系在不同民族群体和地区中发展起来,以此作为合作治理的纽带。在非洲,绝大多数国家独立很晚,国家性缺乏,社会一体化低,部落传统久远。基于部落的族群性或宗教性政党在一些国家政治舞台上扮演了重要角色。按照西方多党制建立起来的政治制度,更使不同部落之间陷入竞争、分裂、重新组合、再度分裂的恶性循环中,很多非洲国家由于内部的凝聚力被无谓的内斗消耗而沦为失败国家。非洲国家的政治精英从惨痛的教训中认识到,要使国家成为一个政治共同体,就需要对族群性的或宗教性的政党给予限制。为此,一些国家在民主化进程中,通过宪法和制度变革,创立了全国性政党,即这些政党不再以族群、宗教或其他团体身份认同为基础,而是跨族的、全国性的,目的是通过这种政党推进不同族群、宗教和地区的合作。埃塞俄比亚区分了全国人员数量的政党和地区政党,前者需要至少1500名基本成员,他们来自于至少5个地区,每个地区的最大数额要达到40%,后者的基本成员要达到750人,至少在一个地区达到40%。只有前者才能参与全国性的政治。而地区性政

---

① 秦晖:《南非启示录》,江苏文艺出版社,2013年,第392页。

党只能在埃塞俄比亚的 9 个地区活动。在非洲也有 10 个国家规定了政党的基本成员要来源于不同的地区。坦桑尼亚要求政党要有 200 个成员来源于10 个地区。在乌干达，规定了 50 名成员来源于一个区的 2/3。有 4 个国家要求政党要有永久的办公室和全国性的分支。6 个国家对领导人的空间分布做出了安排。如加纳、肯尼亚、塞拉利昂都要求政党领导人来源于不同地区。布隆迪和塞拉利昂规定，不能有任何特定的族群统治存在于一个族群中。坦桑尼亚要求，政党的领导人要来源于大陆和赞子巴（zanzibar，音译）地区。

亚洲的印度尼西亚、菲律宾和泰国对政党的地区分布上也进行严格规定。印度尼西亚是多岛国家，由于地理因素带来的社会内部的高度分散性使这一国家 20 世纪 50 年代的民主实验归于失败。苏哈托之后推行的政治改革就是建立一个全国性的政党，使其驾于地方、地区或不同的政党之上。2004 年对 1999 年出台的有关政党的规定做出了重新修订，要求全国性政党要在 2/3 的省和 2/3 省级市中拥有支部。此外，每个市的政党支部至少要拥有 1000 名党员。在 2004 年的选举时，不到 24 个政党能够满足这一要求。在泰国，新的政党必须在指定的每四个地区拥有支部，并要求在所要求的地区 6 个月内达到 5000 名注册党员。① 上述国家出现的这些规定被伯特兰德（Jacques Bertrand）称之为"积极的民族党禁令（positive ethnic party bans）"，这种现象大多出现在政治转型时期的拉丁美洲、东欧、亚洲和非洲。尽管情况会有所变化，但对政党空间分布上做出安排，其目的就是要防止族群集中和族群冲突，实现族群之间的合作。

① Jacques Bertrand and Oded Haklai, ed., *Democratization and Ethnic Minorities: Conflict or Compromise?* Routledge Taylor &Francis Group, 2014, p. 41.

第五章　族际合作治理与多民族国家政治整合

族际合作治理是多民族发展中国家为处理族际关系而做出的一项重要的治理安排,它构成了政治整合的一个重要环节。

一、族际合作治理积累与族际政治风险化解

现代社会是一个高风险社会,在此环境中发展起来的多民族发展中国家存在着种种风险,族际政治风险是其中具有重要影响的风险。

什么是"风险"? 无论是在汉语还是在英语中,所谓"风险(risk)"表示的都是可能出现的危险。随着现代化的迅猛发展,自然和传统让位于人的行动和人的决定,各种人为的和不确定因素的增加,不可避免地增加了某种难以预料的风险。它们往往与传统的或正常的状况背道而驰,甚至可能给社会带来相当的损害或某种危机。风险是潜在的,可能发生也可能不发生,可以预测也可能难以预测。但一旦发生,如没有预测或防范措施,则会给社会带来巨大的危害。苏联解体前,苏联当局判定国内各民族已经融合,不存在民族问题了。而当苏联陷入政局动荡,族际冲突纷至沓来,各加盟共和国竞相独立,头号的世界大国顷刻间坍塌。

在当今世界,多民族发展中国家的族际政治并非稳定。在国际政治秩序中,某些大国为了扩展自己的地缘战略空间,不惜利用发展中国家的内部族际矛盾,挑拨离间以破坏这些国家的统一和民族团结。在多民族发展中国家内部,由于经济发展、地理状况、资源禀赋、气候环境、人口状况等诸多因素,不同民族群体形成了事实上的差别。市场竞争给社会带来了活力,也加剧了不同族群的分化,"圈里人"和"圈外人"的划分在社会中竖起了一道道围墙。经济上和文化上处于优势地位的主体民族常怀优越之感,并通过各种方式表现自己、固化自我、歧视和排斥他者。而弱势族群处于守势,或

甘于屈卑，或奋起抵制。全球化时代的多民族发展中国家内部不同程度地存在着族际紧张关系。

维护和实现国家统一是多民族国家的最高原则。多民族发展中国家首要的是将境内居民变为公民，推行法律面前人人平等的原则，从而实现对国内成员的管理。但平等的公民原则与多元复杂的民族群体身份并非契合。当公民与族裔两种身份不存在缝隙时，族裔身份和公民身份相互加强，国家的作用得到充分实现。相反，当这种共生关系被削弱或者被拆散，公民的或者族裔的要素其中一方地位发生偏移，国家的团结和权力就会被削弱，甚至导致国家陷入矛盾和冲突之中。

为了服务于国家和民族群体建设和发展的需要，多民族发展中国家独立后努力使生活疆域机体化。然而在国家获得这块疆域前，各个不同民族群体就已经在这个疆域的某个区域休养生息，并与那里的一草一木休戚与共。当他们的土地和资源处在统一的中央政府控制和调配下时，生活其中的不同民族群体与国家之间围绕土地、资源等利益上的矛盾骤然而起。如多民族发展中国家独立后以发展经济、实现现代化为首要任务。然而，现代化在高歌猛进释放出个体或群体欲望之时，却"弱化了人们对国家的忠诚"。今天世界上不少发展中国家，城市拔地而起，富丽堂皇、蔚为壮观，而一些民族地区贫穷破败，缺乏生机。现代化没有给他们带来福利，却增添了他们的怨怼和仇恨。

多民族发展中国家为了缓和民族冲突建立一定的民主机制和公共对话平台。但受各种宗教、语言和利益驱使，一些国家的民族群体为获得这个平台上的话语权而展开角逐。控制了政权，民族群体的生存和发展前景辉煌，失去或不能控制权力，民族群体的未来则黯淡渺茫。"竞争选举"撕裂着社会，拨动着民族情绪："投票"激起"暴力"，对话带来吵架，协商导致战争。不仅如此，在这些国家中，深藏于不同族群内部的庇护关系蔓延于社会，深入国家，公共权力与庇护关系互相建构，相得益彰。获得权力的民族群体或政党将公共权力视为实现私人利益或家族利益的工具，国家私人化或部落化导致了权力的封闭，加剧了民族群体之间的竞争和对抗。20世纪70年代印度尼西亚苏哈托政府借国家开发亚齐之时，为本家族谋财，助爪哇人致富，而坐拥油气资源的亚齐人难得其中之利，这就催生了亚齐人与中央政府，亚齐人与爪哇人之间的激烈冲突，险将国家置于分裂边缘。在菲律宾，20世纪

70 年代马科斯政府制定了向南部移民和现代化的计划。据此,北部天主教民众挥师南下,披荆斩棘,穆斯林人口生存空间恶化。而马科斯家族从中渔利,点燃了族际政治冲突烈火。

总之,多民族发展中国家在把不同民族群体纳入一定政治版图,并试图动员起来实现现代化时,内部的族际政治风险也相应汇集,并对多民族发展中国家的政治整合构成了不同的影响。面对族际政治风险的种种挑战,有些多民族发展中国家深陷矛盾不能自拔,而一些国家通过对自身治理体系和制度的反思,勇于变革,通过对自身体制的改进,增强国家能力而缓和化解矛盾,因而有效地降低了族际风险的爆发度,其中,族际合作治理机制的积累发挥了重要作用。具体而言,国家通过一定的吸纳性机制建构,使一定的民族群体代表能够表达他们的愿望和要求。通过一定的对话平台,不断地修正制度安排或政策中的问题。在对外关系上,多民族发展中国家通过加强自身的民族团结方面的工作,努力发展与各国之间的合作关系。

一些国家在发展和巩固自己的族际合作治理上,发展和丰富了其中的民主机制。民主不仅仅停留在选择领导人上,还镶嵌在了诸多领域和方面。在包含多种内容的民主制度设计中,通过多方面的协商和对话,有效地缓和了不同民族群体之间的冲突。

二、族际合作治理与多民族发展中国家的国家建构

(一) 族际合作治理促进了多民族发展中国家治理的进步

多民族国家独立后建立了各自的政治制度,经过一定时期的磨合和调整,这些国家的政治制度框架已经巩固,国家治理体系,以及蕴含其中的族际合作治理机制已经建立起来,并在多民族发展中国家的国家建设和发展中发挥了重要作用。

首先,族际合作治理有助于国家治理的发展。多民族发展中国家的族际合作治理在独立后的政治发展起步阶段就已经开始孕育。此后,在不少国家的政治制度安排和政府管理机构中不断得到完善。但在这一时期,政治制度的调整和变革对族际政治构成了不同影响,族际合作治理体系和机制还在不断探索中。因为对于这些后殖民国家来说,无论整个国家的发展还是各个民族的经济和文化状况依然处于落后状态下。在此背景下,这些

国家的政党、政府，甚至宗教组织扮演了重要的政治整合和社会管理的角色，稳定了建国初期的国内社会混乱局面，并开启了现代化建设进程。不可否认，在这样一个时期，不少国家采取了强制性手段处理族际政治稳定，但经过这样一个过程，无论是国家还是民族群体都在相互磨合中逐渐增进了彼此了解，并发展了一定的协商和合作机制，有力地保证了国家的统一。

其次，族际合作治理有助于国家治理体系的完善。任何国家的国家治理都不是简单的权力运用，其关键是治理体系的设立。因为国家治理从来是在一定制度中的治理，科学的、民主的制度体系从来是治理的重要前提。而发展中国家的制度体系并不会自然形成，其中需要多个不同群体的长期合作才能建立起来。我们知道，多民族发展中国家属于后发的民族国家。如果说原发的民族国家在自身民族化进程中逐渐发展和建立了自己的国家治理体系，尤其是后工业社会的发展进一步为其国家治理体系的现代化奠定了坚实的物质基础。而发展中国家的国家治理体系是在国内保持了大量原生的、异质性的群体，通过政治精英、政党或宗教等上层建筑的力量建立起来的。在这样的一个环境中，发展中国家上来就坐落在高度异质性社会体的基础上。如何处理国家和民族群体之间的关系、如何处理民族群体与民族群体之间的关系，构成了发展中国家最棘手的问题。一方面，国家需要统一的力量推进现代化进程；另一方面，各种多元的力量又在消解或阻碍着国内凝聚力。在这样一个矛盾中，或是国家强行改造原生民族群体的传统和心理，使其与国家制度相适应，或是原生的民族架空现有的国家，阻碍其现代化发展的步伐，迟滞国家权力的运用和渗透。然而，在严酷的内外环境夹击下，无论是国家还是构成国家中的民族群体不能不选择一种合作的方式来实现国家的利益和民族群体的利益，族际合作治理体系也就成为重要的中间桥梁。不少多民族发展中国家正是通过这样一个机制，吸收来自不同民族的代表进行对话，将各种不同的民族群体的信息反馈到一定的公共决策部门，促进国家治理体系规范化和决策的科学化。今天的时代是全球化的时代，也是多民族发展中国家发展的时代，可以肯定，各国的治理体系依然需要改革。但如何改，怎样改，涉及国家与民族地方关系治理体系如何设立，权力和利益如何分配，同样需要通过不同民族群体参与的对话和协商才能完成。这些任务的实现离不开族际合作治理机制。

最后，族际合作治理也有助于国家治理能力的提升。国家治理需要一支有着科学、合理组织的治理机构和经过专门训练的人才队伍,治理水平的高低与治理机构组织设计及其内部人员的知识、政策水平和素质有着密切的联系。构成国家治理重要环节的族际合作治理同样如此。在建国初期,由于国内总体发展水平普遍落后,全国除了极少部分人受到教育外,多数人依然停留在文盲或半文盲的状态下,不少民族群体更是如此。在这种条件下,原生的民族或宗教感情、经验和行为影响和包围着多民族国家,影响着多民族发展中国家的现代国家建设进程。随着多民族发展中国家的教育水平和人才队伍发展、民族文化教育的普及和提高、国家所能提供的公共物品在数量和质量上的提升,以及人们的社会一体化和政治一体化的发展,诸多因素为族际合作治理的建构和发展提供了坚实的基础和有利的条件。

(二)族际合作治理促进了多民族发展中国家的国家性建设

国家性问题是多民族发展中国家国家建设所面临的一个重要问题。如果说国家治理体系和国家能力是实现国家建设的开路者,国家性则是国家建设的根基和基础。什么是国家性? 人们对其解释不同。此前已有论述,在此不做赘述。如果说世界上的任何机体都有它的属性,依据这样一个属性,不仅使一个机体区别其他的机体,而且也使该机体获得聚合力量。国家也如此,它也有自己的特质。这里主要包括国家的暴力属性,如法律、军队和警察等组织;政治制度的统一性;官僚体系的渗透性,即将多元的力量纳入一定的秩序中,同时通过一定的文化的和精神力量的作用,引导着社会成员向着一定的方向前进。国家也通过一定制度在从社会中汲取资源的同时,也为社会提供一定的公共物品,以使社会内部成员在各个方面获得安全和发展。国家也有其民族的属性,一定的国家创立了自己的国家认同和政治认同,借此也获得境内不同民族群体和成员的凝聚力,增进内部不同民族群体成员的团结与合作。国家通过语言、文字、教育、艺术、文化等推进国内的政治一体化。国家独立自主性,涉及外交和国际交往、边界与领土完整等。国家性是一个复杂的体系,但归结起来涉及两个重要的方面:一个是它的实体方面,其核心涉及国家权力和一定的法制,其中特别是暴力、行政力量和法制的实施;另一个是精神的方面,涉及国家的政治认同和凝聚力。一个国家能否巩固和强大,能否在国际社会中保持独立和完整,与国家性密切相关。

多民族发展中国家不同程度地存在着国家性不足的情况。就国家凝聚力而言，多民族发展中国家不仅为国家内部存在着不同种族、语言和宗教等多样性所困扰，也为同一个民族群体内存在的不同的家族、宗教教派、利益集团所困扰。内部不团结不仅限制着多民族发展中国家的发展，也制约了现代国家的建构。就国家实体性发展而言，尽管国家建立了一定的暴力体系和强制体系，但暴力不是万能的，它同样受到经济和民众认同的制约。国家组织体系存在的种种问题影响着政治制度和政府管理效能的发挥。在多民族发展中国家，要使国家性得到健康发展，需要多个方面的建设，其中族际合作治理体系和治理机制的建设不可或缺。在多民族发展中国家独立后的历史中，由于时代的需要，不少国家通过强有力的权威建立了一定的制度，维护了国家的稳定。然而对于一个内部充满异质性群体的社会而言，仅仅依靠强制力是远远不够的，还需要通过若干合作性环节，不断地将国家性的诸多要素渗透到不同的民族和宗教中去；同时，多民族国家也需要回应原生民族和宗教群体的要求，在适应现代国家建设的大前提下进行新的综合和提高，在此方面，族际合作治理起到了中介桥梁的作用。

多民族发展中国家的国家性建设是在国际竞争环境中进行的。全球化时代是各个国家竞争不断加剧的时代。国家与国家之间的竞争不仅仅是工业实力、科技水平的竞争，更是组织的竞争、治理体系和治理能力的竞争。能否将不同的民族组织起来，形成合力，决定着一个国家的未来，而国家性在其中发挥着重要的作用。许多多民族发展中国家在历史上为不断的内讧所拖累。独立后，这些国家建立了自己的国家和法律制度，将不同民族纳入一定的法律秩序中。然而，由于私有制和不同民族认同之间的矛盾和冲突，严重影响了这些国家整体实力的提升。尽管如此，一些国家还是在艰难中走过来，通过不懈的努力建立了族际合作治理体系，实现了不同民族的和平共存，国家性也由此不断得到巩固。随着多民族发展中国家对全球化的参与，国际竞争环境给各个民族带来的风险也在增加，族际合作治理具有了越来越重要的国际战略意义。

不过也要看到，尽管多民族发展中国家的国家性比起建国初期有了巨大进步，但国家性建设还有很长的路要走。因为多民族发展中国家依然处在发展阶段，在国际体系中依然处于被动地位。发达国家，尤其是一些西方大国为了强化他们的优越地位，凭借其霸权，不惜采取各种手段离间发展中国家内部的团结,挑拨那里的民族和宗教矛盾。日益扩大的恐怖主义和民族分裂势力的国际化,也使多民族发展中国家的国家性受到越来越多的挑战。全球化和逆向全球化发展带来的种种风险也向发展中国家袭来,消解着国家性的强度。在这种环境下,多民族发展中国家要通过来族际合作治理来抵御国际环境提出的挑战,增进国内不同民族的理解,促进不同民族之间的团结,打击民族分离主义和分裂主义,都离不开国家性建设。

(三)族际合作治理有利于增进多民族发展中国家的合力生成

尽管多民族发展中国家的族际合作治理存在着各种挑战,但它所体现出来的合作精神仍然有着重要的价值。多民族发展中国家无论在殖民地时代,还是独立后的相当时期,经历了太多的不幸和苦难,一些国家仍处于脆弱国家或失败国家境地。其中一个重要原因就是内部缺乏团结与合作。一些国家注重了国家的强力作用,而疏于族际合作治理体系和治理能力的建设。然而,也有一些国家在独立后励精图治,终于从战争、动荡和民族冲突的阴影中走了出来,从最初的弱国而逐渐壮大,从低收入国家迈向中等收入国家,甚至高收入国家,这些成就的取得与不同民族之间的团结和合作,与族际合作治理体系的建立有着密切的联系。在此方面,中国的经验有着重要的意义和启迪价值。从中华人民共和国成立到改革开放,在经历了种种艰难困苦后,中国成功地实现了国家的崛起。在这样的成就背后,一个重要的经验就是中国顶住了国际敌对力量的压力,坚持了社会主义道路,坚持了民族团结。社会主义道路的选择有效地抵制了西方国家的压力,避免了诸多多民族发展中国家曾经出现过的阶级利益上的尖锐对立和内部的暴力冲突。社会主义的共同富裕原则有效地防止了不同民族在经济上的严重分化和利益对抗;民族的互相帮助、相互合作使各民族形成了团结向上的局面。中国共产党的坚强领导、人民代表大会制度、中国共产党领导的多党合作和政治协商制度、民族区域自治制度,以及基层群众自治制度,在诸多的环节上都为不同民族之间的对话协商和合作治理提供了坚实的制度保证。

在对族际合作治理的研究上,一些学者曾经认为,只有进入后工业社会才会出现合作问题。事实上,随着全球化的发展,种种机制叠加问题出现在多民族发展中国家,决定了这些国家一方面要打牢基础,另一方面要勇于面对现实的挑战,没有必要真正进入到后工业社会再去推进不同群体的合作。

世界的相互影响，民族之间的相互依赖，对不同国家先进治理经验的学习，决定了多民族发展中国家完全可以在现代化进程中，在竞争的同时加强不同民族群体之间的合作，并将这种合作精神落实到国家建设中去。不仅如此，多民族发展中国家在历史上和现实的文化中存在着自己特有的"合作""和谐"等文化要素。虽然复合一体结构使多民族国家的发展存在着内耗，但不同民族和文化之间的相互嵌入增加了其中的合作点。在市场经济和现代化的今天，多民族发展中国家可以利用和发展这种有利的因素，使其转变为一种积极机制。实际上独立后的多民族发展中国家正是从这些本土因素中，发展出了"协和"民主、"协商"民主、"协商的"威权政治等机制，从而有力地促进了多民族发展中国家建设。

放眼当今世界，尽管从国际法和联合国宪章的精神来讲，各个国家不分大小一律平等。但从现实看，各国在国际秩序中的地位存在很大差别。总体上看，以美国为首的西方发达国家依然处在核心地位上，凭借其先进的工业、科技和在国际秩序中的重要地位影响着处在边缘或半边缘地位的发展中国家的经济、文化和政治发展。随着地缘势力的扩张，当基于贸易保护主义、西方中心主义的零和博弈思维转变为对发展中国家的政策时，族际政治自然也构成了他们用来影响和控制发展中国家的一个突破口。其中重要的策略莫过于在这些国家制造分裂，通过"去稳"战略破坏这些国家的民族间的合作，挑拨这些国家不同民族群体之间的矛盾和冲突，达到乱中取胜，巩固其强权和核心地位的目的。正是如此，也决定了多民族发展中国家要在这样一个"丛林法则"社会中生存和发展，保证国家不致陷于失败境地，族际合作与民族团结就构成了多民族发展中国家实现政治整合的关键内容。

有必要指出的是，我们讲族际合作治理并不排除竞争。不可否认，现代化的发展带来了不同群体的竞争，其中包括不同民族群体的竞争。没有竞争，民族群体就失去了生命力，同样，国家也就失去了发展的源泉。但只有竞争没有合作，只能是胜者为王败者为寇，带来的只能是民族之间无穷的争斗，最终瓦解的是多民族发展中国家的整体实力。然而，在一个相互依赖的世界中，竞争中的群体从来是在合作中实现的，正是优势互补、相互合作才有了人类进步。同样，今天的多民族发展中国家在各种风险面前，仅仅发挥政府的力量远远不够，由单独的一个民族群体迎接和面对风险和挑战同样捉襟见肘。要在复杂的国际环境面前保持进步，族际合作和族际合作治理机制的建构不可或缺。

正确地处理竞争与合作的关系,自然落到了对待民族群体权利的问题上。不同民族群体在其历史发展进程中,形成了各自的文化、信仰和认同,这些因素已经内化于心,构成了人的尊严的一部分。从法律和制度上承认和保护这些千百年来形成的民族个性和权利,将其纳入一定的法律和机制中,使集体的权利既能在法律范围内得到正常的运用,又能有效地调动民族群体参与国家建设的积极性。不可否认,当代不少国家接受和承认了多元文化的重要地位,但多元文化依然是嫁接在一定的基本的社会政治制度上的多元文化。如果说西方的多元文化政策以西方的自由市场和自由主义制度为基础,今天的多民族发展中国家在对民族群体权利的承认和尊重上同样也不能超越本国的制度框架和现实环境的制约,尤其是国家统一和民族团结这样一个大前提的制约。各个不同民族只有走合作共赢之路,国家才能发展,民族群体才有希望。通过对多民族发展中国家不同个案的研究可以看到,合力厚则国强,合力薄则国衰。

不可否认,在一个被资本影响的时代,族际政治和族际关系面临着种种不确定的因素。族际政治存在着风险,同样也会影响到族际合作治理的实施。然而,和平、合作与发展是当今世界的主题,也是人类社会发展下去的主题。在这样一个大前提、大方向指引下,民族团结与族际合作是人类社会和各个多民族发展中国家的必然要求。族际合作治理机制正反映了这样一个基本趋势要求。放在这样一个大背景中看,族际合作治理的作用不可忽视,它是多民族发展中国家合力形成的重要环节,是实现政治整合的重要途径。

多民族发展中国家的合力生成关键是共识的形成。今天的多民族发展中国家是以一定的共同体的形式而存在于世。共同体有两层意义:一是政治共同体本身意味着就是"某种形式的合作"①,也就是不同的群体集合于共同的目标和事业之下;另一方面,这种共同体本身又是由不同的异质性的民族或宗教组成的,各种叠加化问题纠缠其中。它们既存在着各自的独特认同并必须独立,然而又在聚合中形成了各种不同的汇合点。从横向上看,这些汇合点是多元的,甚至是交叉的。不同的民族群体由于宗教的、语言的或

---

① [美]戴维·伊斯顿:《政治生活的系统分析》,王浦劬主译,人民出版社,2012年,第163页。

阶级的原因而相互渗透和影响。从层次上看，存在着亚层次的政治共同体，如一定跨族性的政党或宗教群体。也存在高位的政治共同体，这就是国家。在此方面，国家建立了一定的宪法、法律和各种制度。但在一个内部多元的社会中，更需要一个能够对多元的力量发挥一定的影响作用的共同的情感、价值和"共识"。这样一种具有包容性的"共识"能够将多元的力量集合起来，以实现政治整合，然而在一个各有自己不同的认同、不同的"集体理性选择"的国家中，存不存在因集体理性而产生的"嘈杂"？如何避免这种"嘈杂"而建立"共识"呢？

事实上，在发展中国家确实存在着各种原生的文化或宗教群体。这些不同的群体不仅受到了物质利益的驱动，也存在某种非物质的利益的，如感情的、精神方面的驱动，尤其后者具有相当的排外性。因为在这种具有不同精神和感情的理性选择下，形成了各自不同的对内凝聚和对外排斥的局面，所以发展中国家的这种具有不同"理性"的民族群体在相遇时往往容易产生矛盾和冲突。面对如此的冲突，一种是使其自发存在，但这种状况只能导致社会陷入无尽的冲突，最终毁灭的只能是社会。另一种是将冲突控制在一定的秩序内。具体而言，将其纳入一定的制度和平台上，通过讨价还价的"博弈"而获得一个共同的规则，并产生维护这一规则的权力组织。在此方面，一方面要有强力，另一方面则来源于各方面在妥协中的共识建构。

我们知道，多民族发展中国家本身就表明了国家对多民族的容纳。国家作为一种政权组织通过它的强力和边界划分，把不同的民族群体包括进来，并通过法律和一定的强制力量使生活其中的不同群体最终接受国家的统治和管理安排。可以说，正是国家的存在，才使认同各异的民族群体和平共存，显然，这是一个刚性的政治整合过程。在这种整合中，法律、暴力和政治高压构成了重要的手段。但这种刚性的政治整合主要针对的是"敌我矛盾"，而对复杂的族际政治问题，通过刚性的政治整合并不能真正建立共识，即使迫于压力，弱势民族群体与强势民族群体达成某种"共识"也是权宜之策，它与共识的本质是相悖的。因为，"共识（consensus）"就其本意是"一致"。但这种"一致"不是建立在外在暴力的基础上，而是建立在主体本身自愿的基础上的。凭借这种共识，双方在共同的目标、利益、内容和规则上实现了合作，但同时也意味着自我的某些自由的放弃。显然，共识本身意味着自愿的合作和向心的凝聚，而这一目的的实现需要包容。在多民族发展中国家,族际合作治理为共识的获得提供了重要的机制。

如上所述,族际合作治理表现为不同的类型,其中有两种具有代表性:一种是带有行政性的族际合作治理安排,如新加坡的总统民族事务委员会。在这种机构性安排中,行政权力通过专门的民族事务机构,开展与民族群体代表的对话和协商,及时了解民族群体的需要和信息,在此基础上寻求和达成国家和民族群体之间的共识与合作。另一种是代议性的族际合作治理,如比例代表制,在此方面,最具代表性的当属"民意"机关的设置。阿尔蒙德在《比较政治学:体系、过程和政策》一书中曾引用一些学者对议会功能的分析:"第三世界国家的立法机构会有助于民族统一",因为在这些国家中,"立法者所从事的最普通的活动之一,就是同他们的选民保持联系,把选民的申述和需求转达给其他政府结构和公众。因此,原先地方狭隘观念者的集团得以同中央政府机构进行接触,而且如果中央政府机构做出某种反应的话,他们会以对中央政治体系的忠诚和支持为报答。"①在这里,议会作为民族统一的重要机构,是沟通民意与政府的重要桥梁。但设立议会并不必然就能形成一种包容不同民族群体的共识。自17世纪英国威斯敏斯特多数票决模式产生以来,所谓的"共识"不过是具有同质性的民族群体的共识,而不是包容了异质群体的"共识"。因而所谓的多数人民主不过是具有同质性的民族群体对少数人行使统治,而少数民族群体被排除在议会之外。在多民族国家,这样一种机制如果运行下去,很容易造成大规模的民族冲突。从20世纪70年代以来,一些学者和政治家根据对不少多民族发展中国家的经验分析,提出了比例代表制、协和民主等重要思想以解决这些国家出现的问题。在实践上,一些国家也在国家治理上安排了族际合作治理机制,即通过吸纳不同民族群体协商等方式,尽可能地扩大共识,将少数人的利益和要求反映到公共政策中去。印度独立后,政治精英在国家治理上力求既体现多数人的原则,又能照顾到少数群体的权利。马哈亚恩(Gurppeet Mahajan)指出:"印度独立后的民主政治是通过积极评价不同宗教和文化群体而塑造的。进而言之,各种结构和制度带有了这样一种理解,即不同的群体必须在公共舞台上得到平等对待。这就意味着所有的群体应该自主地与他们的文化相一

---

① [美]加布里埃尔·阿尔蒙德等:《比较政治学:体系、过程和政策》,曹沛霖等译,东方出版社,2007年,第283~284页。

致,而不是被迫同化到多数的文化中。为了使这一规定具有实质内容,选民委员会为少数人群体设立了特别代表权,以使这个委员承担起设计宪法框架的基本任务。"①

　　除了在议事规则上体现出族际合作治理机制的运用,一些多民族发展中国家在议会内部的机构安排上也体现了族际合作治理。一般说来,当代不少多民族发展中国家在议会组织安排上采取了两院制,即下院和上院或众议院和参议院等。在这些议院的组成上,众议院中根据选票多少分配议席。在比例代表制下,除了多数人的民族群体占有更多的议席外,少数民族也占有一定的议席和影响力。在参议院安排上,其成员不少来源于所代表的民族群体和地区,如博茨瓦纳的参议院主要由酋长组成。议会的组织设计力求将不同民族的代表纳入一定的对话平台中,在这个平台上,一方面不同民族群体代表可以表达自己的利益要求,另一方面通过政党、不同群体代表的讨论和交流,在广泛达成共识的基础上形成一定的法律和政策,以对一国之内的公民和利益集团的行为施以影响。在这样的一个安排下,一方面不同民族的代表通过向其他代表表达自己的利益要求,达成共识与合作,同时监督和影响政府的公共政策制定,维护民族群体的利益,维护族际合作的稳定;另一方面通过这样一个政治平台,在"更大的共同利益"基础上,实现了各个民族的联合与合作。

　　当然,应该看到的是,议会内部的族际合作治理安排同样也存在着一定的政治风险。因为在一个内部高度分裂的社会中,议会内部的多民族群体代表的竞争、国家的脆弱和制度的虚化,采用族际合作治理并不一定能达成各个民族群体所接受的"共识",但它对增进和扩大共识的作用是不可忽视的。印度尼西亚1955年创立了议会制度。在一定时期,新的体制尚能控制爪哇与外岛地区之间的紧张关系。原因在于:①团结的感情,②多党体制,③二元执政的行政体制。在这种体制中,有两个老资格的民族主义领袖,爪哇人苏加诺和苏门答腊的穆罕默德·哈达(Mohammad Hatta),一个是总统,一个是副总统,共同分享最高领导权。但随着现代化的发展,利益的分化,社会内部不满的加深和扩大,建国初的团结局面逐渐消失,进而也影响到议会的稳定和二元领导体制的失败。此后,印度尼西亚在总结经验教训的基

---

① Will Kymlicka & Baogang He, *Multiculturalism in Asia*, Oxford University Press,2005,p. 291.

础上,转向了"有领导的民主"。从形式上看,这种有领导的民主其实是为苏哈托的威权政治提供合法性依据。但即便如此,也没有取消族际合作治理,而是使族际合作治理嫁接在了威权政治基础上。

三、族际合作治理与社会和政治一体化的发展

族际合作治理的形成和发展本质上反映了多民族发展中国家的要求。事实上,独立后的多民族发展中国家都不同程度地发展社会层面上的族际合作,而且随着现代化的发展,这种族际合作将在更多的层面上展开。族际合作治理既是多民族发展中国家社会本身的发展需要,也是维护国家统一和民族团结的需要。在这二者中,前者是基础,即只有建立在族际合作社会基础上的族际合作治理才更有影响力。

如前所述,合作就是一起工作之意。但合作分为互换功利性合作与互助利他性合作。互换性功利合作带有暂时性和潜在的冲突性;而互助利他性合作更是一种自主的、自愿的和主动的合作。而族际合作治理虽然是国家做出的一种治理安排,但它的本质和意义更在于一种互助性社会的形成和培育。

对经历过殖民地和半殖民地的苦难和战争的多民族发展中国家来说,通过和平、对话和协商解决族际之间的矛盾是族际合作治理的一项内容。在这种族际政治文明中,一种积极的共有文化是其中的重要内容。我们知道,不同民族相遇,随着岁月的流逝,彼此之间会形成对对方不同的认知图画。这种认知图画可能是良性的、中性的,也可能是恶性的。中性的认知图画主要涉及对对方正反两个方面的认识,尚不确定,其中蕴含着对对方的某种考量和某些不信任,因而中性的文化总意味着某种观望态度,这种状况在不少国家中存在;而恶性的认知图画更多是猜疑的、敌对的;而良性的认知图画则把对方视为伙伴和互助的对象。不同的认知图画形成不同的族际关系行为和政策选择。即在中性的认知图画中,不同民族群体之间会形成一定的伙伴关系;而恶性的认知图画则容易促进民族之间的仇恨和对抗。而良性的认知图画则促进族际之间良好的合作关系的发展。在多民族发展中国家,遏制恶性的认识图画发展、引导中性的认识图画、培育和发展良性的认知图画是族际政治文明的基本精神,是族际合作治理的重要任务。在这

样一个实践中,虽然族际合作治理主要是一种国家和民族群体的行为,但这种行为本身是一项由外向内传播文明的进程。也就是国家通过国家核心价值理念的引导,培育各个不同民族群体逐渐从族群为先的状态中解放出来,而把整个民族、他者和国家作为认同的对象。也只有这样一种带有利他的文明精神建设起来,一种建立在互助基础上的合作社会才能形成,并为族际合作治理提供源源不断的支持。

不可否认,今天的发展中国家是处在竞争中的国家。资本的增值规律和对利益的追求撕裂着国家。在这样一种环境下,谈论这种互助性的合作似乎是一种道德理想或乌托邦。如果按照这样一种逻辑推论,何不撕掉这种温情脉脉的面纱,弃族际文明而不顾,或采取消极自由的方式,"己所不欲,勿施于人",任凭不同民族群体自由发展,民族群体的差别无限扩大。或是消极共存,区块分隔,井水不犯河水,自生自灭。抑或是采取现实主义原则,凭实力而生存,胜者为王败者寇。这样两种处理民族关系的理念和行为最终都将导致族际关系沦为一种被 17 世纪英国自由主义思想家霍布斯(Thomas Hobbes)提及的"狼的关系",国家也将陷入一种"战争状态",今天非洲的南苏丹即为典型。

尽管现实世界中的多民族发展中国家存在着各种不同文明的现实,但国家要发展下去,民族要获得生存,就需要通过族际合作治理的机制不断地培育以良性的共有文化为内容的族际政治文明,通过长期的实践,使其成为一种道德的力量,约束民族群体中存在的狭隘的"我族"中心主义,使一种基于文明基础上的合作社会成为族际合作治理长期存在的社会基础。

多民族发展中国家的族际合作治理同样有强烈的共同体建构设想。在一个功利主义盛行的现代世界中,这种构想不排除将自身面临的危机转嫁到国外或内部不利于自己统治的群体身上。试图通过某种外在的压力而使内部的不同民族群体真诚合作,一致对外或一致对待那些与己不利的群体。但这种带有工具性的设想或行为并不一定带来长期的族际合作,如就民族主义而言,面对帝国主义和宗主国的压迫,不同的民族群体可能捐弃前嫌联合起来。而一旦共同的敌人失去后,不同民族合作的基础随之失去,而现实的利益和权力斗争走到前台,不同民族群体展开的竞争使共同体陷入"窝里斗"困境中。显然,功利性的共同体意识不过是一些政客的狭隘私利的体现,在本质上是与"共同体"的精神相违背的。共同体从它的本质上说:一是指一种为一群人所共同追求和奋斗的事业,借此,人们在共同的目标和利益下实现合作;另一是它为某种共同的情感和意识所约束的由多元的群体集合到一起的更大的群体。① 共同体的这种精神虽然在现实中受到了种种狭隘的民族主义或族群中心主义的利用和扭曲,但不能抹杀它本身含有的合理的价值,同样也不能抹杀一些有识之士为此而做出的努力。在他们的努力和实践中,传播着这种共同体的价值,并影响到各个不同民族群体的认同,使其成为不同民族群体实现合作的重要力量。南非正是在这种精神的影响下,正确处理了旧南非种族隔离时代给各个民族群体带来的种种伤痕,实现了种族和解和族际合作;新加坡通过《共同价值》,引导了不同种族超越了各自的种族,实现了族际合作和对新加坡国家的认同。

族际合作社会的形成不仅需要一种族际政治文明的支持,同样也需要构成其中的行为主体能力的变革。族际合作治理为培育这种主体的能力同样发挥了重要的作用。能力(ability)在英语中表示的是从事某项具体工作的技术、本领或能耐。在汉语中意味能够胜任某项工作的主观条件。在笔者看来,能力是指主观见之于客观所具备的条件,也即是主体能够承担和完成某些工作所具备的主、客观条件,如果没有相应的客观条件,如一定的资金、设备、技术等等支持,同样也难以实现。一定的能力总是寄托于一定的主体身上,当寄托于国家时,也就产生了国家治理能力问题。什么是国家治理能力?所谓国家治理能力就是运用国家制度管理社会各方面事务的能力,包括改革发展稳定、内政外交国防、治党治国治军等各个方面。在这里自然涉及运用制度协调民族关系的能力,族际合作治理就是其中的一项重要内容,在国家治理能力中占有着重要地位。在多民族发展中国家,各个不同民族有着自己的认同和不同的发展能力,如何使这些具有不同认同和能力的民族群体合作到一起,存在着诸多的问题需要解决,这里涉及诸多的方面:

首先,就是从族际合作治理的主体上看,在传统的族际关系治理上更多寄托在政府一方,甚至是政府独揽。这与这些国家普遍存在的贫穷、人才奇缺、教育落后、观念落伍有着直接的关系。尤其对政府一方的综合素质更为重要。这里从几个方面可以观察到:从观念层次看,治理的主体本身是一定

---

① 参见[美]戴维·伊斯顿:《政治生活的系统分析》,王浦劬主译,人民出版社,2012 年,第163 页。

的观念的主体。观念的不同，治理的行为和制定政策的水平就不同。在一个普遍将身份与权力视为高于一切，强调暴力和行政强制的文化环境中，以暴易暴极易成为治理民族关系的基本手段。笔者在对20世纪非洲和南亚等军事政变频发国家的研究中发现，这些国家尚未建立现代的法治，教育落后，甚至人口中绝对多数为文盲。在此状况下，即使制定了宪法和法律，由于缺乏一支受过教育的法官队伍和受过训练的公务员队伍，自然导致司法衰败和司法公正力下降，法律形同虚设；官员不作为或乱作为，加重了社会内部问题积累，当这些问题累积到一定程度，便会产生大规模的暴力冲突。暴力使一些民族屈服，也可使一些民族群体俯首称臣，在压力下不得不"合作"。但这种"合作"不是建立在内心自愿表达和接受基础上的，终将不会长久，一旦民族群体势力有所发展，这些被征服的民族还会东山再起，以暴易暴。在研究中，笔者也发现，随着这些国家的现代化发展，教育水平的提高，民主和法治状况的改善，更多的中产阶级的兴起，作为族际合作治理的主体在观念和教育水平上也发生了不同程度的变化。不仅政府、议会和司法机构中的人员的教育水平的提升，同时作为参与者中的不同民族群体及其代表的受教育水平也在提升，自然为治理能力的发展奠定了基础。随着行为者的教育和认识水平的提升，进一步促进了合作信心和认同。在此方面，国家层面的族际合作治理机制发挥了重要引导作用。

事实上，多民族发展中国家本身的变化也为一种自主的族际合作社会的形成奠定了基础。这些国家在独立初期除了在一些大的城市建立了一些现代交通、通信、电力、卫生等设施，偏僻的民族地区基本上停留在原始的条件下。对那些地区的治理或依赖于中央政府派去的政府官员和军队，或交由地方进行治理，条件是他们必须接受中央的统治。因而族际合作更多是一种基于外界压力的合作。在今天的不少发展中国家，经过各个民族的共同奋斗，生产力水平、工业化程度、科学技术状况、贸易网络、金融条件发生了巨大变化。随着经济条件的改善，国家用于族际合作治理上的资金、设备、交通、通信、卫生等公共资源的丰富为社会一体化的发展奠定了良好的基础。在此基础上，合作社会的物质基础获得了巨大发展，而这种进步的取得不能不与族际合作治理有着密切的联系。正是在这种族际治理体系中，不仅实现了社会环境和公共物品的积累，而且使行为者更加深信族际合作社会给国家和民族发展带来的好处。

一个族际合作社会的形成离不开对国际先进经验的学习和借鉴。随着各国之间交往的加强,以及国际大环境的影响,都将改变人们对族际合作治理的认识。2008 年在云南大学举行的国际人类学和民族学大会从一个侧面展示了族际合作治理已经成为国际性热点话题。在这样一个话题中,来自不同国家的学者都在共同探讨如何通过族际合作治理机制的完善来促进不同民族和文化的共存。就国际和地区组织而言,也都在努力为各国的族际合作治理建设和完善提供各种帮助。通过国际组织和地区组织的支持和帮助,既可以有力地促进各国之间尊重各国的主权和民族团结,也可以营造一种国际或地区氛围,有效地抑制族际冲突蔓延,打击宗教极端主义、民族分裂主义和恐怖主义。这些外在的国际正义和文明的力量都将内化到不同民族群体心目中。

多民族发展中国家政治整合的关键内容是制度化建设。什么是制度?人们可以从规则和组织的意义上进行考察。从规则的意义上看,制度就是用来约束人们行为的规则。丹尼尔·贝尔(Daniel Bell)指出:"制度产生于特定的业已建立的行为准则,它可以塑造特定人群的行为。人们或是含蓄遵守这些准则,或是对其保持忠诚,当这些规则遭受违犯时,人们常常会受到某种制裁"。[1] 诺斯(Dougalss C. North)认为:"制度是社会的游戏规则,更规范地说,它们是为决定人们的相互关系而人为设定的一些制约。制度构造了人们在政治、社会或经济方面发生交换的激励结构。"[2]兰恩(Jan - Erik Lane)指出,制度同宪法具有相同的理论核心,即它们用来指涉人类行为的规则。[3] 人类社会存在着不同的规则,尤其在一个大规模的社会中,制度通过一定的权利与义务划分,以促进不同的人和群体彼此能够合作。制度分为不同的类型。从领域看,存在着经济制度、文化制度、社会制度等,政治制度是诸多领域性制度中的一种,其本质是以一定的强制力量为支持的各种规则的总和,由以维护国家统治权和管理权力为核心,通过确定和调整国家

---

① Daniel Bell, *The End of Ideology: on the Exhaustion of Political Ideas in the Fifties*, Cambridge: Harvard University Press,1988, p.51.

② [美]道格拉斯·诺斯:《制度、制度变迁与经济绩效》,杭行译,上海三联书店,1994 年,第3 页。

③ Jan-Erik Lane, *Constitutions and Political Theory*, Manchester: Manchester University Press, 1996, p.168.

内部不同机构、不同群体之间的利益和权力关系而表现自己。从实施特点看，又可以分为正式的制度和非正式的制度。正式的制度一般是通过严格的制定过程并通过强制力保证的制度，它具有强制性、人为性和统一性。而非正式制度主要通过社会舆论和道德的力量施加约束，它具有多元性、复杂性、原生性，甚至相互冲突。

维护国家统一和领土完整是多民族发展中国家的首要原则。而这一原则需要通过统一的制度表现出来。然而多民族发展中国家内部又是为各种宗教的、地方的、民族的风俗习惯所充斥。不仅国家层面的各种制度尚不健全，而且一种制度的建立势必影响和作用于其他的制度，一种制度的变革可能带来其他制度上的连锁反应。而且，国家要建立起统一的现代国家制度，需要一个庞大的社会工程和历史进程。在这样一个进程中，权威和制度之间的关系具有不同的影响，在此有两种不同的模式。一种是以权威为核心的制度安排模式。在这种模式中，权威构成了核心，其基本特点是："统治者（们）为了最大限度地实现他（们）的意志，也需要四类基本的制度。一是用于从下属中获得合法性；二是用于实施统治者的意志；三是用来处理臣民之间、下属之间的纠纷；四是采取镇压与统治者争权者。简言之，统治者需要做的就是创设上面讨论过的四种同样的制度"①。另一种是以制度为核心的模式，在这种模式中：①共同体，共同的利益、共同的规范构成了政治整合的前提和基础。在这里，"共同性"占据了首要的地位。这即意味着一切多元差异部分降到了次要地位上，也意味着一切多元差异的部分要以"共同性"为依归。②无论个人还是团体在法律上以"权利"和"义务"形式表现自我，因而获得了法律和制度上予以承认的"自主"或"自由"，政治权力也在政治体制中按照一定规则组织起来，并受到一定的规则或程序的限制。在这里，居统治地位的是"客观"法，是冷冰冰的"规则"，社会的组织充斥着"非人际关系"②特点。③政治制度的设计必定是功能性的。④规范性政治整合的社会基础是资源的社会占有。

在上述两种不同的权威与制度关系的结构中，多民族发展中国家在族

① ［美］罗伯特·古丁等主编：《政治科学新手册》（上册），钟开斌等译，生活·读书·新知三联书店，2006年，第198页。
② ［美］道格拉斯·C.诺斯：《暴力与社会秩序》，杭行译，格致出版社，2013年，第20页。

际合作治理上形成了各自不同的安排,其中特别是前面提到的以权威为中心的制度安排占据重要地位。在制度安排中,行政权力或政党发挥了巨大的作用。不过,面对内部存在的异质性群体,除了采用行政上的强制外,同样也一定程度地采用了族际合作治理机制,这可以通过主导层面的政治安排和亚层面的政治安排体现出来。从主导层面的政治安排看,无论在中央一级政府的安排上吸纳民族群体代表,或通过建立由政府直接领导的机构来表达和体恤不同民族群体的利益诉求,尽可能通过协商平台实现政府和民族群体代表的对话,及时了解民族群体所想所求、制定政策,实现政治整合。在这种以权威为中心的族际合作治理中,制度化发展状况存在很大的不同,可分为三种类型。第一种是在单一制度政府中安排一定的具有族际合作治理性质的机构。在行政权力的主导下,通过一定的专门的民族或宗教事务性机构,保持和中央政府和民族群体的沟通和协调。通过这样一种机构,保证国家的一体化建构。如越南南北方没有统一前,在北方建立了傣族、苗族、岱侬族和侬族自治区。越南统一后,自治区取消,国家实行单一制,全国统一按省、县划分行政区域,县下设镇、乡。为了适应国内依然存在的少数民族和宗教状况,在中央政府中成立了"国家民族和山区委员会""政府宗教委员会""少数民族局"①等机构,这些机构在中央政府的领导下发挥了族际合作治理的职能。第二种是划分彼此的界限。通过宪法和法律的方式,给予民族地方一定的自治权力。宪法是国家的根本大法,宪法规定的国家统一和领土完整原则是最高原则,民族地方或民族群体在宪法和法律的范围内享有一定的自治权利。第三种是威权民主的方式。在这种形式中,一定的政党或政府发挥着核心作用,同时存在着一定的议会机构。在这些机构中专门为少数民族群体保留一定的议席。不同民族代表通过议会表达他们的诉求,并将这种诉求转变到国家法律和政策中去,同时也通过民族代表与所代表的民族群体之间的沟通,以保证国家的政治一体化。在这样一种模式中,尽管存在着族际之间的冲突,但中央的权威和族际合作治理机制构成了两个重要的力量。前者带有刚性特点,对维护和推进政治一体化和现代化发展具有重要影响;但刚性整合容易带来与民族群体的对抗,因而后

---

① [日]白石昌也:《越南政治、经济制度研究》,毕世鸿译,云南大学出版社,2006 年,第 24、34 页。

者作为一种减震机制，对缓和族际冲突，保证国家统一具有重要影响。

制度化建设是一个长期的过程。对于缺乏现代国家制度基础的多民族发展中国家来说，要完成制度化建构，稳定的政治秩序是必要的前提。"一个组织或程序存在的时间越长，其制度化的层次便越高。一个组织的历史越悠久，在未来任何特定的时间内继续存在下去的可能性就越大。"①政治制度非一夜能够形成，政治一体化也非一蹴而就，构成其中的族际合作治理也非一劳永逸。作为一种动态的过程，族际合作治理所形成的时间越长，不同民族之间相互交往、治理中不同参与者对话与合作的时间越长，意味着彼此之间接触点和面都会得到更大规模的伸展，并对政治整合构成重要影响。在这样一个过程中，一种以良好的"共有文化""共有秩序"为内容的族际政治文明发展起来。今天的新加坡，经过长期不断的族际合作治理，已经在不同民族中培育了很强的国族意识，无论是华人、马来人还是印度人，都已经超越了自己的族属，而把自己视为新加坡人。新南非建立后，随着族际合作治理的发展，生活在那里的黑人和白人已经从过去的对抗阴影中走出来，在享受一种民主宽松的文化环境中，将自己视为南非人。

对于发展中国家而言，一体化的进程是一个漫长的过程。在这样一个过程中，使原来在文化、信仰、种族等诸多方面本不相同的民族群体能够相互适应，需要通过几代人不懈的努力，在这个进程中，族际合作治理构成了重要的桥梁。如果族际合作治理中的组织和领导人能够和平地实现延续，领导权能够在有着较好的族际合作治理理念、经验和能力的人中传承，则多民族发展中国家的政治一体化能够得到巩固和发扬，由其奠定起来的族际合作治理的传统也能够传承下去。不同的民族，经过一代又一代人的长期接触、交流，也能把民族合作的传统和形成的族际政治文明发扬下去。相反，在那些为多党政治所累，民主和法制不健全的国家中，政党的变化，领导层的变更和政策的变化，导致族际政治的紧张，使本来就脆弱的政治一体化进程充满荆棘，甚至走向失败。两度军事政变下的苏丹，每一次变革后，民族之间的相互信任则损失一次，最终导致了国家的分裂。

我们知道，一定的政策是在一定时期，由一定的权威组织建立起来的。它具有较大的灵活性，可以适应不同的环境和群体。与之相应建立起来的

---

① ［美］塞缪尔·亨廷顿：《变革社会中的政治秩序》，李盛平译，华夏出版社，1988年，第14页。

规则具有实用性和便捷性,在一定时期可以起到稳定社会,控制局面的作用。但在面对国内出现的复杂的多民族状况下,政策的内容如何才能更好地起到维护社会,实现政治整合的目的呢? 一定的行政性的族际合作治理机制扮演了重要作用。因为在这种机制中,国家通过族际合作治理机制,将中央政府提出的各项政策贯彻到民族群体中去。通过族际合作治理的方式,吸纳民族群体参与到政府政策的制定中来,从而使政府制定的政策能反映民族群体的利益要求。从这种意义上看,这种行政性的族际合作治理对不少发展中国家更为实用。

而在后一种模式即权在法下的政治整合模式中,多元的主体构成了社会的基础。在这种环境中,维护多元共存的重要条件是一定的宪法、法律和制度的存在。与上一种权威和制度关系不同。如果说,上一种制度的建立主要是在一定的权威,或一个强有力的中心力量的作用下建立起来和渗透入社会的。而在强调制度重于权威的模式中,制度的建立是多元力量较量,是通过一定的社会"契约"性的过程而建立起来的。不过与多民族发达国家比较,那里的多元力量,尤其是阶级的、跨族性的集团力量构成了社会的中坚。这些不同的多元集团在职业或政治上获得了同质性,并在此基础上进一步发展了民族国家和公民体系;而原生的多元的民族认同和情感虽然存在,但它主要嫁接在公民权利体系之上。而在以复合性结构为主的多民族发展中国家,虽然建立了公民权利,但在现实生活中原生的民族群体依然拥有着相当的社会与政治基础。不同的民族群体各有自己的民族认同和行为惯例,不仅彼此对立,而且与宪法和法律存在着不同程度的矛盾。在这样的国家中,族际合作治理构成了这些国家宪政结构的一个重要内容,如族际协商、权力分享等机制,这些都为不同民族群体代表在议会等重要政治舞台上进行接触提供了保证,并通过这一舞台促进了不同民族群体的理解。在这种族际合作治理中产生的内阁政府,如果有议会的支持,可以拥有超强的行政权力,同时,它又处在宪法和多元力量的监督之下。通过多元力量的参与和监督以及宪法法院的作用,保证宪法所确立的条款得到维护执行。这种状况在印度、黎巴嫩等国家得到了体现。在这一背景下,族际合作治理形成了不同的效果,就积极效果而言:①促进了不同民族群体的和平共存。不同民族群体既通过宪法和法律上的权力,参与到国家的建构中来,共同协商与合作建立和维护了宪法的尊严,也在共同宪法和国家制度框架内和平共存,但这种共存只是一种消极意义上的"合作"，即各方在宪法授权中保持了自己的民族群体的认同，同时也在遵守宪法和法律的前提下与其他民族群体和平共存。②维持了多民族发展中国家的政治稳定。由于主要的民族群体在国家政治生活中享有了一定的政治权力。只要政权交接合法公正，各个不同民族群体能够认同选举结果。就可能的政治风险和消极方面而言，由于民族群体身份竞争，民族群体力量上的变化都会影响到族际合作治理的效果，甚至可能出现民族之间的合作终止，并给政治整合带来严重的冲击。本书中所涉及转型国家乌克兰案例即为代表，在这样一个苏联时期的社会主义加盟国家中，在没有独立前，境内的乌克兰人和俄罗斯人之间形成较好的合作关系。独立后，两大民族间关系发生着急剧的变化。乌克兰人愿意进入欧盟国家，由此和俄罗斯人之间关系紧张，最终导致两个民族关系破裂。在西方国家和俄罗斯对立加深的状况下，人口占多数的俄罗斯族控制和影响的克里米亚举行独立公投，并最终加入俄罗斯版图。而生活在乌克兰的东部俄罗斯人与政府也陷入武装冲突之中。由此给乌克兰国家统一和政治稳定带来了极为不利的影响。

除此之外，族际合作治理需要一定的民主和法治体制作保障。在一个只有多元而缺乏民主和法治支持的社会中，族际合作治理难有立锥之地。在国内为大量的部落群体充斥的非洲和中东国家中，部落忠诚高于、先于国家认同，并对那里的宗教或政党构成了重要影响。无论是领导人还是活动于议会中的党派代表，他们更多关心的是其所在的地方或部落群体的利益，国家不过是他们实现小集团利益的工具。因而一旦获得国家权力，执政的党派就会把国家作为一种实现本部落或民族群体利益的工具，并对反对派采取排挤和打压政策。在这种情况下，很难有族际合作治理的空间。如果说存在合作，也主要是在那些与自己志同道合且有共同利益的部落和群体之间存在，而其他民族群体则被排斥在外。在这样的国家中，所谓的族际合作治理演变为一种官僚和民族群体权贵进行政治分肥的机制。西方历史学家雷德（Richard J. Reid）指出：在后殖民时代的非洲政治体系中，"领导人名副其实地囤积权力，为了家族，或者是为了地区、种族或宗教上的伙伴而垄断权力，不能容忍反对派，在根本上就是仇视多元化"①。雷德讲的这种状况

① ［英］理查德·雷德：《现代非洲史》，王毅译，上海人民出版社，2014年，第316页。

主要出现在国家独立初期。在这一时期,公共权力私有化带来独裁政治的发展。也有学者认为:"立法机构对发展和现代化的作用,依发展阶段的不同而异。在发展的早期阶段,它们往往抵制民族统一和现代化实际的渗入。在发展的后期阶段,立法机构可能通过提供协调和调和各种社会、经济和种族集团利益的手段,促进政治体系的稳定。"①这一分析已经得到证实。

　　尽管族际合作治理存在着政治风险,但只要族际政治存在,缓和民族冲突,协调不同民族之间的关系就成为这些国家绕不开的话题。尽管族际合作治理在多民族竞争的条件下存在着向不利方向发展的可能,但族际合作治理的积极方面同样不能忽视。非洲国家独立初期的教训表明,族际合作治理只有和民主政治结合在一起,才能发挥其促进国家统一、实现政治一体化的作用。从 20 世纪 90 年代以来,非洲的一些国家实现了政治转型,经过多党竞争产生的议会发挥了协调功能,族际合作治理借助于议会的作用而有了生存的条件。专门研究非洲问题的学者萨利赫(Mohamed Salih)指出,非洲 90 年代的民主化进程促进了国会政治管理职能的转变,在诸多的国会职能中,"冲突管理"构成了一个重要内容。20 世纪 90 年代,非洲肯尼亚的裂谷省和部分地区种族冲突频发,1996 年 8 月 24 日,肯尼亚非洲民族联盟和国会反对派成员达成共识,力图避免冲突,并通过谈判达成和解。从总体表现看,在非洲国会中,党际或国会内政治团体的合作,如埃塞俄比亚人民革命民主阵线,肯尼亚全国彩虹联盟,尼日利亚变革力量联盟以及赞比亚多党民主运动等,都构成了这些国家不同政党之间达成共识的一项重要政治安排,党际合作"是不同政党可以通过对话,创建超越个人、种族、文化和语言团体的'意识形态的亲缘关系'来联接他们的项目和利益"②。

---

① [美]加布里埃尔·A.阿尔蒙德:《比较政治学:体系、过程和政策》,曹沛霖等译,东方出版社,2007 年,第 284 页。

② [荷]M.A.穆罕默德·萨利赫:《处在管理与统治之间的非洲国会》,张海香等译,民主与建设出版社,2015 年,第 19 页。

下篇

族际合作治理的国别分析

第六章　强中心的族际合作治理：新加坡

在当代多民族发展中国家中，不少学者将新加坡归入威权主义政治。本书认为，新加坡的威权政治绝对不是传统意义上的集权政治，而是带有明确合作特点的新威权主义。面对国内存在的多种族、多宗教、多语言状况，新加坡建立了一种以新加坡人民行动党为核心，以和而不同为特点，以国家为首要原则的族际合作治理机制。

一、族际合作生成的基础

新加坡本是马来西亚的一个小渔村。英国政府为打破荷兰等国家在东南亚地区贸易上的统治地位，1819 年派英国东印度公司属下的明古莲副总督莱佛士（Sir Thomas Stamford Bingley Raffles）率军进占新加坡岛，并在此建立一个自由港，借此拓展贸易，扩大英国的政治影响力。当时的新加坡基本上为蛮荒之地，人口只有二百多。自英国在此开埠以来，殖民当局采取了极为优惠的税收政策，除烟酒外，其他一切进出口贸易免征关税。自 19 世纪 20 年代初开埠以来，新加坡凭借其"自由港"的地位，生意兴隆，人员鼎沸。优良的地理位置使西方国家将殖民地出产的物品先运到新加坡，然后再转运到中国等国家；同时也将西方的工业产品运到新加坡，依靠当地的商人（主要是华商）和他们建立起来的销售网络销往东南亚各地，这样新加坡从转口贸易中获得巨大收益，迅速成长为东南亚甚至是世界上最重要的货物集散中心。随着市场的扩大，新加坡也迅速成长为地区贸易中心。经过一百多年的曲折发展，到 1965 年独立时，新加坡已经成为仅次于日本的最富裕的国家。^① 尽管如此，独立时的新加坡同样面临着严重的挑战。饮用水的水源一半来自于与其有过纠葛的马来西亚。经济增长缓慢，失业率达 14% ，劳动人口供养比例失衡，1/3 的劳动人口供养了 2/3 的非劳动人口，教育、医疗和住房状况十分落后，文盲率高达 40% 。^② 中、小学、医疗机构人力资源严重短缺。整个城市的公共设施、公共管理依然相当落后。

新加坡原本是一个蛮荒小岛。英国开埠之时人口总共 210 人，其中马来人 150 人，华人 30 人，原始马来人 30 人。^③ 开埠后，随着贸易的发展，大量外来移民云集此地。从 1819 年到 1965 年新加坡独立时，人口达到二百余万。到 2010 年，新加坡人口数已达到 508 万。^④ 其中华人占 74.2% ，马来人占 13.4% ，印度人占 9.2% ，其他种族占 3.2% 。^⑤ 这些不同的种族有着不同的宗教信仰。新加坡有五大宗教，它们是佛教、道教、伊斯兰教、印度教和天主教。根据 1995 年新加坡官方的统计，在当时 270 万人口中，有 215 万人为宗教徒，约占总人口的 79.6% 。在 215 万人的宗教徒中，佛教徒为 75 万人，占总人口的 27.8% ；道教徒为 35.1 万人，占总人口的 13% ；伊斯兰教徒为 42.4 万人，占总人口的 15.7% ；印度教徒为 12.99 万人，占总人口的 4.8% ；天主教徒为 10 万人，占总人口的 3.7% ，其他宗教信徒为 39.51 万人，占总人口的 15% 。各个不同宗教分布在不同的民族群体中。马来人 99% 信仰伊斯兰教，华人 38% 信仰道教，34% 信仰佛教。欧亚混血后裔 61% 信仰基督教。印度人 57% 信仰印度教，32% 信仰伊斯兰教，10% 信仰基督教，而佛教徒寥寥无几，锡兰人多数信仰佛教。马来人和印度人中，无宗教信仰人数极少，华人中无宗教信仰者约占华人总数的 20% 。^⑥ 从上述宗教和民族群体的关系状况看，宗教常常带有很强的跨族性。宗教和民族群体边界并非完全重合，而是相互渗透。这里主要以华人、马来人和印度人三大种族群体信仰作为

① Ng Chee Yuen, *Managing a Plural Society in the Singapore Context*, Kazuo Takahashi, *Pluralism and Society in East Asia*: *Cohesion and Conflict*, World Affairs Press, 2005, p.9.

② 参见房宁：《自由、权威、多元：东亚政治发展研究报告》，社会科学文献出版社，2011 年，第 307 页。

③ 转引自马志刚：《新兴工业与儒家文化：新加坡道路及发展模式》，时事出版社，1996 年，第 24～25 页。

④ World Bank. WDI,2011.

⑤ 新加坡统计局：Population Trends 2009,www.singstat.gov.sg.

⑥ 参见鲁虎：《新加坡》，社会科学文献出版社，2004 年，第 14～15 页。

考察对象:

1. 伊斯兰教

除绝大多数马来人信奉外,印度人、巴基斯坦人、印度尼西亚穆斯林等群体也信奉伊斯兰教。比起宗教和民族群体完全重合的国家来,宗教和民族群体的相互影响和相互渗透,对新加坡多元文化共存起到了黏合作用。作为多宗教的国家,新加坡的不同宗教在一定程度上也秉承了各个不同宗教的基本精神。

伊斯兰教的教义为新加坡的马来人、印度、巴基斯坦和印度尼西亚的伊斯兰教徒所信奉和遵守。在新加坡,信仰伊斯兰教的教徒为少数,内部分为不同的派别,如新加坡的穆斯林多数属于逊尼派,其中马来人、印度尼西亚人遵循沙菲仪教派,巴基斯坦人遵循哈奈菲教派。新加坡的伊斯兰教徒占全国人口的18%。尽管信徒不占人口多数,但新加坡政府采取包容的方式对待伊斯兰教。1966年,新加坡政府通过了《穆斯林行为管理法律》,一方面承认和保护穆斯林的合法地位,另一方面又将穆斯林行为纳入法律体系控制范围。

2. 佛教

佛教认为,人生是痛苦的,而摆脱痛苦和罪恶只有一条出路,就是脱离世间和自我解脱。佛教主张人的精神快乐和满足。在对社会和组织的理解上,佛教主张和谐、协商、协调一致。认为人人平等,但站在社会最高处的是智慧和善良的统治者,他应受佛教教义的启示,并按其精神行事。此外,宇宙是有秩序、有法则的。统治者要服从这些法则,其任务就是采用明智的措施以保障公共秩序。佛教特别注意道德教化,强调"德"的作用,社会的发展的目标是要建立一个道德化的集体,在这个集体中,无论作为个人还是作为集体都将随着相互包容的态度的形成而进入内心的精神至上的境界。在新加坡,佛教是由华人传入的,佛教徒也主要集中在华人群体中,信奉者达50万人,其他种族中信仰佛教者不足1万人。[①]

3. 印度教

在新加坡诸多宗教中,印度教同样也占有一席之地。印度教并非是一

---

① 李路曲:《新加坡佛教的传扬与社会功效》,《五台山研究》,1996年第4期,第8页。

种统一的宗教，而是指印度的宗教。① 一方面，它有着很强的多元性，即使村与村的宗教信仰和宗教仪式也存在着一定的差异。与其他宗教不同的是，印度教是一种没有创始人的宗教，也没有统一的正式经典和教义，但有许多经文。尽管印度教没有统一的教义，但它吸收了不少佛教和婆罗门教的教义，强调等级秩序和服从统治者。另一方面，印度教信仰宽容。印度教是随着英国从南印度贩运大批泰米尔人传播到新加坡的，目前新加坡国内有印度教徒九万人左右。

除了上述宗教因素外，对新加坡影响最深刻的莫过于儒家文化。从东方文化的特点看，人口占据优势的民族（简称主体民族）的文化往往构成了一个民族的核心文化，核心文化群体在处理我与他者之间关系上的准则，对一个多民族国家的族际合作具有重要影响，包容性的文化容易在跨文化交流中与其他民族群体或宗教群体形成合作。同样的情况在新加坡也得到了反映。新加坡大部分人为华人，他们深受传统儒家文化思想的影响，儒家思想注重人际关系，讲信修睦。其核心是强调统治者和人民之间的相互义务，彼此尊重。在这种观念的影响下，儒家文化客观上为族际合作奠定了基础。

尽管上述不同宗教和文化之间存在着差别，但它们又寄托于一定的民族群体而相互交叉和重叠，其中蕴含着某种共性的方面，如主张集体、权威、服从、宽容、和谐、秩序等价值。这些精神资源为新加坡不同民族和宗教之间的共存和合作提供了思想基础。在诸多宗教中，占人口多数的华人秉承儒家文化传统，为新加坡的多元文化共存提供了一定的聚合力量。不过需要指出的是，"新加坡民族"并不是单一民族，而是由多种族构成的。在这样一个由不同种族组成的政治共同体中，民族和宗教矛盾、种族和宗教之间的冲突时常发生。屈指可数的暴乱主要有 1950 年的玛利亚·赫脱（Maria Hertgh）、1964 年的先知穆罕默德生日（The Prophet Muhammad Birthday）、1969 年的马来西亚五月暴乱等。这些暴乱给多种族的新加坡国家建构留下了伤痕，也对担任过律师的李光耀产生了深刻影响。他深知多种族、多宗教文化对于这样一个国家存在着潜在威胁。在当政后，他着力做的事情就是把种族和谐作为国家的基本国策，自然族际合作治理是其治国理政的重要

① ［德］迪特·森格哈斯：《文明内部的冲突与世界秩序》，张文武等译，新华出版社，2004 年，第 89 页。

内容。

从地缘政治的角度看,新加坡位于东南亚的马来半岛南端,马六甲海峡入口处。在赤道之北 136.8 千米处,是亚、澳、欧、非四洲的海上交通枢纽,有"东方的直布罗陀海峡"和"远东十字路口"之称,被李光耀誉为"马来海洋里的华人岛""被绿色(伊斯兰教)包围着的一个小红点"。① 新加坡北隔柔佛海峡与马来西亚相邻,南隔新加坡海峡与印度尼西亚相望,处在两个穆斯林大国的"夹缝"之中。其政治地缘和文化地缘特点使新加坡处在种种国际的、不同文明的挑战和压力之中。独立初期,新加坡没有自己的军队来保护国家,就连作为国家总理的李光耀本人的安全也需要由马来西亚的警卫队负责。李光耀在回忆新加坡的境况时指出:"我们说过,一个独立的新加坡根本无法生存下去……我们如何才能使来自中国、印度、马来西亚、印度尼西亚和亚洲其他地区,使用多种语言的移民形成一个国家呢? 新加坡是个小岛……它是英帝国在东南亚的心脏,所以繁荣发展起来。随着新、马分家,它变成一个没有躯体的心脏。在我们的 200 万人口中,75% 是华人。在居住着一亿多马来、印度尼西亚穆斯林的三万多个岛屿的群岛中,我们的华族人口简直微不足道。我们在这样一个充满敌意的环境里如何谋求生存呢?"② 李光耀一番带有强烈危机感的描述真实反映了独立的新加坡面临的生存环境,在这样一个环境中,既要保持国家尊严,又要妥善处理好国内和国际关系,自然成为这个国家领导人要思考的问题。不过经过半个多世纪的奋斗,新加坡在经济上实现了转型,由最初的主要依赖转口贸易,发展成为门类齐全新兴的电子工业和技术基地、亚洲重要的金融和贸易中心、旅游胜地。

二、共同价值引导与族际合作治理

在多民族发展中国家中,具有不同文化、信仰和语言的民族群体靠什么实现合作,是政治整合中的一个重要问题。不少多民族发展中国家由于缺乏共同的文化和宗教信仰,族际之间界限分明,难以合作,甚至走向兵戎相见。只依靠宪法和制度的力量同样存在种种问题,因为一定的宪法和制度

① 转引自[新加坡]吴元华:《新加坡良治之道》,中国社会科学院出版社,2014 年,第46 页。
② [新加坡]李光耀:《风雨独立路:李光耀回忆录》,外文出版社,1998 年,第11~12 页。

只能是一种外部形式,其实现需要社会成员的认同和自觉遵守。近代以来,随着民族国家历史进程的发展,不少国家在处理多民族共存问题上,把一定的价值观念作为族际合作实现政治整合的重要基础。这种状况在类似美国这样的移民国家已经付诸实践,当代西方多元文化主义体现了这种思维,20世纪70年代,肇始于加拿大的多元文化主义就是一种建立在自由主义基础上的多元文化主义。自由主义是基本的价值观,是西方国家的宪法和制度的灵魂,是政治一体化的基础。而多元文化主义所宣称的不同民族和宗教群体的平等和权利只能是在自由主义价值基础上的,或只能是基于政治一体化基础上的平等和权利。与之形成对比的是,多民族发展中国家同样注意了价值选择,以一定的价值作为多元一体的思想基础。这种状况在新加坡和中国这样的主导型政党执政的国家得到了集中体现。

新加坡是一个高度的多元文化的国家,在这种状况下,如何使不同文化既能共存,又能超越自我认同于一个共同的价值,关系到国家的凝聚和族际合作治理的成败。众所周知,新加坡是一个多种族、多语言、多宗教、多文化的国家,同时,新加坡也是一个高度开放的社会。作为原来英国的殖民地,英国的自由主义文化传统已经对新加坡的文化构成了影响;独立后,新加坡选择英语作为官方语言,更使西方自由主义价值渗透到独立后成长起来的年轻一代人的头脑中。新加坡带有东方集体主义和权威主义的文化特点,而个人主义文化更注重个人及其个人权利的首要地位。如果按照个人主义的价值观发展,新加坡群体主义秩序将发生新的转变,特别是不同民族的核心价值和信仰将发生重新调整,这些都会对政治整合产生冲击,尤其在20世纪八九十年代表现得尤为明显。基于这种现实,新加坡国会于1991年通过了《共同价值观》白皮书,其内容为:国家至上,社会为先;家庭为根,社会为本;社会关怀,尊重个人;协商共识,避免冲突;种族和谐,宗教宽容。虽然《共同价值观》不是宪法性的文件,但却是一个重要的政治性文件,它构成了新加坡族际合作治理的价值基础。

基于一个多元文化的社会环境,不同种族、不同宗教、不同语言的民族群体能否走出各自的局限而共同聚合于国家之中,关系到新加坡的社会凝聚力。早在20世纪80年代,新加坡曾经推行过儒家思想复兴运动。但在一个多元文化的社会中,儒家思想主要是华人文化,在印度人、马来人和其他种族群体中并不一定得到认同,而且突出一个种族的文化教育容易带来其他种族群体的反感,甚至激化族群矛盾,不利于族群团结。加拿大学者贝淡宁 1991 年曾在新加坡国立大学讲授"政治理论导论"课,介绍了不少中国古代政治思想的内容。但在上最后一次课之前,一个学者塞了一封匿名信到他的办公室里,认为贝淡宁赞扬中国思想家,诋毁新加坡少数族群在文化上的贡献,认为他是"种族主义者"。[1] 后来的同事也指出,他在授课中只讨论了中国思想家的贡献,忽略了伊斯兰与印度思想家的贡献,很容易给人传达这样的信息:这些是不重要的。这可能导致少数民族群体产生被疏离感。虽然这仅仅是一个大学课堂上的插曲,但足以反映一部分人的认识。因为按照黑格尔的观念,赞扬一个东西也就意味着否定一个东西,尽管这一认识带有二元对立的倾向。但在多民族国家中,突出一种文化,自然会使一些人产生被疏离感或被边缘化的感觉。由于这种感情在少数民族中是存在的,因此新加坡 80 年代所推行的儒家文化复兴运动并不一定理想,但是如果开设宗教课程,特别是从宗教中寻找认同,同样存在着问题。当代不少多民族国家发生族群冲突的实例说明,存在严重原生态分裂的国家,族群认同与国家认同之间的矛盾始终存在,并时常引发激烈的族际冲突。1986 年 11 月,以色列总统访问新加坡,当时遭到很多马来族的反对。李光耀认识到,导致这一现象的原因在于马来人的宗教认同强于国家认同。1987 年 8 月,李光耀在对宗教界人士的讲话中指出:"牧师、志愿传教者、神父、和尚、穆斯林理论家,所有这些声称受神明感召,或获得神灵感应者,在你们涉及任何有关经济或政治课题前,应先脱掉身上的宗教袍服。脱掉它,以公民的身份站出来,加入一个政党,你就有权痛批政府。但是,如果你们利用教堂或某个宗教和信徒这么做,后果很严重。"[2]对于新加坡这样的多民族、多宗教国家来说,宗教上的认同具有相当的敏感性,极易导致大规模的社会冲突。显然,面对国内多元文化格局,确立一种价值的引导地位自然也就具有了重要地位。对此,李光耀指出:"当有一天华人失去儒家思想的特质……我们将演变成另一个社会。随着我国的西化,儒家思想已逐渐式微。如果我们无法成功地保留儒家思想的一些基本价值观,我们将成为另一个西方式的意见

---

① ［加拿大］贝淡宁:《超越自由民主》,李万全译,上海三联书店,2009 年,第 196 页。
② 2012 年 2 月 19 日新加坡媒体报道。转引自［新加坡］吴元华:《新加坡良治之道》,中国社会科学出版社,2014 年,第 121 页。

纷纭的社会，并面临极大的困境。"①经过多年的酝酿，新加坡国会1991年通过了《共同价值观》。

《共同价值观》主要讲到"十德"，这些道德要求涉及新加坡的国家、社会、家庭、个人、种族、宗教等诸多方面及处理它们之间关系的主要原则，在这种复杂的关系中，国家和社会关系为其他原则之首。从世界政治发展特别是一些发展中国家的经验教训看，在国家与社会的关系上，一些发展中国家以国家取代社会，从而泯灭了社会的创新能力。也有的发展中国家过于强化社会的地位，导致了"强社会、弱国家"的格局。在这种格局中，以种族和部落为特点的强社会，使国家难以发挥其应有的整合作用。新加坡在增强社会的凝聚力上，必须发挥"国家至上"的作用，以使不同种族最终集合在国家之中。这也就意味着"对种族、阶级和其他可能出现的派别性差异进行遏制提供一个合法依据。因为国家取向的概念本身否定了差异可以作为合法地进行政治组织的理性基础，并防止他们成为公共生活的主题，以抵制国家利益"②。新加坡是华人主导的社会，同时也是由不同种族构成的社会。在这样一个社会中，华人不能以其人口上的优势而将国家据为己有，同样其他种族也不能以自己的身份特殊而无视国家。各个种族拥有自己的特色文化，但不能相互隔离，否定国家。通过国家的核心地位加强社会的凝聚力，自然意味着对差异的某种限制和国家对社会的渗透。确立"国家至上"原则同时也意味着国家在增强社会凝聚力的过程中，必须保持其相对的自主性，而不是被社会所限制。在此方面，无论是西方国家的"大社会、小政府"传统，还是非洲等国家"部落国家化"，都有很多教训值得分析。从实际基础看，新加坡独立前，人民行动党就通过与劳工阶级的合作而确立了其在全国的统治地位。新加坡独立后，人民行动党凭借其优势地位牢牢控制政权。由于国家的相对自主，决定了新加坡社会凝聚力的形成始终是在国家主导下进行的，社会内部不同民族群体的共存与合作也是在国家发挥了"中心"影响的作用下而实现的。

另一方面，新加坡又确立了社会的优先地位，以防止西方个人主义的渗透，瓦解新加坡的社会秩序。这里的社会又是怎样的社会呢？共同价值观

---

① 转引自［新加坡］吕元华：《新加坡良治之道》，中国社会科学出版社，2014年，第61页。

② Beng-Huat Chua, *Communitarian Ideology in Singapore*, Routledge, 1995, p. 108.

提到的"社会"不是简单的西方式的市民社会,而是带有东方社群主义特点的社会。在这种社会中,共同体的关系始终是其中的重要内容。使个人永远生活在社会中,或者说生活在与他人的交互关系中,将社会放在优先地位上,以此处理个人、家庭、种族和宗教之间的关系,是新加坡社会内部保持秩序井然的重要机制。

　　就家庭而言,家庭是社会的基本单位。家庭是社会成员的出生地和避风港。家庭关系的和睦影响着社会的稳定。应该说,任何一个社会都存在着一整套处理家庭和家庭关系的准则。新加坡的《共同价值观》之所以将家庭列为重要因素,是对国内和国际状况反思的结果。现代化发展的结果,使更多的人从家庭中走出去而成为社会成员,这样势必带来大量社会问题的汇集,并对国家的治理能力提出新的更高要求。开放的社会也使西方的个人主义和福利观念渗透和影响到了新加坡,影响着新加坡的家庭观念。家庭已经不能独立承担起有效地影响和教育子女、照顾老人的义务。社会的进步使得个人在社会生活中的地位也越发显得重要起来,"人权"观念的深入势必凸显了个人的地位,但也容易放逐个人对社会的义务。一个国家要保证社会的凝聚力,必须通过强化社会内部的秩序建立起人们之间团结、竞争、和睦的关系。在社会交往中,人们之间的合作、互助以及自律构成了其中的内容。新加坡要在复杂的国际环境中获得竞争力,需要的恰是社会秩序内部存在的和谐与合作秩序。但新加坡将社会置于优先地位的同时,并不否认个人的地位和价值。在共同价值观中,"社会关怀、尊重个人"。总之,新加坡在处理个人、家庭与社会的关系上,通过强化"共同价值观"的导向,建立起了三者相互平衡、相互支撑的依存关系。

　　《共同价值观》提出了"种族和谐,宗教宽容",使其成为处理种族和宗教问题的两个重要德目。在处理这两个德目上,公共价值观把"国家至上"和"社会为先"作为重要前提。种族和宗教是两个不同的认同领域,前者涉及一个人的出身归属,带有很强的感情色彩,它构成了人的尊严的一部分。后者涉及人的信仰,具有强烈的内向性。两种认同又相互嵌入,背后都有着不同的群体成员支持,对社会和国家的政治秩序和社会秩序有着重要影响。新加坡独立前后出现过多次大规模的民族或宗教冲突,给新加坡的社会稳定和发展带来了极其不利的影响。在这种背景下,如何建构一个多种族国家,处理种族关系和宗教问题自然占有举足轻重的地位。在此问题上,"共同价值观"确立了基本原则，即"和谐"与"宽容"。也就是在一个多种族、多宗教的社会中，不同民族群体相处的方针应该是彼此和平相处，合作共赢，在宗教信仰上，彼此包容与尊重。

不可否认，随着现代社会的发展，不同群体之间的交往，尤其是有着不同文化和宗教情感、不同认同群体的长期相处，不可避免地会产生各种矛盾，影响着社会秩序。如何处理它们之间的矛盾和冲突同样也是"共同价值观"要解决的问题。为此，《共同价值观》将"协商共识，避免冲突"作为解决社会内部不同群体之间矛盾的重要途径。对于新加坡这样一个多种族、多宗教的国家来说，团结与合作关系到国家的安危和发展。面对不同的利益偏好和诉求，一些威权主义国家往往采取"同而不和"的方式，结果导致内部矛盾更加激烈，甚至导致国家的分裂，因而现实社会中存在分歧是不可避免的。如新加坡总理李显龙指出："即使我们无法取得共同的谅解，我们也应该互相尊重相反的意见。"国会议员孟建南指出："我们不应该在取得共识的过程中反目为仇，因为取得共识的道路并不永远是平坦无阻的，有时必须通过相左的意见才能达成共识。"[①]这一认识经过国会议员的讨论得到肯定，作为《共同价值观》的重要内容，通过协商对话，避免冲突，在最大共识基础上实现不同种族的共存，使新加坡的族际合作不断得到巩固。

新加坡共同价值观的确立鲜明地体现了合作主义的特征。新加坡原先属于英国殖民地。李光耀等新加坡政治精英早年大多接受的是英国精英教育，英国的合作主义和改良主义深深镶嵌在他们的思想中，并与东方注重社群的观念相结合，形成了具有东方特点的合作主义。共同价值所传播的合作主义原则集中体现为这样几个特点：第一，国家是合作实现的重要保证，国家源于社会又驾驭社会，保持其独立自主性，在现实中，国家的这种至上性主要通过人民行动党体现出来；第二，社会不仅体现为多元的领域，也存在着个人和不同的群体等领域，如家庭、种族和宗教等，一方面它们各有一定的主体性，另一方面又通过与他者的合作关系而存在，共同价值观强调的就是各方要以承认对方的存在为前提，而不是否定对方的存在，这就意味着多元的各方面要有一定的妥协与让步，各以国家和整体利益作为考虑问题

---

① 转引自吕元礼：《新加坡为什么能：和谐社会是怎样建成的》，江西人民出版社，2007年，第94页。

的出发点;第三,多元的各方在合作中存在着矛盾和冲突,但解决矛盾冲突的方式不是零和博弈,而是协商共治。

三、强中心的族际合作治理机制

在当代多民族发展中国家的族际合作治理机制中,新加坡的族际合作治理带有强中心的特点。但这种强中心不是否定多元的价值,而是以一定的中心为前提,形成了一种带有新加坡特点的多元一体格局。

在新加坡和中国的政治制度中,政党不仅在政治整合,而且在族际合作中发挥着中坚作用。

新加坡人民行动党成立于 1954 年 11 月 21 日,其政治目标为实现非共的社会主义,政治纲领和路线从中间偏左转向偏右,也就是一种政府主导的资本主义路线。[①] 人民行动党成立后开始了与英国统治当局的新加坡自治权谈判,其间经历过多次曲折,但终于 1957 年,英国和新加坡就未来宪制达成共识。1959 年 5 月新加坡进行自治普选,人民行动党赢得议会多数席位,成为议会中的第一大党。6 月 5 日,新加坡成立自治政府,英国总督古德爵士(Sir William Allmond Codrington Goode)担任元首,李光耀出任自治政府总理。1962 年新加坡经过公投赞成进入马来西亚联邦,1963 年 9 月 16 日,马来西亚联邦正式成立,新加坡是其中的一个自治州。但新加坡不满马来西亚政府的种族歧视政策,新加坡和马来西亚政府的关系陷入僵局。1965 年 8 月 9 日,马来西亚首相东姑·拉赫曼(Tunku Abdul Rahman)宣布将新加坡逐出马来西亚,李光耀被迫宣布成立新加坡共和国。从新加坡追求自治到新加坡成为独立国家的前后十多年的斗争中,人民行动党在其中发挥了中坚作用,代表了一种政党先于新加坡民族建构和民族国家模式。这也就意味着新加坡的国家建构的很多重要内容都是在人民行动党的设计和影响下建立的,进一步说,国家中的很多重要部门和职位的安排均处在人民行动党的控制和影响下。对此,李光耀认为,新加坡是人民行动党创建的国家,人民行动党是新加坡国家的顶梁柱,人民行动党就是新加坡政府。如果人民行

---

① 转引自房宁:《自由、威权、多元:东亚政治发展研究报告》,社会科学文献出版社,2011 年,第 304 页。

动党失去执政地位,也就意味着人民行动党在民众中丧失了权威,意味着缺少了用来凝聚和协调不同民族的核心力量。

在新加坡存在着不同的政党,除了人民行动党以外,注册的政党还有二十多个,比较有代表性的政党有工人党、民主党和民主联盟。工人党于 1957 年 11 月成立,在 1981 年之前的选举中未获得席位,但自 1981 年该党秘书长、律师惹耶勒南(Joshua Benjamin Jeyaretnam)在安顺选区补选中战胜人民行动党候选人后,便在国会选举中屡有斩获,在 2011 年大选中更是夺得 6 个议席,其中包括一个集选区,这是自选区制实施以来反对党的首次获胜;民主党创立于 1980 年 7 月,在 1991 年的国会大选中获得 3 个议席,是当时最大的反对党,但在后来的选举中一直业绩不佳;民主联盟由人民党、国民团结党、马来民族组织和正义党四个反对党组成,但在 2011 年的选举中同样没有收获议席。

新加坡虽然名义上存在着多党,但这些政党实力弱小,又受到控制,无法与人民行动党相抗衡。在政治生活和族际合作治理上,真正占主导地位的是人民行动党。

首先,人民行动党在党员构成上具有包容性。人民行动党多数成员来源于华人,但在组织成员上坚持党组织的多民族性质,注意吸收其他种族的成员加入其中,从而保证在公务人员的录用中,将马来人和印度人吸纳进政治高层,使国家政权核心中有各民族代表人物。20 世纪 70 年代,中央政府颁布的公务员组成状况显示,华人占 67%,马来人占 19.8%,印度人占 9.2%,其他民族占 3.2%。而当时新加坡各族人在国家人口中所占比例为:华人占 76.2%,马来人占 15%,印度人占 7%,其他民族占 2%。[1] 这些数据反映了新加坡领导人的执政理念,正如李光耀指出的:"我们不是马来人,不是中国人,不是印度人,也不是西欧人,我们应该不管语言、宗教和文化方面的差别。大家作为新加坡人团结起来"。[2] 在这里,作为一种具有鲜明特点的"新加坡人"成为不同种族合作治理的政治基础。

其次,人民行动党对社会的渗透。人民行动党要保证其长期稳定的执政地位,就需要将自己的组织渗透下去,与社会相衔接,从基层和对各种组

---

① 李志东:《新加坡国家认同研究:1965—2000》,中国人民大学出版社,2014 年,第 73 页。

② 许心礼:《新加坡》,上海辞书出版社,1983 年,第 8 页。

织的渗透和影响中,不断获得新的信息和资源。具体而言,就是人民行动党直接进入社会基层组织中去,比较有代表性的就是建立了人民协会和社区中心。人民协会是一个法定组织,主席由总理兼任,日常工作由一个部长负责,内设常设机构和附属团体。人民协会的一个主要功能就是推动不同种族成员参与社会、文化和教育等活动,培养人们的国家认同意识,协调不同种族之间的关系。在人民协会之下,建立了130个社区中心,每个社区中心有一个管理(或运营)委员会负责管理。[①] 另外,人民行动党还于20世纪60年代建立了公民协商委员会。1964年,新加坡的华人和马来人发生了第二次冲突,解决种族问题被提上日程。于是人民行动党成立了"运营委员会"和"公民协商会"两个基层组织,以加强居民与政府的"一体感",努力推行种族调和政策。这两个组织的委员按人口比例产生,力求在各个种族中都有代表。这样安排的意义在于:其一,及时实现居民和政府的意见对流,既将居民的意见和要求反映给政府,同时将政府对问题的认识和政策构想及时传达给居民;其二,促进公民之间的相互理解和认同,通过各种活动安排吸引公民参与社会和社区活动,在共同的参与活动中培养族际感情。人民行动党通过基层委员会发挥积极的作用,有效地增进了族际共有文化的健康发展。

在当代不少多民族发展中国家,社会成员大多生活在一定的宗教、部落或家族控制的区域中,基层常常处于一个又一个脱离了中心控制的"边缘地带"。但这并不意味着这些基层地区就游离于一定的集团和组织之外。不少多民族发展中国家的宗教或政党组织为了发展自己的势力,争取自己的生活和生存空间,努力影响和控制这些基层区域和民众。因而基层区域同样是一个不同宗教相互竞争的场所。这种宗教或民族群体上的竞争极容易带来民族的冲突,严重影响着族际合作的稳定性和长期性。人民行动党深入到社会中,通过自己的组织渗透,牢牢地影响着社区和不同种族之间合作发展的方向。它通过将社区中的精英吸纳到一定的体制中,既满足了一些民族或宗教精英的参政要求,也使反对党或宗教群体难以有自己的人才和自己的领导者。这为一元高于多元、一元影响多元以及多元之间的合作奠

---

① R. S. Milne and Diane K. Mauzy, *Singapore:The Legacy of Lee Kuan Yew*,Westview Press,Boulder, San Francisco,& Oxford,1990,p. 100.

定了政治基础。

最后，发挥人民行动党在政治制度中的核心作用。新加坡实施议会共和制，在这种制度中，人民行动党是核心。人民行动党不仅控制着议会，而且也控制着政府内阁。就前者而言，新加坡通过向社会的渗透和集选区制度，有效地抑制了反对党力量的发展，从而使更多的人民行动党的候选人进入议会。而且人民行动党通过一定控制机制也使国会主要成为人民行动党的国会，政府内阁成员特别是各个部长主要由人民行动党精英担任。这样，在新加坡也就形成了以人民行动党为核心的政权体系，"党高府低"成为新加坡政治体制的重要特点。尽管当代不少西方学者将这种体制冠之以"威权政治"，但在新加坡这样一个多种族、多宗教、多语言、多文化的国家中，这一体制为新加坡的发展和族际合作治理的形成提供了政治上的重要保证。

在人民行动党的影响下，新加坡建立了一套族际合作治理机制。如第一部分总论中涉及的，族际合作治理的前提是民族共治，真正在国家的政治生活中体现各个民族政治上的平等，集中体现在选区变革上。新加坡曾仿效英国建立了单选区制。在单选区制下，华人由于人口多，在多数选区中，由于同样语言等因素，华人候选人容易当选，而其他民族群体的候选人难以当选。在 20 世纪 80 年代新加坡议会的选举中，马来人议员出现逐渐减少的趋势。这种状况对于这样一个多种族的国家来说当然是不利的。鉴于这种状况，1987 年 1 月哥本峇卢地区的国会议员林文兴建议，改革以往的选举制度，变每个选区只选一名议员的做法为相邻的 3 个选区组成一个市镇理事会。各个政党选派自己的 3 位候选人组成参选小组；相邻 3 个选区的选民从这些小组中选出一组，赢得最多选票的小组当选，该小组的 3 位成员将成为议员，并集体负责管理他们所在的市镇理事会。之所以建立这种选举制度，其主要理由在于制约反对党，保证人民行动党的统治地位。如林文兴指出的，由于 1984 年大选中，21.6% 的选民开始反对人民行动党，他提醒选民"要慎重投票"①。林文兴的建议招来不少非议，但吴作栋在 1987 年 2 月 27日给予这一建议以积极评价，指出集选区制在政治上是中立的，它并不偏袒任何一个政党。但后来他从斯里兰卡出现的族群动荡中认识到，当少数民族成员遭歧视或被剥夺了他们从国家进步中所获得的利益的时候，他们就

---

① ［澳］约翰·芬斯顿：《东南亚政府与政治》，张锡镇等译，北京大学出版社，2007 年，第 273 页。

会心生疏离感。他认为:"我们如何确保所有的主要种族都能在议会和内阁中得到充分代表? ……我们如何确保议会中总能有多种族的代表? ……我们的立法机构要反映新加坡是多民族的,这一点重要吗? ……如果是的话,我们又如何确保主要的社会群体能继续在政府中被充分地代表呢?"①此后,李光耀在 1987 年 8 月 16 日的集会讲话中充分肯定了集选区制的重要意义,指出:"少数种族,尤其是马来人,在议会中继续拥有代表权"。他也从 1980 年以来的大选中看到,选民更愿意将票投给那些与自己说同样语言,实际上是说汉语的人,这种状况导致了马来族候选人越来越难当选。李光耀意识到了这一问题可能带来的严重后果,适时采取改革。1987 年 11 月 30 日,新加坡国会通过了《新加坡共和国宪法法案》(第 2 号修正案)和《议会选举法案》(修正案),明确规定了集选区制度。即由三名议员组成的小组当中必须有一名议员或是马来人或是印度人,也可能是其他少数民族代表。1988 年大选后,新选举的议会只有 39 名议员来自 13 个集选区,其余 40 名来自单名制选区。集选区的数量在 1997 年大选中上升到 15 个,每个小组包括 4 到 6 个议员。单选区的数量相应减少了 9 个。在选出的 60 名议员中,马来人 9 名,印度人 7 名,华人 44 名。② 目前,新加坡有 87 个选区,分为单选区和集选区两类。前者有各政党各派一名候选人竞争,后者则是把某些选区合作一个大选区,由多名候选人以一个团队竞选。在每 4 人、5 人或 6 人为团队的候选人中,必须有马来族或欧亚裔族候选人,一旦中选,少数族群就可以通过这种集选区制度表达自己的利益诉求,各种族代表均可以在国会中参与政策辩论与制定,在相互交流中增进彼此之间的理解与合作。

通过集选区制度,有才华的非华族新加坡人可以走上政府重要岗位。新加坡学者吴元华曾介绍说,2011 年以来的政府中,副总理兼财政部长及人力部长尚达曼、外交部长兼律政部长尚穆根、总理公署部长兼内政部和贸工部第二部长易华仁都是印度族,通信及新闻部长雅国博士是马来族;环境及水源部长雅文医生是华印混血后裔,2012 年因婚外情而辞职的国会议长(行动党国会议员)柏默则是欧亚裔。还有多名印度族和马来族的高级政务部

① 转引自[澳]约翰·芬斯顿:《东南亚政府与政治》,张锡镇等译,北京大学出版社,2007 年,第 273 页。

② 李路曲:《新加坡现代化之路:进程、模式与文化选择》,新华出版社,1996 年,第 100 ~ 102 页。

长和政务部长,高级政务次长和政务次长。在高级公务员中,如大法官、常任秘书、检察官、警官等等,非华族者的比例也很高。在工商界同样如此。①

族际合作不仅体现在政治层面,也体现在社会层面。不同种族和宗教成员在日常交往和生活中,如何建构一种有利于族际合作的环境是族际合作治理的基础。除了前面提到的人民协会、公民协商会和运营会外,新加坡还建立了宗教联合会。在当今世界上的不少多民族发展中国家中,民族冲突往往和宗教勾连在一起。由于宗教有着强烈的信仰体系支撑,有庞大的组织体系保证,一般说来,宗教的认同具有强烈的排外性。由宗教因素导致的民族冲突更难治理。这种状况在中东不少国家已经得到了验证。在新加坡,同样存在着多个宗教,为了使多元宗教共存一体,使其成为族际合作的重要力量,新加坡建立了具有自己特色的"宗教联合会"。其成员由来自佛教、基督教、伊斯兰教、印度教、犹太教、锡克教和拜火教人士组成,该组织的目的就是鼓励各种宗教信徒经常接触,增进理解和包容。在多元文化国家中,新加坡的这种实践独树一帜,对维护新加坡和地区宗教的和谐、合作起到了重要的支持作用。在这种背景下,促进了宗教的跨族性发展。如原来在华人占主导地位的佛教中出现了印度族、马来族和其他种族成员,而在基督教中也有了更多的其他种族的成员。公民自由选择宗教信仰,不受社会舆论规约。新加坡的宪法和法律也明确规定,不设国教,每一种宗教都地位平等。这就避免了不少发展中国家由于设立国教而带来的宗教和民族纷争。

在多民族发展中国家,族际合作的实现和不同民族之间的居住状况密切联系在一起。在一个民族界限分明的社会中,不同民族或宗教之间容易因为事实上长期的隔离而导致彼此不合,即使有一定的族际合作,但基础仍十分脆弱。新加坡通过组屋制度开辟了民族镶嵌、族际合作的新途径。

新加坡独立前,英国统治当局采取"分而治之"政策,致使生活在这一宝岛上的各族人民分区而居、互不往来,从而形成了以种族、血缘、宗教、语言为基础的自然社区。不仅如此,由于新加坡是移民国家,到这里来的移民带有很强的漂移心理,人民对所生活的地方很难形成认同,侨居地不过是中转站,人如浮萍失去根基,随风漂流。这种状况自然不利于民族之间的理解与

---

① 参见[新加坡]吴元华:《新加坡良治之道》,中国社会科学出版社,2014年,第117页。

合作。政府为了强化国家认同,就从人民的居住地入手,采取了两个重要政策:其一,采取组屋政策,打破自然社区。也就是新加坡政府在提供住房上实行民族镶嵌。开发的居住区按人口比例分配住房。在1989年组屋政策中,华人在每个社区的人口比例不得超过84%,在每幢公寓中不得超过87%;马来人在每一社区中的人口比例不得超过22%,在每幢公寓中不得超过25%;印度人和其他民族在每一社区中不得超过10%,在每幢公寓中不得超过13%。① 在这一政策下,新加坡形成了各民族比邻而居、种族杂处的新型社区。在这样的社区中,各族人民必须相互理解和包容。其二,实行"居者有其屋"的政策。由于大多数新加坡人都有自己的住宅,"有恒产则有恒心",公共组屋把广大新加坡人和他祖国脚下的土地联系在一起,形成了"同呼吸、共命运"的国家命运共同体意识。上述两个政策使个人的利益、国家利益和不同民族群体之间形成了共生关系,日常生活的彼此相互联系为族际合作提供了社会基础。

在当代不少多民族发展中国家,族际冲突的一个重要原因就是缺乏一种良性的族际共有文化支持,特别是族际互信的支持。新加坡政府总结了不少国家民族冲突的教训,进行了社会管理创新。2011年,新加坡政府建立了"族群互信圈",旨在鼓励各族人民通过交往,增进彼此感情和信赖。"族群互信圈"由选区里的不同种族的人民、不同宗教、教育或商业组织中的精英组成,这对促进族际交往与沟通,增进不同民族和宗教群体的理解与合作起到了桥梁和纽带的作用。

在族际合作治理上,教育是其中的重要内容。能不能从公民的心理上超越狭隘的"我"者,实现"我们"和"他们"共存是族际合作的重要心理基础。语言是构筑人们心理的重要条件。在一个多语言的国家中,选取何种语言作为官方语言肯定会影响到全体民众的心理。在新加坡这样一个以华人为主的国家中,汉语自然有着优势。但新加坡还有其他的种族,各有自己的语言。在此背景下,新加坡并没有将汉语作为官方语言,而是选择了英语作为官方语言,同时也承认各民族群体有使用自己语言的权利。基于这种状况,在教育体系中,新加坡建立了双语制度。这种制度既维护了各个种族

① John S. T. Quan, *In Search of Singapore's National Values*, Singapore: Times Academic Press, 1990, p.51.

的文化权利,也为不同种族之间的和平共存、相互合作奠定了教育基础。另外,英语的广泛影响力也使新加坡更能接受世界先进文化,更便于与世界不同国家形成交流和沟通,但由此产生了西方文化中的个人主义与东方文化中群体主义的冲突。为了协调这一矛盾,新加坡在教育体系中除了保留母语教育外,还通过开展各种活动实现文化传承,虽然将英语列为官方语言,但东方文化中重视家庭、讲信修睦、自我约束的精神被不少青年学生传承下来,这为新加坡的族际合作治理提供了重要的心理基础。

在当今世界上的不少多民族发展中国家,不少种族之间的冲突往往始于社会和经济生活中的严重不平等和机会上的不公平。在解决这一问题上,新加坡政府并没有通过政府提供福利和资金,而是通过教育为经济落后的民族群体提供发展的机会。李光耀曾指出:"使我忧虑的问题之一,是在同一社会中发展速度的不平衡,因为中国人、印度人、锡兰人和欧亚混种人发展的速度更快。如果我们不纠正这种不平衡,那么,再经过一二十年,将出现令人惭愧的哈莱姆贫民区。""如果社会上的一部分人落后于其他部分,国家的统一与完整就会受到损害。"①因此,新加坡宪法做出专门规定:"政府应该承认新加坡本土人民马来人的特殊地位,政府应以这种态度行使职能,因而保护、保障、支持、照顾、促进马来人在政治、教育、宗教、经济、社会和文化方面的利益和马来语言,应是政府的职责。"②在宪法的保障下,新加坡政府通过教育、培训以及对马来人的特殊照顾政策,提升他们的能力,以使他们参与社会和国家的建设,这一政策得到了马来人的理解和支持。这对发展马来人与其他种族之间、马来人和新加坡政府之间的合作关系大有裨益。

就雇佣制度而言,不少国家采取区别对待的原则。这种原则实际上是对少数民族的一种歧视。在新加坡,既然所有种族一律平等,都有参与新加坡社会和经济建设的权利,都为新加坡的发展做出了贡献,自然在雇佣上应该更体现公平的原则。新加坡是资本主义国家,企业的雇佣应该是私人的事务,雇用谁不雇用谁由企业来决定。但这容易导致一些业主以种族或宗教身份为由歧视或排斥某些种族。如果任由这种行为发展,势必影响族际合作。为了维护族际合作,新加坡政府加强了族际合作治理,通过营造一种

---

① [英]亚历克斯·乔西:《李光耀》,上海人民出版社,1976年,第361、99页。
② 许心礼:《新加坡》,上海辞书出版社,1983年,第8页。

公平环境来维护族际合作的稳定运行。2006 年,新加坡政府颁布了"唯才是用,公平雇佣"的劳资公平的就业准则,积极推广公平雇佣的精神和做法,其主要目的是促进就业机会均等。族群歧视在员工被雇用时受到严格限制,聘任和晋升员工完全以能力为依据,坚持任人唯贤的原则。一旦发现用人不公的投诉,人力部将介入调查,一旦情况属实,将给予严厉惩罚。

在多民族发展中国家中,族际合作治理是否成功,经常受到政治发展和国际环境的影响。一些国家的族际合作带有一定的不稳定性。但新加坡自独立以来,虽然有过几次大的民族冲突,但总体上不同民族之间的族际合作保持了长期的稳定性。不同民族共同生活和工作在一起,在多民族发展中国家中堪称典范。这一成绩的取得除了需要积极正向的族际合作治理之外,同时也与新加坡严格防控密切联系在一起。

鉴于国内复杂的民族与宗教问题,新加坡建立了总统领导的少数民族事务委员会和宗教事务委员会。新加坡采取议会内阁制,在这种体制下,国家设立的总统是虚位国家元首,但也有一定权力,如享有一定的立法权、行政权,经自由斟酌后可拒绝同意解散议会的请求;经与总理磋商后,从公务委员会提交的名单中委派他挑选的公职人员为其私人职员。① 总统也在政府部门、法定机构和国有企业重要职位的任命,国家储备金的动用和涉及国家内部安全、贪污调查和种族和谐等重大事件的决定上拥有否决权。而且在这些条款中规定,与种族事务相关的重大事项交由总统负责,并建立了相应的"少数种族团体权益委员会",其隶属于总统。其主要职责是防止政府或国会做出任何侵犯民族和宗教团体利益的决策。新加坡将处理少数民族事务置于非常重要的地位,人民行动党在成立之初就在党内设立了"马来人事务局"。1965 年新加坡正式成立了一个宪法委员会,即"少数种族权利委员会",该机构的重要职权就是审查和驳回任何危害种族或宗教社团权益的法案或附加法案,也审查任何由国家或政府提交的影响新加坡任何少数种族与宗教社群人士的事项,并向国会提交报告,其目的就是要维护种族和谐和族际合作。1973 年这一委员会更名为"总统(保护)少数权利委员会"。此外,1992 年 8 月,新加坡根据《维持宗教和谐法案》的规定,设立了由佛教、伊斯兰教、罗马天主教、基督新教、印度教等宗教团体代表组成的"宗教和谐

---

① 参见米良:《东盟国家宪政制度研究》,云南大学出版社,2006 年,第 219 页。

总统理事会"。从这种制度安排可以看到：第一，种族事务已经上升为国家的重要事务；第二，总统在事关种族事务问题上有了相应的权力，以制约议会或政府可能通过的、不利于种族权益的政策和行为，从而弥补了议会多数制可能带来的问题。

在法律上，新加坡通过严格的法治防止任何破坏族际合作的行为。新加坡通过宪法确立了处理种族、宗教事务的基本制度框架。最有代表性的就是确立了由总统领导的宗教和民族方面的顾问委员会或专门委员会，从而使处理少数民族事务方面的工作得到了宪法的保证。新加坡还建立了各种专门的实体法，如《内安法》《刑事法》《煽动法》《维持宗教和谐法案》等，这些法律、法案把惩罚性作为一个重点。如1990年新加坡国会通过的《维持宗教和谐法案》中明确规定："①导致不同宗教团体间的敌视、仇恨、恶意情绪，②借宣传、信仰和任何宗教之名进行推动政治事业或政党事业的活动，③借宣传、信仰任何宗教进行颠覆活动，④借宣传、信仰任何宗教激发对新加坡总统或政党的不满"，内政部长可以发出限制令，限制此人的言论和行动。违反限制令者，地方法院可处两年以下的监禁，或处1万新元以下罚款，再犯者可处2万新元以下罚款，或处3年以下监禁。新加坡法律对破坏宗教和民族关系行为的严厉性，展示了新加坡政府的意志和决心。民族和宗教和谐是神圣的底线，不容挑战、不容逾越、不得越雷池半步，越过了就要坚决惩罚。新加坡独立以来，有很多人，包括执政党国会议员、公务员、军人、传教士、媒体、公众人士、学生都因有意或无意在公开场合发表的言论中违犯了相关的法律和政策，而受到了严厉惩罚。正是新加坡在种族和宗教问题上建立了严厉的措施，为族际合作与和谐提供了法治保证。

第七章　中心和边缘博弈与族际合作治理：
印度尼西亚和缅甸

新加坡的族际合作治理能够成功,原因是多方面的,其关键在于中心的权威作用,同时政府妥善地处理了统一与多元力量之间的矛盾。因而使这个多种族、多宗教的国家成功地维护和巩固了政治整合。然而,在一些多民族发展中国家,一元和多元、国家与民族群体的力量相互制衡,即使国家保持了强大的权威,但国内多元的因素也在一定条件下保持了较大的独立性。双方在各种内、外因素的作用下,通过政治转型,发展族际合作治理,化解了族际政治上面临的危机,实现了国家的政治整合。在此方面,印度尼西亚和缅甸各具特色。

一、两国的国家建构进程

印度尼西亚和缅甸都是东南亚的多民族国家,两个国家独立后在与民族群体和地方的博弈中,经历了各自的不同的国家建构进程。

(一)印度尼西亚的世俗主义原则

1.印度尼西亚的世俗主义原则

印度尼西亚由 1.75 万个大小不同的岛屿组成,可谓"万岛之国",是世界上最大的群岛国家。全国岛屿分布比较分散。东西延伸约 5000 千米,南北约 1900 千米。爪哇岛、苏门答腊岛、加里曼丹岛(南部)、苏拉威西岛、新几内亚岛是其主要岛屿。上述 5 个岛屿的面积约占全国国土面积的 83%。各岛屿中部多山,沿海多平原。境内约有 400 座火山,其中活火山 129 座。[1]

---

① 张蕴岭等主编:《简明东亚百科全书》(下卷),中国社会科学出版社,2007 年,第 1410 页。

万岛之国的自然环境养育了不同的人群，形成了不同的种族，也吸引了不少其他的民族，从而使印度尼西亚形成了多民族共存的状况。在印度尼西亚的主要民族有：爪哇族，约占全国人口的42%，分布于中爪哇和东爪哇；巽他族约占全国人口的13.6%，分布于西爪哇；马都拉斯族约占人口的7%，分布于马杜拉斯和东爪哇部分地区；米南加保族约占全国人口的3.3%，散居于苏门答腊岛西部。其他为巴塔克族、马来族、布吉斯族、望加锡族、巴厘族、达亚克族、亚齐族、托拉贾族、米纳哈萨族、萨萨克族、巨港族、楠榜族、马鲁古族以及华人、印度人、阿拉伯人等。

印度尼西亚官方承认的宗教有伊斯兰教、基督新教、天主教、印度教、佛教。在这五大宗教中，伊斯兰教是信仰人数最多的，信奉者约占86.9%。[①] 如果说中东国家的伊斯兰教更多是原发的或早发的宗教，体现了本土的特点，那么印度尼西亚的伊斯兰教则是后来传入的宗教。在其进入印度尼西亚之前，各种原始的宗教、佛教和印度教就已经获得不少信众。伊斯兰教要想在此生根，就需要与印度尼西亚的文化和宗教结合，这使得印度尼西亚的伊斯兰教融合了不少印度尼西亚当地的原始宗教和印度教思想，因而具备了更多的包容性与印度尼西亚本土特色。其次，与中东和南亚地区的伊斯兰教更多依靠"圣战"的传播方式不同，在印度尼西亚，由于天然的海洋环境阻隔了中东伊斯兰国家的军事行动，到达这里的伊斯兰信徒不是靠"圣战"，而是靠商人、通婚和学术交流等方式传播宗教。这种和平方式决定了印度尼西亚的伊斯兰教"和中东的伊斯兰教国家不同，不具有典型的伊斯兰特征"。[②]

在伊斯兰教传入印度尼西亚的过程中，不断与本地传统宗教文化相互碰撞，但融合程度与渗透强度呈现出较强的地域差异。在某些地方，伊斯兰教的影响大些，如苏门答腊北部、马来半岛等地；但是在内地，伊斯兰教的影响则比较有限。这种空间范围的差异和时间上的不同使印度尼西亚的伊斯兰教很难形成一个更加统一的宗教，内部出现了形形色色的派别，有穆斯林白派"桑特里"（santri），红派"阿班甘"（abangan），也称"普利爱（priyai），是"名义穆斯林"、官方派或中间派。"桑特里"是虔诚认真地履行伊斯兰教义

---

① 转引自[英]米歇尔·E.布朗：《亚太地区的政府政策和民族关系》，张红梅译，东方出版社，2013年，第272页。

② [新西兰]尼古拉斯·塔林主编：《剑桥东南亚史》（第2卷），陈明华等译，云南人民出版社，2003年，第432页。

务的穆斯林,"阿班甘"对伊斯兰教教义较为冷漠,不严格遵循"五功",甚至有多重信仰,"阿班甘"的人数占多数使印度尼西亚的宗教弥漫着温和、宽容的气息。

在印度尼西亚,除了伊斯兰教表现出了比较强的包容性外,构成印度尼西亚文化关键内容的爪哇文化同样也存在着更多注重和谐的特点。爪哇族是印度尼西亚300多个部族中的主体民族,占印度尼西亚总人口的47%,大约有1亿人口。爪哇人在印度尼西亚的政治、经济、军事等方面占有重要地位,大多数印度尼西亚领导人为爪哇人。印度尼西亚的6位总统有5人是爪哇人,只有哈比比(Bacharuddin Jusuf Habibie)是苏拉威西人,但仅任职了一年多。爪哇的哲学强调人与自然和谐,万物有灵,具有东方哲学的特点。这种人与自然和谐的观念渗透到了他们的社会与政治生活中,对印度尼西亚民族群体的个性以及国家建构有重要影响。

印度尼西亚作为多宗教和多种族的国家,同样存在着民族和宗教之间的矛盾和冲突。在这一土地上,穆斯林与基督徒、印度尼西亚土著人和华人、不同的宗教内部和民族内部派别之间,一直存在着矛盾。对于这样一个多民族国家而言,需要一种世俗的、包容性的原则作为立国之本,在宗教包容、民族团结的基础上建立国家。印度尼西亚的开国元勋苏加诺(Bung Sukarno)说过:"我们的国家是全体印度尼西亚人民的国家,如果国家以伊斯兰教为基础,一些非伊斯兰教的地区,如巴厘岛、弗洛勒斯岛、卡伊群岛和苏拉威西将退出。西伊里安也不会成为印度尼西亚国土的一部分。"[1]因此,以苏加诺为首的民族主义者反对立国教,主张政教分离,建立世俗政权,推行民主制度。

从地理和地缘环境看,印度尼西亚地处亚欧板块、太平洋板块和印度洋板块的交界处,是国际贸易和人员往来的重要通道,马六甲海峡的战略地位决定了印度尼西亚在全球战略中的地位。在古代社会,由于这里远离亚欧大陆,因而躲避了不少大的王朝之间的战争和影响。近代以来,印度尼西亚长期是荷兰的殖民地,称荷属东印度。二战后,虽然印度尼西亚获得了独

---

① Herbert Feith, *The Decline of Constitutional Democracy in Indonesia*, Cornell University, Press. Ithaca. N. Y.,1962, p. 281.

立,但荷、英、美三国依然对印度尼西亚虎视眈眈,为了各自利益展开角逐。[①]
面对外部强敌环伺和内部民族国家建构重任,印度尼西亚建国者们陷入了
两难境地:西方殖民者对印度尼西亚的伤害使其对西方怀有深深的忌惮;同
时,西方政治经济的繁荣又吸引其向西方靠拢。一边是物质文明高度发达
"世俗化的西方民主国家",一边是发展停滞、经济落后的"宗教化的东方穆
斯林国家",东、西方的巨大反差让印度尼西亚建国者不得不仔细思量。在
周边国家的影响下,尤其是土耳其凯末尔(Mustafa Kemal Atatürk)世俗政权
的成功,最终促使印度尼西亚走上了世俗之路。"世俗主义、民族主义、民主
和自由思想是这一时期整个世界的主导价值观,印度尼西亚人民也深受此
影响,因而更加认同世俗的印度尼西亚,而不是伊斯兰教的印度尼西亚。"[②]

2. 印度尼西亚的国家建构

国家建构,也称国家建设(state – building),是当代不少发展中国家面临
的问题。不少发展中国家虽然实现了国家独立,但"国家性"尚未完全建立
和巩固。所谓国家性,主要是指构成国家基本特质的因素,如国家权力的渗
透性、国家认同、国家财政能力、提供公共物品和公共服务的能力、政治制度
科学性和缜密性、政治文化的现代性等诸多因素。对于发展中国家而言,国
家建设的一个重要任务在于国家性的基本要素的建立和巩固,即通过这些
因素的相互交织的建设,将国内分散的力量聚合起来。就印度尼西亚而言,
"比起英国殖民统治的国家,如新加坡、马来西亚等区域,殖民者在印度尼西
亚并没有完整的制度遗留,缺失有效的规范制度,多族群政治造成的国家割
裂使印度尼西亚进一步呈现出无法整合的'想象共同体'的困境"[③]。印度尼
西亚的国家建构核心就是在国家性的关键要素上下功夫。

首先,确立了"潘查希拉(Pancasila)"原则。国家建构的首要方面就是价
值原则和意识形态的确立,以其作为一种超越各个不同民族群体的精神力
量,将多元的因素整合起来,作为建国五基的"潘查希拉"。其"五基"包括:
①信仰神道,推崇宗教平等和奉行宗教信仰自由政策。②人道主义,不分民
族、种族、肤色、信仰、性别及社会地位人人平等,主张国内外各民族之间应

---

① 黎家勇:《冷战时期的国际关系》,江西人民出版社,2008 年,第 112 页。

② 范若兰:《伊斯兰教与东南亚现代化进程》,中国社会科学出版社,2009 年,第 129 页。

③ R. William Liddle, *Ethnicity, Party, and National Integration: An Indonesian Case Study*, New Haven: Yale University Press,1970,p. 98.

互尊互爱,和平共处。③民族主义,印度尼西亚是印度尼西亚人民的印度尼西亚,各民族要团结一致,建立统一的印度尼西亚民族国家。④民主政治,主张实行民主政治,推崇代议制与协商思想。⑤社会公正,推崇社会正义,主张缩小贫富差距,提高人民生活水平,以社会正义为理想,创造经济上的富足平等。① 苏加诺视这一原则为"独立后印度尼西亚的哲学基础",是"建立起永恒的独立的印度尼西亚大厦"②的基础。苏哈托(Haji·Mohammad·Suharto)执政后重新解释了"潘查希拉",一方面将其道德化,即将其作为了自我约束、自我控制的个人哲学,又据此成为法律和行政手段的合法性来源,不仅要求人们在内心世界中要按照"唯一正确释义"的精神去行为,而且为其集权政治提供了一种控制手段。苏哈托对"潘查希拉"的重新释义和定位遭到了地方政府的訾怨,也引来社会诸多方面的不满。基督徒认为其过于伊斯兰化,日益加强思想控制也使民众不能正常地表达自己的抱怨。因为官方对于超越一定讨论范围的话题进行指控,而政府甚至可以运用军队对不遵守"建国五基"的各种行为进行弹压。20世纪60年代,正是冷战不断扩大的时代,也是印度尼西亚现代化起步的重要时期。面对国内外严峻局势,投向西方阵营的苏哈托对"潘查希拉"的重新释义,一方面对维护社会稳定和发展,控制多元力量和内部民族分离势力的扩张起到了整合作用;另一方面也遭到了来自民众和地方的抵制,为他最终被民众所抛弃埋下了伏笔。

其次,政党整合以促政治凝聚。发展中国家的不少政党有着宗教或民族的背景,这些国家的政党利用政治舞台为自己所代表的宗教或民族争取各自的利益而罔顾国家,这种状况势必影响到国家的统一和民族的团结。独立初期的印度尼西亚带有这样的鲜明特点。刚刚从殖民地解放出来的印度尼西亚并无现代国家建构的经验,殖民当局时期遗留下的某些西方议会制度以及从西方留学归国的政治精英,自然把西方的制度运用于新建立的国家身上。他们建立了议会民主制,发展了多党政治。然而在印度尼西亚这样一个多民族、多宗教的国家,这种制度只能为各民族或各宗教势力施展力量提供机会,并不能有效地整合国家。纷繁复杂、规模不同的多党制常常使议会内部充满了利益的纷争,各逐私利的政党联合与分化使经过选举产

---

① 参见[美]鲁恂·W.派伊:《东南亚国家的政治体系论》,李伟成译,五南图书公司,1991年。
② [印度尼西亚]苏加诺:《苏加诺演讲集》,世界知识出版社,1956年,第7~21页。

生的内阁随时由于政党联盟的变化而失去信任和支持，从而造成政府更迭频繁，国家政权运作不稳，严重影响国家的发展和国家实力的提升。面对严重形势，苏加诺于1956年厉行威权政治，实行"有领导的民主"，议会民主制终结。在"有领导的民主"下，苏加诺试图团结左派共产党，弱化印度尼西亚国内的右派势力，以挽救动荡中的国家。但随着时间的推移，共产党和印度尼西亚陆军逐渐形成了两股尖锐对立的势力，苏加诺已经无力维持两大力量的平衡，恰逢此时冷战爆发，西方国家的介入使一场危机悄然而至，"九三零"事件爆发，苏哈托夺得了政权。

苏哈托上台后，倾向于美国等西方势力一边，通过残酷手段镇压了印度尼西亚共产党等左翼势力。同时采取强有力的手段，整顿社会，将多元的力量纳入其所构想的"秩序"中。他采取了一个重要的举措，就是对国内出现的多党组织进行整顿，这也就是1973年，推行"简化政党"政策。具体而言，一方面他把穆斯林宗教组织合并，即将印度尼西亚伊斯兰教师联合会、印度尼西亚穆斯林党等伊斯兰政党合并为建设团结党，并利用其中的各个派系之争，逐渐削弱其政治势力；同时他又将世俗主义的或非穆斯林组织重新组合，即将印度尼西亚民族党、印度尼西亚基督教党等民族主义政党合并生成为印度尼西亚民主党。与此同时，苏哈托建立以他任主席的专业集团，网罗军人和各专业精英，并将这一集团变成印度尼西亚第一大党。这样苏哈托培植了自己的统治集团，并使其在印度尼西亚的政治生活中处于绝对统治地位，而把其他经过合并产生的精神方面的党和世俗方面的党弱化，通过专业集团党和军队两大支柱，苏哈托牢牢控制了印度尼西亚的政经大权。由此，为印度尼西亚的国家建构和政治整合奠定了统治基础。

最后，控制地方分离势力，加强中央集权。印度尼西亚的地方分离主义运动有其深刻的背景因素。除却特殊的地方利益背景，多元的宗教和错综复杂的民族关系是其中的重要原因。在印度尼西亚这样一个多宗教、多民族的国家，构成重要影响的主要有两大势力：一是伊斯兰建国思潮。保守的伊斯兰极端主义分子主张在印度尼西亚实行严格的伊斯兰教法，建立伊斯兰国家。二是联邦制建国思潮。印度尼西亚独立后，废除了联邦制，实行单一的国家结构形式。这种国家结构的改变在一定程度上增强了印度尼西亚的中央权力，却也由此引发了一些地方势力的不满。

面对地方政府的分离运动，印度尼西亚政府在暴力镇压的基础上，逐步加紧了对各省的控制和管理,这主要体现在以下方面:军事方面,苏哈托政府通过更换指挥官、军队异地调动等措施,对军队进行了重组,为军队的统一化和非地方化打下了坚实基础。在军事文化关系方面,苏哈托政府通过军队的"双重职能",即军队不仅是军事力量,也是重要的政治社会力量,军人合法地出现在政党和国家机构当中,实现了对印度尼西亚各级政府的全方位控制。在政党方面,专业集团党与军队密不可分,其核心成员便是军人。该集团有一整套组织机构,与各级政府组织一一对应。最上层的是监督委员会,由军人和部分文官组成;在省县设有执行委员会和评估委员会,委员会由驻军指挥官控制。① 此外,苏哈托政府对公务员的党派身份进行了严格控制,只允许加入专业集团而不能加入其他政党。由此,苏哈托政府通过控制军队和控制专业集团,进而控制了各级政府。在经济方面,苏哈托政府消解了地方特权,将外岛地区的贸易税收权归为国有,进行统一分配管理。② 通过上述措施,苏哈托政权改变了建国初期印度尼西亚各地分散、疏离、各自为政的地方局面和政治态势,建立了强大的中央集权政府,把印度尼西亚松散、多元的各个岛屿紧紧地拢在了国家共同体内。与东南半岛的缅甸相比,印度尼西亚的威权政治在与国内多元力量的较量中,国家占有了绝对优势,而缅甸在此方面要逊色得多。

总体说来,威权时期的国家建构为印度尼西亚的国家统一、族际合作和宗教宽容提供了坚实的基础,在此方面,"建国五基"的原则功不可没。因为正是这样一个原则有效地克服了多宗教、多民族带来的国内断裂,冲淡了可能因宗教矛盾而导致纷争;而在这一时期内实施的市场经济政策将市场这样一个庞大的经济网络渗透到了星罗棋布的海岛,克服了地理上的隔阂,国内统一市场的形成为抑制地方势力的发展,维护国家的统一奠定了强有力的基础;印度尼西亚语的推行和国内教育的普及便利了不同族群间的交流,促进了族际合作的发展,增强了印度尼西亚人的国家认同感。

(二)缅甸的佛教文化与国家建构

1. 缅甸的民族与宗教

缅甸位于中南半岛西部,其东北部和北部与中国云南省和西藏自治区

---

① 唐慧:《印度尼西亚概论》,世界图书出版公司,2012 年,第 294～295 页。
② 张洁:《民族分离与国家认同》,社会科学文献出版社,2012 年,第 77 页。

接壤(中缅国境线总长 2185 千米,其中滇缅 1997 千米);西北部和西部与印度和孟加拉国为邻(缅印、缅孟国境线分别是 1462 千米和 72 千米);东南部和东部与泰国和老挝毗连(缅泰、缅老国境线分别为 1799 千米和 238 千米);西南濒临孟加拉湾,南临安达曼海,隔海与印度安达曼群岛、尼科巴群岛、印度东海岸、孟加拉国、斯里兰卡、泰国南部、马来西亚、新加坡和印度尼西亚苏门答腊相望。

缅甸人口为 5141.9 万(2014 年人口普查结果),种族多属蒙古人种。缅甸是个多民族国家,全国有 135 个民族,120 多个支系。缅族是主体民族,人口约 2800 万,占总人口的 65%。其他主要少数民族有克伦族(占 8%)、掸族(占 7%)、若开族(占 5%)、孟族(占 2.8%)、克欣族(占 2%)、佤族(占 0.8%)、克耶族(占 0.3%)、华族(占 1.5%)。① 在缅甸诸多民族中,少数民族主要居住在缅甸的西、北、东部山区以及南部沿海。作为最大的民族,缅族居住地不到全国的一半,主要分布在伊洛瓦底江中、下游,孟加拉湾沿岸地区和北部等缅甸中心地区。如果说印度尼西亚主要以信仰伊斯兰教为特点,那么缅族大多数人笃信小乘佛教。据 1997 年缅甸政府图书馆印刷出版委员会出版的《兴邦建国》统计,缅甸信奉佛教的人口占缅甸总人口的 89.24%。

佛教在缅甸有着重要的影响,是缅甸国家的重要精神支柱。历代王朝都把维护佛教的地位作为重要政治任务。尤其缅甸独立后,历届政府都高度重视佛教,制定积极的宗教政策,鼓励佛教的发展。可以说,佛教构成了缅甸国家性的重要内容。1947 年缅甸独立前夕通过的缅甸第一部宪法就明确规定:"国家承认联邦绝大多数公民信奉的佛教的特殊地位。"从而在法律上肯定了佛教的地位。在独立时期,佛教是缅甸国家的文化核心和精神纽带,在反对殖民主义统治,特别是反对日本法西斯主义的斗争中发挥了重要的作用。缅甸独立时期的重要政治家吴努本人就是虔诚的佛教徒,曾宣称:"至于我,越是遇到困难的时候,越是信赖宗教,除了佛、法、僧,我无所依赖。"②在他当政时期,极力宣传佛教,采取各种措施促进佛教发展,以佛教民族主义治理国家,团结缅甸各族人民,提出了基于佛法的国家建设等,试图

---

① 关于缅甸人口,据联合国《亚太统计年鉴》公布的数字,1988 年缅甸总人口约为 4730 万人,参见韦红:《东南亚五国民族问题》,民族出版社,2003 年,第 28 页。本部分采用数据主要选自张蕴岭等主编:《简明东亚百科全书》(下卷),中国社会科学出版社,2007 年,第 1202 页。

② 杨曾文:《当代佛教》,东方出版社,1993 年,第 105 页。

将缅甸建设成一个典型的佛教国家。1961年,缅甸议会通过宪法修正案,以宪法的形式明确规定:"佛教为联邦内大多数公民信奉的宗教,定为国教。"①继吴努之后,1962年3月2日通过军事政变上台的奈温(Ne Win)采取了种种新的政策,将国名由"缅甸联邦"改为"缅甸联邦社会主义共和国",提出建立"缅甸式的社会主义",对吴努时期的佛教立国的政策进行修改。在宪法中将佛教定为国教,对佛教的诸多活动进行了限制,强化了政权的优先地位,明确提出了政教分离的原则。在此基础上建立了由奈温为核心的社会主义纲领党领导的一党制国家,他的社会主义是一种"佛教、民族主义和马克思主义哲学的混合物"②,这一体制于1974年建立,1988年9月被推翻。此后的军政权对佛教采取了利用和安抚政策,试图利用佛教的力量巩固政权。经过长期历史发展进程和历代统治者的强化影响,佛教在缅甸日趋社会化。尽管缅甸也存在其他宗教,但主要分散在其他少数民族中。佛教已经作为一种文化纽带和精神力量渗透到社会的方方面面。不仅缅甸人的社会和政治行为带有浓厚的佛教特点,就是政治活动也打上了佛教的烙印。现代不少政治活动都是以佛教为旗帜而展开,不少僧侣和人民群众之间已经建立了特殊的密切关系,佛教在人民中间享有崇高的威望,在国家政局中发挥着重要的作用,是缅甸国家性中不可或缺的内容。

2. 缅甸的国家建构

西方学者芬斯顿指出,"缅甸的民族国家建立过程大约开始于11世纪。"③实际上,这时"民族国家"尚不是现代意义上的"公民"的民族国家,而是类似于西欧十四、十五世纪出现的、以统一性为特征的王朝国家。从历史发展进程看,早在几千年以前,就有原始人群在这块土地上繁衍生息。其历史发展经历了早期城邦国家时期(公元元年前后—1044)、蒲甘王朝时期(1044)、南北王朝时期(1044—1287)、东吁王朝时期(1531—1752)、贡榜王朝时期(1752—1885)。在这些王朝的历史进程中,蒲甘王朝奠定了中心与外围关系模式。也就是以首都蒲甘为中心,缅人之外的各民族居住地区,往往由当地的头人和部落领袖进行统治,从而形成了"国家"的霸权支配地位。

---

① 邓殿臣:《南传佛教史简编》,中国佛教协会出版,1991年,第110页。
②③ [澳]约翰·芬斯顿:《东南亚政府与政治》,张锡镇等译,北京大学出版社,2007年,第189页。

东吁及其以后的王朝基本上是在此基础上发展起来的。在民族关系上，封闭的自然环境、传统的农业经济，决定了居住在边缘地带的少数民族处于地方头人的统治下，形成了一种封闭的政治组织。当中央政府强大时，这些边缘的民族群体俯首称臣。一旦中央王朝衰落或发生动荡，边缘的少数民族就伺机而起，同外族势力一起共同反抗缅族。18世纪末，英国殖民者入主缅甸，为了巩固自己的统治地位，其利用民族之间的矛盾和冲突，制定了"分而治之"的政策，进一步加剧了缅族和其他民族、本地人和外来移民之间的矛盾和隔阂。

大多数发展中国家的现代国家建构的设计得益于民族政治精英的作为，并以这些政治精英为核心形成了一个包容性的领导集团，通过吸纳各民族群体的骨干，将分散的民族群体或个体成员联合起来，逐渐整合到国家中。这种从中心向外扩展的逻辑符合发展中国家国家建构的一般逻辑，并与农业社会存在的"核心"和"边缘"传统天然地联系在一起。这种状况在缅甸独立过程中得到了印证。1941年太平洋战争爆发后，日本入侵缅甸，英国在缅甸的殖民统治暂时画上了句号。伴随缅甸人民反抗日本法西斯主义战争的胜利，缅甸各族人民基于共同的命运而走向了联合。在此进程中，1944年8月的缅甸"反法西斯人民同盟"（1945年3月改为"反法西斯人民自由同盟"）肩负起了联合抗日、建立国家的使命。时任同盟领导人昂山（Aung San）和德欣丹东（Bo Teza – Thakin Aung San）专门进入克伦人地区，做民族和解工作，消除缅族人和克伦族人之间在英国殖民统治期间形成的隔阂。同时发表了《克伦人、缅人团结起来：致克伦兄弟》的声明，指出："缅甸的一切社会集团和少数民族应终止相互争执，团结起来，反对共同的敌人日本法西斯，消灭散布民族仇恨的法西斯和他们的走狗。"在声明精神的影响下，缅甸国民军中建立了克伦营、掸人连队等少数民族武装，发展了少数民族协会，共同的命运将不同民族群体结合在一起。在赶走日本法西斯主义后，缅甸同盟领导人领导人民与卷土重来的英国殖民主义者展开了斗争，最终通过与英国当局的谈判，确立了和平建国的"协定"。按照"协定"精神，英国政府接受了缅甸完全独立的权利请求，并承认山区少数民族在"自由同意"的基础上与缅甸本部统一。

在此框架下，昂山等领导人于1947年2月和掸族土司、钦族和克钦族及英国政府代表在掸邦的彬龙举行会议，通过了《彬龙协定》，该协定体现了族际合作治理的精神和原则。其基本要点为:①成立山区联合最高委员会,该组织推荐,"边区"应有一名代表参加行政委员会,实现"边区"与缅族人聚居区在国家关系上的统一。②强调各少数民族的自由权,并通过《缅甸联邦宪法》体现出来。按照宪法规定,缅甸是一个拥有主权的独立共和国,其全部领土包括本部和4个少数民族自治联邦及一个直属联邦政府的少数民族特别区,即掸邦、克耶邦、克伦邦、克钦邦和钦族特别区,其中掸邦和克耶邦在宪法生效10年之后有权根据本邦居民全民投票来决定是否继续留在缅甸联邦。从形式上看,《彬龙协议》和《缅甸联邦宪法》体现了现代国家建构的特点,即将国家建立在共同的意志和宪法的基础上。但共同的意志和宪法也只有与各国国情,特别是各个国家的政治文化结合在一起,权力来源于人民,又能得到人民的接受和遵守时,国家才能获得合法性。而这种局面的形成需要历史的磨合与锤炼。民主的自主表达、政治精英的长远规划和设计,由此建立起来的政治纲领和宪法才能保持稳定。然而,这些重要的因素在缅甸政治纲领和《缅甸联邦宪法》的设立过程中并没有得到充分的反映。

首先,《彬龙协议》和《缅甸联邦宪法》形式上都确立了民族平等的原则和民族自决原则,特别是"自由""自决"原则对缅甸后来族际之间的合作带来诸多不利的影响。在缅甸这样一个多民族国家,不同民族、不同宗教群体在政治上、经济上和文化上存在很大差距。由此,居住在核心地带、条件比较优越的缅族和居住在边缘山区的少数民族之间的差距形成了鲜明的对比。当他们面对外部共同敌人的侵犯时,彼此之间会借势联合而御敌。一旦共同的敌人消失,彼此之间的矛盾马上就会显现出来。族际合作机制治理机制的建立为他们之间的沟通提供了便利。但这种机制的运行需要一定的公共物品支持和基本的政治共识为前提。当难以满足这些条件时,一些民族就会拥兵自重挑战中央政府。

其次,缅甸在立国时,各个民族群体各有不同的政治打算,因而政治参与状况和接受协议的态度是不同的,甚至一些民族群体拒绝参与,在两个文件确立时,一些民族群体就公开抵制和反对了。如"克伦民族联盟"本身具有很强的政治影响力,其发言人宣称它的组织将联合抵制即将到来的大选,不会参与未来新宪法的制定会议。尽管中央政府成立了专门高级委员会来讨论克伦邦的问题,但也没能使克伦人满意。因而可以看到,缅甸的"民主"具有很强的"夹生性"。同时由于克伦族是缅甸少数民族中的大族,具有较强的政治影响力，它的态度自然会引起小的民族群体的效仿，也使一些小民族在与中央合作中心猿意马。独立后，缅甸国内出现诸多的大大小小民族武装充分反映了这一点。

最后，两个重大文件事先和事后都获得了英国政府的"同意"，这也就意味着不少条款加进了英国人的意志和构想，而不是缅甸人民自己的意志。缺乏长远的考虑和科学的设计，不能不使得两个文件中的制度设计和安排脱离国情或与国情不符，这就阻碍了族际合作的发展，甚至为国家治理失败埋下了伏笔。但需要指出的是，尽管这两个文件存在这样或那样的问题，但在缅甸建国历史上具有里程碑的意义。在这样一个有过王朝历史，且近代以来遭受殖民统治蹂躏的国家，开始按照现代民主制原则来建立现代民族国家了。

二战后，缅甸虽然获得了国家独立，但独立后，联邦中央和地方分裂势力的斗争伴随了政治发展的始终。在此过程中，少数民族的反政府武装纷纷出现，战祸不断。从1949年克伦人首发叛乱一直到21世纪以来，掸邦、若开邦、克伦邦、克钦邦的少数民族武装与缅军处在战争状态下表明，缅甸的国家建构远没有完成，缅甸内部族际合作治理依然任重道远。但也要看到，尽管缅甸国家建构存在种种艰难，但国家建构进程依然在快步推进。首先，缅甸的佛教已经成为缅甸文化，甚至缅甸国家性的奠基石，尽管缅甸存在着其他宗教，但多数人信奉佛教，这样一个庞大的力量和缅族人数优势上的交叉，为缅甸完成国家建构奠定了基石。其次，尽管缅甸民族地区的武装冲突不断，但中央政府依然保持了强势地位。尤其从20世纪50年代以来，随着不少民族地方分离势力的兴起，促使缅甸中央政府加强了中央权力。中央集权的兴起常常需要以军队为依托的一党制政治体制，或是需要军政府直接干预和控制政府。尽管在这样一种威权体制下，也存在着国民大会，但常常处于被支配地位或休会状态。缅甸是总统制国家，总统由选举人团产生，这意味着总统并非由民众直接投票选举产生；但总统拥有较为广泛的权力，如可以任命或解除部长、副部长、总检察长、总审计长以及联邦公务员会的成员。总统也可以在任何省、邦或自治区行使行政和立法权等。但是国防、安全、内政和边界事务的部长、副部长职位需要预留给武装部队总司令领导下的军人，以保证军人在国家中的核心地位。直到2010年以后，这种状况才得以改变。在民主化浪潮影响下，这种带有军人政权性质的政治体制弊端越来越明显,无疑对缅甸的发展产生了不利影响,但中央权力处于强势地位,大大抑制了国内分离主义势力的挑战。一方面,在一定的条件下,相对巴尔干国家中央权力衰弱导致国家分裂的情形来说,缅甸威权政治的存在还是具有积极价值,毕竟它维护了国家的统一和一定程度的族际合作;另一方面也要看到,这种强有力的中央权力集权要求与现实中强有力的少数民族之间的矛盾一时难以化解,中央与一些民族地区之间的紧张关系给缅甸的族际合作带来了种种不利影响。

二、威权政治下的族际合作危机

发展中国家独立后,都面临着加强国家建设,推进国家统一、实现国家经济发展的艰巨任务。实际上,对不少发展中国家而言,国家的这一目的实现需要通过政治权力对地方的渗透和影响而实现。然而在发展中国家,由于经济、政治和文化发展的落后,不少边缘的地方或少数民族地方依然处在封闭和保守的状态下,难以与中央的权力和任务保持合作。不仅如此,民族群体之间经济、政治和文化上的发展的差异也使他们之间处在矛盾之中。即使他们之间存在着某种程度的合作,也带有较强的短暂性或机会性,从而使很多发展中国家的族际合作存在着不同程度的脆弱性。这种状况会对这些国家的族际合作治理带来不利影响,甚至一定时期威胁到国家的统一和政治稳定。这种状况在印度尼西亚和缅甸国家的建构中同样都有所反映。

(一)印度尼西亚中央政府与亚齐地方的冲突

印度尼西亚独立后,在国家建构进程中虽然获得了不小的成就,但在族际合作治理上也存在一波三折。尤其20世纪90年代以来,爪哇人和外族人、土著人和华人的矛盾始终不断,东帝汶的独立给印度尼西亚带来了巨大的冲击,同时国内各宗教之间的矛盾、本土居民和外来移民的矛盾一直困扰着印度尼西亚。最具有代表性当属印度尼西亚中央政府和亚齐之间的矛盾与冲突。

1.亚齐的战略位置与地区认同

亚齐曾是印度尼西亚的一个省,战略位置极其重要。亚齐地处印度尼西亚最西部,苏门答腊岛北端。面积5.539万平方千米,约占印度尼西亚国土总面积的3%。居民以亚齐族为主。此外还有卡约人、阿拉斯人。在全国人口中,亚齐族位居第9位,约403万人(2005年统计),98%信仰伊斯兰教。

从战略位置上看,印度尼西亚地处欧亚大陆东南角的外海。第一岛链和第二岛链在印度尼西亚诸岛交汇。亚齐地处苏门答腊岛北端,濒临马六甲海峡,扼守印度洋和太平洋战略通道。控制了这一要道,也就意味着控制了贸易和征收关税,拥有了控制国内各种力量的实力。因此,控制亚齐自然构成亚齐素丹的一个重要内容,因为有了亚齐就有意味着有了财富和控制一切的权力。西方殖民扩张也把亚齐作为重要的战略点。1511年的地理大发现使葡萄牙人率先占领了马六甲,并威胁到整个亚齐,驱使原来聚居在马六甲的大部分商人移居亚齐。但亚齐的不少地方还处在素丹的控制下。继葡萄牙之后,1641年马六甲易手,荷兰成为这里的主人,其权力和控制版图不断扩张,20世纪初,亚齐完全落入荷兰人手中,之后整个印度尼西亚也落入荷兰控制之下。由于亚齐的重要战略地位,历史上的素丹和后来的殖民者重视它,今天的西方国家同样也不等闲视之,亚齐人同样把它作为向中央讨价还价的筹码。

从资源状况看,亚齐相当长时期内主要以农业为主,工业基础薄弱。众多岛屿的限制影响了亚齐与其他地方的交往和交流。1971年,北亚齐地区发现了大量的油气资源,由此带动了亚齐地区工业的快速发展。亚齐地区盛产石油,为印度提供了大量的化石燃料。在发展中国家,某一地区资源上的优势往往容易转变为该地区主体民族群体的政治优势。

从地区认同上看,在古代历史上,亚齐较早地就形成了亚齐王国,建立了自己的行政区,并形成了以素丹为核心,由乌略巴朗、乌里玛和农民构成的社会。其中,素丹是亚齐王国的象征,是亚齐的最高统治者;乌略巴朗本身是军事领袖,也是实际的世俗领导人;乌里玛则负责亚齐各地的伊斯兰教事务,也包括管理宗教活动和组织宗教学校;农民则是亚齐最小的社会细胞。这是一个政教合一的海上商业王国,但又是一个松散的社会。在殖民主义者到来前,亚齐已经进入了封建社会,具有了国家特点。殖民者到来后本想将其尽收囊中,但经过艰苦的努力,依然未能如愿以偿。到20世纪初,殖民者对乌略巴朗采取怀柔政策,将其纳入殖民体系中,承认其存在的合法地位,并给予一定的经济特权,以保证"和平统治"。殖民者出于开发印尼的需要,一些公路、交通和邮电设施在印度尼西亚逐渐建立起来,大大改变了传统的封闭状态。对世界经济的参与使不少民族群体走出封闭,大大加强了不同地方、不同民族彼此之间的联系和认识,增进了亚齐和其他民族群体之间的交流和合作,也逐渐培养了他们的共同体意识。尤其二战以来,日本对印尼的占领,极大地唤起了亚齐和印度尼西亚的地区和民族意识,民族主义运动的发展催生了"全亚齐伊斯兰教学者同盟",使亚齐的民族主义运动有了自己的组织和领导,从而进一步增强了亚齐认同。亚齐的历史和认同感使它形成了自己的民族自我意识,但也对印度尼西亚威权时代的同化主义政策渗透构成了阻碍。

2. 中央对亚齐的资源汲取

资源是一个国家和地区赖以发展的重要基础。发展中国家的自然资源分布不平衡,一些国家或民族地区坐收资源之利,一些国家则因地理险恶,资源匮乏而处在贫穷状态下。大自然带来的资源上的不平等也导致了不同国家和民族的冲突。资源未开发前,不同民族群体之间或民族群体与国家之间处于相对和平状态。一旦发现大型矿藏和资源,民族群体或执政当局追求财富的欲望顿时被调动起来,不同利益集团行动起来,由此导致族际冲突、中央和地方的矛盾升级、冲突加剧。但如果中央政府能够审时度势,出台合理政策并进行合理的利益分配,自然也会促进合作。博茨瓦纳就属于这样的案例。20世纪60年代那里发现钻石矿后,卡马政府断然采取措施修改法律,将地下矿产权收归国家,避免了部落竞争带来的冲突,既使国家获得利益,提升了能力,又保证了族际合作治理的顺利进行和国家的政治稳定。而塞拉利昂却由于矿产权处置不当而陷入持续内战之中,亚齐油气资源的发现明显带有后者的特点。

20世纪70年代前,亚齐经济发展主要以农业为主,这就意味着地区经济上的投入和政策的偏好也主要集中在此方面。然而,1971年油气资源发现后,并没有给亚齐带来太大的利益,反而使亚齐陷入一种更加贫困的状态。主要表现为,随着油气开发,大量与油气相关的企业在亚齐建立起来。企业建设用地挤占了亚齐当地居民的生活用地,致使凭借土地维持生计的亚齐当地农民或渔民难以生活;企业或一些高收入的部门主要雇用的是具有较高技术水平的人员,当地人难以受雇,被排斥在这些企业之外;移民的到来严重影响了当地的就业,致使就业竞争加剧;企业生产带来的污染和对环境的破坏严重影响到当地人的生存;企业员工所得远远高于当地人所得,从而导致外族人和当地人的贫富对比差距明显。巨额的油气收入流入中央政府和爪哇人腰包，而亚齐获得的利益微乎其微，难以应对亚齐当地产生的一系列社会和环境问题。大量外来人口所具有的文化特点与亚齐社会的伊斯兰教文化存在矛盾冲突。亚齐当地政府难以对中央产生有效的制约和监督。凡此种种决定了亚齐和中央政府的合作陷入危机之中。

印度尼西亚政府对亚齐的榨取性行为与印度尼西亚威权政治体制和榨取性政策有着直接的关系。印度尼西亚自独立以来曾一度采取议会民主制，但议会内部不同宗教派别和党派的斗争使印度尼西亚的议会政治体制难以承担实现族际合作的目的，致使地方武装叛乱不断发生，严重威胁到印度尼西亚的统一和政治稳定。1959 年 7 月，苏加诺强化了行政权力，实施"有领导的民主"，建立了威权政治。在这种政治体制下，"苏加诺试图通过使用政治高压、劝导以及合作的手段来解决民族的和其他群体的需求"①。但苏加诺所采取的政治体制明显带有社会主义倾向，在冷战时代，苏加诺自然得不到有亲西方倾向的军队的支持。1965 年 10 月 1 日，苏哈托凭借军队接管政权，建立了"新秩序民主"，权力集中在苏哈托领导的"专业集团"手中，实际上是集中在他的手中。在其当政期间，无数共产党人和华人被杀，不少反对派遭到迫害，人民协商会议成为苏哈托手中的工具。

在当政期间，苏哈托加强了中央权力的控制。1974 年，苏哈托政府颁布了《印度尼西亚共和国法令》，其目的在于削弱地方机构对本地区事务的管理权限，建立并巩固中央对各级政府的垂直领导，按照法令规定，地方机关由地方行政首脑和地方议会组成，在实施管理权的过程中，地方行政机构和地方议会之间有明确的职责划分，两者具有同等重要的地位。各级地方行政长官首脑是政权的掌握者、建设的主管人和社会的领导者。从形式上看，行政和立法处于平等地位。实际上，真正的实权控制在地方行政机构中。在威权政治下，高度的中央集权本质上是高度的行政集权或以苏哈托为核心的自上而下的集权体系。在这个体系中，地方的行政受控于苏哈托个人。按照法令的规定，省长的任命先由议会推选候选人，再由国家内政部提交总统，最后由总统从候选人中委任省长。亚齐的政府首脑难逃这样的命运，由于权

---

① ［英］米歇尔·E. 布朗等：《亚太地区的政府政策和民族关系》，张红梅译，东方出版社，2013年，第 284 页。

力安排上的失衡,使亚齐议会形同虚设,难以发挥族际合作治理的作用。同时,由于权力主要集中在中央,地方无权导致了中央和地方之间合作困难。

在威权政治下,为了保证中央政策和国家利益的实现,苏哈托政府力求使其权力渗透下去,以配置忠于中央政府的统治集团。在苏哈托的政治体制中,"专业集团"是苏哈托实现其威权政治所依赖的力量。在新秩序下,印度尼西亚形成了地方政府的首脑—军队—专业技术集团三位一体的统治机构,以求弱化和取代地方的传统的政治力量。在亚齐,由于伊斯兰教的影响,已经在当地形成了具有亚齐特点的政治组织结构。专业集团的渗透和影响自然引起了当地伊斯兰势力的抵制。上述种种措施都使亚齐和中央政府处在对立之中。

威权政治的制度设计和印度尼西亚的"发展型国家"计划有着密切的联系。在不少发展中国家,独立后的一个重要任务就是在国家的强力推动下,按照一定的计划快速实现经济发展。印度尼西亚也是如此。印度尼西亚的政治安排同样以实现印度尼西亚的经济发展计划为中心。1969年到1994年的二十多年间,苏哈托政府实施了5个五年发展规划,完整实施了1个二十五年发展规划,使印度尼西亚初步实现了工业化,人民生活水平有了显著提高。在威权政治实施的经济发展计划中,亚齐做出了重要贡献,这种状况在亚齐发现油气后更加集中表现出来。石油和天然气的开采、加工和生产等是一项十分复杂的工程。要进行这一工程,自然需要与印度尼西亚国有石油公司和外国企业合作,优厚的利益也自然流入到它们囊中。亚齐作为一个省,在资本和技术等诸多方面难以与这些大公司平等竞争,自然就意味着难以从油气收益中获得足够多的利益,但大量的社会问题却甩给了亚齐。1981年,亚齐石油和天然气的出口收入为169.5亿美元,占印度尼西亚油气出口总收入的82%,占国家财政总收入的70%。1991年,印尼石油和天然气的出口收入总值为159亿美元,占出口总额的41%,而亚齐地区的油气产量占到了印度尼西亚油气总产量的33%以上。从财政贡献看,1997—1998年财政年度,亚齐天然资源为中央财政贡献45亿美元,而亚齐地方财政只有2140万美元。印度尼西亚的利益分配富了中央,但却穷了地方,亚齐人的生活水平并没有获得多大提升。根据统计,到20世纪90年代末,亚齐的5560

个乡村中,仍有 2200 个处于贫困状态。① 作为亚齐重要城市的司马威市,在工业开发时迎接了大量的爪哇人在此投资和工作,而亚齐人大量地失业,陷入贫困状态。利益分配上的强烈反差鲜明地体现了威权政治对亚齐的榨取性逻辑。即只考虑中央的利益,而忽略了地方的发展和出现的一系列问题。只求爪哇人等地方民众的发展和富裕,而不考虑少数民族和地方的发展,这种榨取性逻辑严重影响了中央和地方、不同民族之间的互惠互利关系,最终迫使亚齐走上寻求独立之路。

3. 族际合作陷入僵局

发展中国家本来是在内部存在各种民族问题的基础上建立起来的,社会断裂是发展中国家的软肋。民族群体之间、民族与国家之间存在着冲突,也存在着合作,但合作的基础有薄有厚,需要各方努力。任何一方面的异军突起,都可能带来族际关系的变化,并进而导致合作治理的失败。威权政治时期的印度尼西亚中央政府和亚齐之间本来就存在着矛盾。一定时期它们之间能够合作,即亚齐能够接受中央政府的统治,能够保持在国家控制范围之内,但油气的发现和利益分配上的严重失衡,使它们之间的矛盾无形中加重起来。一方面,中央政府为了国家利益或苏哈托政府的利益而对一切有碍于其计划落实的反对力量,其中包括亚齐进行了无情的镇压;另一方面,本来就怀有强烈的地方和民族认同的亚齐人,在民族主义的旗帜下很快聚合起来,在此方面,"自由亚齐运动"将亚齐推到了与中央政府分庭抗礼的地步。一方面,争取亚齐独立、建立民族国家的思想得到了亚齐人的广泛支持,分离主义运动获得空前发展,武装独立运动在亚齐展开。印度尼西亚军队与亚齐游击队之间的武装冲突不断。不仅如此,亚齐也在国际上展开政治攻势,为自己的独立营造国际舆论。受亚齐独立运动的影响,亚齐的伊斯兰教力量重新崛起,最初持观望态度,但后来逐渐被卷入"自由亚齐运动"中,给予其同情、支持和帮助。而政府一方在展开对"自由亚齐运动"的军事打击的同时,也通过军事的、政治的、文化的手段对亚齐进行"整合",亚齐的"特别行政区"地位名存实亡。尤其面对政府军对亚齐的残酷镇压,亚齐社会各界要求撤军,对军人暴行进行审判并补偿受害者,进而要求进行"独立公决"的呼声也越来越高。此时,东帝汶的独立为印度尼西亚其他地区的分

---

① 新华社雅加达 1999 年 11 月 28 日电。

离运动提供了示范作用,学生、公务人员纷纷参与到这场运动中去,"自由亚齐运动"也不断扩大规模,并在海外发展力量,这些运动决定了印度尼西亚中央政府和亚齐地方、爪哇族和当地民族之间的族际合作难以为继。

(二)缅甸中央政府与少数民族关系的危机

独立后的缅甸同样也面临着族际合作和族际合作治理上的危机。二战以后,缅甸领导人希望将缅甸建成一个由缅族和少数民族合作共治的联邦。但这一理想并未如愿以偿。新生的国家在制定宪法和国家建设时就已经暴露出种种不和的征兆。缅甸独立后,早已心怀不满的一些民族群体在分离主义思潮的影响下不断寻求独立或不合作,武装叛乱不断。这也决定了缅甸军方领导人奈温把"恢复法律和秩序"作为重要的政治任务,并一直延续到 20 世纪 90 年代。自 1992 年以来,在国家法规修订委员会指导下的全国性会议一直致力于制定一部新的基本法,以体现"反联邦分裂""反国家独立分裂"和"国家主权的巩固与长治久安"精神①,其实质就是保证国家的统一和完整。对于发展中国家,尤其对于那些经历过殖民统治的国家,维护国家主权和领土完整具有至高无上的地位。但这种带有强烈的国家主义特点的取向可能会带来两种不同的结果:一种是追求绝对的统一,同化和消除国内的任何差异,在实现这一目标时,一般采取军人独裁的方式或绝对多数的原则;另一种是采取包容的方式,通过协商民主,努力获得多数人的共识,求得各民族的共存与合作。在此方面,独立后的缅甸主要通过军人政权进行政治整合。这种状况难免会对族际关系的和解和合作带来消极影响。

1. 少数民族的武装割据

在历史上,作为优势民族的缅族勇武好斗,将一切异己的民族都视为需要征服的对象,因而缅族和其他少数民族之间的关系很长时间是一种征服和服从的关系。作为缅甸较大的少数民族之一的克伦族由于居住地区的关系,虽然其中部分克伦人已经与缅族有更多的交往和融合,但长期处于被统治地位。英国殖民者实施"分而治之"的策略,在缅族和克伦族等少数民族之间设置了人为障碍,从而加深了缅族和克伦族等少数民族之间的隔阂,不

---

① 转引自[英]米歇尔·E. 布朗:《亚太地区的政府政策和民族关系》,张红梅译,东方出版社,2013 年,第 167 页。

良的共有文化日积月累，导致了民族群体之间的关系难以弥合，心理上的彼此提防使不同民族群体之间形成了各自不同的孤岛，缅甸的山地环境更使民族群体之间不仅在地理上隔离开，而且在心理上相互对立。一些大的民族群体拥兵自重、武装割据，凭借天然的障碍与政府军对抗。可见武装割据已经构成了缅甸族际合作的障碍。不仅如此，凭借地势的阻隔和武装力量的保护，少数族群地区已经形成了事实上的独立国家。那里的军队纪律严明，深受当地居民的拥护和支持，占据天时、地利、人和的优势。如在佤族邦，军民团结，民族武装已成气候，其境内司法、邮政、电信都自成体系，甚至还设置了边检与海关，该地以外的缅甸公民"入境"要办理相当正规的手续。"现在的情况不是缅甸政府军想不想武统的问题，而是少数民族武装是不是要进一步从自治走向独立的问题。"①当然，这种情况在目前有所改变，大多数民族武装并没有追求独立的想法，只是想获得更大的自治权。但一些民族群体与政府的顽强对抗，对其他一些民族群体会产生示范效应，这种状况对缅甸的国家统一与族际合作治理形成潜在的消极影响。

2. 军人政权的强制性干预与效果

缅甸独立后长期采取军人政权的形式。军人政权是不少发展中国家独立后相当长时期采取的重要政权形式。由于一些独立后的发展中国家存在着严重的政治动荡，不同民族、宗教群体之间大规模的暴力冲突严重影响着社会秩序。在此方面，军人拥有较强的建立秩序的能力。无论历史上还是今天的不少发展中国家，军队依然是国家安全和稳定的拱石。由于军队武装的集团组织特征，具有很强的凝聚力和纪律性，"并且是科层化的。军官们可以组织一个政府，而学生和僧侣却不能。军人干涉的有效性不仅是由于军人能够控制使用暴力，而且同样也来自于其组织上的特征"②。军人的统治并不是孤立进行的。军事政变将军人推到了政治统治地位上，这样可以凭借暴力将社会内部的冲突控制在一定的"秩序"范围内，但军人政权也需要获得社会的支持。为了增强政权的合法性，军人政权也常常采用现代政体形式，如总统制、议会制度和政党制度等。不过这些议会或政府形式，

---

① 储殷：《缅甸的民族和解为什么这么难》，《世界知识》，2016 年第 3 期。
② ［美］塞缪尔·亨廷顿：《变革社会中的政治秩序》，李盛平等译，华夏出版社，1988 年，第234 页。

是军人执政集团实现其意志的工具。军人执政集团的统治特性与多民族存在的状况存在着矛盾。军人集团具有高度统一性、强制性,而这种所谓的统一性和凝聚力实际上是以军人领袖的主观偏好、价值观念为标准的。这种状况与社会各种复杂的需要之间存在着矛盾。军人政权在一定的时期对维持社会秩序和国家统一具有重要价值。但从长远看,军人政权常常陷入与社会的对立中,最终还需要还政于民,因而军人政权最终会被民主政体取代。此外,军人政权追求高度的统一性,也势必与国内多元的民族或宗教群体陷入矛盾之中。由于军人集团将自己的价值偏好作为目标,其所采取的任何组织形式和统治方式本身容易偏离于现代国家的组织方式,从而难以有效地组织和协调不同民族群体之间的矛盾。而且强制统一和强制同化的方式,最终遭到少数民族或宗教群体的抵制和反抗。就缅甸独立后的政治发展状况看,缅甸的独立仅仅解决了国家的独立问题,并没有很好地解决国内的民族国家建构问题。联邦政府虽然建立了,但国内克伦人和其他少数民族地方的叛乱不断发生。尤其二战以后民族独立运动的蓬勃发展激励了缅甸国内的一些少数民族。1948 年到 1960 年间,一些小民族加入了反对联邦政府的武装斗争中,如若开人和孟人坚决要求建立自治邦,反对政府干涉其内部事务。20 世纪 50 年代,吴努政府执政后期,缅甸的族际关系危机加深,民族对抗情绪达到顶点。在这样的背景下,奈温发动军事政变,此后缅甸进入长达 40 年的军人政权统治时期。

在这一时期,缅甸政府也力求建立一种民族共治的机构,如民族团结协会,以吸收更多的不同民族代表参与其中,但首先"要建立一个包括所有人的联盟,其前提是所有人都是一致的。然而,促进这种前提的实现,却恰恰是组织本身的目的"[①],缅甸军人政权不能履行政治制度必备的功能。因为在这样的组织中包括了一切人,但权力集中在了少数几个军人或一个军事首脑身上,它们既没有反映社会势力的格局,也未能充当主要社会势力得以扩张、调节,并使其自身权力合法化的工具。缅甸的军人政权试图通过强制力量来建立"民族共治"组织,而且也试图通过强制干预来推进同化主义的政策。1961 年,缅甸议会通过宪法修正案,将佛教定为国教,这一措施招致

① ［美］塞缪尔·亨廷顿:《变革社会中的政治秩序》,李盛平等译,华夏出版社,1988 年,第 234 页。

其他民族与宗教群体的强烈抗议。为了保证佛教国教地位的落实，宪法还规定，政府要努力推进佛教的教学内容和研究。缅甸政府的强制同化政策激起了全国性非佛教群体的反抗。对于那些有着不同宗教信仰的少数民族而言，同化主义政策是对他们信仰的蔑视，是为缅族谋利益的政策。这种政策激化了非佛教民族的联合，也为克钦人武装独立东山再起提供了契机。这种同化主义的政策也影响到缅甸军队的构成。军队核心部门逐渐由缅族军官组成和领导，少数民族成员逐渐被缅族人取代，几乎停止从少数民族团体中征兵。军队的缅族化加重了政府军和几个少数民族武装之间的矛盾。不仅如此，战争也带来了缅族与少数民族之间对立性共有文化的强化。缅族平民和军队领导认为少数民族企图破坏国家统一，而少数民族也更笃信政府军要消灭他们。

1962年3月2日，奈温领导下的军方掌握政权后，废除了宪法，建立革命委员会，结束了联邦体制，取代了民族聚居区，实行由军方、行政人员、警察人员组成的行政安全委员会，这意味着一个中央集权的体制建立起来。从理论上讲，发展中国家的诸多事务需要由各个民族共同协商、共同治理加以解决。取得统治以后的奈温政权也力求按照这样一个构想来实现自己的理想。他建立了一个协商性的革命议会，其成员来源于主要的民族群体，以求达成共识，但并未如愿以偿。他提出的民族政策，将经济发展和社会安宁作为整个国家的共同任务，并强调了它的首要地位。他也力图通过新的区域划分，改变缅族过于聚居的状况，重新规划少数民族地区。在这样的构想下，1974年的新民族政策致力于创建一个所有公民具有相同认知的、忠诚的、单一制度的联邦国家，少数民族语言得到承认，但缅甸语必须作为官方语言。带有同化主义的干预政策很难从实质上改变国内的诸多少数民族武装割据状态，也没有缓和族际之间紧张的局面。对此，奈温曾抱怨："族群偏见，狭隘的族群视角，缺少国外的影响以及来自少数民族的合作"困扰着国家统一。① 缅甸军人政权虽然在一定程度上建立了强制性的暴力统治，在一定时期内为缅甸的统一奠定了基础。但强制性干预很难达到族际合作治理的目的。相反，所奉行的政策中带有的明显的同化主义、民族不平等和歧视

① 参见[英]米歇尔·E.布朗：《亚太地区的政府政策和民族关系》，张红梅译，东方出版社，2013年，第167页。

的特点,使缅甸政府和一些民族群体之间的关系一直处于紧张状态,缅甸面临着国家分裂的危险。

苏貌(Saw Maung)领导的新政府上台后,军人依然是政治生活的重要力量。尽管苏貌力求改变奈温时期的同化主义政策,但军人政权体现出来的行事风格与特点,使其难以适应现代多民族国家治理的需要。虽然在缅甸这样一个民族武装割据严重的国家,军人政权的存在维护了国家统一,但以暴力方式来推进族际和解与合作仍然很难从根本上解决族际间存在的问题,也难以实现民族地方与中央政府的和解与合作。原因在于,一方面,军人政权本身以追求统一、集权和强制为特点,而不是以民主和合法性为基础;另一方面,各地的民族武装构成了不少民族地区的核心力量,在民族武装控制的地区同样也是一种区域内的"军人政权",直接影响着一方民族群体的文化和意识。形式上他们追求"民主",实际上依然以追求自己的权力最大化为目标,双方在这种条件下很难实现合作。即使20世纪90年代以后,以昂山素季(Aung San Suu Kji)为代表的民主派在缅甸影响大增,与军人政权比较依然处于弱势地位,而且民主派的追求和少数民族群体的追求之间也未必一致。因此在缅甸,无论是中央政府与民族群体,还是民族群体之间,缺乏合作基础,只能凭借军人政权强行在不同民族群体间建立秩序。

3. 族际合作陷入僵局

尽管军政府期间非常注意制定各种发展民族关系的政策,但军政府的强制性政策和一些强势的少数民族难以达成某种谅解。从1962年以来,少数民族武装不断涌现,用奈温的话说:"缅甸有多少少数民族就有多少支反政府武装。"[1]主要武装或组织有:克伦民族团结组织,掸邦联合革命军,克钦独立军,佤联军,勐腊军,克耶族、孟族、若开族、勃欧族等少数民族也都有自己的武装。这些武装力量因民族人口或占据地方的大小而数量不同。如克伦民族团结组织在20世纪70年代和80年代时,其规模达到5000至8000人。掸邦有兵力3000人至5000人。克钦独立军兵力达3000至4000人。[2]佤族武装部队约有五万之众,他们训练有素、装备精良。[3]

---

① 韦红:《东南亚五国民族问题》,民族出版社,2003年,第48页。
② 转引自韦红:《东南亚五国民族问题》,民族出版社,2003年,第48页。
③ 转引自储殷:《缅甸的民族和解为什么这么难》,《世界知识》,2016年第3期。

民族武装的存在意味着民族群体与国家间的合作基础几乎为零。一方面，彼此之间的不信任持续加剧，而且彼此之间的交战导致族际共有文化为仇恨心理所充斥；另一方面，族际间冲突加剧，民族群体和中央政府之间的对立决定了中央政府难以对民族地区实施有效治理。军人政权时期制定的几乎任何一项政策和协定都很难得到执行。尽管缅甸政府拥有较为强大军事力量作为支撑，也尽管缅族处于权力中心位置，但很少能获得少数民族群体的支持。因此，尽管缅甸目前国家是存在的，但北部地区依然游离于中央政权的有效控制之下。

三、两国的政治转型与族际合作治理建构

印尼和缅甸的族际合作治理难以奏效，与族际合作治理的机制有着直接的关系。两国在独立后的相当长时期内都建立了以军人为核心的威权统治。在发展中国家中，威权政治在一定时期对经济发展和国内政治稳定有着重要的价值，有值得肯定的地方。但也要看到，由于威权政治主要以强制性权威为特点，甚至一些国家的威权政治被某个部族、宗教教派或集团俘获，威权政治极易沦为少数人或某个民族群体的威权。如在印度尼西亚，威权政府更多代表的是爪哇人的利益。在缅甸，更多是代表缅族人的利益。政治权力在民族群体中分布极不平衡。即使在共同的民族群体中，权力也往往为少部分人或个人所操控。在威权政治下，政治权力的集权性带有政治权力的封闭性，即权力仅仅在本统治集团内部分配，其他民族群体难以介入。从经济角度看，这种政治上的封闭性自然带有利益独断特点，即国家主要的经济利益在优势民族内部分享，利益分配政策偏向于优势民族。在族际合作治理结构上带有纵向强制性和同化主义特点，即军人或强势人物凭借权力对弱势民族群体进行统治，迫使弱势民族群体按照其规定的价值或规则行动。这是一种"同而不和"的格局，在这种格局中，不同民族群体之间缺乏共治形成机制，族际合作的政治基础薄弱。20 世纪 80 年代以来，随着越来越多的发展中国家启动政治转型，各个国家的族际政治整合模式也随之发生了新的调整，以民主原则为基础的政治整合占据突出地位，与之相应的，族际合作治理破茧而出。

(一)印度尼西亚的政治转型与族际合作治理建构

进入20世纪90年代以来,印度尼西亚政治动荡不已。东帝汶的独立、国内各种民族矛盾和社会矛盾的接连发生冲击着印度尼西亚这样一个多民族国家。伴随着苏哈托的下台,印度尼西亚进入政治转型时期。1999年10月,印度尼西亚举行了新一任总统选举,标志着印度尼西亚开始进入民主化建设时期。伴随着民主机制的建立,印度尼西亚政府改变了以往仅依靠强制和独裁解决民族问题的政策,随着民主制的逐渐深化,对话协商机制的拓展,印度尼西亚的族际合作治理开始形成起来。

1.重新划分中央和地方的权力和利益

针对过去历史上中央政府和地方之间、爪哇人和亚齐人之间存在着较深隔阂的国家而言,实现和解与合作的一项重要任务就是重新划分权力和利益,在新的格局下,中央政府和地方政府、爪哇人和亚齐人在新的、更加合理的制度下和平共存并开展合作。在此方面,中央获得对亚齐的管辖权力,但同时要承诺其对地方的权力的有限性,亚齐因而享有了一定的自治权;而亚齐要承认和维护国家的统一,保留在统一的国家之内。双方在一定的制度框架下各有自己的权力,同时又要承担一定的义务。1999年第22号法令对中央和地方的权力范围和关系作了明确规定,即中央政府除保留国防、外交、司法、货币和财政政策、宗教、国家发展项目、财政平衡、国家标准上的权力之外,其余权力授予区级地方政府。从这一规定中可以看出,中央依然保留最高权威,如国防的权力意味着保卫国家职能只能由中央掌握,地方不能保留自己的防卫权力,实际上也就是否定了民族地方保留任何防卫力量的权力;中央垄断外交权力,由此也就断绝了地方通过外交手段寻求任何外部支持的可能,防止了外部势力插手印度尼西亚的国内事务。这表明,印度尼西亚的国家政治整合能力有了很大的提升。鉴于印度尼西亚各个地方的特殊状况,下放权力实际上就是扩大了地方自主权,承认和保护了地方的利益和要求,体现了权利与义务相统一原则。另外,22号法令明确了区级政府必须履行的职能,包括健康、教育、环境和基础设施的服务。省级地方政府作为中央政府的代表负责协调中央政府政策和项目的执行;同时省级政府享有协调区级政府所必需的权力。① 22 号法令是关系到整个印度尼西亚中央政府和地方政府关系的法令。当时的亚齐和中央政府依然处在对立状态，但整体环境的改变孤立了亚齐的分离主义势力，使其失去了很大一部分支持力量。这一政策的出台标志着越来越多的印度尼西亚地方要求扩大自主权愿望得到了实现，这在一定程度上对遏制地方分离主义起到了釜底抽薪的作用。在这样的背景下，亚齐的分离主义运动不得不转而寻求合作与和解。

中央与地方权力范围的划分的关键是各自财政的划分。在多民族发展中国家中，财政上的划分是利益划分的核心内容。合理的利益划分有利于中央和民族地方间开展合作，只为了国家利益完全牺牲地方利益或者为了民族地方利益牺牲国家利益的极端做法将导致族际合作失败。此前，中央政府和亚齐产生争端主要是因为财政分配不均衡。1999 年 25 号法令给予了地方较大的财政自主权。法案确定，国家预算中将国内收入的 25% 给了地方财政②，中央与地方利益划分基本上实现了平衡。即使在某些方面，地方获得利益要大于中央，在某些领域中，中央获得的利益要大于地方。这种灵活的财政安排，既保证了国家有充足的财政，同时也使地方的利益要求得到较大程度的满足，这种中央和地方财政上的平衡政策大大促进了中央政府和地方之间的合作。（见表3）

表3 印尼1995 年第25 号法令中中央与地方资源收入分配比例

资源	中央	地方
森林	20%	80%
矿产	20%	80%
石油	85%	15%
天然气	70%	30%

资料来源：[日]井上治：《走向分裂的印尼》，《南洋资料译丛》，2002 年第 2 期，第 23 页。

① Jacques Bertrand, *Nationalism and Ethnic Conflict in Indonesia*, Cambridge, UK, Cambridge University Press,2004, p. 202.

② [日]井上治：《走向分裂的印尼》，《南洋资料译丛》，2002 年第 2 期，第 23 页。

2.民主治理

在印度尼西亚威权政治时期,地方行政长官的产生很大程度上是由上一级行政首脑的任命的。政治转型后,印度尼西亚于 2005 年开始实施由选民投票选出地方首长的直选制度。2014 年 9 月,国会通过取消地方首长直选的法案,引发外界批评。在各界压力下,印度尼西亚国会于 2015 年 1 月 20 日通过恢复地方首长直选法案,还给人民直选权利。2015 年 12 月,印度尼西亚全国第一次同步举行地方选举,全国 34 省当中,有 32 省的 264 个地区参与选举。超过 800 对竞选搭档竞逐 8 个正副省长、222 个正副县长以及 34 个正副市长职位。在新体系下,省长由省级人民立法会议选举,总统予以批准。省级以下地方行政首脑由区域内全体选民选举产生。这种安排保证行政首长必须接受选民的监督,并对选民负责。不仅如此,伴随民主政治的巩固和发展,地方代议机构也发生了新的变化。主要体现在新法案授予了区级人民立法会议更大的权力。一般而言,这种区级的人民立法机构更贴近各个民族群体,更为不同民族群体的直接交流提供了平台。以往在威权政治下,行政首脑受到上级机构或威权领导的影响,因而它可能不对选民或民族群体负责。而在民主条件下,不同民族群体的要求和权力更容易得到满足,族际协商得到了发展,行政权力受到了更加严格的限制和监督。尤其值得注意的是,随着地方民主建设的发展,中央机构中增设了地方代表委员会和人民立法会议。这些代表地方委员会的成员来源于各省的选举,代表以个人身份参选,每省代表 4 名。地方代表委员会负责处理有关中央与地方、地方自治的法律工作,反映地方的利益要求。赋予这些权利的目的在于通过法治的方式管理民族地方,改变威权政治时期行政权力滥用的现象。主要权力有:其一,建议权,即向人民立法会议提出有关法律,其中包括地方自治法,中央政府与地方政府关系法,地区的建立、扩张与合并法,自然资源和其他一些经济资源管理法,中央和地方财政平衡法等。其二,参与讨论权。地方代表委员会可以参与讨论的法律有地方自治法,中央政府与地方政府关系法,地区的建立的扩张和合并法,自然资源和其他一些经济资源的管理法,中央和地方的财政平衡法,关于预算及税收、教育和宗教的法律等。从国会系统中的两个机构设置可以看到,印度尼西亚通过民主的方式来化解族际合作中的问题和危机,这不仅有利于印度尼西亚的族际合作治理,也为顺利解决中央和亚齐之间的关系提供了保证。也就是说,在这种体制下,亚齐承认国家的统一和接受中央政府的领导,其权利是有制度保证的。

3. 化解社会矛盾

从原来的族际危机到民族和解与族际合作,一个重要的环节涉及对历史或现实中存在的种种不公正问题的处理——也就是转型正义问题。苏哈托威权统治时期,为了维护威权的统治,难免产生种种侵犯民族群体权利和公民权利的事情。对这些侵权行为及其产生的原因不调查和清算,血海深仇难以填平,致使不同民族群体之间、不同民族群体与中央政府之间互怼。然而只要双方特别是政府一方能够认真调查事实真相并能妥善处理遗留问题,曾经对立的双方会得到一定的和解,南非、卢旺达均为如此,印度尼西亚同样如此。在此方面,政治转型之初的印度尼西亚中央政府就开始了这项工作。由著名学者、宗教领导人和亚齐当地政治家组成的专门小组,到亚齐与亚齐地方宗教界进行对话和调查,形成报告,为政府进行决策提供参考,同时,对出现的侵犯人权事件进行妥善处理,这些举措大大缓和了族群、宗教间的矛盾。

在加强族际合作治理建设的同时,印度尼西亚中央政府和"自由亚齐运动"开始政治和谈,中央政府借助于强大的政治优势,加之 2004 年印度洋海啸对亚齐造成的巨大的人员和财产损失,最终迫使"自由亚齐运动"于 2005年放弃了独立要求,与印度尼西亚中央政府达成谅解备忘录,双方实现了和解,形成了新的协定。2006 年 12 月,亚齐第一次实现了直接选举,产生了自己的省长。同时,中央政府和亚齐的权力和利益进行了重新划分,亚齐人和中央政府走向合作。

(二)缅甸的政治转型与族际合作治理建构

1. 缅甸的政治转型

印度尼西亚和缅甸采取的威权政治为两个国家的统一提供了保证。两个国家的政治转型都是在军人政权倒台或主动交出政权的条件下实现的。在内外交困的状况下,苏哈托主动"辞职"退出政治舞台,印度尼西亚继而实现了政治转型。伴随着民主政治的建设进程,中央政府和亚齐之间的政治合作也有了较好的政治基础。在此过程中,印度尼西亚本身存在的共同的伊斯兰文化发挥了一定的连接作用。而缅甸政治转型则是在军人政权承认民主选举的结果,逐渐交出政权而建立起来的。2003 年 8 月,缅甸军政府提出旨在实现民族和解、推进民主进程的"七步路线图计划",主要内容为:第一步,重新召开1996年中断的国民大会;第二步,召开国民大会,逐步开始必要的各项准备工作,目的是建立一个真实的有秩序的民主制度;第三步,按照国民大会制定的基本原则和详细原则起草新宪法草案;第四步,召开全国代表大会通过宪法草案;第五步,按照新宪法举行公正的大选,组成议会;第六步,按照新宪法召开议会;第七步,由议会选举产生的国家领导人和议会组成内阁及权力机构,领导国家迈向民主国家。[①] 从民主路线图看,缅甸的民主是一种有组织、有设计的政治转型。在这种政治转型中,军人集团依然在政治中发挥着统一和稳定的作用,因而政治转型不是东欧国家那样的断裂式转型,主要是在军政府主导下,通过不断弱化暴力的途径实现的。同时,缅甸的政治转型也反映了军政府应时而变的进取精神,可以说,缅甸政治转型是在军政府主导下稳步放权的结果。这种力量的存在为缅甸政治转型提供了政治上的保证。政治转型促进了缅甸内部各派,特别是各不同民族群体建立民主对话的政治舞台的培育和发展。在政治过程中,随着具有包容性的国民大会的建立,族际合作治理所需要的制度化平台逐渐被搭建起来。这十分有益于不同民族群体间开展对话协商,对推进缅甸的民族和解与合作带来重要影响。2010年11月7日,在缅甸议会选举中,新任总理吴登盛(Thein Sein)领导的"联邦巩固与发展党(巩发党)"赢得国会的多数议席,军政府赢得了选举,民主派也接受了大选结果。随着军政府解除了对全国民主联盟领袖昂山素季的软禁,民主派和军人政权之间开始走向和解,也为缅甸不同民族群体之间的和解提供了典范。为保证2015年11月缅甸大选顺利和成功进行,年初1月12日,吴登盛总统在内比都召开了由多个政党的领袖、各级少数民族事务部部长、军方高层和议会负责人等48名人士参加的政治峰会。在会议上,吴登盛指出:"尽管存在政治分歧,我们所有人都有意愿将缅甸建成民主国家,而要达到这一目标,需要我们共同合作。"[②]正是在政府的积极和解政策的影响下,2015年1月以来,缅甸政府和多支少数民族地方武装达成和解,希望在缅甸联邦日即2月12日签署全国停火协议,以结束长达半个多世纪的内战。

---

① 参见贺圣达等:《缅甸》,社会科学出版社,2005年,第135页。
② 参见《光明日报》,2015年1月18日,第5版。

2.族际合作治理地位的提升

在缅甸政治转型的过程中，尽管军人在国家中依然拥有一定的地位，但族际合作治理的机构开始建立，不同民族群体代表走向对话。新政府依据新宪法设立了缅甸联邦议会，联邦议会由人民院和民族院组成。根据2010年11月大选结果，少数民族政党在联邦议会及地方议会中获得了一定议席。其中，掸族民族联盟、民族团结党、若开民族发展党等少数民族政党不仅在地区、州议会议席中占有较大比例，而且还在联邦议会的人民院和民族院议席中也占有一定比例。这就意味着，原来被排斥在议会之外的少数民族有了表达自己利益的渠道。而作为立法机构这样一个全国性的权威机构也为不同民族在议会中的协商对话提供了舞台。从此涉及族际关系的大量事务不再仅仅由一两个民族群体或者是一个政党单独决定，而是通过不同民族群体代表共同参与而做出决定。从缅甸转型后的制度设计可以看到，议会同时也是一个族际合作治理的重要机构。具体而言，首先，联邦议会对各个民族地区的民主政治建设具有促进作用，是族际合作治理的制度保证。其次，联邦议会作为最高国家权力机关，可以有效地保障少数民族选举中的民主权利。同时，涉及少数民族事务及其族际关系的事务已经提高到了国家最高事务中，足以显现民族事务和民族协商在议会中的地位。不仅如此，正是通过一定的立法议会的存在，联邦议会和各地区、州议会出台或修改了近30部法律，以保证少数民族地区的权利，实现族际合作治理。这种新的变革表明，族际政治问题不能简单由某一个民族群体或政党来决定，而要由议会集体协商来决定，威权政治时代由军人集团单独作决定的局面发生了转变。随着民主建设的发展，各级议会在民主法制的基础上，议员对公共事务其中特别是民族事务的讨论也变得更加自由和公开。议会就国家和各民族事务向政府提出质询，如议员对掸邦政治犯大赦和民族歧视等问题提出询问和质询，开展经常性的监督活动，对缅甸国家的发展发挥了积极作用。

为了保证族际合作治理的科学化水平，新政府还于2012年2月26日在泰国的清迈成立了缅甸联邦和平对话研究院，吸纳来自掸族和克伦族等少数民族的成员，借此既可以了解和收集来自不同民族群体的利益诉求，以帮助政府制定正确的政策，又可以通过这一机构加强与民族群体的联系和交流。其目的就是与民族武装、政党、社团、政府组织及国际组织等保持沟通和协商,共同推进缅甸全境的停火,通过政治对话寻求解决族际合作的问题。①

如总论所述,多民族发展中国家的族际合作治理的一个重要条件就是缩小民族群体间的差别。通过缩小不同民族群体之间的差距,增加彼此之间的共同性和共通性,促进接触、交流,并在此基础上促进更广泛的合作。这本身是族际合作治理中最基本也是最具有战略意义的一种机制。要实现这一构想,就要根据不同民族群体居住地方的情况,进行科学布局,对此,吴登盛在就职演说中对未来缅甸的发展提供了蓝图:要实现民族团结,就"需要通过修公路、铁路和桥梁来打破民族地区之间的天然屏障……打好经济基础,提高民族的社会经济地位……公路、铁路、桥梁越多,地区之间的交通越便利,民族之间的关系就越好。加上物质文明的发展,我们将尽力保证在民族团结的基础上发扬联邦精神"。② 为此,新政府加大了对少数民族贫困地区的支持和发展力度,在一些地区建立了工业园区和特区,通过发展少数民族地区的经济缩小民族之间的差异,增进国家的认同感。在文化上,尊重少数民族文化,同时努力构建国族文化,增进民族自豪感;努力发展少数民族教育事业,从根本上消除文化和社会冲突产生的内在根源,增进不同民族之间的相互了解,发展公民文化组织,通过文化纽带促进不同民族之间的合作。在社会建设上,努力促进教育、健康、社会保障、职业技能等方面的建设等,以保证少数民族逐渐走出去,参与国家与社会的建设,促进族际合作的发展。类似这些族际合作治理措施对缅甸的族际政治发展和政治整合无疑具有重要意义。在新政府的努力下,不少少数民族地方武装放下武器,在国家法律的框架下通过其所在的政党参与国家政权建设,国家认同有了一定的增强。但需要指出的是,缅甸依然是东南亚的一个穷国家,经济和文化上的落后制约着族际合作治理的发展。地方武装的存在,长期内战造成的一些民族与国家之间、不同民族之间心理上的隔阂和信任伤害难以一时消融,但为了国家的和平与发展,缅甸在族际合作治理上毕竟进行了一定的实践。

---

① *New Center for Peace in Burma Opens Tomorrow*, Shan Herakd Agency for News, February, 26th, 2014.

② *President U Thein Sein Delivers Inaugural Address to Pyidaungsu*, The New Light of Myanmar, March, 31st, 2001.

第八章　多元政治与族际合作治理:印度和南非

在当代多民族发展中国家中,印度和南非都是发展中国家的典型。两个国家都存在着民族问题,印度诸多的民族群体和宗教群体个性分明,尤其种姓制度的存在,"表列部落"和"表列种姓"的存在带有很强的"歧视"特点,甚至"不可接触者"本身带有的种姓上的"分隔"。在此背景下,印度是否存在"族际合作"和"族际合作治理"问题? 如果不存在,印度何以实现了民主? 如果存在,又存在怎样的特点? 同样,南非民主化转型前,黑人种族和白人种族严重对立,很难说他们之间存在合作问题,但两大种族最后何以能够走向和解与合作呢? 新南非不同种族之间的合作特点如何? 它与印度有怎样的共同性? 又有怎样的差异? 上述问题正是本章要回答的。

一、两国的族际政治格局

印度是一个历史悠久、多民族、多种族的国家,有"种族博物馆"之称,全国有一百多个民族。如果说中国和东南亚半岛上的族群特点是一族超大,而在印度则大族多立,根据 2001 年的人口普查统计印度总人口为 1027015247 人,其中,印度斯坦族人口约 3 亿,占总人口的 30%,孟加拉族人口约 8000 万,占总人口的 8%,泰卢固族人口约 7500 万,占总人口的 7.5%,马拉提族人口 9000 万,占总人口的 9%,泰米尔族人口 6200 万,占人口的 6%,比哈尔族人口 8000 万,占总人口的 8%,拉贾斯坦族人口约 5600 万,占总人口的 5.5%,古吉拉特族人口约 5000 万,占总人口的 5%,旁遮普族人口约 2400 万,占总人口的 2.4%,坎纳达族人口约 5000 万,占总人口的 5%,马拉雅兰族人口约 3000 万,占总人口的 3%,奥里雅族人口约 3500 万,占总人口的

3.5%,阿萨姆族人口 2500 万,占总人口的 2.5%。[1] 除此之外,印度还有一些被称为"少数民族中的少数民族"的部落民族,也称部族,印度宪法将之称为表列部族或表列部落,这一部分群体数量庞大,大大小小总计 565 个,人口总数达 8000 万,占印度人口的 8%。他们是印度最早的居民或"原住民"。

印度又是一个多语言的国家。据不完全统计,目前在印度境内被不同群体使用的语言有 1632 种之多[2],仅在印度宪法中列出的官方语言就达 22 种,这些语言被称为表列语言(Scheduled Languages),被宪法赋予官方语言的地位,其中,13 种语言的使用人口数以千万计,而除了梵语以外,其他 21 种语言均有百万以上的使用人口。(见表 4)

表 4　印度主要语言的使用人口数量及占总人口比[3]

表列语言 Scheduled Languages	人口数量	占总人口百分比(%)
印地语 Hindi	422,048,642	41.03
孟加拉语 Bengali	83,369,769	8.11
泰卢固语 Telugu	74,002,856	7.19
马拉地语 Marathi	71,936,894	6.99
泰米尔语 Tamil	60,793,814	5.91
乌尔都语 Urdu	51,536,111	5.01
古吉拉特语 Gujarati	46,091,617	4.48
埃纳德语 Kannada	37,924,011	3.69
马拉雅拉姆语 Malayalam	33,066,392	3.21
奥里亚语 Oriya	33,017,446	3.21
旁遮普语 Punjabi	29,102,477	2.83
阿萨姆语 Assamese	13,168,484	1.28
迈蒂利语 Maithili	12,179,122	1.18

---

① 参见孙士海等编著:《印度》,社会科学文献出版社,2003 年,第 34~37 页。

② D. D. Basu, *Introduction to the Constitution of India*, New Delhi, Prentice Hall of India, 1997, p.387.

③ Office of The Registrar General & Census Commissioner, India: http://censusindia. gov. in/Census_Data_2001/Census_Data_Online/Language/data_on_language. html. (搜索日期 2014 年 1 月 30 日)

表列语言 Scheduled Languages	人口数量	占总人口百分比(%)
桑塔利语 Santali	6,469,600	0.63
克什米尔语 Kashmiri	5,527,698	0.54
尼泊尔语 Nepali	2,871,749	0.28
信德语 Sindhi	2,535,485	0.25
孔卡尼语 Konkani	2,489,015	0.24
多格拉语 Dogri	2,282,589	0.22
曼尼普尔语 Manipuri	1,466,705	0.14
博多语 Bodo	1,350,478	0.13
梵语 Sanskrit	14,135	0.01
总人数	993,245,089	96.55

来源:印度官方人口普查报告(2001)

　　各种不同的宗教齐聚印度构成了印度的又一大文化景观。在印度的历史发展进程中,宗教是其社会生活的重要内容,历史悠久,复杂多样。对大多数印度人而言,信教才是正常的。据统计,21 世纪初,信仰印度教的人数约占印度总人口数的 79.5%,伊斯兰教为 14.4%,基督教为 2.5%,其他宗教人口约为 7.8%,无宗教信仰者为 1%。尽管不同宗教的信众人数仍在变化中,但是人口的构成格局保持基本稳定(见图1)。这些事实证明,在印度,宗教不单单是人的信仰,它已经构成了一种生活方式、人生哲学和理想。不仅如此,由于各个地方的环境不同,对宗教的理解和接受不同,使印度的宗教千奇百怪,多元的宗教构筑了印度。不同宗教的共存不仅构建了一种妥协、宽容、多元共生的文化环境,尤其值得注意的是,在这样一个庞大的宗教文化氛围中,印度教(Hinduism)与社会多元论(social pluralism)互补,对印度的民主建构构成了重大影响。从宗教布局和仪式机构特点看,印度教的特点表现为缺少高度集中化的层级(centralized hierarchy),信仰形式和仪式因各地不同而呈现出多样性,从而形成了不同的地方传统(vernacular traditions)或出现"大"(great Brahminical)传统与"小"(little local)传统①之分。

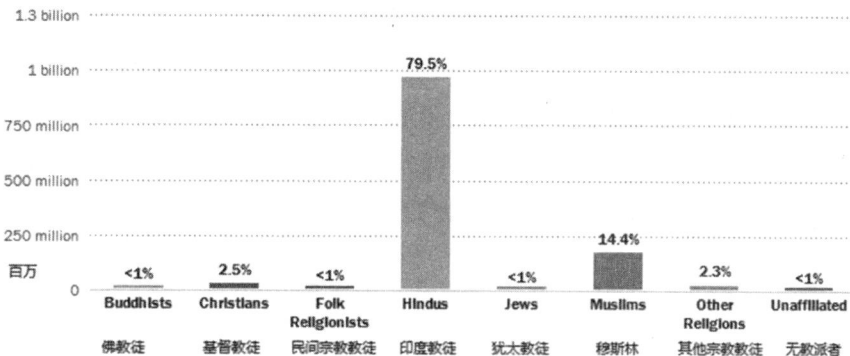

图1　印度宗教信仰情况(2010 年数据)②

　　在人类历史上,宗教发挥着凝聚社会的作用。尤其很多发展中国家独立后,更倚重宗教的力量来增强自己的凝聚力,印度也如此。在争取民族解放的进程中,它和民族主义相得益彰,共同构成了民族构建和国家建构的重要力量。众所周知,在古印度就存在着教派纷争,教派主义力量并不强大,但不同派别之间基本上能够相互共处。尽管如此,在诸多教派中,依然有某种教派影响巨大。西方学者弗兰克尔(F. Frankel)指出,在印度社会文化中,婆罗门教传统及其赋予婆罗门种姓的权威影响很大,具体体现在三个方面:一是有助于维系印度文化的统一性,二是使印度人民与世俗、政治领域保持一定程度的距离,三是防止出现一个以宗教为正当性基础的强大中央集权国家③。

　　此外,构成印度社会多样性的另外一个重要方面是种姓制度。这一制度有着几千年的历史,经过长期积淀构成了社会秩序和道德的重要内容。如有学者指出,种姓制度"是以等级制度为基础并由同族血亲和共生规则维

①　Randall, Vicky. "Why Have the Political Trajectories of India and China Been Different?" in David Potter, et al., eds. *Democratization*, Cambridge: Polity Press, 1997. p. 204.

②　Global Religious Futures: http://www. globalreligiousfutures. org/countries/india#/? affiliations_religion_id = 0&affiliations_year = 2010&region _name = All% 20Countries&restrictions_year = 2012. (搜索日期:2014 年 1 月 30 日)

③　Frankel, F. "Introduction," in F. Frankel, and M. S. A. Rao, eds. *Dominance and State Power in India*, Oxford: Oxford University Press, 1989. p. 2.

系的自然道德秩序的一部分，种姓与职业相联系并世代相传，每一种姓都体现着自己的行为法则，以及低级种姓身份是前世触犯戒律的结果"①。由于种姓制度的种种界分也为印度社会不同种姓、宗教、族群间相互排斥奠定了基础。当与以"自由"为基础的英国的民主制相遇时，种姓制度也就受到了前所未有的挑战，这种状况给印度的稳定带来了重要影响。科利（Atul Kohl）创造了偏狭（parochial）和分裂（divisive）两个名词来形容社会认同所具有的属性，并由此来说明印度种姓制度所表现出来的身份认同。认为以偏狭与分裂为特征的认同从根本上无法为民主政治提供生长的文化土壤。②狭隘的认同和社会地位不平等是阻碍印度民主成长的原生弊端之一。

但也有学者指出，基于印度教的形式多样性以及印度教教义基础上形成的种姓制度，建构了印度"多元化"的社会形态。宗教信仰、语言习惯、区域环境等方面的差异加入其中，更使印度的"多元化"边界模糊，构成多元的每一个单元都不是封闭的系统，而是有了跨界交叉认同（cross-cutting）的社会特质，这种跨界交叉减少了各个单元的内聚力，加强了社会内部的横向和复杂交流，为"印度特色"的社会稳定系统生成提供了一种非正式的制度机制。政治社会学家巴灵顿·摩尔（Barrington Moore）甚至赞扬印度这种以具有自我维系与凝聚力特性的种姓制度为基础的社会秩序。③摩尔的这一观点注意到了"多元化"的地位。但印度经常由于宗教问题而出现的分裂，影响至深的"百万叛乱"和经常出现的族群冲突，其背后隐藏着根深蒂固的"等级化"社会关系和它在推动印度民主选举、民主参与机制中所遇到的种种障碍。

与印度相同，南非也是一个多种族和多元文化的社会。从种族上看，南非居民可以分为四大人种：黑人、白人、有色人和亚裔人。"南非总人口为2870万，其中黑人人数为2080万，占总人口的72%；其次是白人，人数为450万，占人口总数的16%；有色和亚裔人（以印度人为主）的人数较少，分别为260万和80万，占总人数的比例分别为9%和3%。这些不同的人种，内部又分为不同的族群：黑人内部分为祖鲁、利萨、斯威士、恩德贝莱、茨瓦

① 阿图尔·科利主编：《印度民主的成功》，牟效波等译，译林出版社，2013年，第217页。

② Frankel, F. "Introduction," in F. Frankel, and M. S. A. Rao, eds. *Dominance and State Power in India*, Oxford: Oxford University Press, 1989. p. 2.

③ See Moore, Baringtion, *Social Origins of Dictatiouship and Democracy*, Boston: Beacon Press, 1966, p. 458.

纳、贝索托、南索托、聪加和文达共 9 个部落；白人分为讲阿非利卡语为主的荷裔白人和以讲英语为主的英裔白人两大群体；有色人是开普殖民地时期的黑人奴隶、科伊人、亚裔人以及白人相互通婚的结果；亚裔人主要以印度人为主，大多是被招募到南非从事矿业开采的劳工。

南非也是一个多语言的国家，各个族群形成了各自不同的语言。就白人两大群体而言，英裔白人以英语为交流工具，荷裔白人主要讲阿非利卡语。阿非利卡语是在荷兰语的基础上，融合了马来语、德语、法语以及非洲土著人语言而形成的。讲这种语言的人主要为有色人种，也有部分人讲英语。在亚裔中，印度人的语言主要有泰米尔语、印地语和英语。

在文化上，南非虽然由于黑人和白人的关系形成了黑、白两种文化，但在各自的文化圈中又有各自的文化特点。白人文化圈主要以欧洲基督教文明为主，并伴有各种文化制度和文化习俗；在黑人文化圈中，传统的酋长制度和非洲部落文化依然得到延续。在亚裔文化圈中，印度人和华人都保留了各自的文化。

印度和南非两个国家都是社会高度多元化和社会分裂性比较高的国家。"印度"（India）一词来源于古梵语"Sindhu"（中国古代译为"身度"），意为河流，尤指印度河，显然，该词并没有"国家"的含义。中国学者尚会鹏指出："印度人较少用'印度人'这样的概念，大多数人喜欢用种姓、宗教和地域来界定自己。如称自己是印度教徒，或穆斯林，或信德人、孟加拉人、马拉提人、古吉拉特人、泰米尔人、泰卢固人或马拉雅人等。"[①]语言、种族和生活区域的高度重合固化了印度的各个民族、部族文化个性，从而使内圈化更加突出，同时也意味着对外来力量的排斥和抵制。印度有着种姓制传统，即使进入现代社会，种姓制度依然在不少地方保留下来。在种姓集团内部实行严格的内混制，各集团有独立的习俗和宗教仪式，人们生活在一个个封闭的、排他性的圈子内，都以其他集团为"不净"而不与之交往。印度教文化在印度有着重要的影响，它以追求超自然解脱为主要特点。印度教徒有着相当浓厚的"教阶"意识，一切皆以与"神明的距离"作为标准来判定人与人之间的关系。以这样一种认识投射到不同族群身上，自然把那些"不净"的群体排斥在外，不与通婚。这无疑对于那些生活在边缘之外的民族群体是一种

---

① 尚会鹏：《印度文化传统研究：比较文化的视野》，北京大学出版社，2004 年，第 235 页。

排斥。所谓的"表列种姓""表列部落"反映了这种特点。在印度，同样也生活着相当人口的穆斯林，印度教徒和穆斯林之间同样存在着深刻的矛盾和界限。虽然在现代社会条件下，国家力图通过宪法的和政治的方式缩小他们之间的差别，但种姓的、种族的和宗教上的排斥作为一种文化传统根深蒂固，严重影响着不同民族和宗教之间的和平共存。

在南非，社会内部的分裂同样相当严重，其中对分裂产生重要影响的是种族隔离制。"种族隔离"（Apartheid）是荷兰语，意为"隔开的、分别存在和发展"，是阿非利卡统治精英于 20 世纪 40 年代提出的有关种族关系的思想主张，其"核心理念在于使白人与黑人在南非实现彻底的隔离"①。尽管这一主张产生于 20 世纪 40 年代，但种族隔离的事实从白人殖民者统治南非时就已经开始。从 17 世纪中叶到 1910 年的约 260 年间，白人颁布了 20 余项种族隔离性的法令。可以说，种族隔离理念的提出不过是对这种实践的一种总结和理论提升，使原来的种族隔离政策变得更加自觉化。在这种理念的支持下，到 1948 年国民党上台，各种带有种族隔离的政策和法令有了合法依据并走向普遍化，具体而言就是渗透到政治的、经济的、社会的各个方面。种族隔离理念和政策在把黑人和白人分隔开的同时，也使社会陷入严重的分裂和民族压迫之中。在这种压迫制度中，少数白人将自己置于统治地位。而对于其他不同肤色人种，尤其是作为社会大多数的黑人则处在社会底层，他们被视为"劣等人种"，天生就要接受统治。除了黑、白两大种族在政治上严重对立外，白人或黑人两大族群内部同样不是绝对同质的。在白人族群内部存在着阿非利卡和英裔人的矛盾；在黑人中存在着不同部落群体的矛盾和冲突。不同的是，在黑、白两大矛盾面前，其内部的矛盾处在了次要地位上。

二、多民族和平共存的社会基础

尽管印度和南非社会都存在着民族矛盾和分裂，但两大国家不同种族和宗教实现了和平共存，其社会基础是什么呢？就印度而言，形式上看，印

① Robert M. Price, *The Aprtheid State in Crisis*：*Political Transformation in South Africa 1975 - 1990*，New York and Oxford：Oxford University Press, 1991, p.13.

度的不同民族和宗教群体皆具有很强的个性,但不同民族和宗教群体又如何和平共存呢? 在此方面,学界曾有人认为,在印度的社会与文化生活中形成了"通融""包容"的社会氛围。艾森斯塔特(Shmuel Noah Eisenstadt)在《反思现代性》一书中认为,"高度通融"在印度的宪政国家中"占有核心地位"①。迈克尔·曼(Michael Mann)指出:"在以往,印度教并没有为社会有机论民族主义提供肥沃的土壤。它一直是一个宽容的宗教,能够吸纳而不是排斥竞争者。它不是一神教,数百年来它已经将其他宗教的神、信仰和意识纳入了它的习俗当中。它在各个地区的变化如此之大以至于许多人怀疑它是否真的是一个单一的信仰。直到最近它才有所改变,但它仍然没有单独的教堂、牧师或正统的教义。"②中国学者尚劝余在分析印度政治文化时指出:"印度社会对分歧采取高度包容的态度,其原因在于,在历史和文化上,印度社会长期具有折中主义的特征,包容各种差异和矛盾。"③从这些学者对印度文化的评价可以看到,比起世界上其他国家,印度社会确实存在错综复杂的种姓、宗教和民族问题。但从总体上看,这些多元的群体又能和平共存,不能不看到背后存在着某种社会基础。

　　1.包容他者

　　从历史上看,印度在历史上相当时期中没有发生过诸如基督教和伊斯兰教特征的宗教战争,更缺乏以一种宗教或政令强加于社会之上。在社会层面上,种姓网络紧紧地将社会成员连接在不同的群体或公社中。它通过一定的仪式表现自我,或是通过不同种性之间的等级制原则组织自我。在这种等级制原则中,形成了一种中心－边缘的社会结构。或是按照不同种姓间互利互惠关系进行建构,也即是种姓间通过一系列礼尚往来的礼物赠送仪式来表达彼此之间的关系。而且这种关系不是隐蔽的,而是在众目睽睽之下的公开典礼之中进行的。④ 进入现代社会以来,传统的通融机制和民主进程结合在一起。在民族主义运动中,精英们把手伸向大众社会,将印度

---

　　① Robert M. Price, *The Aprtheid State in Crisis:Political Transformation in South Africa 1975 - 1990*, New York and Oxford:Oxford University Press,1991,p.13.

　　② [美]迈克尔·曼:《民主的阴暗面》,严春松译,中央编译出版社,2015年,第596页。

　　③ 杨翠柏主编:《南亚政治发展与宪政研究》,巴蜀书社,2010年,第356页。

　　④ 参见[美]N.艾森斯塔特:《反思现代性》,旷新年等译,生活·读书·新知三联书店,2006年,第222页。

大众的政治意识提高到了新的水平，建立了一大批志愿组织，激励了大众的民主意识和民主参与。圣雄甘地(Mahatma Gandhi)更把双方的自愿作为解决冲突的重要途径，并努力将被排斥的社会群体包容进来。甘地的这种非暴力抵抗思想对缓和印度内部不同种姓和宗教之间的冲突起到了重要的作用。通过民主的包容，降低族际冲突构成了印度族际合作治理的基础。巴兹(Bards)在对印度的包容性民主评价时指出："实业家、富农、白领工人、专业人员作为合作者出现在印度的统治联盟中"，并且建议"这些阶级中没有一个强大到足够单独将它的意志强加于印度的整体或经济之上。统治联盟的异质性因此与传统的马克思主义名言相反，在印度可能是支持而不是损毁印度民主体制，这是因为，印度的民主能够使每一个重要的集团通过建立复杂的讨价还价网络，弥补国家保护和支持的不足"。①

2. 与世无争

无论是信众最多的印度教，抑或是其他如婆罗门教、佛教等，"生死轮回""因果报应"均是其宗教教义中的核心内涵，经过长期积淀也就成了印度的文化观念，得到了人们的普遍认同。在这种观念下，人生的目标是涅槃，也就是求得终极的解脱，人的生死是没有穷尽的，在轮回中生死无穷尽，只有涅槃才能脱离生死轮回，实现人神合一，人才脱离了生死轮回之累，在极乐世界中享受安逸美好生活。按照印度教的观念，人要实现解脱(涅槃)，首先就是不作业，"业意为造作，指一些身心活动。分类很多，一般为三业：身业(行动)，语业(也称口业、言语)，意业(思想活动)……若自性者，应唯一业，所谓语业……"②也即是不劳动、不生产。因为也是轮回之因，作业之人是无法摆脱生死轮回的，所以人生的最好办法就是"出世"。当苦行僧，虚度光阴，云游四方。同时也是这种"出世"的思想决定了人在与他人关系上不要较真、虚怀若谷、仁厚待人，不为小事而争吵，可以夸夸其谈、不干实事。这种为人处世的理念也可以解释印度的宗教关系。迈克尔·曼指出："大多数印度教徒，以及大多数锡克教徒都没有相互展开暴力行动。暴力在印度的任何地方都不是日常发生的事件，除了在克什米尔。"③

----

① [美]N.艾森斯塔特：《反思现代性》，旷新年等译，生活·读书·新知三联书店，2006年，第238页。

② 任继愈主编：《宗教词典》，上海辞书出版社，1981年，第282页。

③ [美]迈克尔·曼：《民主的阴暗面》，严春松译，中央编译出版社，2015年，第597页。

3. 与自然和谐

在印度的历史发展进程中,印度教是印度文明的承载者,它不仅有庞大的信众,在印度中东部的宗教信众中占据着绝对多数,而且经过几千年的发展,它已经构成了一种文化镶嵌在社会生活的方方面面。从名胜古迹到繁华地方的神庙,从大的建筑到最小的工艺品,无不与宗教联系在一起,宗教和人们的一切联系在一起。这一切反映出"永恒"和"灵魂"构成印度教的核心,也构成了印度文化的核心。印度贤者罗达克里希南有言:"如果我们着眼于那些各式各样、有时候相互冲突的教义,我们可能想知道,印度教是否只是包括众多不同的信仰的一个名称。但是,当我们转而注意各种信条背后的精神生活、虔敬和努力时,我们便认识到了那统一性、那难以定义的自我同一性,然而,这些绝不是静止不变或绝对的。"①在这里,印度教不同于伊斯兰教和基督教。如果说这两种宗教都试图以一种信仰的力量加于社会之上,印度教则带有着多神教的特点。它通过分散、多样的信仰形式呈现出它的基本教理,即宇宙间存在着唯一的真理,无论崇拜怎样的对象,是大神毗湿奴、湿婆,还是代表自然万物的次等诸神,抑或崇拜传说中的英雄、崇拜自己的祖先、崇拜恒河、崇拜母牛,哪怕是崇拜一棵树或一块石头,这些多神论和泛神论的崇拜最终都指向到了宇宙间的绝对真理或唯一的真神——梵。在印度教中,梵是非常古老而又无法用理智或语言准确描述的状态,它是神秘的,是世界的本源,它是无限的,超越所有概念而存在。《薄伽梵歌》中说"梵"没有开始,至高无上,既超越是,又超越不是。而现实的世间万物不过是梵的幻化。梵作为一种超自然的力量,人可以通过信仰的力量而逐步接近梵的状态,理解其本质。梵的理念随着印度教在印度影响的不断发展壮大,已逐渐内化到整个社会的机体之中,与印度文化体系融为一体。因此,与自然共存共荣是印度民众在社会生产实践中的行为准则。如"吠檀多"哲学认为,世界最高的主宰是"梵",梵之下的人和自然是一种平等的关系,彼此之间相互依存,你中有我、我中有你,彼此相互爱护、尊重,互不伤害。否则,人会遭到自然界的报复惩罚。一般地说,秉持这种理念的印度人在开采自然资源、追求经济发展时会自觉不自觉地保护环境,很少会为满足私利而不择手段地破坏自然。中国学者吴永年曾多次访问印度,在实际观察和访

---

① [英]G. T. 加勒特主编:《印度的遗产》,陶笑红译,上海人民出版社,2005 年,第289 页。

谈中指出,自 20 世纪 90 年代以来,印度基本没有发生过为了经济发展而不顾一切地破坏生态环境的行为,在印度人看来,以牺牲人类赖以生存的自然环境为代价,这种恶性膨胀的贪欲不符合传统的价值观念,是目光短浅的行为。[①]

印度的这种人与自然和谐的观念同样也对族际关系的处理带来了一定的影响。今天世界上的不少发展中国家由于经济发展带来的贪欲的膨胀,不仅导致了人与人关系的紧张,而且也带来了族际关系的紧张。西方马克思主义者莱斯(William Leiss)在对现代化发展研究中,提出了一个重要的观念,即对自然的征服意味着对人的征服。人和自然的这种对立关系是构成当代不少发展中国家中民族问题的一个重要因素。在印度,同样存在着民族的矛盾和冲突,这些冲突大多因为宗教或领土而展开,而很少由于生态环境影响而产生。

4. 世俗主义

印度是一个多宗教的国家。而且宗教已经嵌入每个人心中,人人笃信宗教,构成了印度的一个文化景观。但是在这样一个多宗教的国家中,一方面,确立任何一种宗教的统治地位都是一个难题,甚至带来其他宗教,特别是伊斯兰教的抵制和反抗;另一方面,印度独立过程中,印巴分立、教派冲突给印度政治精英和普通百姓留下了痛苦的记忆。这种现实决定了印度独立后把世俗主义作为其国家的立国原则。什么是世俗主义? 一种观点认为:世俗化是宗教衰退下,其价值观从出世到入世的变化,宗教与社会分离,其信仰和行为发生了转变,世界回归自然,摆脱了宗教的神秘性,走向了世俗的自由、平等、和谐。苏密特·萨卡尔认为,这样一种认识是错误的。他指出:"在印度的背景下,它的精确内容和含义——远远不是经常归咎于它的那种所谓反对教权(甚至具有侵犯性的无神论)的陈词滥调——在基本的'宗教自由'权利(第 25 - 28 条)、'文化和教育权利'(第 14 条、16 条、17条)中获得了相当准确的说明。"[②]事实上,宗教派别平等原则与政教分离原则构成了印度"世俗主义"原则的主要内容。政教分离源自西方传统,意味着国家不设立国教。而对所有宗教派别一视同仁的原则来源于印度自己的

---

① 参见吴永年:《南亚问题:面面观》,时事出版社,2015 年,第 210 页。

② [美]阿图尔·科利:《印度民主的成功》,牟效波译,译林出版社,2013 年,第 44 页。

历史经验。尼赫鲁及其国大党的一些人士通过反思印度历史上出现的教派矛盾和冲突指出，昔日印度教派之间的冲突不但影响了印度各个民族的团结，而且也使印度长期处于不稳定的状况。他们还认为，一定要在印度建立一个世俗主义的国家，只有发扬了印度的世俗主义文明，才能把印度建成一个社会稳定、人民幸福、繁荣富强的国家。为此他们坚决要求政教分离，不把绝大多数人信仰的印度教立为国教。

世俗主义思想是国大党的重要理论基础。国大党在领导印度人民争取独立过程中坚持世俗主义原则，对扩大国大党的社会基础，团结不同民族和宗教群体起到了积极作用，为印度不同宗教和民族的合作奠定了一定的基础。不仅如此，世俗主义也为印度宪法提供了重要的依据。按照这样一个精神，宪法明确规定了公民在法律面前平等原则，也规定了公民在就业、教育和任职上机会均等，不受种姓和宗教的影响。这些原则已经镶嵌到了印度的政治与社会生活中。尽管印度建国时期的领导人和政府都努力促进世俗主义的发展，但由于教派势力持续走强，印度教极端主义竭力主张印度教至上，试图建立印度教国家。作为印度教代表印度人民党也积极推行印度教利益，主张建立一个统一的印度教统治的国家。在这种极端思想的影响下，印度教派冲突不断，人民党和国大党的斗争也将长期存在。2009 年，国大党再次重掌政权，一定程度上反映了以包容为特征的世俗主义在印度不同宗教派别中的地位，反映了人们对不同宗教和平共存的愿望。

5. 多层次网络结构

印度的多民族、多宗教、多语言、多种姓结构使印度社会形成了一个复杂的社会结构。从目前印度的社会结构看，可以分为纵向的、水平的和微分的三种形式。就纵向结构看，作为全国性政党，如国大党在全国建立了层级结构，通过这个结构将不同民族或种姓群体，特别是低种姓包容进来。从水平角度看，目前全国性政党和地方性政党以及各种横向性的志愿组织遍布全国，市场基础上形成的新的社会阶层的联合，冲破了种姓制度，拓展了印度的共享社会空间。从微观层面看，各个不同的草根群体在社会生活中开始发挥着重要作用。从这些结构中可以看到，一方面，社会的高度异质性和多元性，使印度社会内部充满了矛盾和冲突，严重影响着经济和社会的发展进程；另一方面，重叠交叉又削弱着多元的边界。尤其是语言与宗教、宗教与地区、种姓与语言重叠交叉，并没有按照完全重叠的界线展开，而是纵横交错呈网状结构分布开来，覆盖和渗透到社会中去，使任何一种力量不能不走一种既竞争又合作的道路。这为印度的族际合作治理提供了社会基础。

与印度形成对比的是，南非在实现民族和解与族际合作上走了一条自己的道路。南非是一个多种族的国家，长期以来遭受殖民统治。由此产生的种族歧视、族群压迫一直是社会冲突的主要来源。为了打破种族隔离制度、实现族群权利平等，以南非土著黑人为主要力量的政治组织展开了艰苦的斗争。在经过一系列大众斗争和精英政治妥协之后，南非最终实现了种族和解，开启了多元一体的国家建设道路。1994年新南非的诞生，标志着种族主义制度被弃除，从此，南非迈入了新的历史进程。

（1）殖民遗产。在14—15世纪，欧洲的一些国家如西班牙、葡萄牙、荷兰、英国先后出现了资本主义萌芽，随着生产和贸易的增长，这些国家需要通过开辟新的商品倾销地以换取财富。在新航路开辟的过程中，南非被欧洲殖民者发现了，当时的原住民主要有三大部分：科伊人、桑人、班图人。[①]其中，班图人数量最多，社会组织也比较严密。在向非洲殖民的过程中，先后有葡萄牙、荷兰、英国作为这个地区的殖民统治者。葡萄牙航海者只是将南非的开普敦作为一个临时补给站，他们的目的地在印度。17世纪开始，海上强国荷兰成为非洲的最大的殖民者。荷属东印度公司更是帮助了荷兰的殖民扩张，以开普敦为中心，建立了永久性的据点。在扩张过程中，荷兰殖民者采用了奴隶制，使当地土著居民沦为奴隶，成为殖民者的个人财产。以荷兰、法国、德国为主的白人移民，逐渐形成了一个说荷兰语的单一白人群体，即"布尔人（Boers）"（他们自称为阿非利卡人），居于社会上层，其他移民与当地土著民的后代被称为"有色人"群体，与众多黑人一样处于社会底层。

随着英国的崛起，开普敦逐渐沦入英国殖民者之手。1815年的维也纳会议，宣告了荷兰对南非开普敦地区154年统治的结束和英国统治的开始。英国殖民者与早期的荷兰殖民者不同，他们大多是富有商人和退役军官，受过良好教育，掌握着专业技术，他们通过聚居的方式避免了被布尔人同化，维持了自己独特的文化传统。虽然在人数上少于布尔人，但在文化、政治、和经济上均占有优势。英人的统治方式完全不同于荷兰殖民者，他们采用了英国式的议会制和行政管理方式，并且居于统治的核心地位，英国对开普

① 夏吉生：《当代各国政治体制——南非》，兰州大学出版社，1998年，第17页。

敦的影响逐渐超越了荷兰,因此二者之间冲突不断。在对待奴隶制的问题上,二者分歧很大。荷兰殖民者钟情于奴隶制,但当时的整个英帝国已经宣布废除了奴隶制,这最终使南非土著人摆脱了奴隶的地位,获得了人身自由,客观上使劳动力得以自由流动,符合当时英国工业发展的需要。

作为荷兰后裔,布尔人已经形成了自己独特的"非洲认同",即认为自己是真正的非洲人,而英国殖民者是外来统治者。不满英人的布尔人不断向北和东北迁移,最终建立了两个独立的共和国:南非共和国和奥兰治自由邦,并得到英国的承认。19 世纪中叶,金刚石和黄金的发现,在带来巨大财富的同时,也引起了殖民者的贪婪。围绕开矿的归属权,先后爆发了两次英布战争,英国最终取得胜利,并迫使布尔人签订《弗雷尼新和约》,布尔人的两个共和国成为英国殖民地,但同时可以保留较大的自治权。英、布从对抗开始转向合作。这样,南非境内的 4 个殖民地都为英国所控制。

(2)种族对抗。英国殖民者与布尔人虽然多有摩擦,但在白人至上这一点上他们是一致的。为了建立统一的市场,以适应资本主义和商品经济发展的需要,南非的 4 个殖民地举行了没有非洲人原住民参加的"国民会议",并在 1909 年通过了具有宪法性质的《南非法》,在这个基础上,南非联邦于 1910 年 5 月 31 日成立了,但它仍是英联邦成员。英国总督是南非最高行政长官,联邦实行三权分立制。《南非法》和南非联邦的成立,将种族歧视的原则以宪法和制度的形式固定了下来,保证了白人对国家权力的垄断,有色人种几乎没有选举权。南非原住民占人口的绝大多数,被完全排除在政治权力之外。"根据《南非法》的规定,参与国家政治生活完全是白人的特权"①,而且,"白人政府为了巩固自己的权力基础,强化对非白人特别是对黑人的统治,通过一系列立法,保证了白人对政治的控制权,对土地和资源的不合理占有,以及对广大黑人的奴役和剥削"②。

在随后的大选中,布尔人路易·博塔(Louis Botha)领导的南非党获得议席多数,并出任南非联邦第一任总理。英国殖民者对布尔人的妥协加速了布尔人实行种族统治的步伐。白人当局通过颁布一系列法律,如《土著人代表法》《土著人土地法》等,从政治上和经济上不断排斥黑人,压缩他们的发展空间,黑人只能在保留地上活动。按照一些劳动法和工厂法,只允许白人

①② 叶兴增:《南非》,重庆出版社,2004 年,第 52 页。

从事技术性工作，脏累的活由黑人来做。为了限制黑人流动，白人政府通过了《土著人法》，划定黑人居住区，限制黑人进入城市，将黑人赶出白人区。在白人当局看来，种族间的相互隔离是不可避免的。

二战期间，黑人获得了发展的机会。由于特殊的地理位置，南非作为重要的海上运输线和战略物资供应地的作用突显出来。"战争发生后，南非不得不迅速地使其经济适应战时环境"①，南非的制造业繁荣起来。劳力的缺乏使得黑人得以进入城市，掌握技术。激烈的竞争引起了白人的恐慌。1948年，以维护白人血统纯洁为宗旨的国民党领袖丹尼尔·马兰（Daniel F. Malan）上台后，继续通过了一系列的种族隔离法律。《人口登记法》将南非人划分为白人、有色人和土著人。种族的划分不仅使他们的社会地位而且其后代的命运也被决定了。为了模糊南非原住民的"非洲"意识，当局将南非黑人统一称为"班图人"。为了消解黑人社会的凝聚力，对其实行按部族分而治之的策略。为了保证白人的生活方式和民族特征不受影响，通过了《种族住区法》，禁止一个种族的成员在另一个种族的地区拥有财产；为了保证政治的绝对分离，禁止不同种族的政治性联系，禁止任何人参加不同种族的政党。这样的国家政策就是使"彻底的民族分立理想能够实现"。②

自南非联邦成立以来，南非白人当局先后颁布了350多项种族主义法律，涉及政治、经济、社会、文化乃至家庭等各个方面，使南非成为一个种族主义化的国家。白人的特权表现在生活的各个方面，他们从事报酬最高的工作，社会地位较高，黑人只能承担低端的工作。

（3）矛盾升级。南非原住民曾经为保护自己的土地与外来侵略者进行了艰苦的斗争，但最终都被镇压。南非联邦成立后，原住民继续为争取自身权利，为争取生存发展的自由进行了卓绝的努力，斗争从反对殖民侵略的武装对抗转变为反对种族主义统治，争取民族合法权益。

现代南非的民族主义运动是由受过欧美教育的黑人知识分子发起的，他们能接受欧美文化，感受过欧美议会民主制度，有改善种族主义制度的愿望。其早期的代表人物是约翰·杜比（John Dobe）和皮克斯利·塞姆（Pixleyka Isaka Seme）。1912年1月8日，约翰·杜比组建"南非土著人国民大

---

① ［法］路易约斯：《南非史》，史陵山译，商务印书馆，1973年，第323页。
② ［波］马利茨基：《种族主义在南非》，温颖等译，世界知识出版社，1957年，第95～96页。

会"(非国大的前身),他采取了甘地的"非暴力不合作"的策略,号召全体非洲人团结起来,保护土著民利益,实现政治平等。这时期的"南非土著人国民大会",其主要成员主要局限于接受过西方教育的黑人上层,他们对英帝国和白人当局充满着幻想,斗争的方式也只限于和平、合法的手段。1943年,南非的青年政治活动分子成立"非洲人国民大会青年联盟",这是非国大的一个青年组织,曼德拉(Nelson Rolihlahla Mandela)就是其中的主要成员。这些青年活动分子对非国大的温和斗争方式表示不满,在其推动下,1949年,非国大通过《行动纲领》,采取更为积极的策略,发动群众,反对白人种族主义。1952年,非国大向当时的马兰政府发出通牒,要求废除《通行证法》《班图权力法》等诸多不公正的法律,在遭到拒绝后,志愿者们走上街头,突破了合法斗争的手段,公开向种族主义提出挑战,并在全国进行政治动员。这次"蔑视不公正法运动",激起了数万志愿者的响应,并很快发展到全国各大城市。它虽然没有迫使白人当局取消种族主义法律,但它表明,反抗种族主义的斗争已经突破了原来的合法斗争方式。虽然此次活动遭到了武力镇压,但越来越多的黑人、有色人认识到"没有斗争,不能从种族主义和奴役的枷锁下获得解放"。①

　　1955年,非国大突破种族界限,号召所有被种族主义压迫的群体和同情黑人的白人群体组织召开"人民大会运动",2884名代表最后通过了《自由宪章》,这是一部跨种族的、争取平等权利的宪章,它的宗旨是"法律面前人人平等"。因这次会议具有广泛性,又被称为南非联邦成立以来第一个有真正代表性意义的会议。《自由宪章》指出,南非属于生活在这里的每一个人,每个人都有选举权和被选举权;所有人,不分种族、肤色和性别,都享有同样的权利,所有人都享有同样的人权。《自由宪章》成为非国大的政治纲领。1960年3月21日,在南非另一个民族主义组织"泛非主义者大会"的影响下,黑人纷纷烧毁通行证,拒绝佩带,并举行示威游行,警察对示威民众进行了镇压,最终制造了打死67人、打伤186人的"沙佩维尔惨案"。这标志着南非非暴力群众运动的终结。针对黑人的政治运动,南非当局宣布实行紧急状态法,搜捕黑人运动的积极分子。之后通过《非法组织法》,宣布非国大和泛非大为非法组织,并予以取缔。非国大的和平斗争策略遭受重创。种

---

① ［波］马利茨基:《种族主义在南非》,世界知识出版社,1957年,第5页。

族矛盾的加剧和白人当局的高压统治,使得黑人民众中以暴抗暴的情绪日益激烈。在非国大转入地下后,开始重新整顿组织,强化了组织联系,并成立了军事组织"民族之矛",采取了有限进攻的策略,武装破坏种族歧视的政府设施。泛非大也建立了自己的军事武装"波戈",随时准备武装起义。"民族之矛"发动了一系列的武装袭击,这鼓舞了黑人民众,同时也招致了白人当局采取更加高压的手段。曼德拉和"民族之矛"的一些领导人相继被捕,南非的民族解放运动严重受挫。

20世纪60年代末70年代初,非国大和泛非大领导的运动处于低潮期,黑人学生运动却发展了起来,这是一场以大学生为主体的反抗种族主义的运动,被称为"黑人觉醒运动"。1969年成立的"南非学生组织"成为这时期黑人运动的领导核心。学生运动开始走出校门,深入普通黑人中间,与黑人群众组织结合了起来。在学生运动的影响下,工人运动波及南非各地,一些地区出现了罢工运动和群众斗争。1974年年底,南非当局颁布法令,要求黑人中小学课的一半要用阿非利卡语(荷兰语的一支)来教授。这个伤害黑人民族感情的法令,激起了强烈的反抗。1976年6月16日,中学生走上街头,要求取缔阿非利卡语授课,警察采取了武力镇压,愤怒的学生打死了一名白人警察,全国各地的学生纷纷起来响应,黑人工人也举行了罢工,抗议当局的暴力行径。民众的武力反抗给当局造成了压力,后来被迫取消用阿非利卡语授课的决定。学生组织被当局破坏,流散的学生纷纷加入非国大和泛非大。

(4)种族和解。20世纪80年代,力量的对比开始有利于黑人的反抗运动。1980年,津巴布韦结束了白人的种族统治,对南非造成不小的冲击。南非的工人阶级在1979年获得了组织工会的权利,工人被迅速团结起来,而且他们受到了流亡在外的非国大和泛非大的引导,深入推进了反抗斗争。

实行种族统治,不仅使南非当局面临国内此起彼伏的反抗斗争,而且,在国际上,南非也面临强制性的经济制裁,南非各方面都陷入困境。在这种情况下,南非白人内部出现了思想分化,实用主义逐渐变得公开化,"白人内部的分化削弱了种族隔离制度的基础"[①]。代表阿非利卡人多数的国民党,开始倾向于废除种族隔离,以实现经济发展,而其中的保守人士,仍然坚持

---

① 格非:《南非种族问题及其政治解决前景》,《时事报告》,1994年第1期。

白人特权，反对消除种族隔离，他们退出国民党之后组建了保守党。白人政治精英的分化，使国民党在1989的大选上席位大减，国民党的支持率降至历史最低。在对非国大的问题上，白人当局与在野党的态度都发生了转变，他们通过各种途径与仍在监狱中的曼德拉进行会晤，交换和谈的意见。

1989年，国民党新领导人德克勒克（Frederik Willem de Klerk）当选为南非总统，他旨在化解种族矛盾，推进南非政治改革，用和平手段建立新制度，并与狱中的曼德拉交换意见，共同推进南非的政治和解。1990年2月2日，德克勒克宣布取消政党禁令，释放被捕人员，释放曼德拉。经过几次会谈，双方达成政治谅解，而且，南非当局着手废除种族主义法律，《土著人土地法》《人口登记法》等歧视性法律被废除。1991年12月20日，南非19个政党的200多名代表参加了民主南非大会，这是南非历史上第一次多数政党进行和谈的大会，大会最后决定，建立一个统一的、自由民主的、男女平等的新南非。面对南非的新变革，右翼政党发起了挑战，致使国民党在一些地区的议会选举中失败。为了继续推进已经启动的民主化进程，团结白人，德克勒克就民主改革的问题在白人中进行公决。公决的最终结果是民主改革获得了高投票率和高赞成率，德克勒克获得多数白人的支持。

德克勒克和曼德拉能够就民主改革达成一致，但他们所在的政党内部却有不同意见。非国大代表的政治妥协引起了内部其他成员的不满。迫于压力，曼德拉也拒绝继续与德克勒克进行和谈。而德克勒克同样也面临内部右翼的压力。群众运动不断扩大，南非经济几陷于瘫痪。在这样的形势下，曼德拉和德克勒克分别降低了各自的政治目标，观点也渐趋于一致。1992年11月，德克勒克提出了结束白人种族统治的"时间表"，规定在1994年的3月举行南非所有种族的全国大选。两大政党的和解，也引起了其他党派的反思。尽管谈判过程充满波折，一些右翼组织仍拒绝参加，但最终参加和谈的26个政党代表着南非3/4以上的居民。谈判期间，仍有流血斗争，但和谈进程不可逆转。1993年12月，南非临时宪法通过，这标志着法律上白人统治的结束与黑人获得平等权利的开始。为了保证大选的公正，成立了"独立选举委员会"，它不隶属于任何政党，独立于过渡行政委员会和政府。联合国也派国际观察员监督大选。1994年4月26日，南非27个政党参加竞选，非国大以62.62%的优势赢得大选，曼德拉成为南非首位黑人总统。非国大成为执政党，标志着新南非的诞生和南非种族主义的终结。

三、国家－民族建构主体与族际合作治理

按照民族政治理论学家恩尼斯特·盖尔纳（Ernest Gellner）对国家（state）和民族（nation）的区分，以及本尼迪克特·安德森（Benedict Anderson）的"想象的共同体"理论，威斯特伐利亚体系确立的民族－国家（nation－state）是现代国家的典范，二战后伴随亚、非、拉民族解放运动，出现了一大批殖民地国家，大都延续了宗主国的民族－国家建设（nation－state building）的模式。而实际上，世界上大部分国家并非国家与民族重合，多民族国家是当代诸多国家，特别是发展中国家的一种常态。多民族国家内部的深层次文化结构上的多元性严重影响着国家的政治稳定，更有甚者，各种类型的民族自治运动严重威胁着国家的统一和民族的团结。如旁遮普省纠纷、克什米尔独立运动、达罗毗荼脱离运动、米佐拉姆邦叛乱等事件，造成了"南亚的巴尔干化"甚至"印度的国家崩溃"①。因此，印度独立后的民主制度建设面临着宗教、民族、文化上的复杂多样性，如何在民主制度下通过有效的方式进行整合和国家建设，成为印度社会面临的一大难题。

面对新出现的非单个民族的"民族国家"形式，比较政治学家胡安·林茨（Juan J. Linz）提出了"多元化的国家－民族（state－nation）"概念，并对其构成制作了说明：①国家认同度，即公民对现有国家的认同程度以及能否对自己的身份产生自豪感。②政治认同结构，即是否形成了包括信仰、语言、文化等多元互补的交叉认同感。③制度信任感，即对目前的政府、政治制度是否拥有较高的信任度。④民主的接受度，即使是差异度极大的公民群体也支持在民主制度框架下进行协商。基于此，林茨分析了美国和印度两种不同的国家建构，指出："我们所称的民族－国家是多元文化的，甚至是多个民族的国家，但仍然试图努力获得其公民的高度认同和忠诚，在同质的民族－国家的支持者看来，这样的认同和忠诚只有公民－国家才有。美国是这样一个多元文化的、多种语言的国度，和瑞士一样。两个国家都不是严格意义上的'民族－国家'，但是我们认为现在两者都可以称为'国家－民族'。在贾瓦哈拉尔·尼赫鲁（Jawaharlal Nehru）领导下，印度通过灵活和志

---

① 王红生：《论印度的民主》，社会科学文献出版社，2011年，第288页。

愿的方式开展了大量的合作活动,在处理多民族紧张问题方面取得了显著的成就。通过这一过程,印度在 20 世纪 50 年代和 20 世纪 60 年代赢得了政权,而且企图把这个拥有 1.1 亿穆斯林人口的国家变成印度民族 – 国家,那么毫无疑问,公共的暴力将会增加,印度的民主将受到严重的威胁。"①

林茨的描述真实地展现了印度国族建构的现实。这种情况在印度一词的含义中可以找到答案。印度这一名称在原初的含义中并不含有国家的意义,它和印度河联系在一起。只是近代英国殖民主义统治和压迫,印、巴分治的种种苦果,经过印度民族主义者的宣传,才使印度人超越了宗教、种姓和等级身份的种种藩篱,形成了建立统一的民族国家的愿望。在这一背景下,印度建国时期的领导人超越宗教、语言和民族的区分,将世俗主义作为重要原则,通过包容多元的方式,提出了建立一个统一的公民身份国家的构想,并把这一构想写入宪法,即印度人民"将印度建成为主权的社会主义的世俗的民主的共和国"。印度宪法的第三篇对公民的基本权利进行了规定,包括平等权、自由权、反剥削权、宗教自由权和文化教育权等五项权利。平等权包括法律面前人人平等,禁止宗教、种族、种姓、性别或出生地的歧视以及废除"贱民制"等条款。1976 年,印度议会通过了第 42 次宪法修正案,在宪法中附加了"第四篇(A)基本义务"。其主要内容为公民遵守宪法、尊重国旗和国歌;维护印度主权统一和领土完整;保卫国家和为国家服役;促进全体人民的友爱精神,摒弃有损妇女尊严的习惯;珍视和保存文化遗产;保护和改善自然环境;保护公共财产;以及发扬科学精神、人道主义和探索改革精神等等。从宪法的这些条款看,体现其鲜明特色的就是将印度所有的人,不分宗教、种族、种姓、性别和出生地,一律置于国家中,使其具有公民身份,并努力实现公民对国家的认同。同时,印度宪法通过民族平等原则,将各个民族群体变成了人民主权的一个成员。

在国族建构中,印度的国大党发挥了重要作用。1885 年成立至今,国大党已有 130 余年的历史,是世界现存较老的政党之一。在它的领导下,印度人民通过艰苦卓绝的民族解放运动,不仅实现了国家的独立,也推进了国族建构。主要表现在,它提出了世俗主义、民族主义和社会主义的建国原则,

① [美]胡安·J.林茨:《民主转型与巩固的问题:南欧、南美和后共产主义欧洲》,孙龙译,浙江人民出版社,2008 年,第 36 页。

极大地将各个民族、宗教和种姓团体团结起来；它推进了印度宪法的建立，宣布了公民平等和民族平等原则；在政治实践方面，国大党通过推行"政党下乡"与基层民主建设运动，打破了印度农村封闭独立的政治体系。这不仅将原先封闭的各个种姓集团进行了政治整合，更将原先被排除在社会关系之外的"贱民"也纳入统一的政治场域中来，其表现在三方面：首先，通过国大党的基层组织建设，瓦解了传统的潘查亚特制度（Panchayati raj），使印度农村政权走上了民主化的道路。其次，法律面前人人平等、一人一票的普选制，加之以反歧视法出台、职位保留制、表列种姓、表列部落等具体措施，紧紧地将印度不同族群整合到统一的"民族国家"中，并在此基础上发展他们对印度国家的认同。最后，随着印度民众政治意识的逐渐觉醒并臻于成熟，民主化的新潘查亚特制度成为民众反映政治诉求、各利益集团公开博弈的政治舞台。20世纪90年代以后，随着平等和包容为越来越多的人接受并成为广泛的社会共识，种姓制度也随之发生了深刻变化。萨玛（Sharma）指出："随着旧的等级秩序所规定的低级种姓'下等人'对高级种姓'上等人'的尊敬的瓦解，以高级种姓控制低级种姓的选票为特征的纵向政治动员模式业已过时……它已将印度从前的自上而下的精英主义政治制度转变为一个真正的大多数人统治的代议制度。"①除此之外，国大党还通过推动宗教和解、促进宗教合作，消除土邦割据、实现国家统一，解决印、巴分治带来的难民问题等方式推动印度国族的建构。它通过世俗主义，实现了与伊斯兰教和其他宗教之间的合作，国大党的这些实践为印度的国族建构奠定了基础。然而，现实中仍然存在的种姓、族群不平等现象使印度狭隘的民族主义思想死灰复燃。印度人民党在此背景下提出"一个国家、一个民族、一个文化"的主张，赢得选举，一跃成为印度的主流政党。但这一主张带有人民党自身利益的考虑，不仅遭到了其他宗教的谴责，也催生了不同宗教之间的矛盾和冲突。但也不能不看到，最初国大党奠定起来的国家－民族建构基础已经打下。

今天的多民族发展中国家治理能否成功，很多方面取决于一定的共治主体的存在和建立。在解决这一问题上，印度的族际合作治理经历了一个由一党独大的族际合作共治向多党参与下的族际合作治理的转变。现代国

---

① Shalendra D. Sharma, *Development and Democracy in India*, London, 1999, pp. 7 - 8.

家很大程度上是政党政治,政党一般被称为一种准权力组织和政治势力,影响着这些国家的政治权力的运行和政治组织的编排。在印度族际合作治理的历史上,国大党发挥了极其重要的作用。印度是议会共和制国家,议会作为印度的立法机构由两院组成,包括上院联邦院和下院人民院。形式上两院的代表绝大多数是选举产生的,但从代表来源看,主要由不同语言邦或特定地区的代表组成。其中尤其值得注意的是行政区划。在印度,有 18 种主要语言各有其独特历史并集中在不同地方。① 这些语言由于历史悠久,运用者众,且发展根基深厚,不仅构成了一个地区的人文景观,而且也形成了不同地方认同和民族认同。面对不可更改的历史和现实压力,印度政府只能以此为依据进行行政区划。1956 年 8 月,印度人民院通过了邦改组法,按语言分邦,全国按照主要语言分布划分为 14 个邦、6 个直辖区,各邦以该邦主要语言为官方语言。② 这次调整,变化最大的在南部,南部泰米尔语系的四个主要语种地区成立了四个邦:讲泰卢固语的安得拉邦,讲泰米尔语的马德拉斯邦,讲马拉雅兰语的喀拉拉邦,讲卡纳达语的迈索尔邦。除了语言外,一些邦或地区是按照宗教或民族来划分的。如在印度的东北部地区有 7 个邦,1961 年至 1972 年间,那加兰邦、梅加拉亚邦、米佐拉姆从阿萨姆邦分离出来。在这些邦中,都有一个占支配地位的宗教族群,并伴有许多少数民族。同样,在两院中都有他们的代表。不仅如此,印度独立后的宪法中明确规定,议会中的议席应该按照人口数比例对指定阶级和指定种族予以保留,各种行政职位也应按照人口数比例为指定部落、种族和妇女保留位置。③ 由于两院的代表分别或按照比例来源于这些邦、地区或种姓中,由此也就反映出印度力图通过联邦制和民主制度的方式,使不同族群最大限度地参与到公共事务中来,通过一定的组织机制行使权利,在协商中达成共识,在"共识"基础上实现族际合作治理。

与族际合作治理相联系的是,进入 20 世纪 90 年代以来,基层的草根民

① [美]加布里埃尔·阿尔蒙德:《当代比较政治学:世界视野》,杨红伟等译,上海人民出版社,2010 年,第 724 页。

② 目前印度已经增至 29 个邦和 7 个联邦直辖区,其中联邦直辖区包括一个国家首都直辖区,即新德里。参见[美]加布里埃尔·阿尔蒙德:《当代比较政治学:世界视野》,杨红伟等译,上海人民出版社,2010 年,第 744 页;古洪能:《比较政治制度》,武汉大学出版社,2010 年,第 209 页。

③ 参见高德义主编:《各国宪法民族条款汇编》,"行政院原住民族委员会"(台北),2004 年,第 201~218 页。

主也有了巨大发展。1975 年至 1977 年,英迪拉·甘地(Indira Gandhi)推行威权政治。该变革之后激起了印度社会各种力量捍卫民主的决心。更多的群体参与了这一活动,这种状况有力地援助了弱势群体的维权斗争。草根民主的出现为印度不同民族的族际合作治理提供了社会环境基础。而 20 世纪 80 年代,草根民主的发展为族际合作治理提供了更为广泛的社会基础。尤其值得注意的是,在印度民主政治发展中,低种姓的政治参与和印度教民主兴起有力地加强了印度族际合作治理的政治基础:

一是在印度的民主政治发展中,低种姓已经成为今天印度民主政治发展的一个重要参与者。主要体现为四种发展趋势:①为了获得支持和赢得选举,低种姓开始被高种姓支配的政治联盟吸纳,政治参与程度得以扩大,政治权力得到增强。②一些时候,相互交叉的多重身份认同加剧了阶级、族群以及宗教上的冲突和分化。③尽管低种姓的政治权力得以增强,然而由于在初等教育和基础设施上的财政投入没有获得相应的支持,财富和收入的两极分化并未得到改变。④种姓的政治功能越来越突出,政党政治与种姓结合在一起,种姓政治逐渐成为印度民主政治的主要政治形态。① 随着种姓集团的分化,印度的多元政治更趋复杂,民主政治的社会基础也相应地发生着深刻变化。

二是社会教派化趋势影响。阿约迪亚寺庙事件②标志着印度社会教派化(communalization of society)趋势加剧。印度人民党执政以来,采取激进的宗教同化政策,排挤其他宗教的生存空间,打破了原先的宗教平等格局,由此引发了一系列宗教冲突事件,甚至是恐怖袭击事件。其他政党也纷纷效仿人民党利用民族主义、宗教主义来拉拢选民,使印度进一步呈现出了政治宗教化与宗教政治化相互交叉的状态,这给印度的族际合作治理带来了极其不利的影响。在这种政治与宗教的相互借势中,印度人民党面临着双重身份尴尬局面。作为社会运动组织,印度人民党主要通过以下三种方式来争取印度教选民的支持:第一,强化印度教徒的集体认同,通过煽动对穆斯林的仇视来凝聚印度教教徒的向心力和认同感;第二,扩大印度教教徒的政

---

① [美]阿图尔·科利主编:《印度民主的成功》,牟效波等译,译林出版社,2013 年,第 220 页。

② 1992 年 12 月 6 日,数千名印度教"志愿服务者"强行冲进并拆毁有争议的印度北方邦圣城阿约提亚的巴布里清真寺,导致印度各地爆发近 20 年来最严重的全国规模教族骚乱,造成 1100 多人死亡,4000 多人受伤。此事件在伊斯兰国家引起强烈反响和抗议。

治参与，将信徒或选民吸收到社会运动中来；第三，结合自身利益重新界定政治观念，主要表现为对印度宪政世俗主义和民主主义的界定。作为执政党，印度人民党为维持政局的稳定，往往采取中庸之道，将激进的意识形态与平衡妥协的政治策略相结合。除此之外，印度共产党、国大党等左派或者中间派政党也在一定程度上制约着以印度人民党为代表的右派民族主义势力，这既有效地维护了印度的族际政治稳定，又抵制了印度教民族主义对族际合作治理的不利影响。

因此，民主制度框架下的协调妥协成为印度缓解族群冲突和政治矛盾的主要方式，这也帮助印度形成了强调对话合作的政治价值与政治文化。可以说，移植自西方的民主制度导致了印度教民族主义势力的抬头，但又是这种制度下的政党政治帮助印度抑制了印度教民族主义的进一步膨胀。

在新南非，同样也存在着新的国家建构与民族合作治理的问题。

现代国家建构最初是欧洲政治发展中的历史现象。与传统的封建体系或帝国体制不同，现代国家是在明确界定的领土边界内，合法地垄断了暴力力量的政治组织，它通过制度化的方式行使统治管理权。国家建构的基本指向是协调国家与公民之间的制度关系，在塑造国家政治权威的同时，保护公民的政治权利。国家保护社会权益和公民认同政治国家，是国家建构的基本特征。与西方国家建构的情形有所不同，南非的国家建构不是单纯地协调国家与公民之间的政治关系，而是要整合诸多种族集团之间的文化关系。在维护公民权利和族群权利的基础上，构建国家的政治认同。南非历史上实行种族隔离制度，歧视性的政治经济政策导致社会的高度分裂性。白人对黑人的歧视和黑人对白人的仇恨，既无法普遍地保障公民的社会地位，也在文化群体之间人为地制造心理对抗。针对此种情形，南非国家建构的目标就在于承认社会冲突的客观事实，基于多元族群共存的基础建构政治一体化的现代国家，从制度上创设国家的公共性和权威性。

国家建构不同于社会系统的自然演化，通常表现为政治权力的介入和集体行动的力量。诸如国家建构、政权建设等充满工程学色彩的概念，无不显示出"理性能力在国家塑造过程中的强大作用"。[①]　就南非的国家建构而

---

①　高春芽：《现代国家建设的逻辑：政制整合与社会重构》，《上海行政学院学报》，2014 年第 2 期。

言,多种族、多民族国家实现政治一体化,涉及政治、经济、社会等诸多方面的内容。均衡地协调政治发展、经济增长和社会变迁之间的结构性关系,是一个动态的历史整合过程。由于南非三百多年来实行种族主义制度,造成了严重的社会分裂,实现民族国家的政治一体化不可能是自然融合的过程,而更多地体现为"政治选择和国家的作用"。① 根据历史制度主义的观点,国家的发展模式并非人为随意设计的结果,既有的制度实践将影响潜在的制度选择。

首先,南非的国家建构不在于设计全新的政治制度,而在于废止长期实施的种族隔离制度。从法律的高度否定种族隔离的合理性,成为国家建构最为重要的步骤。南非新政府成立初期,最重要的任务是改造种族隔离制度的法律体系和国家机器。1994 年以来,除了 1996 年的南非新宪法之外,共制定通过 789 项法律或法律修正案,形成了较为完善的新法律体系。② 1994 年临时宪法是南非历史上第一部体现种族平等的宪法。1996 年,在临时宪法基础上起草的新宪法被正式批准,并于 1997 年开始分阶段实施。南非新宪法仿照美国,实行行政、立法、司法三权分立制度,中央、省级和地方政府相互依存,依法各自行使法律权力。1996 年 12 月,南非总统曼德拉签署新宪法,为建立种族平等的新型国家体制奠定了法律基础。1997 年 2 月 3日,南非永久宪法生效,结束了三百多年的种族隔离制度。种族隔离制度的废除,从法律上宣告了公民平等和族群平等时代的到来,夯实了建构统一国家的社会基础。

其次,南非的国家建构还在废除种族隔离制度的前提下,设计了权力共享式的政制体系。在西方国家的政治发展史上,民族国家的形成在实践和逻辑上优先于民主政治的发展。国家建构的一般路径是,"首先基于特定的领土范围,借助军事手段实现政治统一、确立政权边界,在国际社会中宣示国家主权。其次,国内社会群体围绕政治权力的分配展开政治斗争,确立国家与社会之间的界限,最终实现人民主权"③。国家 – 民族建构因此包含了国家建构和民族建构两个维度,源于两种结构和原则的融和,即基于政治和

---

① 杨立华:《新南非十年:多元一体的国家建设》,《西亚非洲》,2004 年第 4 期。
② 参见杨立华:《南非的政治遗产:南非发展的制度基础》,《当代世界》,2014 年第 2 期。
③ 高春芽:《现代国家建设的逻辑:政制整合与社会重构》,《上海行政学院学报》,2014 年第2 期。

领土的国家因素和基于历史和文化的民族因素。在民族建构过程中,民族统一包含外在统一和内在统一双重内涵。民族的外在统一是指,全体民族成员不依附于其他共同体,在领土范围内实现自主自决,拥有独立的政权组织;民族的内在统一意味着共同体成员不仅共享统一的中央政府和法律制度,而且拥有彼此相通的社会心理,能够从观念上认同国家利益的至上性。民族建构和国家建构相互依赖,民族建构通过国家权力将特定的文化价值制度化,国家建构则从民族建构中获得国民认同和社会凝聚力。[①] 基于国家权力的渗透功能消解社会构成的异质性,实现民族成员社会团结的有机化,"形成同质的政治文化"[②]。政治学理论通常认为,多数统治是民主政治的基本原则,意在通过"大众参与和精英竞争保障政治过程的合法性和有效性"[③]。由于共同社会文化心理的存在,民主政治的公共竞争性不会严重撕裂社会团结。而对于南非这样长期存在种族压迫的国家,当社会冲突表现为亚文化对立时,民主过程有可能遭遇政治不稳定的风险。[④] 各亚文化群体对特殊身份价值的追求,依据文化的界限采取政治行动,并不能自动形成公共性认同,而往往是族群冲突的根源。为了超越可能出现的社会文化冲突,新南非在国家建构的转型初期并没有立即选择自由民主体制中的执政 – 反抗模式,而是实行具有协和民主色彩的权力分享体制。[⑤] 在政党制度方面,充分尊重社会利益多元化的现实,实行多党制,允许不同的政党平等地参与选举。在 1994 年举行的首次不分种族的大选中,共有 27 个政党参加,其中 7 个政党赢得了议会席位。在选举制度方面,为了保护少数群体的合法权益,尊重白人少数派的政治诉求,南非议会选举实行比例代表制,而非赢者

---

① 王建娥:《国家建构和民族建构:内涵、特征及联系》,《西北师大学报》(社会科学版),2012 年第 2 期。

② 宁骚:《民族与国家》,北京大学出版社,1995 年,第 213 页。

③ 高春芽:《多元社会的政治重构——制度分析视野中的协合民主模式》,《学术界》,2013 年第 9 期。

④ Deane Neubauer, Some Conditions of Democracy, *American Political Science Review*, Vol. 61, No. 4, 1967, p. 1008.

⑤ 马正义:《南非和平政治转型研究》,南开大学博士论文,2016 年,第 202 页。如何在多元文化社会建立稳定的民主制,政治学家利普哈特曾经提出协和民主的构想,即大联盟(grand coalition)原则,即多元社会中亚文化群体的精英协同合作、治理国家;相互否决(mutual veto)原则,即少数群体对大联盟通过的决策拥有否决权;比例制(proportionality)原则,即将得票率或群体规模作为选民代表、公职任命和资源分配的主要标准;局部自治(segmental autonomy)原则,即专属事务由亚文化群体自行治理。

通吃的简单多数制。借助包容性的制度安排,尽可能地将各种文化群体、党派集团的诉求纳入政治体制。1994 年,南非大选后成立了民族团结政府,建构了多党联合执政的制度框架。在政府体制方面,融合了内阁制和总统制的因素。国民议会由选举产生,多数党负责组阁,议会对选民负责,内阁对议会负责。但总统并不由选民直接选举产生,总统履职后将不再是国民议会的成员。南非总统既是政府首脑,也是国家元首。在国家结构方面,南非实现了单一制下中央集权和地方高度自治的有效结合。南非结合自身实际仿效英国,确立了"半联邦制"的国家结构形式。① 此种结构形式,在维持中央权威的同时,可以使地方政府在国家治理中分担责任,有效地回应少数群体地方自治的诉求。

总体而言,南非的制度设计并没有盲目追随西方国家的自由民主模式,而是将社会结构的特点引入政治过程,体现平等包容、多元共存的特征。多党联合执政具有联盟政治的特点,地方自治则保护了少数族群的核心利益。联盟政治以共享权力的形式解决公共事务,在制度设计上构建亚文化群体的相互信任,鼓励精英之间的横向合作。局部自治则以纵向分权的形式解决专属事务,在制度设计上将自主治理镶嵌在主权完整的国家框架中,避免社会冲突的政治化。基于上述机制设计,南非国家建构具有在文化观念上搁置妥协而在利益分配上促进协商的混合特征。② 通过贯穿着抑制简单多数规则、保护少数群体权利的宗旨,限制政治竞争的强度和范围,将多元社会的分裂力量整合为民主稳定的现实基础。

最后,南非的国家建构除了从制度设计上保障族群的法律地位之外,还普遍地增进了国民在政治及社会文化等方面的权益。国家建构在宏观形式上表现为公共权力的理性化,在实质上则是政治公共性的塑造。借助基本制度体系的支撑,奠定保障民权的法律框架,最终将政治权威的大厦矗立在社会认同的基石上,实现了公民个体与政治共同体之间的相互依赖。根据南非的宪法,国家提供的权利保护包括:①人的尊严,实现平等与促进人权和自由;②没有种族主义和性别歧视;③成年人普遍选举权,全国统一的选民名册,定期选举,多党制民主政府,确保负责、应答和公开;④实行统一的

① 马正义:《南非和平政治转型研究》,南开大学博士论文,2016 年,第 203 页。
② Hans Daalder, The Consociational Democracy Theme, *World Politics*, Vol. 26, No. 4, 1974, p. 607.

公民权,所有公民平等享受公民资格赋予的权利和利益,并平等地承担公民的义务和责任;⑤每个公民都有政治选择的自由,包括组织政党,参加政党的活动,为政党吸收成员,为某个政党或事业进行竞选活动;⑥每个公民都有权参加依据宪法建立的任何立宪机构的自由、公正和定期的选举;⑦保证宗教、信仰和主张的自由,但是规定宗教活动必须遵循自由和自愿原则;⑧明确11种语言为官方语言,国家要采取公正有力的措施,提高这些官方语言的地位。宪法对公民权利保护,在政治权利方面采取普遍主义做法,承认公民一律平等,否定任何形式的种族歧视。在语言、宗教等社会文化权利方面,"承认多样性,保护少数的利益"①。这种政治权利普遍认可与社会权利区别对待相结合的做法,既顺应了现代政治文明的平等原则,又照顾到南非历史和现实的基本国情,为构建跨越族群文化边界的政治认同创造条件。

　　新南非的国家建构是基于特定的历史传统和国际环境,这使其发展路径具有鲜明的政治特点。首先,南非国家建构的目标是超越历史深重的种族歧视传统,通过法治化的方式构建属于全体南非人的共和国。在南非的政治转型过程中,曼德拉、德克勒克等精英人物在社会动员与谋求和解等具体事务上发挥了关键性作用。虽然伟大人物在南非的发展道路上留下了鲜明的烙印,但国家建构始终在法制化的轨道上运行。诸如南非宪法法院在制衡政府权力、维护公民权益,特别是建立法治国家方面,发挥了重要作用。凡是在中央和省一级范围内,涉及任何国家机关的宪法地位、权力或职责的争端等问题,均由宪法法院做出判决。其次,新南非的国家建构处在民主化的国际背景下,同时面临国家建设和民主发展的双重任务。西方国家在历史上先后出现的国家建设和民主发展任务,几乎同时出现在南非的发展议程上。国家建设既需要国家权力向国家的集中,又需要国家权力向社会的渗透,二者相互作用。也就是说如果没有一定的国家权力集中,在多民族国家则容易出现像米格代尔所说的"强社会"状况。反之,如果国家权力不能渗透社会,也难以说明国家权力实现了"集中"。但这种渗透和集中,在多元政治的国家中,主要通过民主的方式来实现。南非的实践证明了这一特点。即通过一定的民主机制,使社会中的不同民族群体参与到对国家的建设中来,在宪法和法治中获得与白人一样的"平等权利"和自由,实现政治解放。

---

① 杨立华:《新南非十年:多元一体的国家建设》,《西亚非洲》,2004年第4期。

黑人和白人在民主的框架中认同于宪法和制度做出的安排。由此，南非不同民族和成员通过民主的方式，实际上通过多元政治集团对政治的参与实现了与国家联系在一起。一方面，通过这种参与，黑、白两大种族实现了和解，各个民族群体在制度的框架下实现了合作；另一方面又是借助于民主这一机制，国家通过制度的和政策的方式，其中特别是通过权力分享，实现了国家向社会、向不同民族群体的渗透，实现了对社会的管理，有效地缓和了严重的族群冲突和政治动荡。虽然 1996 年新宪法通过后，南非的政党政治出现了较大的分化组合，非国大显示出独大的趋势，但包容妥协与多元共存的精神已经深入人心。一种协和性民主为政治转型提供了舞台。

四、两国的族际合作治理机制

印度和新南非既是多民族发展中国家，又是采取多党竞争性政治的国家。在一个内部充满了多元文化，政治上又实行多元竞争政治的条件下，如何实现族际合作治理是两个国家面临的难题。争而不裂、多而不离、分而有合，在此方面的机制究竟是什么呢？

（一）公民权利与地方自治

如果说新加坡的族际合作治理机制带有嵌入性特点，在这种嵌入性的合作治理机制中，族际之间、不同民族群体与国家之间的合作带有较强的相互渗透性，尤其是不同民族之间的互惠、互助性的合作构成了族际合作治理的基础和目标，那么印度和新南非的族际合作则更多是基于对权利承认基础上的族际合作。

自近代印度沦为英国殖民地以来，英国的政治传统也通过各种渠道影响到了印度。尽管印度 1947 年从英国统治下获得了独立，但印度无论从宪法设计的理念、制度架构等诸多方面无不带有英国自由主义宪政文化的痕迹。在此方面，除了议会民主制以外，英国注重权利的传统深深嵌入了印度宪法和制度设计中，并对印度的地方自治和合作联邦制构成了重要影响。

研究印度的宪法可以看出其中对人权和公民权利的规定之详尽。宪法序言开宗明义地声明：国家保护一切公民在经济、社会与政治方面享有公正权；有思想、表达、信念、信仰与崇拜的自由；所有公民在地位和机会面前平等。在此基础上,宪法第十五条明确提出:"国家对于公民,不得以宗教、人种、阶级、性别、出生地点,或类似之其他任何理由,而予以差别待遇"[①],体现出了无差别、无歧视的平等原则。上述种种规定均表明,印度的建国者试图通过公民身份的建构实现一次政治解放,使人从宗教的、等级的、种族的种种限制中解放出来,共同集合于国家之下。然而印度的这种"政治解放"并不像英国或其他西方国家那样,将国家奠定在个人主义的基础上。印度宪法一方面承认了人的公民权利,另一方面个人依然是一定的宗教的、种姓的、种族的、语言中的人。印度宪法对多元文化的承认,也就是使"国家的每个公民都是少数民族"[②]。表现在政治生活中,由于地方和文化群体的划分,公民最终依然属于群体。显然,在这里,印度的公民身份带有东方的群体主义特征。公民权利的实现更多是而且也只有在一定的群体,如宗教的、种姓的或语言群体中才能实现。这样一种既承认权利又将权利置于一定的限制中的逻辑也影响到对地方权力的安排。

如果说东南亚不少国家的建构始于权力中心,印度的国家建构则主要以"权利"和地方自治为基础,这种状况同样在印度宪法和制度的编排中得到突出表现。在印度,多元文化是一大特色。不同的语言、宗教、种族、地方和种姓都力图表现自己的个性,反映到宪法和制度编排上自然将权利、身份承认作为重要的内容。印度宪法第二十九条明确规定了关于少数族群权利的保护问题:"一、在印度领域或其中某地域居住之公民,应有权保留其固有之语言、文学或文化。二、不得因公民之人种、阶级、语言或其他类似理由,拒绝其于国家所设立,或受国家辅助之教育机构内求学之权利"[③]。此外,印度曾经就确定哪种语言为官方语言的问题在国内引起了广泛争议。印度纳入宪法的语言就有15种,最初的宪法决定将印地语设为国语,英语为官方语言保持15年不变。这项政策引起了其他语言邦的广泛抵制。最终,迫于压力采取了折中办法,仍将英语作为联邦一级的官方语言,以下各级可同时使用英

---

① 印度宪法,参见高德义主编:《各国宪法民族条款汇编》,"行政院原住民族委员会"(台北),2004年,第201~218页。

② [美]盖伊主编:《自治与民族:多民族国家竞争性诉求的协调》,张红梅等译,东方出版社,2013年,第54页。

③ 参见高德义主编:《各国宪法民族条款汇编》,"行政院原住民族委员会"(台北),2004年,第201~218页。

语、印地语及其他语言。通过这种方式，保证了国内其他语言的平等地位。

宪法对不同群体权利的规定，不仅承认了所有的宗教、语言和文化群体在宪法和制度上的平等的，且享有法律上自治的权利。也就是他们可以在某些方面自己管理自己。他们可以传播自己的宗教，他们也有权建立自己的机构，如慈善组织和教育机构。他们可以保留自己的文化权利而不至于被同化到其他大的宗教和民族群体中去。在政治上，他们都享有平等的参与政治的机会。他们都有权进入议会，表达自己的利益要求，这为印度民主政治的建立提供了社会基础，通过民主或立法的力量来保护和发展他们的权利。印度的这样一种安排固然容易导致地方和群体中心主义的兴起，影响到印度经济建设的速度。但它对于民主政治确是有意义的，多元文化主义代表人物金里卡指出："在印度的思想观念中，印度的整合和统一的考虑占有突出地位，即使如此，人们也坚定相信，政治统一有义务保护文化多样性。换句话说，统一和多样性不是对立的、冲突的，它们可以共存一体，这就意味着印度是一个多元文化的或是多民族的民主政体。"①由于有这样一种政体的存在，也使印度的族际合作首先是政治上的合作。也就是不同民族、宗教群体按照制度安排运用各自的权利，同时又在宪法和法律的规定下承担合作的义务。而至于不同宗教、民族群体如何发展，则是各个民族群体自己的事务。否定这种自治，无疑对印度的团结是不利的。

（二）多元政治与中央集权

对权利和自治的追求，也导致了印度多元主义的政治建立。据印度中央选举委员会统计，印度的政党数量从 1951 年到 2004 年由 192 个增长到 750 个之多。但印度政党政治在实践过程中形成了较高的政党互补机制。诸如国大党、印度人民党、印度共产党等全国性政党对文化民族主义色彩较浓的地方性政党的整合吸纳，不仅有效缓解了政党冲突与极端民族主义势力的膨胀，避免了政党竞争零和博弈的发生，而且还满足了中央集权与地方诉求表达的需求。目前对印度政党的划分方法有五种类型：按照空间范围划分，有全国性政党和地方性（邦一级）政党，目前全国性政党主要有国大党、印人党、印共（马）、印共、大众社会党和民族主义国大党，以及 42 个邦级

---

① Will Kymlicka &Baogang He, *Multiculturalism in Asia*, Oxford University Press, 2005, p. 293.

地方政党;按照意识形态划分,有国大党、印人党和众多的地方党,各种共产党等;按阶级属性划分,有代表资产阶级、地主阶级的国大党,也有代表广大工人、农民和其他中下层民众利益的政党,其中包括低种姓的群众;按照政治地位划分,因执政地位不同和执政时期不同而有变化;按照政治倾向分,有左、中右类政党,如印共(马)属于左翼力量的代表。上述不同划分都反映了一个现实,尽管印度是多元文化的,各个不同宗教、不同民族群体和地区都有自己的个性和认同,但印度不少政党是跨族的或是跨地区的。如印度国大党则具有包容性。由于大量跨族性政党的存在,它可以缩小或缓和由于民族、宗教、语言等带来的民族间的界限。通过政党的平台将具有不同身份的成员吸纳进来,壮大本党的力量。同时由于多党的存在、多党之间的竞争,也就形成了不同宗教、民族群体之间既相互牵制又彼此渗透的局面。如印度人民党以印度教为根本,其内部的中右翼成员均有共同的倾向。另一方面,其内部同样存在着彼此相异的种姓集团,他们之间相互矛盾,甚至会产生斗争。但相同的力量又弱化了他们之间的对立。或者他们之间的对立又由于共同的信仰而得到缓和,彼此达到合作。印度的族际合作正是在这种多党复杂的、既有相互区别又相互嵌入的网络中建立起来。

　　同样的逻辑在地区与中央的关系中也得到反映。如前所述,印度的各个邦带有很强的语言、种族和宗教的特点。几乎每一个邦都集中了某种文化,如语言的或宗教的特点,且这些文化或语言都有相当独立发展的历史。瓦希苏·纳西亚(Vasuki Neslah)在分析印度的联邦制时指出:"印度联邦政治的基本特点从行政转向了民族。语言上的一致,正如联邦边界所表现的那样,已经逐渐变成民族与地区的一致,虽然偶尔发生'土地的儿子'与其他州移民相竞争的运动。"①面对强劲的民族地方的认同,如果按照国家主义的方式取消这些特点,必将带来内部的严重冲突。同时不承认这些邦的独特性,同样也难以奏效。在此现实面前,尼赫鲁等国家奠基者仿效美国联邦制度,通过宪法承认划分和规定了联邦和地方的权力。但是在印度,真正发展的是一种以中央权力集中为特点的"合作性"联邦制。② 这种联邦制是在对

---

① 〔美〕盖伊主编:《自治与民族:多民族国家竞争性诉求的协调》,张红梅等译,东方出版社,2013年,第58页。
② 〔美〕加布里埃尔·阿尔蒙德:《当代比较政治学:世界视野》,杨红伟等译,上海人民出版社,2010年,第724页。

英国造成的分而治之的反思中建立起来的。

建国后的印度面临着因英国殖民时代"分而治之"而导致的社会分裂现状。如何对国内各区域、各种姓、各族群进行有效整合成为国大党首先需要解决的问题。基于此,国大党在继承英国殖民者政治遗产的基础上建立了印度特色的集权型联邦制。联邦政府拥有较大的权力制约地方政府,如根据需要增设、撤销或改变邦的建制与边界,还可以根据宪法授权干预联邦事务等。这种制度帮助印度中央政府有效地集中了全国的人力、物力、财力来发展经济,使印度在较短的时间内成为较为先进的发展中大国。

在印度,按照中央政府和邦政府之间的成文约定,邦的权力有 66 项,涉及地方与基层的重要管理事务,如公共秩序、公共安全、福利、保健、教育、基层政府、工业、农业与土地收入等。[①] 宪法在对中央政府与邦的权力划出范围的同时,也对中央和邦的权力发生冲突时做出了规定,集中表现在立法问题上,宪法规定中央的立法与邦的立法发生冲突,中央制定的法律优于邦级的法律。不仅如此,在联盟条款中还规定了中央在邦政府设立、邦的边界划分、邦的名称以及邦政府领导人的设立和罢免上的权力。与美国的联邦制度比较,印度联邦制的一个突出特点就是绝大多数邦没有自己的宪法,只有查莫市和克什米尔是例外。它们加入联邦的前提就是中央政府不得干预其内部事务,根据条款,这两个城市有权建立自己的宪法。

印度宪法规定了中央政府拥有紧急事务处置权。只要总统宣布生效即可实现。在此状况下,中央政府和立法机构可以代行地方政府相应组织的职权。即使在非紧急情况下,如果国家利益需要,中央政府可以根据第 256 项、257 项和 365 项条款代行地方政府的职权。这些权利由总统在总理的建议下行使,受到国会的严密监控。这些规定都反映了印度中央集权的趋势,同时也加剧了中央权力和地方之间的矛盾和冲突。尽管如此,印度的政治制度还是形成了一种鲜明的中央和各邦间的合作模式,形成了在民事和刑事法律方面可以分享权力的"合作目录"和计划,内容包括教育、农业和福利等诸多方面。尤其当国大党在中央和邦政府影响力衰落,印度人民党和地方党力量兴起时,印度中央集权的联邦制受到了挑战。最为代表性的是,

---

① 参见[美]加布里埃尔·阿尔蒙德:《当代比较政治学:世界视野》,杨红伟译,上海人民出版社,2010 年,第 744 页。

1990年以来没有一个全国性的政党在联邦议会中占有简单的多数,联盟政府更多地依赖地方政党的支持。由此也就使联盟合作者能够影响政府的日程。联邦制不仅为不同的阶级之间分享权力提供了便利,而且也为那些来源于不同地方的社会和政治精英参与政治提供了条件。

为了适应日益增长的自治要求,联邦政府在农村、城镇和城市设立各级自治区委员会和村委员会,或是自治团体。这些自治委员会是为调节邦内部的不同政见,尤其是边境的邦,而特别设置的。但是极少的自治委员会能达成当局委以的代表任务。原因在于,邦或地方只有有限的财政权,而且最后由邦政府和中央政府命令委员会做什么。村委员会体系建立得也不顺利。1992年和1993年,联邦承诺将下放权力,但政府并不想真正地下放实质性的决策权。出现这种状况的根本原因在于,印度中央政府始终关心的是国家的统一和经济发展。

印度独立后,国大党执政的重要任务是发展经济,因此国大党选择了混合经济的发展计划。其中,国家通过公共部门从事基础设施和关键工业的建设,私人部门被鼓励参与指导公共分配领域。技术专家在中央内阁的主要成员和国务部长指导下制定国家计划。除此之外,印度政府还对下层人民,尤其是那些低种姓和表列部落,承诺提供尊严的生活和经济机会。在经济发展的认识上,印度领导人最早提出了"包容性增长"概念。这一概念是针对印度当时"有增长、无发展"的困境提出的。而这个问题更是所有发展中国家能否避免拉丁美洲国家出现的长达数十年的"中低收入陷阱",能否走出"边缘"国家迈向"核心"国家所面临的突出问题。对于超大型发展中国家来说,在实现经济高速增长的同时,实现教育、医疗、住房等公共服务均等化,促进经济建设和社会建设相互协调尤为重要。

印度的情况充满了矛盾。一方面,与西方发达资本主义、苏联社会主义模式以及东亚权威发展型国家模式都不同,"印度力图在民主的构架中实现工业转变,这是史无前例的,独一无二的历史经历"[1]。另一方面,印度民主最为世人所诟病之处在于,印度的经济增长并没有带来真正的发展,"印度繁荣了,但印度人没有繁荣",仍然是世界上最穷的民主国家之一。与其他亚洲发展中国家的比较可以得出一个悖论性的结论,印度经济上是矛盾的,

① Bipan Chandra, *India after independence*, 1947 - 2000, London: Penguin Books, 2000, p.466.

它既是富裕的又是贫穷的。它有一个先进的工业基础，包括拥有某些具有国际竞争性的高科技产业；绿色革命使得粮食产量快于人口的增长；更重要的是，它有一个很大的、教育良好的中产阶级支持进一步发展和工业升级换代。但是，其大部分重工业仍然是相对过时和无效率的，农村贫困和就业不充分仍是印度发展的巨大障碍。这里说的农村贫困有不少集中在印度的少数民族或表列民族上。为了保证少数民族的经济也得到发展，1947—1966年，这一阶段，殖民主义和民族主义共同塑造的独立自主、自力更生的"尼赫鲁共识"成为国家长期发展战略。尼赫鲁时期虽然喊着社会主义的激进口号，但实践却是相对保守的，诸如取消传统特权、革除种姓制度、实施再分配等政策并未真正付诸实施。结果，一方面，权势阶层感到受到了保护；另一方面，弱势群体也感到没有被彻底排斥在体系之外。

1967—1990年，进入"后尼赫鲁时代"。国大党一党独大逐渐过渡到多党联合的政党形态，民主的混乱导致经济发展战略缺乏共识，造就了缓慢的"印度增长速度"。英迪拉·甘地（Indira Gandhi）执政时期，国大党一党独大格局被打破，她以"减贫"为口号，倡导民粹主义以换取国大党的执政，虽然未能改变穷人的命运，但却充分动员了底层民众，进一步扩大了民主的包容性。拉吉夫·甘地（Rajiv Gandhi）执政时期，开始重塑国大党，并推行新自由主义的经济政策。与此同时，印度社会日益碎片化，联合政府越来越依赖于技术官僚和大企业，"亲企业"（pro‐business）的政商联盟趋势在推动经济增长的同时，弱化了民主的平等基础。

1991年至今，受到全球化和美国新自由主义经济政策的影响，印度由一个"具有社会主义意识形态背景的亲资本主义国家转变为具有新自由主义意识形态背景的彻头彻尾的亲资本主义国家"，经济增长成为印度发展的最高目标。与拉美等发展中国家的自由化道路不同，印度并没有立即推动私有化、收缩国家权力、向国际资本开放，而是逐渐实现外资开放、法律的自由化、削减公共开支、降低关税，推动了经济的快速增长。由于亲企业的政商联盟这一根本性的社会经济机构因素，经济的繁荣并没有给印度普通民众带来经济福祉和生活改善，没有产生新自由主义所谓的"涓滴效应"，反倒是社会两极分化严重，阶级、阶层收入差别加剧，社会不平等和不公正的现象日益盛行，出现了"有增长、无发展"的现象，陷入低质量民主治理危机。

显然，如何克服"有增长、无发展"的困境，破解政治权利和经济权利的不对称难题,就成为再分配政治的主要课题。如果分配正义的问题没有很好得到解决的话,民主的平等基础就会受到削弱,反过来也会影响经济进一步增长。应该说,自拉·甘地开始,印度领导阶层就意识到包容性增长对于民主政治和可持续发展的重要性。根据联合国人类发展指标来衡量,印度2010年的排名是134位,与1994年的排名一样,没有丝毫改变,这说明持续的增长并没有带来包容性发展。无疑,相对平等的初始条件和更具劳动密集型的产品组合是调和增长与分配的重要组成部分,这两个条件都是印度所缺乏的,特别是平等的初始条件。教育和医疗的投资是东亚国家成功的前提之一,也为印度发展提供了样板。而遗憾的是,由于社会的高度分层以及狭隘的统治联盟(仅仅是政商联盟),东亚的成功经验注定无法在印度得到复制。

虽然再分配和社会正义的理念深深根植于印度政治之中,但具体的再分配成就却极为有限。这些局限源于社会性质和政治模式两个方面的因素。印度社会的种姓和阶级结构以及阶级力量的变动均衡,特别是日益增强的大资本权力,都限制了印度再分配的可能性。除了社会结构性因素之外,诸如意识形态、统治者的领导力、官僚管理水平、对社会底层的动员等政治因素都会对再分配和减贫的程度产生重大影响。增长与分配的困境能否解决,取决于以下几个方面:第一,虽然印度主导发展模式是由政商联盟推动的,但为了赢得选举,所有政党都必须向穷人做出政治承诺;第二,各邦的发展不均衡,个别邦的低种姓和阶级已经掌权,并较好地实施了再分配政策;第三,高级种姓和阶级过去乐于掌控地方政府,而如今这一过程变得更为复杂,迫使政治和社会精英将资源转移到低种姓和阶级,以便确保他们的政治支持,这种状况无疑对印度的族际合作治理有利好的方面。

与印度不同的是,南非的族际合作首先是以消除族群对立的社会心理,实现族群和解开始的,在族群和解的基础上推进族际合作和合作治理。通过平等地保护公民的个人权益和族群的集体权益,共享经济发展成果,最终实现国家的公共利益。

1. 从和解到合作

南非的族际合作以族群和解作为先决条件,在此过程中,精英推动是实现大众和解的关键诱因。精英之间的妥协与合作促进了族群之间的宽容与合作。南非为促进族群和解而成立的"真相与和解委员会"(Truth and Reconciliation Commission)不仅仅只是寻找和陈述事实,它还是对一个国家所有成员对历史罪行的积极反思与回应,也是追究责任、补偿受害者乃至启动政治改革的起点。公开化地清理历史遗留问题以说明事实真相而非采取打击报复为导向的和解策略,在此发挥了重要作用。1995年年初,围绕前种族政府期间3名前高级安全官员和3500名警察赦免问题,南非各界展开了一场激烈争论。如果此时不能得到妥善处理,势必导致旧伤复发,刚刚缝合的伤口将再度受到刺激,致使南非重新陷入激烈种族冲突之中。从维护国家安定和种族和解大局出发,曼德拉领导的南非政府于1月24日公布了"促进民族团结与和解法案"。该法案在名称上即已确定了解决这一问题的基本原则,"促进民族团结与和解",即解决种族隔离制度的罪行为的是唤起人们的良知,而不是再度复仇。在这种精神指导下,南非政府建立了一个由11到17名政治上中立的陪审推事(其中包括一名法官)组成的调查真相与和解委员会,以调查种族隔离制度造成的敌对双方所犯错误和各种践踏人权的真相。7月19日,曼德拉总统在签署《促进民族团结与和解法》时阐明了这一法案的宗旨,即成立这种机构不是为了在政治上针对任何党和个人进行秋后算账,而是通过委员会处理过去的事情,为真正的和解打下基础。11月29日,南非政府宣布组成真相与和解委员会,诺贝尔和平奖获得者南非大主教德斯蒙德·图图(Archbishop Desmond Tutu)担任委员会主席。该委员会享有法律赋予的至高无上的权力,可以强行收集证据,也可以强迫证人作证,调查从1960年禁止非国大和其他政治组织活动到1993年12月成立多种族委员会时为止的有关种族犯罪行为。① 与一般的法院工作性质不同,该委员会通过举行与不同界别的听证会,还原历史真相,前者得到有条件赦免,后者获得社会的承认与致敬。真相也是一种正义。真相与和解委员会不是实现报应正义的手段,而是"从苦不堪言的旧体制通往承认人权至上新国家的历史桥梁"②。在整个听证过程中,严格遵循法治化、制度的运作方式,独立的司法审判和公正的司法赦免是重要的辅助条件。种族和解与包容政策的实施,促进了南非民众的国家认同感和共同文化心理的形成。通过还原历

---

① 参见张宝增:《真相与和解委员会》,《世界知识》,1998年第1期;夏吉生:《"真相委员会"与新南非种族关系》,《国际政治研究》,2004年第3期。

② 俞飞:《朝野妥协,实现国家转型正义》,《南方周末》,2009年11月26日。

史、追思痛苦、启发良知,实现和解,从而为民族族际合作治理奠定了良好的基础。为了弘扬这种种族和解精神,1995 年 12 月 18 日曼德拉总统宣布,将每年 12 月 16 日定为南非"和解日"。

2. 从排斥到包容

在种族和解的基础上,南非的族际合作还变现为开放政治过程,曾经饱受政治排斥的社会群体可依法行使公民权利。基于政治平等的原则,多元族群共享政治权力,族群成员依法行使公民权利。像南非这样的多民族国家内的民族问题,涉及个人权利和集体权利两个方面内容。尤其现代社会带来的平等导向是权力设立与保护的重要原则。[①] 不过如何协调二者之间的关系涉及多民族国家的政治整合的成败,是族际合作能够顺利实现的重要问题。

一方面,现代国家在将领土作为其最高的界限时,也意味着将领土范围内的成员变为了国家的成员。成员与国家是同等距离的关系,都是一国之公民,因而在法律上是平等的。在此新南非则体现了这样一个原则。南非的宪法明确公民的基本权利,即平等权、生活权、个人尊严权、人身自由和安全权、隐私权、思想、信仰和宗教自由权、言论自由权、集会、示威和请愿权、结社权、行动自由权、居住权、参加政治和经济活动权、劳动、组织工会和罢工权、财产权、教育权、语言和文化权、环境保护权以及关于儿童的权利等。此外,为保障公民的宪法权益,成立公民权利保护、人权、性别平等、选举、语言教育和审计等"独立的专门委员会以监督宪法的实施"[②]。通过公民的平等权利,将所有的公民都置于法律之下,国家之中,最大限度地实现了公民和国家之间的联系。

另一方面,南非毕竟存在着不同的种族,尤其黑、白两大种族在经济上存在着巨大的差距。解决他们的差距,使发展的结果能够为黑人分享,自然构成了实现种族平等最为实质性的内容。在南非政治转型以前,长期的种族隔离政策导致白人与黑人等有色人种之间存在巨大的经济落差。白人经济具有工业资本主义的特征,可以享受现代工业文明的发展成果,而黑人仍

① 王建娥:《族际政治民主化:多民族国家建设和谐社会的重要课题》,《民族研究》,2006 年第 5 期。

② 杨立华:《南非的民主转型与国家治理》,《西亚非洲》,2015 年第 4 期。

然保留着传统的农业经济,无法分享现代文明生活。白人对社会经济资源的垄断,形成了"内部殖民主义"的格局,①严重地挫伤了社会发展的活力,阻碍了族际之间的流动与合作。从族际政治的角度,包容性发展应该成为族际合作的社会基础。② 新南非制定了包容性的发展战略,实施了一系列针对弱势族群的救助计划。在经济发展方面,新南非继承的是种族间经济社会地位极端不平等的历史包袱。为了促进发展经济,南非新政府采取了保持宏观经济稳定的公共政策。虽然黑人与白人群体之间的经济差距仍然悬殊,但多数黑人的生活条件有了较大程度的改善。特别是黑人城镇地区,在住房、电力供应、供水、教育、公共卫生和社会保障方面,政府进行了持续的投入和建设。③ 在社会救助方面,由于旧制度下的种族歧视和压迫政策,南非广大黑人缺乏基本生存手段。新南非政府掌权之初即建立对贫困人口的救助制度,以解决下层民众,特别是黑人的生存需要。2013 年社会救助款项总计1200 亿兰特,占国内生产总值的3.4%,占政府财政支出的9%。④ 南非的包容性发展,不仅改善了低收入族群的经济状况,而且提高了族际合作的能力,从而为国家的长期发展创造了条件。在政治民主化和经济全球化的国际背景下,南非获得了国家政治统一和经济发展机遇。南非坚持包容共存的理念和政策,在维护族际平等和促进族际合作方面取得了举世公认的社会进步。

从上述南非族际合作的发展历程中,可以总结出以下特点。首先,南非的族际合作具有鲜明的制度建构特征。同其他国家自然演化的历史相比,南非的社会发展存在种族对立的历史包袱,制度设计和精英意志在促成种族和解和推动族际合作中发挥了至关重要的作用。精英妥协是种族和解和族际合作的推动力量。其次,在超越社会分裂、整合社会利益方面,作为执政党的非国大执行了包容性的发展政策。从解放运动组织者向执政党的转变,非国大的功能调适认清了国内社会结构变迁的形势,顺应了世界民主化的潮流。在政治转型后采用比例代表制、合作执政等制度实践,构造了族际合作的社会环境。最后,政治民主化是南非族际合作的有力推动力量。政

① 马正义：《南非和平政治转型研究》,南开大学博士论文,2016 年,第54 页。
② 常士誾：《族际政治文明建设探析》,《政治学研究》,2015 年第4 期。
③ 参见杨立华：《新南非十年：多元一体的国家建设》,《西亚非洲》,2004 年第4 期。
④ 参见杨立华：《南非的民主转型与国家治理》,《西亚非洲》,2015 年第4 期。

治民主化提供了政治统治的合法性基础,激励所有成员共同参与政治过程,提高了国家的政治认同。尤其是广泛而普遍的公民权利和族群权利的保护,奠定了族际合作的制度基础。南非在废除种族隔离制度后,迈上了建设种族平等、多元一体国家建设的进程。南非在取得社会经济发展巨大成就的同时,仍然面临一系列严峻的挑战,诸如如何采取有效措施改善治安状况、加强法治建设、遏制政治腐败等。尤其是在全球经济危机的背景下,南非经济发展压力增大、失业问题凸显,如何防范社会经济问题向族群冲突方面转化,也是刻不容缓需要解决的问题。

第九章　族际合作失败与国家解体:乌克兰和苏丹

从现代化的时序看,无论是乌克兰还是苏丹都属于后发国家。乌克兰曾经作为超级大国苏联的一个加盟共和国,在苏联解体后成为一个独立的主权国家。地处乌克兰咽喉之地的克里米亚岛居住着俄罗斯人,且文化上与乌克兰民族的文化存在很大的差别。加之背后都有大国插手,这样乌克兰的族际政治矛盾也就成为这个国家的断裂带。20 世纪 90 年代政治转型以来,这个断裂带随着民主化进程而不断扩大。与乌克兰相比,苏丹作为非洲最大的国家,其经济发展水平与乌克兰不可同日而语。南、北部人种和文化的反差加之复杂的国际因素影响,苏丹国家同样坐落在社会断裂点上。两国家都曾经一度出现过"合作"时期,但相聚不长,最终都分道扬镳。本章从族际合作治理角度分析了这两个国家走向分裂的过程。

一、两个国家的脆弱性

(一)乌克兰的国家脆弱性

乌克兰位于欧洲东部,从地理上看,东部与俄罗斯接壤,南临黑海,北与白罗斯毗邻,西边是波兰、斯洛伐克、匈牙利、罗马尼亚和摩尔多瓦等国,地理位置十分重要,是连接欧洲联盟与独联体成员、特别是俄罗斯地缘政治的交叉点。乌克兰拥有 4500 万人口,境内有 130 多个民族,乌克兰人占 77%(主要分布在乌克兰中部与西部),俄罗斯人约占 20%(主要分布在乌克兰的东部),其他为白罗斯人、鞑靼人、摩尔多瓦人、波兰人等。主要宗教为东正教和天主教。多数人讲乌克兰语,东部与东南部主要讲俄语。东、南部信奉东正教的人主张与俄罗斯保持亲近关系,西部信奉天主教的民众倾向于加入欧盟。

作为苏联的加盟共和国,苏联解体并没有使这个国家获得太多国家自主性,处于"文明断裂层"地带的乌克兰一直难以摆脱周边大国的掣肘。多民族、多宗教、多语言、多文化的相互渗透,特殊的地缘位置使得以美国为首的北约和为避免战略空间一再被压缩、退无可退的俄罗斯围绕乌克兰展开了旷日持久的争夺,由此使得这个国家一直处于碎片化状态,更加剧了乌克兰的分裂。西部地区主要受西方基督教文化影响比较大,而东部地区主要受东正教文化影响,不同制度和意识形态长期在这一地区博弈,导致乌克兰东、西部分长期处于相对隔离状态。经济上东、西部差异也比较大,西部以农业为主,经济发展水平较低,东部相对富庶,几乎所有重要工业区分布于东南部地区。从族群分布看,乌克兰族人主要集中于经济相对落后,以农业为主的西部地区,俄罗斯人主要集中在东南部地区,而且这一地区的经济实力比较雄厚,当年苏联的主要工业都集中在这一地区。在政治态度上,东部信奉东正教的民众对俄罗斯颇具归属感,西部信奉天主教的乌克兰人对欧盟普遍抱有亲近感。潜在的分裂与对立一直伴随着乌克兰历史进程的始终,严重影响着乌克兰民族之间的团结与合作。

1. 民主转型扩大了民族、宗教间裂痕

苏联的解体让乌克兰政体在一夜之间变色,但社会的转型并非一蹴而就,用来支撑民主政体运行的社会条件也非一日之功。伴随着苏联解体、东欧剧变,国家权威的式微,用来维系国家的国家性严重衰落。长期的历史积怨使不同民族失去了合作共存下去的愿望,社会的急剧转型撕扯着乌克兰族和俄罗斯族之间羸弱的纽带。独立以后的乌克兰,民主经验先天不足。转型后国家的权威在离心式民主中有权而无威,难以整合社会和国家。竞争性选举助长了党争、教争和民族群体之争,相互之间互怼使乌克兰国家处在风雨飘摇之中。

2. 历史积怨发酵

乌克兰的历史是一部可歌可泣的屈辱史与抗争史,多个世纪以来,命运多舛的乌克兰族一直未能摆脱外部大国对其命运的主宰,蒙古帝国、奥斯曼土耳其帝国、波兰王国、沙皇俄国、苏联等,都曾占领、征服和统治过这块土地。其中对今天乌克兰影响最大的当属沙皇俄国。1648 年乌克兰爆发了反对波兰暴政的起义,为了打退强大的敌人,当时统治者哥萨克人的领袖波格丹·赫麦尔尼茨基(Bogdan Khmelnytskyi)以承认沙皇俄国的统治为条件,借助沙皇的力量推翻了波兰人的统治。"请神容易送神难",旧的统治时代结束,而沙俄步波兰后尘入主乌克兰,乌克兰又进入一个苦难的历程。为了彻底征服乌克兰,沙皇俄国推行了一系列去乌克兰化的殖民文化和同化政策,全面按照俄罗斯的社会模式、价值观念和语言文化模式改造乌克兰。确立俄罗斯语的官方语言地位,禁止乌克兰语书籍和教科书的出版,禁止在学校教授乌克兰语和任何形式的乌克兰语文化演出活动。要求原来信奉天主教的乌克兰人改变信仰皈依东正教,强制乌克兰人抛弃自己的母语和文化传统等。① 这一政策即使到了苏联时期也依然没有改观。由于斯大林奉行大国沙文主义立场,乌克兰的民族文化与宗教信仰遭到多方面的压制和打击,乌克兰族越来越被边缘化。乌克兰独立后,为了打压俄罗斯族,乌克兰族经常拿发生在1933—1934年的"大饥荒"事件说事,以此作为打压俄罗斯族的借口。

3. 民族主义推波助澜

民族主义是当今最具争议和最难定义的一种思潮和学说,通过追求民族满足感和认同感,成为排他性的文化心理结构,是一种极为复杂的人类现象。② 民族主义具有广义和狭义两方面内容:广义的民族主义主张对本民族及其利益忠诚的理念和情感;狭义的民族主义认为具有共同的文化、语言,宗教风俗和历史的民族应该有权组成自己政治共同体的一种特殊的政治心理和意识形态,并以此指导自己的政治实践活动。对同一历史事件的不同认知和评价因不同民族各自利益和观念差异而仁者见仁,智者见智。乌克兰国内的两大民族经常对一些历史事件和历史人物出现截然不同的评价。西部历史上长期生活在波兰和奥匈帝国的影响下,许多民众将俄罗斯对乌克兰的统治视为是殖民统治。"在西乌克兰,在'二战'期间曾与纳粹德国合作的民族主义者舒赫维奇(Schuch Vecchi)、班杰拉(Stepan. Bandera)分子被他们视作民族英雄,这些人的雕像和纪念碑随处可见,甚至还有一些街道以班杰拉和前车臣武装头目杜达耶夫(Dudayev)名字命名。"③而东部和南部地区较早地并入俄罗斯帝国版图,那里的民众更认同俄罗斯。在南部敖德萨和西姆费罗波利市,女皇叶卡捷琳娜(Catherine the Great)二世纪念碑被重新

① 沈莉华:《乌克兰东西部纷争的历史根源》,《贵州社会科学》,2013年第10期。
② 参见张友国:《后冷战时期民族分离主义研究》,首都师范大学出版社,2011年,第12~17页。
③ 沈莉华:《乌克兰东西部纷争的历史根源》,《贵州社会科学》,2013年10期。

修建。2009 年 9 月 8 日,顿涅茨克民众就为曾经解放乌克兰立下赫赫战功,但最后却被乌克兰起义军杀害的苏联杰出统帅 H. 瓦图京(H · Vatutin)将军建立了纪念碑。[①] 类似唤醒两大族群狭隘民族主义,甚至民族伤感的事情屡见不鲜。更具讽刺意味的是赫鲁晓夫(Khrushchev)曾经为纪念俄乌合并 300 年以“友谊的象征”划归乌克兰管辖的克里米亚半岛,成为今天俄乌冲突的导火索。[②] 独立以后,作为主体民族的乌克兰族始终弥漫着强烈的民族主义情绪,对俄罗斯族心存不满。

4. 俄语官方地位危机

由于沙俄在乌克兰长期的同化主义政策影响,俄语已经在乌克兰被大量使用,并成为乌克兰第二大官方语言。语言问题既是一个文化问题,也是一个政治问题。摧毁一个民族的语言也就意味着摧毁了一个民族的生活基础,甚至通过和平的方式将一个民族边缘化并最终同化掉,使其成为历史。因此,语言问题是一个民族生死存亡的问题,自然许多多民族国家因语言问题而陷入冲突或战争之事屡屡发生。转型后的乌克兰为了重新确立其民族语言的重要地位,选择了去俄罗斯化政策,其中自然涉及去俄语,推广乌克兰语政策。“政府在许多地方强行推行乌克兰语,逐渐减少对俄语教育的支持,限制俄语媒体在乌克兰的播出等政策。”[③]一些地方政府出台了一些强化乌克兰语、弱化俄罗斯语的文化政策,甚至一些地方“要求教师必须使用乌克兰语上课,否则可能面临解聘”[④]。(见表5)自乌克兰独立以后教授俄语学校的比例呈现逐年下降的趋势,引发曾经居于优势地位的俄罗斯族深深的忧虑与不满。克里米亚危机爆发以后的 2014 年 2 月 23 日,乌克兰议会更是通过取消俄语的官方地位的《国家语言政策基本原则法》,让两大族群的矛盾更加激化。在当月 25 日,俄联邦委员会主席马特维延科(Matviyenko)指出,“取消该法是一个严重错误,损害乌克兰几百万俄语居民的合法利益,削弱乌克兰的国家完整”[⑤]。

　　① 　沈莉华:《乌克兰东西部纷争的历史根源》,《贵州社会科学》,2013 年第 10 期。

　　② 　常士訚、郭小虎:《后发多民族国家建构如何避免国家失败:以乌克兰为例》,《理论探讨》,2016 年第 3 期。

　　③④ 　张弘:《社会转型中的国家认同》,《俄罗斯中东欧研究》,2010 年第 6 期。

　　⑤ 　常士訚、郭小虎:《后发多民族国家建构如何避免国家失败:以乌克兰为例》,《理论探讨》,2016 年第 3 期。

表5　乌克兰中学中 1991—2002 俄罗斯语和乌克兰语学校的比重(%)

年份	1991	1996	1997	1998	1999	2000	2001	2002	2001 年族群比例
乌克兰语学校	45	60	62.7	65	67.5	70.3	72.5	73.8	77.8
俄罗斯语学校	77.8	54	39.2	36.5	34.4	31.8	28.9	26.6	17.3

数据来源：转引自俄罗斯国际人文政策政治研究所乌克兰分所根据乌克兰科学与教育部数据研究得出的成果。http://www.igpi.ru/info/people/malink/1111152776.html.

由此看来，独立后的乌克兰，政府在处理族际关系上一直没有拿出切实可行的措施，相反出台一系列带有狭隘的民族主义政策措施导致了族际关系紧张，民族之间的合作基础不断受到削弱，这为乌克兰政治乱局埋下伏笔，也为克里米亚脱离乌克兰提供了机会。

(二) 苏丹国家脆弱性

苏丹问题在非洲具有典型性，种族与民族矛盾盘根错节，宗教与文化冲突相互汇合，资源争夺与地缘冲突叠加。半个多世纪的独立未能解决苏丹的国家认同问题。[1] 苏丹是阿拉伯世界的一员，也曾是非洲领土面积最大的国家，位于阿拉伯半岛与非洲大陆的交界地带。苏丹拥有六百多个族群，使用着 400 多种不同的语言，是世界上族裔异质性最高的国家之一。然而苏丹小族居多，大多数语言仅有几百或几千使用者。[2] 随着人口的迁移，一些小的族群已经消失，只有几个大的族群在苏丹发挥着重要作用。其主要民族群体或宗教群体分为三大类：①它的北方主要为信仰伊斯兰教的阿拉伯人居住地区。他们是苏丹最大的族群，占人口的 40%，构成了北方人口的绝大多数。苏丹的阿拉伯人包括城市或城镇居民、游牧阿拉伯人（贝都因人）、牧牛的巴加拉斯阿拉伯人、阿拉伯人与非洲人或其他族裔的混血后裔。这部分人认同阿拉伯文化，操三种苏丹阿拉伯方言中之一种；信仰伊斯兰教，属逊尼派（其中不少人属苏菲派成员）。如从信仰伊斯兰教细分，还有非阿拉伯裔的穆斯林，他们是努比亚人，属埃及人与中非或西非居民的混血后裔。

① 杨勉、翟亚菲：《苏丹分裂的原因与南苏丹独立面临的问题》，《亚非纵横》，2011 年第 4 期。
② 参见[美]戴维·莱文森：《世界各国的族群》，葛公尚等译，中央民族大学出版社，2009 年。

还有一些则是东北部和西北部较小的族群,也信仰伊斯兰教。②南部的非洲裔居民。③迁移到苏丹南部的西非人。后两者主要集中在南部,分散在几百个部落群中。主要族群有丁卡人、努埃尔人、希卢克人、赞德人和怒巴人等。生活在苏丹的西非人,主要来源于尼日利亚的富拉尼人和豪萨人。他们中的绝大多数信仰传统宗教,少数人信仰基督教。从上述两大类划分看,在苏丹,南、北之分不仅是地理上的划分,更重要的是种族、宗教和文化上的区分。主要的族际关系是阿拉伯穆斯林与南方非洲人之间的关系,苏丹的历史和国家建设进程以及后来的解体与这种族际关系状况直接相关。

1. 南、北对立基础上的新生国家

苏丹在中世纪被阿拉伯人称为"黑人之地",后来演变为现在的国家名称。历史上的苏丹早有人居住,不过南、北之间的交往一直受到各种自然条件的限制。战争作为一种特殊的交往方式,既增进了彼此之间的了解,也结下了仇恨。在历史的发展进程中,北方受到伊斯兰教影响较大,加之北方与埃及接壤,埃及辉煌灿烂的文明影响并促进了当地文明的发展,这为北方地区统治南方地区奠定了基础。历史上的苏丹也曾建立了不同的王国,但这些王国多数为伊斯兰王国,如阿拉伯人建立的丰吉王国即如此。19世纪以后,埃及人的入侵打破了苏丹各地与世隔绝的状态,南、北之间交往日趋频繁,不过这种交往更多是以北苏丹对南苏丹的掠夺为前提的,特别是对黑人和象牙的掠夺。致使南苏丹大量黑人劳动力流失,生产力被极大的破坏,同时也埋下了两边仇恨的种子。埃及的入侵结束了苏丹分裂的状态,统一的管理形式在苏丹建立起来,伊斯兰教也随之在全国推广开来。从外在形式上看,苏丹变成了统一的国家,但由于自然经济条件的限制,实际上各地依然处在分裂状态中。

埃及的入侵使南、北苏丹联合起来,马赫迪(Mahdi)领导的军队赶走了共同的敌人。但马赫迪在领导起义中,用伊斯兰教作为动员人们组织起来的精神力量并没有为南方黑人所接受。当马赫迪起义胜利后,南方的状况没有得到实质的改善。凭借着强大的军事实力,马赫迪展开了对南方的掠夺,由此加深了南方人对北方人的仇恨。种族仇恨在黑人中代代相传。19世纪末,苏丹成为英国事实上的殖民地,英国人对苏丹实施间接统治,地方由部落酋长管理,苏丹总督则大权独揽,对苏丹采取"分而治之"的政策。北苏丹承认伊斯兰教的统治地位,在南苏丹则大力传播基督教,这种策略既可起到抑制伊斯兰教势力不断扩张目的，又可以达到"改造南苏丹落后"的目的，由此埋下了南、北苏丹宗教对立的种子。在经济上，英国殖民当局出于维护英国利益需要，放任甚至故意拉大南、北经济差异，南、北严重不平等格局对于维护英国统治很有益处，但也由此造成了苏丹内部事实上的南、北割据与分裂。1947年，出于对自身利益与中东地区统治的需要，英国人试图通过促进南、北交流以缩小南、北发展差距，构建统一国家的想法。方案经过长期的讨论最终于1956年1月1日通过，苏丹获得独立。但独立后的苏丹国家性缺乏，只不过徒具外壳，缺乏来自于南、北双方的有效支持。殖民统治者走了以后，又重新陷入四分五裂的局面。

2. 权力和利益分配严重不公

国家虽然实现了统一，但苏丹在权力结构和利益分配上依然严重不公。就前者而言，经济上占统治地位的阶级必然在政治上也占统治地位，独立前，北方人凭借在英国殖民统治时期积累起来的经济实力和文化实力，在政治上居于优势地位。政府中的诸多职位由北方人担任，所有重要的机构如军队、经济部门、安全部门、外交部门和教育部门均为阿拉伯的统治阶级控制，而南方人在公职中占极少数，且处于附属地位。南、北权力分配差距悬殊，难以实现政治上的南、北共治。同时也由于南方长期以来遭到北方的掠夺和挤压，也带来了内部殖民主义后遗症，导致南方经济上和文化上的严重落后。经济上的落后导致那里很难产生强有力的资产阶级，而传统部落经济的存在使南方的酋长社会的结构基础雄厚，且由于南方酋长制社会结构也很难形成一个适合于现代国家的统治集团，因此北方的教育文化事业得到迅速发展，为管理现代国家储备了大量人才，而南方长期遭受挤压和掠夺，教育文化事业发展落后，支持其经济和社会发展的人才队伍十分匮乏。

3. 缺乏共同文化基础

从国家性角度看，一个国家需要一定的共同文化支持。然而由于南、北方的严重差距，决定了苏丹很难形成一个为南、北方共同拥有的文化，特别是公民意识。西方学者范西斯·M. 邓（Francis M. Deng）指出："南方和北方人之间缺乏统一的国家认同，也没有共同的民族主义和爱国主义情感，他们对自己部落的忠诚一如既往，只是在最近，普通的南方人才有了政治意识，但是,这种政治意识注定是地方的,而不是国家的。"①为了弥补这种文化上的缺陷,处在统治地位的北方政治精英试图高举泛阿拉伯主义旗帜,大肆推行同化主义政策,以期在全国确立伊斯兰文化的主体地位。最为典型的是1983年,在伊斯兰民族阵线的影响下,苏丹将伊斯兰法定为国家的根本大法,这对信仰基督教和其他宗教的南方人是一种蔑视。在这一法律的支持下,执政集团加大了对非伊斯兰群体的镇压。这些带有同化特点的政策助长了南方人对北方人的仇恨。

4.族际战争长期不断

从总体上看,苏丹自独立以来爆发过两次大的内战:第一次为1955年至1972年,第二次为1983年至2005年。两次内战起因诸多,但每次内战不仅给这个国家带来了生命、财产的损失,加重了南、北方的仇恨,导致各方强化更加狭隘的族属认同,更加撕裂了国家认同。尽管在尼迈里执政时期南、北方曾出现了11年的和解时期,但独立后的半个世纪中,南、北之间内战长达20年之久。不仅如此,即使在南方集团内部,同样也存在主体民族丁卡人和努尔人之间的战争。战争困扰着这个国家,和平的日子屈指可数,地区或部落之间冲突远远超过他们之间的和解,长期的对立使这个国家族群更加笃信,唯有野蛮的强力而不是文明的规则才是各自的取胜之匙,强权至上而不是依靠规则与协商共识。这些事实说明,苏丹的统一已经名存实亡。

5.国家权力难以渗透到社会之中

在部落势力强大的国家,国家建构的一个重要标志就是政权能够向地方和社会实现有效的渗透,通过政权的力量将异质化要素有机统一起来。然而苏丹内部的社会分裂,特别是南苏丹地方高度的部落化,决定了主要由北苏丹政治精英控制政权很难渗透到南苏丹部落社会中去。由于政权关键岗位多数由北苏丹人把持,部落化的南苏丹公共事务基本由部落酋长按照传统的规则解决,这与北苏丹遵从伊斯兰教教义解决问题之道存在根本性的分歧,决定了苏丹虽然建立了国家,但许多政策实际上难以得到有效执行,国家统治能力虚化。难以实现利益的汲取和分配,掌握政权的北方统治阶级为了实现自己的意志,经常采取暴力的方式强行实现对南方的统治,这

---

① Francis M. Deng, *War of Visions: Conflict of Identities in the Sudan*, The Brookings Institute, 1995, p.27.

势必招致南方更加强烈的反抗和抵制。

二、两个国家的政治危机与族际合作失败

多民族发展中国家都不同程度地存在着族际矛盾、冲突和危机。不过从世界上不少国家的实践看，这种矛盾经过各方的努力最终实现了缓和或化解，不同民族依然可以和谐共处于一个政治共同体之中，否则也就不能解释，为什么今天绝大多数国家还是多民族国家。从这种意义上看，族际合作危机并非不可化解。在现实中，也确实存在着另一种难以调和的族际政治危机，即在诸多因素的作用下，族际矛盾不断激化，导致少数民族分离主义运动不断高涨并最终走向国家的解体，新的民族国家产生，或者一些地区以公投的名义加入另外的政治共同体中，苏丹和乌克兰代表了这两种类型。

（一）乌克兰政治危机与族际合作失败

苏联"8·19事件"后，乌克兰领导人和俄罗斯领导人叶利钦（Boris Nikolayevich Yeltsin）及白罗斯领导人签署三国协议，同意退出苏维埃共和国联盟，建立各自独立的民族国家。通过这种所谓的断裂式的民主转型，走上了一条西方的自由民主发展道路。政体可以在一夜之间变色，但是社会体制的转型则漫长艰难。如果社会体制不能为一定的政治体制提供有力的支持基础，转型后建立起来的民主体制难以起到整合社会的功能。发生在2004年的颜色革命为乌克兰敲响了警钟，可是政客们对此不以为然，甚至认为这些问题正好可以用来增加自己的选举筹码，根本没把国家利益放在第一位。民众满怀一腔政治热情，眷恋于广场革命，甚至因听信于某些谣言而丧失起码的理性判断，终归不会为民主政治建设带来任何好的影响。不同政治力量心怀私利，而又把希望寄托在域外力量的支持上，绑大国而强自己，用他国之力以增自己的权力和谈判筹码，很容易被外部力量利用，忘记了小国生存的最高智慧应该是小心翼翼地寻求平衡而不是贸然倒向任何一方。

随着这些因素的持续累积，乌克兰的危机到了一触即发的边缘。2013年当亚努科维奇（Viktor Fedorovych Yanukovych）宣布暂时终止与欧盟的关系协定时，长期被积压的民怨迅速沸腾，东、西乌克兰分裂的导火索就此点燃。先是克里米亚宣布以公投的方式加入俄罗斯联邦，后来东南部一些城

市纷纷要求独立,地缘政治大国乌克兰陷入危机之中。

1. 向西还是向东,族际关系断裂

独立后的乌克兰是一个多民族国家,东南部特别是克里米亚地区居住着大量俄罗斯族人,西部多数为乌克兰和其他民族的人。在苏联时期,各个民族尚能和平共存,相互合作。乌克兰独立后,受西方影响,采取了西方的竞争性民主体制。在这种体制中,政党的政策取向对处于大国夹缝之中的国家而言有着非同寻常的影响。不少多民族国家的历史教训反映出,处于大国夹缝的多民族国家或是采取中立政策,如瑞士,内部的不同民族对国家保持高度的认同,民族之间相互承认和合作;或是加强内部的团结,强化政府权威,发挥一党主导作用;或是强化宪法和民族凝聚力,保证不同民族群体在政治上彼此承认,彼此分享权力,即使存在着较多的分歧,也力图通过协商的原则得以解决,新加坡和印度即为这样的典范。然而乌克兰在此问题上却热一端冷一端。2004 年发生在乌克兰的颜色革命,“向东或向西”的战略选择开启了这个国家分裂之门。这种政治上的彷徨反映出不同派别政治认同的分裂:或向东投向俄罗斯怀抱,或向西加入欧盟或北约。前者对于生活在乌克兰的俄罗斯民族,特别是生活在克里米亚的俄罗斯人来说是求之不得的事,也是千载难逢的机会。然而对于西乌克兰大多民众来说则断然不能接受。后者对于与俄罗斯有着很深积怨的乌克兰、鞑靼等民族群体而言有很强的诱惑力。他们幻想通过加入欧盟或北约组织,分享欧盟的发展成果,又能在军事上制约俄罗斯,最大限度地实现自己的利益,但这势必引起俄罗斯族的坚决反对。因此,“向西或向东”战略选择失当很容易敲开分裂之门。

2013 年 11 月,当时乌克兰亲俄派总统亚努科维奇突然宣布终止和欧洲联盟签署关系协定,加强同独联体成员国的经贸往来,此举立即招致亲欧派大规模的抗议。乌克兰族试图通过施压迫使政府回到加入欧盟的道路上来,示威群众要求亚努科维奇下台,并提前举行总统选举。乌克兰政府当局派出特警镇压,使事态进一步升级,乌国内两派冲突事态升温。在压力面前,亚努科维奇决定向反对派让步,接受内阁集体辞职要求,总理阿扎罗夫(Mykola Azarov)也被迫辞职下台,但反对派步步紧逼,要求乌克兰恢复签署与欧盟的关系协定。迫于形势,乌克兰议会于 2014 年 2 月 22 日投票,罢免亚努科维奇总统,新议长图尔奇诺夫(俄语,Олександр Валентинович

Турчинов）暂行总统职权，建立临时政府，并于 2014 年 5 月 25 日提前举行总统选举。乌克兰国内危机的加深引起了国际社会的高度关注，此时乌克兰的国内政治问题已经演变为国际政治问题。2014 年，俄罗斯联邦委员会通过总统普京的动武决议，乌克兰代总统图尔奇诺夫（Turchinov）宣布乌克兰进入战争准备，美国海军进入黑海，乌克兰国内两大族群陷入剑拔弩张的境地。

2. 克里米亚分裂之门的打开

克里米亚半岛位于乌克兰最南端，伸入黑海，扼守乌克兰，与俄罗斯毗连。根据相关历史记载，克里米亚半岛的最早居民是凯尔特人，即今天苏格兰、爱尔兰人的祖先。在此后很多年间分别被不同民族占领过。公元前 7 世纪，希腊斯基泰人驱逐了凯尔特人，开始在海岸建立殖民地，1016 年被拜占庭帝国占领，1234 年被钦察汗国占领。成吉思汗西征后，蒙古大军打败了钦察人，在其地分封汗国，由长子术赤统治。14 世纪后，汗国分裂并衰落下去。1430 年，赤术的后代建立了信奉伊斯兰教的克里米亚汗国，臣属于当时强大的奥斯曼帝国。1783 年，俄国人打败波兰人，克里米亚并入沙俄。1918 年，克里米亚划归俄罗斯。1954 年 5 月，苏联最高统帅赫鲁晓夫为纪念乌俄联盟 300 周年，正式将克里米亚州划归乌克兰。1991 年苏联解体，克里米亚随即成为乌克兰的一部分。

苏联建国后，鉴于克里米亚半岛鞑靼大多数人信奉伊斯兰教，遵循当时社会主义特色的民族理论和政策，这里被更名为克里米亚鞑靼社会主义自治共和国，隶属俄罗斯。卫国战争胜利以后，斯大林以这里的鞑靼人曾与纳粹合作为由，将大量的鞑靼人流放到中亚地区，以示"惩罚"。1956 年，赫鲁晓夫拨乱反正，克里米亚鞑靼人的公民权得到恢复，许多克里米亚鞑靼人返回故乡。

克里米亚半岛有着极其重要的战略地位。半岛自黑海北岸向南伸出，是俄罗斯从黑海进入地中海、印度洋、大西洋的重要通道，岛内拥有优良的海湾和天然良港，是俄黑海舰队的大本营，也是重要的海上贸易通道；克里米亚被看成黑海的钥匙，拥有克里米亚半岛，就会对北约东扩构成强大的威慑，同时克里米亚也是俄罗斯进入里海的重要通道。对俄罗斯而言，克里米亚向南可以进入欧洲和亚洲，向北则是俄罗斯的出海口和高加索的安全屏障。近代以来，围绕争夺克里米亚与黑海，大国在此爆发了多次战争。17 世纪到 19 世纪长达 241 年的时间里，俄罗斯与土耳其进行了 11 次俄土战争。

1917 年十月革命爆发,从 1918 年到 1920 年几年时间里,苏联红军与沙俄旧势力围绕克里米亚展开了旷日持久的争夺。最终在 1920 年 10 月取得对于克里米亚半岛的控制权。二战爆发以后,德国撕毁《苏德互不侵犯条约》,发动苏德战争,鉴于克里米亚的重要位置,希特勒(Hitler)命令曼斯坦因(Erich von Manstein)指挥的集团军,以伤亡 24000 人的代价占领了整个克里米亚。1944 年,苏军重新解放重要港口塞瓦斯托波尔。斯大林(Stalin Joseph)以克里米亚鞑靼人与德国人合作为由,大量流放鞑靼人到中亚。1945 年,同盟国三巨头罗斯福(Franklin D. Roosevelt)、丘吉尔(Winston Leonard Spencer Churchill)和斯大林汇聚于克里米亚雅尔塔,讨论战后和平秩序与安排问题,就此奠定了二战后影响世界很长一段时间的两极对峙格局。

2014 年的乌克兰危机牵动了克里米亚。3 月 6 日克里米亚俄罗斯统一党领导人谢尔盖·瓦列里耶维奇·阿克肖诺夫(Sergei Valeriyevich Aksyonov)在俄罗斯的支持下当选为克里米亚自治共和国总理。克里米亚议会决定于 3 月 16 日就是否加入俄罗斯举行全民公投,乌克兰分裂大势已定。

(二)苏丹的国家危机与族际对抗加深

如果说乌克兰是自苏联解体后主要因为大国博弈而走向分裂的话,那么苏丹的分裂主要因国内族际矛盾而引发。独立后的苏丹长期以来内部族际关系处于不平等状态。在此过程中,一些政治精英曾试图积极推进国家建设,实现国家统一,但由于民族不平等积怨由来已久并难以调和,最终使苏丹国家建设走向失败。

1. 暴力固权与族际对抗

苏丹独立后,南、北方长期存在着严重的对立局面并没有得到多大改善。1956 年 9 月,由 46 名代表组成的国家宪法委员会在起草宪法时,只有 3 名南方代表。从人员构成看,就存在严重的权力不公,并由此透视出北方统治者对南方人民的歧视。加之宪法委员会拒绝考虑南方问题,从而使宪法委员会通过的宪法难以体现出各民族平等原则,英国殖民者时期遗留下来的重北轻南态势没有得到根本扭转。国家不是建立在包容的基础上,而是建立在北方阿拉伯人对南方黑人的挤压基础上,这本身就使这样一个从英国独立出来的国家一开始就存在着南、北双方的互怼和对立。另外,在独立后的一段时间中,移植西方的多党竞争性民主,更使这样一个国家雪上加霜,内部党争不断，政权更迭频繁。在这样一个动荡的环境中，军人政权的上台成为可能。1958 年 11 月易卜拉欣·阿布德(Ibrahim Abbud)带领青年军官发动政变，推翻阿扎里(Ismail AlAzhari)政府，建立了军人统治政权。这一政权的出现凭借暴力，延续了传统的重北轻南政策。①政府机构高级职务只由北方人担任，南方人被排斥在政府之外。这自然使政府只能是北方人实现他们利益的工具，而不是以整个国家公共利益代表而出现。这在事实上将南方人排除在了政府这样一个实权组织之外。在咨询性机构里，同样是北方人绝对多于南方人，反映出在一些非实质性的机构中北方人也当仁不让；军队是国家的核心，更是反映一个国家政治力量布局的标准，由于关涉政权安全和统治集团的安全，所有的重要职务自然由北方人垄断。②为了保证国家的凝聚力，阿布德继续前任的做法，试图以伊斯兰教同化所有的其他非伊斯兰教人员，由此基督教徒和其他教徒成为歧视的对象。为了使伊斯兰教深入社会各个方面，政府强行在信仰基督教的学校推行阿拉伯语教学，以期推进伊斯兰教，而将南方的教育和文化发展进一步边缘化，如阿布德政府时期，"喀什穆大学的 1849 名学生中，来自南方的学生还不到 100 名。在喀什穆技术学院的 1097 名学生中，大约只有 100 名南方人"①。③对南方的反政府武装采取残酷镇压并殃及平民。④在经济上加强了对南方的掠夺。⑤各项公共物品，如教育、公路、卫生、学校建设等建设北方优先，上述亲北方远南方的种种政策和措施不能不激起南方民族群体对政府的强烈不满和反抗。

阿布德政府试图通过强制的方式使南方就范，其同而不和的政策并没有起到效果，反而使国内政局更加动荡，1964 年，这一军人政权倒台。新成立的政府力图通过和平途径解决南、北对立状态。为此进行了一系列对话和建设工作，主要包括恢复政党活动和议会制，为不同民族政党搭建对话的舞台。1965 年 3 月在喀什穆召开了由政府代表、苏丹南、北方代表和一些国家观察员参加的解决南方问题的会议。此次会议确立了通过和平方式解决双方问题的方案，成立了由南、北方代表组成的 12 人委员会，探讨解决问题的途径和办法，赦免外逃的南苏丹人，准许其返回家园等，方案还包括其他一些内容。目的旨在通过和平方式缓和双方的冲突，遗憾的是，这个计划并

---

① 转引自唐同明：《苏丹的南方问题》，《贵州师范学院学报》，1992 年第 4 期，第 67 页。

没有得到政府的切实履行。实际上,被北方同化主义政策影响与控制的政府难以从民族平等这样一个大前提出发解决南、北分歧,南、北之间的矛盾依然延续下来。

2.新瓶装旧酒——族群冲突积重难返

1969 年 5 月 25 日,尼迈里(Gaafar Nimeiry)和他领导的年轻军官发动政变,建立了新政府。开始了苏丹独立后的又一个新的建设时期。在这期间,内战基本结束,北、南实现了短暂的和解,苏丹好不容易迎来了 11 年的和平建设时期。在这样一个时期,尼迈里在实现民族平等、国家统一、南方自治等方面做了大量工作。在多方努力下,1972 年尼迈里政府与南方游击队"阿尼亚尼亚"组织进行谈判,经过艰苦的讨价还价形成了"亚地斯亚贝巴协议"。根据协议,苏丹的南方人第一次获得了与北方人政治上的平等权利。在这一协议中,南方在国家统一框架内享有了一定地方自治权;自治地区立法议会有权颁布适合本地区传统、习惯的各项法律。该协议也第一次明确承认了苏丹的"伊斯兰教、基督教和传统宗教等多宗教平等存在现实",意味着政府承认了宗教信仰上的平等,承认了苏丹有阿拉伯和非洲的双重属性。协议也规定了英语的官方语言地位,这在实际上也就否定了往届政府强行将阿拉伯语作为官方语言的政策,同时也意味着承认了南方文化和艺术的独特地位;为了推进族际和解,政府在南方成立临时自治政府,选举产生自己的地方议会。尤其值得注意的是,为了有效地缓和南、北方的对立,尼迈里政府从整个国家全局的角度在更高的层次上设立专门机构即高级执行委员会,以监督整个南方。执行委员会主席由苏丹国家副总统担任;为了协调地方自治结构关系,成立了南方区域自治机构,这一机构高于省一级行政权力。中央和地方也进行了一定的权力范围划分,具体而言就是教育和地方财政归地方自治机构处理。中央仅保留外交、防务和国家经济发展计划的审批权。在协议的指导下,将反政府武装"阿尼亚尼亚"部队的 1.5 万人收编为政府军驻扎南方,让难民返乡。确立了实现南北经济的近期目标和长远目标,规定了南方自治区有权"开发、利用本地区财源,以发展和管理南方地区"。[1] 17 年的南北内战结束,国家实现统一。

---

[1]　阿迪尔·里达:《加法尔·尼迈里——男子汉与挑战》,参见王彤:《尼迈里与苏丹南方问题》,《世界历史》,1994 年第 4 期。

以平等、自治、发展、统一等理念为基础制定的这一协议为苏丹族际合作与南、北统一打下了很好的基础，大大推进了苏丹的国家建设的进程。基于这样一个协议，南、北紧张的族际关系得到了缓和，各方在协议的框架内实现了政治上的合作。此后，尼迈里政府着手进行战后的经济重建，苏丹的国家建设成就斐然。

需要指出的是，尽管尼迈里政府的政策对苏丹的经济发展，特别是南方的发展具有一定的积极的意义，但他的政策带有很强的策略性。他试图通过满足南方的某些要求，来换得南方人的政治支持。一旦南方人支持他获胜，主要政策还是会回到传统的重北轻南的民族不平等的老路上。这其中除了尼迈里个人原因之外，根本原因则取决于南方统治集团力量的大小。在各种综合因素的影响下，尼迈里的天平不得不逐渐向北方大民族倾斜，重走民族不平等老路。他试图通过遣散阿尼亚尼亚政府军，以消除他们对政权的压力，并防他们东山再起。不断减少对南方的投资和财政拨款。在南方发现石油后，为了防范南方因经济实力增强带来政治力量的重新调整，他试图通过重新划分行政区域，将本属于南方的土地划归到北方阵营。大部分石油收入最终流入北方阵营；逐渐缩小南方自治地区的权力，改变权力分配比重，尽可能扩大政府中北方人的影响，同时加强了政府对南方自治区的监督与控制。扩大北方人员在军队，特别是关键位置上比重；在全国推行伊斯兰法，对一切反对伊斯兰法的行为进行打压。实际上尼迈里违背了"亚地斯亚贝巴协议"，这与他的前任统治方式殊途同归，最终还是遭到了南方黑人的强烈反对。11 年的相对和平期结束，苏丹的第二次内战于 1983 年 5 月 23 日全面爆发，1985 年，在苏丹全国人民反独裁、反饥饿、反内战、反伊斯兰法的浪潮中，尼迈里政府黯然下台，结束了他的政治生涯。

3. 过渡和平协议

以北方统治集团为主的苏丹不公正的政治统治进一步激起了南方反政府浪潮。1983 年 5 月 23 日，南方军队的哗变拉开了第二次苏丹内战的序幕，加快了苏丹走向分裂的进程。多年来，苏丹人民解放军和苏丹人民革命阵线等反政府武装频繁向政府军展开攻势，同时也在工地绑架外国技术人员，切断交通线，破坏建设工程。随着反政府战事的顺利推进，提出的政治要求也逐渐升级，由最初"扩大南方自治"转向到"以武力推翻苏丹现政权"。这种转向反映了南苏丹对政府军已经由最初的尚存一丝幻想到最后完全失去信任,经过多年的较量,南苏丹人认识到,北、南双方绝无和解余地,独立建国才是南苏丹的唯一出路。

第二次南、北内战使双方好不容易出现的整合萌芽被彻底掐灭,苏丹又陷入政治危机之中。1985 年 4 月 6 日,国防部长、武装部队总司令苏瓦尔·达哈卜(Abdel Rahman Swar al - Dahab)领导和发动了军事政变,推翻了尼迈里政府,成立了以他为主席的过渡军事委员会,建立了以达法拉为总理的过渡政府,并提出了旨在通过对话解决南方问题、实现民族团结的一揽子计划。然而由于苏丹政府长期以来奉行偏袒北方的政策已经使南方集团及其政治精英彻底丧失信任。协商解决族际之间的问题的条件已经失去。无论是政府还是南方更看重暴力,内战还是爆发了。1986 年 5 月 16 日,苏丹制宪议会选举产生艾哈迈德·阿里·米加尔尼出任主席,由乌玛党和联合民主党联合组阁,萨迪克·马赫迪(Sadiq al - Mahdi)出任总理。呼吁与人民解放军谈判,实现和平,然而南方对此不屑一顾。南方的反政府武装攻势不减,新组建的苏丹政府内部派系林立,互相倾轧,军心涣散,政府失去了有效控制局面的能力,内战重新开始。1989 年 6 月 30 日,政府军南部前线空降兵指挥官奥马尔·哈桑·巴希尔(Omer Hassan Ahmed Al - Bashir)同样继承了暴力夺权的逻辑,在中下层军官的支持下,通过军事政变夺得政权,成立了以巴希尔为主席的救国革命指挥委员会,之后又成立了由巴希尔出任总理的新内阁。军政大权集中到了他的手中。鉴于暴力环境中形成的政权,巴希尔当然希望通过谈判解决分歧。连年的战乱使得政府和南方军队都希望结束内战,实现双方的和解。但在一些重要问题上,特别是在伊斯兰主义与世俗主义问题上各执己见,始终没有形成一致意见,政府军和南方人民解放军之间的战争始终不断。双方也一直没有放弃寻求新的合作途径解决内战的努力,在长年的军事斗争中,两大阵营内部特别是北方集团内部也开始分裂。北方集团内部的国家民主联盟倒戈加入到反对独裁统治、废除伊斯兰法、维护宗教信仰自由和民族平等的南方阵营中。至此,苏丹人民解放军开始有了新的支持者。1996 年,国家民主联盟和苏丹人民解放军合作,共同对付政府军,苏丹南方与北方之间的族际冲突转变为"苏丹进步力量改造社会、拯救国家的运动,带有社会革命与人民解放的意义"①。"苏丹人民解放

---

① 刘辉:《民族国家建构视角下的苏丹内战研究》,中国社会科学出版社,2011 年,第 166 页。

运动与国家民主联盟的联合是苏丹历史上继马赫迪运动之后南北力量的第二次联合,是南方人与北方人的联合,穆斯林与基督徒的联合,阿拉伯人与非洲的联合,目的都是为了建立一个新苏丹。它们成为重塑苏丹现代民族国家,改造苏丹社会的进步力量。"①同时,国际社会的介入,加上国内各种力量的共同努力,历经20多年内战的苏丹终于在2005年签订了《全面和平协定》。不过签订这一协定的目的不是要维护国家的统一与完整,更像是一个以分家为前提,换取结束内战的和平协定。协定预设了6年过渡期,其间,南、北双方成立民族团结政府,2011年南方有权就是否留在统一国家内举行公投,至此分裂的种子已经种下。

三、两个国家的族际合作失败与国家分裂

作为两个脆弱的国家,本来中央政权就难以发挥作用,持续不断的政治危机使国家在族际政治整合中更加难以发挥有效的作用,国际势力的干预和影响助长了一些民族群体自决的底气,族际关系由原来的勉强维持最终走向彻底的断裂,多民族国家陷入分裂。

(一)乌克兰族际合作失败:克里米亚入俄

克里米亚半岛生活着不同民族群体,比较有代表性的群体有鞑靼民族、乌克兰民族和俄罗斯族。在历史的发展进程中,他们各有不同的历史记忆,因而有着各自不同的认同。对于鞑靼而言,鞑靼人认为克里米亚是他们的故土,是他们的家园;对乌克兰人而言,克里米亚无论从地理还是从文化上都是他们不可分割的部分;对于俄罗斯人而言,这里记录了叶卡捷琳娜给沙俄帝国带来的荣耀,是俄罗斯的一部分。苏联的解体、乌克兰的独立既提升了乌克兰人的国家认同,也激起了生活在那里的其他民族,特别是俄罗斯族民族群体意识。

从历史上看,克里米亚与俄罗斯之间有着悠久的历史渊源关系。从18世纪归属俄罗斯以来,19世纪中叶的克里米亚在战争失败后落入奥斯曼帝

---

① 刘辉:《民族国家建构视角下的苏丹内战研究》,中国社会科学出版社,2011年,第166～167页。

国手中,十月革命后又重新回归苏俄怀抱。1954 年赫鲁晓夫为纪念俄乌联盟 300 周年,将其划归乌克兰,由于更靠近俄罗斯,他们始终与俄罗斯有着难以割舍的联系。尤其是生活在半岛上的居民多以俄罗斯族为主,他们与俄罗斯是同宗,自然会倾向于加入俄罗斯。2013 年 11 月乌克兰国内危机爆发,为克里米亚分离主义提供了千载难逢的机会。本身具有高度自治权的克里米亚,利用乌克兰政府内乱的机会,毫无顾忌地推动其独立进程,在俄罗斯族精英掌权的情况下,以自己决定自己命运的公投为名义,脱乌入俄。俄罗斯和西方国家,特别是美国之间围绕针对克里米亚的战略博弈事关俄罗斯族长远利益。对俄罗斯而言,由亲俄力量控制着的拥有一定自治权力的克里米亚政府如若公投,脱乌入俄是稳操胜券的事情,面对北约的步步紧逼,俄罗斯退无可退,乌克兰危机给俄罗斯提供了一次求之不得的机会。克里米亚一旦脱乌入俄,一方面可以使自己在黑海利益最大化,另一方面又可以起到教训乌克兰的目的,同时也对于俄罗斯民族的凝聚力有着很强的提振作用。另外,还可以起到震慑美国的作用。尽管后来遭到以美国为首的北约严厉制裁,后来事情的结果可以说完全按照俄罗斯预想发展。2014 年 3 月 16 日,克里米亚地区就加入俄罗斯联邦还是留在乌克兰并获得更大的自治权进行全民公投。克里米亚居民公投投票率为 83.1%。3 月 17 日公投结果公布,赞成加入俄罗斯的票数为 96.6%,赞成留在乌克兰的票数为 2.55%,废票 0.85%。同日,克里米亚议会通过决议,宣布这一地区独立,并正式提出申请加入俄罗斯联邦。决议同时也申明,半岛一切国有资产将国有化,归属克里米亚共和国。议会还通过决议呼吁各方对克里米亚独立予以承认。呼吁"联合国和世界所有国家承认克里米亚是独立国家"。同日,由克里米亚议会组成的代表团于当日晚些时候前往俄罗斯首都莫斯科,与俄方进一步商讨入俄事宜。当天,俄罗斯总统普京签署总统令,批准了克里米亚加入俄罗斯联邦。从法律上认可了这一公投结果,承认了克里米亚的主权国家地位,克里米亚退出乌克兰,同时也意味克里米亚的俄罗斯族正式与乌克兰国家分道扬镳。

(二)南、北苏丹族际合作失败,南苏丹独立

独立后的半个多世纪中,苏丹北方和南方之间长期对立,内战持续了 40 年之久。不公正的政治权力安排,加之连绵不断的战争已经使南方无法接

受北方人为主的政府统治。由于长期遭受北方的不公正对待和内战并没有使南方沉沦，反倒是经过多年的战争洗礼，加上强烈命运共同体意识，南方的军队不断得到壮大，对于这样一个历史上一直受到北方统治阶级的控制与压迫，遭受歧视的民族群体来说，六年的过渡也给了他们充足的斡旋时间，北方集团的出尔反尔已经让人们彻底心灰意冷，他们认识到，妥协与忍让换不来同情与支持，只有建立属于自己的政治共同体，才是摆脱目前窘境的唯一出路。他们已不满足所谓的自治，自治不过是一种过渡阶段的权宜之计，最终必须实现独立建国。

南方的独立可以说是迫不得已的选择，正是因为苏丹政府长期奉行的偏袒与歧视族际关系政策，才是催生南方独立的根本推手和国家分裂的最重要原因，苏丹的穆斯林社会精英们理应为此承担责任。但必须指出，美国同样在苏丹分裂中扮演了支持角色。近代以来，英国将苏丹变成了自己的殖民地，独立后，如何处理与原来宗主国的关系自然成为这一国家的一个重点。冷战时代，美国对苏丹并不特别关注，而到尼迈里担任总统时期，从1973年到1984年的11年间，通过向苏丹提供贷款、救援物资以及军援的方式，美国将手深入到了苏丹事务中。南苏丹黑人信仰基督教者众多，美国很多政治要员都试图在南苏丹黑人身上找到利益，希望通过伸张南部黑人基督徒的民权以和平解决苏丹问题。美国的这些做法自然使后来的巴希尔政府下定决心，推翻了美国支持的马赫迪政府。同时，现实的严峻形势，又使尼迈里政府求助于伊斯兰教。外交上加强了与利比亚等反美势力的联系。苏丹伊斯兰化倾向的加剧直接触动到了美国在中东的利益，自然引发了美国政府的不满。外交上一贯坚持现实主义政策的美国政府自然深感忧虑。按照现实主义思想家摩根索的观点，要想削弱一个国家，最"经济"的做法就是利用这个国家内部的矛盾与裂痕植入"楔子"，进而通过所谓的代理人实现美国的国家利益，对于存在较深族群矛盾的苏丹而言，制造分裂不失为一种上策。国家内部越分裂，则对抗美国的力量就会越小，或对美国的依赖可能性就越大。按照这样一个逻辑，美国一方面对苏丹进行单边制裁，另一方面给南苏丹加朗领导的苏丹人民解放运动提供各种援助。同时，美国智库也为解决苏丹问题出谋划策，积极影响苏丹的和平进程。21世纪伊始，美国派遣苏丹问题特使调停苏丹内战，颁布《苏丹和平法》并为苏丹和平协议设定时间表。在美国的影响下，2002年开始，苏丹政府就与南部的反政府武装先后签署了三个和平协议。2003 年 10 月,美国国务卿鲍威尔(Colin Luther Powell)亲临苏丹南北方谈判会场,推动和谈,最终促成 2005 年 1 月《全面和平协议》正式签署,结束了长达 22 年的第二次南北内战。美国参与苏丹和平进程的谈判,可以将其所谓的"民族自决权""一个民族一个国家"等民族主义政策与民主观念灌输给南方代表,这些都对《全面和平协议》构成了重要影响,协议中规定所谓南苏丹是否就留在苏丹的"公投"就有美国人的影子。2010 年 4 月巴希尔总统连任后,美总统奥巴马(Barack Hussein Obama)派苏丹问题特使格拉逊出访苏丹,同联合国官员及《全面和平协议》评估委员会等相关方评估协议的落实情况,并分别同南、北苏丹政府的领导人就全面落实协议过程中的一些未决问题进行磋商。奥巴马在与一些外国领导人会谈时,几乎"一次不落地"要求他们与美国一起向苏丹施压。"美国与苏丹关系的未来取决于一次成功的公投。"①美国的目的是显而易见的,就是要通过公投的方式使苏丹分裂。

　　2011 年 2 月,经历 6 年过渡期后,南苏丹人就是否脱离苏丹举行全民公投。结果 99% 的选民支持南方独立。7 月 9 日南苏丹共和国正式宣告成立。自治区主席萨尔瓦·基尔(Salva Kiir Mayardit)就任第一任总统。全世界 30 个国家的元首或政府代表参加了南苏丹的独立庆典。7 月 14 日,第 65 届联大一致同意接纳南苏丹为联合国第 193 个会员国。从族际关系紧张到最终两大种族分道扬镳,虽然期间经历过短暂的和平,但两大集团战多于和,对立大于合作。在这样一个民族间难以共存的社会环境中,曾有过的族际合作治理缺乏基础,最终归于失败,也由此使苏丹国家的建构走向失败。这里我们可以看到,一方面,苏丹一直存在着旷日持久的南北对立,两大种族、两大宗教的对立,而历届政府在处理这样一个极其敏感的问题时缺少公正和作为,从而使这个国家的裂痕不断加深,难以修复;另一方面,美国推波助澜,积极支持信仰基督教教的南方,并大力宣传传统的一族一国的民族自决理论,最终使这样一个脆弱的国家在"民主公投"中结束了它曾有过的统一历史。

① 《冲击中国:苏丹公投背后的中美博弈惊人内幕》,http://www.china5e.com/show.php? contentid=157606&page=4。

第十章　两个"共同"与族际合作治理：中国

中国自古以来就是多民族国家。中华人民共和国成立后，中华民族在中国共产党的领导下，面对内外各种压力重新站了起来，经历了从富起来到今天强起来的转变，其中蕴含着大量的族际合作治理的理念和机制，值得研究和总结。

一、族际合作治理的文化与社会基础

多元一体格局是中国特色的族际合作治理的基础，它有漫长的形成过程。在这样一个历史过程中，各个民族密切交往、相互依存、共同奋斗，创造了中华民族共同体。在这样的共同体中，一方面，国家总体上保持了统一和文化上的延续；另一方面，各个民族在此过程中形成了各具特色的历史和文化。早在五千年前，中华民族构成中就有华夏、东夷、南蛮、西戎、北狄五大民族集团。他们有的不断扩大，有的被融合到其他民族中去。他们各以自己的勤劳和智慧，开发了中华民族共同生活的疆域和版图。汉族的祖先源于黄河和中原地区，藏、羌两族诞生于青藏高原，彝、白等民族发展于西南，满、锡伯、鄂温克、鄂伦春等民族开发了东北地区，匈奴、突厥、蒙古等民族拓展了蒙古草原，黎族、高山族等开发了海南岛和台湾地区。各民族以其勤劳和智慧贡献于中华民族疆土，与其生活的地域形成生死相依的关系。近代以来，各个民族在反对外来侵略的过程中，为巩固边疆和自己生活的家园以命抗争，涌现了诸多的爱国将士和文人墨客，他们以生命和鲜血铸就了中华民族这一共同体。正如习近平指出的："各民族共同开发了祖国的锦绣河山和广袤疆域；共同创造了悠久的中国历史、灿烂的中华文化。"各民族在共同发展中形成了相互依存的经济生活和相互亲近的情感交融，逐渐构成了多元一体的发展格局。

(一)复杂多样的地理环境

作为一个泱泱大国,中国有着自己的领土和疆域,它构成了中华民族生存的基础,也构成了当代中国国家认同的基础。中国坐落在欧亚大陆板块与太平洋水域对峙处。目前疆域从东到西跨越 62 个经度,时差超过 4 个小时;自北向南覆盖 50 多个纬度达 5500 千米,兼备从热带到寒带的所有气候区。从海南岛到中国大陆北端的漠河,从南到北在同一时期温度变化很大。就地势而言,从西藏珠穆朗玛峰向北到新疆的艾丁湖之间相差 9000 米。向东到东海之滨地势呈现三级:最高一级为青藏高原,平均海拔在 4000 米以上,号称世界屋脊;中间一级西起青藏高原东北两坡的昆仑山 - 祁连山 - 岷山 - 邛崃山以及沿横断山 3000 米等高线,东至大兴安岭 - 太行山 - 巫山 - 雪峰山连线,海拔在 1000 至 2000 米之间;第三级由上述连线东延至海,海拔在 500 米以下。在这种地势环境中,形成了青藏高原、新疆盆地、内蒙古高原、东北平原、山东半岛、华北平原、山西高原、河西走廊、关中盆地、四川盆地、云贵高原、两广盆地、东南沿海和长江中下游平原。在这种复杂的地理环境中,高山、丘陵、湖泊、平原、草地、森林、沼泽、湿地、戈壁、沙漠,加之生态的多样性和资源的多样性养育了不同的民族群体。

中国又是东方的大国,陆地面积 960 多万平方千米,目前中国有 2.2 万千米的陆地边界。与 14 个国家接壤:北面和西北面是俄罗斯、蒙古、哈萨克斯坦、吉尔吉斯斯坦、塔吉克斯坦 5 国;南面是越南、老挝、缅甸 3 国;西面和西南面是阿富汗、巴基斯坦、印度、尼泊尔、不丹 5 国;东北是朝鲜。中国的领海面积约 300 万平方千米。① 中国海岸线长 1.8 万千米,岛屿岸线长 1.4 万千米,总共有 5400 个岛屿。中国与日本、韩国、菲律宾、马来西亚、文莱、印度尼西亚及新加坡等国家隔海相望。一方面,中国的地形呈现出陆地和海洋的两极性。从陆地看,中国大部分为陆地性,一直从东北部、北部、西北部、西南部向西北腹地延伸。广阔腹地不仅提供了丰富的土地和矿藏,而且也提供了广阔的战略回旋空间。然而它也带来随着腹地越深,封闭和落后也

---

① 陆地领土 960 多万平方千米,渤海全域和黄海、东海、南海的大部分及其可以管辖的专属经济区,共约 470 万平方千米,其中,南中国海九段线以内的所有海域面积约为 300 万平方千米。见百度百科:中华人民共和国。

就越加严重的问题。另一方面,中国东部与海洋相接。在这里,有着发达的城市和成熟的工业体系。中国的这种地形决定了中国易于被包围,也便于一些大国利用小国与中国对抗。甚至一些大国利用中国内部发展的不平衡和跨界民族特点挤压中国,试图分裂中国,搞垮中国。

(二)经济生活的多样性

中国各民族所处的地理状况不同,这决定了各个民族不仅在历史上形成了各自不同的经济文化环境。如青藏高原农牧区、准噶尔盆地农牧区、内蒙古高原农牧区、东北平原农猎区、黄河农业区、长江农业区和珠江农业区。这些不同的区域经济优势创造了不同的经济文化。中华人民共和国成立后,随着社会主义建设的发展,不同民族地区以各自的经济优势参与国家的经济建设,在当代中国民族经济发展的格局中形成了多样化格局。由于受到中国特有的地区环境限制,中国各个地方的发展存在着严重的不平衡。尤其值得一提的是"胡焕庸线"。1935年中国天文地理学家胡焕庸通过对全国不同地区人口密度的测量,划出了自东北黑河(瑗珲)到西南腾冲的一条差不多45度的分界线。这条线除了涉及人口密度外,还涉及经济发展状况。总体看来,该线东南部,经济发展状况比较好。尤其今天汉族比较集中,经济发展比较富裕的地方。与之形成对比的是,该线的西北地区贫穷、封闭,且少数民族比较集中。这样,在中国经济生活呈现多样性的同时,又天然地形成了贫富分化鲜明的地区。这种发展的不平衡势必给国家的统一和族际合作带来一定的影响。但各具特色的经济生活也为不同民族地区和劳动分工与合作奠定了经济和物质基础。

(三)历史文化的多样性

在漫长的历史发展进程中,中国各民族先民早在新石器时代就创造了各自的灿烂文化。黄河上游有马家窑文化、齐家文化、寺洼文化,中游有裴李岗文化、仰韶文化、龙山文化,下游有大汶口文化、山东龙山文化等;长江中上游有大溪文化、屈家岭文化、湖北龙山文化,下游有河姆渡文化、马家浜文化、崧泽文化、良渚文化;江淮流域有青莲岗文化;东南沿海的福建和台湾等地有昙石山文化、大坌坑文化、圆山文化和凤鼻头文化;此外还有岭南和西南地区的原始文化,北部和西北部的以细石器为主的文化以及东北地区的富河文化、新乐下层文化等等。新石器时代各种文化的分布格局与有文献记载以来中国各民族的分布情况非常相近。新石器时代的各种考古文化虽然不能简单地与民族相等同,但在一定程度上和一定能够范围内反映了民族的文化特征。根据考古学者特别是民族考古学者们的研究,一般认为,仰韶文化和黄河下游龙山文化的居民构成了夏族共同体的主要组成部分;大汶口文化和与之相继的山东龙山文化的主人属于后称东夷的民族集团;青莲岗文化的江北类型属于后来的东夷民族集团;江南类型则属于后来的古越人先民;马家窑文化和齐家文化的主人属于后称西戎的民族集团;寺洼文化属于后来的西戎羌人系统的文化;河姆渡文化、马家浜文化、崧泽文化、良渚文化等属于古越族的原始文化。以上不同的文化类型都生动地记载了古代先民在劈山开路、与自然交流和与人交往中形成的各自的生活和生产区域,同时也在此基础上形成了各自的特色文化。地域不同,自然文化也各有差异。共同的交往又使他们在相互学习和借鉴中,不仅提高着自己的文化涵养,也通过涓滴渗透共同滋养了中华民族。

(四)语言文字的多样性

中国各民族使用的语言大约有八十多种①,而且这些语言都有悠久的历史,真正属于"土著"语言。一方面,在中国社会生活和社会交往中,应用性最强的语言是汉语。汉语在中国几千年的文化发展史和现代社会发展中已在客观上成为中华民族大家庭的"通用语言"。并随着长期的历史进程和不同民族之间的交往而成为共同的语言,为不同民族的交流、合作奠定了语言基础。另一方面,各个民族群体在自己长期的历史发展进程中,也形成了自己的语言。他们运用自己的语言传播着本民族的历史,联系着本民族群体成员。尤其中华人民共和国建立后,中国宪法及其他相关法律确认了少数民族使用和发展本民族语言文字的自由权利。民族自治地方的自治机关在执行职务时,可以使用当地通用的一种或几种语言文字。不仅如此,在少数民族地区的教育和文化事业中本民族语言同样成为文化传承的重要语言之一。

---

① 马戎:《民族社会学导论》,北京大学出版社,2005 年,第 150 页。

(五)文学艺术的多样性

我国各民族在长期的历史发展中创造了灿烂而丰富的文学艺术,为中华民族的文学艺术宝库增添了多样化的内容。藏族的《格萨尔王传》、蒙古族的《江格尔》和柯尔克孜族的《玛纳斯》被誉为"中国三大英雄史诗"而享誉世界;彝族的民间长诗《阿诗玛》、傣族的叙事诗《召树屯》、纳西族的《创世纪》、白族的《望夫云》等为各族人民传颂;苗、瑶、布依等少数民族的"蜡染"工艺技术绝伦,为人称道;藏、蒙古、哈萨克等民族的皮革、毛毡制作技术丰富了服装工艺;少数民族创造了笛、琵琶、筚篌、胡琴、羯鼓、腰鼓等丰富多样的乐器为人们提供了歌声笑语,汇入到中华音乐潮流之中;藏族的"锅庄"舞、蒙古族的"盅碗舞"、哈萨克族的"鹰舞"、壮族的"铜鼓舞"、傣族的"孔雀舞"、土家族的"摆手舞"等舞蹈把人带入欢庆热烈的氛围,增进了不同民族之间文化感情交往。各种戏曲艺术,如藏戏、壮戏、布依族的花灯剧、侗戏、苗戏、毛南戏、满族的八角鼓、朝鲜族的延边鼓书、蒙古族的好来宝、哈萨克族的冬不拉弹唱,在艺术的享受中传播了不同民族的文化习俗,增进了人们之间的交流和理解。而历史悠久的藏医学、蒙医学,各族的医学经典,如藏族的《四部医典》《医学大全》《月王药珍》《晶珠本草》,蒙古族的《蒙医学大全》《蒙藏合璧医学》《药王经》等以各自对医药机理的理解和智慧保护着人们的生命和健康。涓涓细流汇集江海,不同民族的文化共同编织了中国文化。

(六)风俗习惯的多样性

民族风俗习惯是各个民族生活和生产秩序的一个重要部分。不同民族在与自然的交往过程中,不仅在自己民族群体内部,也在不同民族群体之间形成了各自特定的风俗习惯。一般来说,民族风俗习惯反映了一定的民族心理(行为心理),又具有一定的物质的或具体的活动形式(行为方式)。民族风俗习惯是在民族生产生活需要的基础上,由民族普遍流行的价值观念决定的,同时又通过它将民族群体内部的成员结合起来,将民族群体的认同传承下去。民族生活习惯来源于社会生活的方方面面,因而有着相当的复杂性,正是这些复杂的要素构成了一定的民族特点。①

民族风俗习惯的保护对民族的自身发展有着重要意义。民族风俗习惯,是一个民族深厚的民族传统的反映,表现了民族的物质、制度、行为和精神文化的内容,是民族的外在特征以及民族间相互区别的重要标志。保护民族风俗习惯是保护一个民族的民族文化的重要方面。此外,一定的民族习惯具有一定的稳定性和群众性,渗透到民族的日常生活中,反映着整个民族的共同心理感情,起着维护和巩固民族共同体的作用。当然,民族的习俗习惯也不是孤立存在的,它存在于与一定的民族交往之中。正是在这种交往中,各个民族既保留了自己的文化传统的方方面面,又在相互学习中而互相涵化。这种文化涵化的发展为不同民族群体架起了联系和理解的桥梁。比如,在中国历史上,汉族的农耕技术影响到了其他民族,同样,其他民族的文化习俗也使汉族不断改变着自己的风俗习惯。生活在宁夏、青海的不少汉族遵循了那里穆斯林或藏族的民族生活习惯。而汉族的春节和某些生活习惯也为那里的民族群体所接受。不同民族的风俗习惯和文化上的涵化紧紧地把各民族群体联系在一起。

(七)宗教信仰的多样性

在我国,各民族的宗教信仰历史悠久,内容繁杂,具有多样性的特点。我国少数民族中的维吾尔、哈萨克、柯尔克孜、塔吉克、塔塔尔、乌孜别克、东乡、撒拉、保安和回族等十个民族信仰伊斯兰教;藏、蒙、土、裕固、普米、门巴和部分怒、纳西等民族信仰藏传佛教;傣、布朗、德昂、阿昌和部分侗族信仰小乘佛教;彝、苗、瑶、景颇、佤、白、怒、独龙、纳西和傈僳等民族中,都有一部分信仰基督教和天主教;东北地区的鄂伦春、鄂温克、达斡尔、赫哲和部分满族,新疆的锡伯等民族信仰萨满教;还有哈尼、拉祜、基诺、佤、瑶、怒、布依等民族,部分或主要信仰原始宗教;新疆的俄罗斯族信仰东正教;云南的纳西族人信仰东巴教。一教多族和一族多教构成了中国民族宗教的重要特点,对中华民族共同体的形成和巩固有着重要意义。

当代中国的多民族格局不同于建立在资本主义基础上的多民族格局。虽然改革开放以后,无论在汉族居住地区还是民族地区都出现了各种经济

---

① 金炳镐:《民族理论通论》,中央民族大学出版社,2007 年,第 571 ~ 572 页。

成分，但我国的根本制度是社会主义制度。这不仅在国家性质上我国是社会主义国家，在思想价值观上坚持社会主义核心价值观的统领地位，在经济制度上更鲜明地体现了中国的多民族国家不同于其他大多数发展中国家，它是奠定在重要经济资源国有基础上的。根据《中华人民共和国宪法》，矿藏、水流、森林、山岭、草原、荒地、滩涂等自然资源属国家所有；由法律规定属于集体所有的森林和山岭、草原、荒地、滩涂除外，城市的土地也是国家所有的。农村和城市郊区的土地，除由法律规定属于国家所有的以外属于集体所有；宅基地和自留地、自留山也属于集体所有。在国民经济的发展方面，国家不仅有中长期的发展计划，而且每五年制定一次国民经济与社会发展计划。中国的这种特点和现实决定了中国的多民族格局不同于其他非社会主义国家多民族格局，由于这一现实基础决定了当代中国的族际合作是奠定在坚实的社会主义本质特征基础上的。这就极大地避免了不少发展中国家由于土地和资源私有带来的大规模的民族冲突。同时也使国家有雄厚的力量去实现各民族共同团结奋斗，共同繁荣发展这一民族工作主题。

二、核心价值观与族际合作治理建构

1989年，中国著名社会学家费孝通发表了《中华民族多元一体的格局》一文，明确指出："中华文明是多元的，但中华文明的演进过程，在很大程度上可以视为不同地域的文明以及不同民族的文明，在交往过程中整合为一体的过程。整合的模式是以中原文化为核心，核心向周围扩散，周围向核心趋同，核心与周围互相补充，互相融合。"[①] 在中华文化的发展进程中，儒家思想在与其他文化的交流中不断发展，而其他民族的文化也在儒家文化的影响下得到发展，集中体现了和而不同的精神境界。在这一境界下，不同文化在核心文化的影响下彼此包容，相互借鉴。

近代以来，中国饱受帝国主义欺侮，无数中国人为寻求救民救国之真理抛头颅、洒热血，促进了中国文化的提升和进步。在经历了无数次理论和实践的选择失败后，先进的中国人找到了马克思主义，在此方面，中国共产党人将马克思主义基本原理与中国实践相结合，不断形成了具有中国特色的

---

① 严文明主编：《中华文明史》（第1卷），北京大学出版社，2006年，第11~12页。

马克思主义理论成果。中国共产党将无数中华优秀儿女组织起来，与武装到牙齿的帝国主义展开了殊死的对抗，经过各种艰难险阻，建立了中华人民共和国。她的建立无论对中国共产党人还是对中国人民来说，都是开天辟地的新实践，同样面临着举什么旗，走什么路的问题。中国共产党同样坚持了马克思主义的指导地位，并在此基础上形成了社会主义核心价值观。众所周知，中国是多民族国家，在这样一个国家中树立一个什么样的核心价值观关系到国家认同和民族的凝聚力。苏联解体和东欧剧变，一个残酷的教训就是，当多民族国家失去自己的核心价值观的引领，极其容易为各种思潮，特别是狭隘的族群民族主义思潮左右。人心涣散、民族认同甚嚣尘上，为国内外分裂势力和敌对力量施展"弱国"之术提供了绝好机会。同样，如果对比新加坡这样一个多种族国家，在险恶的国际和国内环境中建立了"共同价值"，保证了国家的稳定和统一。

正反方面的教训说明，多民族国家的国家认同不会自动降临其身。作为多民族发展中国家的中国，要保持其内部的团结和凝聚，保证各个民族能够和平共存、合作发展不能离开"社会主义"这样一个基本定位。这里首先涉及对社会主义的概念的理解。自社会主义这一概念问世以来，人们对它有过不同的解释和认识，形成了不同的理论流派。空想社会主义曾天才地勾勒了社会主义社会的蓝图，但它缺乏科学的理论和实践基础。西方马克思主义将社会主义拉向了西方"自由主义"。而斯大林的社会主义认识带来的僵化和个人崇拜最终导致了苏联共产党失去了对它的信仰。作为马克思主义的科学社会主义则是建立在对资本主义本质的深刻剖析和科学认识基础上。而中国特色社会主义是在将马克思主义与中国实践相结合中建立起来的。一方面，马克思主义中国化；另一方面，中国的实践不断地丰富着马克思主义的思想。正是在这一基础上，中国特色社会主义把人的全面发展和共同富裕作为其中的重要内容。这一思想为中国特色的族际合作治理奠定了思想基础和方向。

回顾以往，中国人民在百年的反对帝国主义、封建主义和官僚资本主义的斗争中，从实际的经历中认识到唯有社会主义才能救中国。中华人民共和国成立后，中国的社会主义事业走过了曲折的道路，但正是凭着坚持社会主义道路自信，中国实现了新的发展和突破。中国改革开放以后，中国共产党人从中国各个民族发展的具体情况认识到，只有通过社会主义制度，各个民族才能走向共同富裕和繁荣。邓小平提出："各项工作都要有助于建设有中国特色的社会主义，都要以是否有助于人民的富裕幸福，是否有助于国家的兴旺发达，作为衡量做得对或不对的标准"①。1986 年邓小平在天津的讲话中强调："社会主义最大的优越性就是共同富裕，这是体现社会主义本质的一个东西。"②对于现代化发展过程中出现的贫富分化问题，邓小平提出："解决的办法之一，就是先富起来的地区多交点利税，支持贫困地区的发展……在本世纪末达到小康水平的时候，就要突出地提出和解决这个问题。到那个时候，发达地区要继续发展，并通过多交利税和技术转让等方式大力支持不发达地区"③。以社会主义共同富裕思想为指导，党的十八大报告中进一步明确提出："必须坚持走共同富裕道路。共同富裕是中国特色社会主义的根本原则。要坚持社会主义基本经济制度和分配制度，调整国民收入分配格局，加大再分配调节力度，着力解决收入分配差距较大问题，使发展成果更多更公平惠及全体人民，朝着共同富裕方向稳步前进"④。面对国内出现的一些人对于中国民族事业走什么路所持有的困惑，以习近平为核心的党中央同样旗帜鲜明地指出，在原则问题上绝不能摇摆不定、忽左忽右，必须坚定不移地走中国特色的社会主义道路。习近平指出，要在各族群众中牢固树立正确的祖国观、民族观，弘扬社会主义核心价值体系和社会主义核心价值观，增强各族群众对伟大祖国、中华民族、中华文化、中国共产党中国特色社会主义道路的认同。⑤ 习近平的这一重大论断，集中起来就是要牢牢把握中国特色社会主义的政治方向，坚定不移地沿着中国特色解决民族问题的正确道路走下去。

作为社会主义的价值原则，民族平等是其中的重要内容，是当代中国实现和维护多民族国家族际合作治理的重要基础。根据这一原则，民族不论大小，都是人民主权的参与者，各个民族平等地参与国家治理，共同行使人

---

① 《邓小平文选》(第三卷)，人民出版社，1993 年，第 23 页。

② 同上，第 364 页。

③ 同上，第 374 页。

④ 《坚定不移沿着中国特色社会主义道路前进 为全面建成小康社会而奋斗》(胡锦涛在中国共产党第十八次全国代表大会上的报告)，http://news. xinhuanet. com/18cpcnc/2012 – 11/08/c_113641526. htm。

⑤ 习近平在中央第六次西藏工作座谈会上的讲话，http://people,com. cn/2015/0826/c138901 –26128758. html。

民当家做主的权利，即各个民族在共同的政治参与中相互承认、平等协商，在共识中形成凝聚，合力建设自己的国家。在政治制度上，这一原则也体现为民族区域自治制度。即国内各民族共同参与整个国家的政治生活，各民族按照民族区域自治的原则自己当家做主，享有管理自己内部事务的权利。[①] 在这里，一方面，从人民主权的角度看，实现了各个民族共同管理国家，实现人民当家做主这一原则；另一方面各个民族地区根据宪法和法律赋予的自治权力，管理好本区域的事务，从而实现单一制国家中地方一级的管理职能。显然，这是中国共产党的一种创造，它不同于苏联以及东欧一些国家的"主权平等"或"民族自治"，更不同于西方国家提出的"族际政治民主"，而是以统一的国家为前提，以单一制为基础，同时伴随有各个民族共同参与的一种族际合作治理的制度设计。

但要看到，现实生活中存在着各个民族发展的事实上的不平等，这种状况必定会给民族的族际合作带来不利的影响，甚至冲击和影响着族际合作的实现和民族平等原则的实现。这里所谓的事实上的不平等主要指的是各个民族由于各种现实的原因，无论经济上、文化上还是政治上都存在着实际的差别，甚至有些差别将在相当一段时间内难以解决，在中国以贫困规模为例，中国贫困人口数量在少数民族地区尤为集中。

20世纪90年代国家实施西部大开发以来，在中央持续的大力投入和区域差别化政策的支持，以及东部地区的对口支援、西部地区的艰苦奋斗下，西部地区的经济社会发展取得了前所未有的长足进步，各民族人民的生活水平实现了前所未有的改善和提高。但是必须看到，截至2016年年底，少数民族聚居程度高、人口规模大的"八省区"贫困人口虽然下降到1411万，但是贫困发生率却从2011年的30.4%上升到2016年的32.55%。也就是说，随着全中国范围贫困人口每年数以千万计的脱贫，民族地区的贫困人口所占比重随之凸显，反映了以"八省区"为代表的民族地区扶贫攻坚战仍异常艰难，因为绝大部分集中连片特困区都分布在民族地区。

事实上的不平等是世界各个多民族国家的现实，问题是如何面对这种现实。一些国家仅仅解决了形式上的平等，而忽视了民族事实上的不平等。

---

① 参见刘少奇：《关于民族区域自制问题》，中共中央文献研究室、中共新疆维吾尔自治区委员会编：《新疆工作文献选编》（一九四九—二〇一〇年），中央文献出版社，2010年，第118页。

另一些国家则努力将形式的平等和实质平等结合起来,努力实现各个不同民族的最大平等,通过事实上的平等进一步落实民族平等原则。其中"最根本的问题是帮助少数民族发展生产,改善生活。如果少数民族在经济上不发展,那就不是真正的平等。所以要使各民族真正平等,就必须帮助少数民族发展经济"①。为了解决少数民族及其地区的贫困和发展问题,通过"区别对待,分类指导"相结合的原则,一方面,缩小着民族之间的差距,使不同民族群体更便于实现合作和共同发展;另一方面,制度和政策本身也在传递着民族平等的价值,使各个民族更加坚信国家、认同国家。

相比较而言,当代多民族国家都已被卷入市场经济中,没有任何一个民族可以游离于这样一个洪流之外。劳动分工和生产的社会化促进了不同民族群体的交往。但随着市场竞争的加剧,民族群体发展的差别也体现出来,由此也导致了族际冲突也发展起来。美籍华人蔡爱眉指出:"市场将巨大的财富集中到'外来的'少数族群手中,在时常处于贫困的多数族群中挑起嫉妒和仇恨。从绝对意义上说,多数族群的生活可能会得到改善,也可能得不到改善,这也是许多全球化讨论所集中的争论所在,但任何意义上的改善都敌不过他们的持续贫困和他们所仇视的少数族群非凡的经济成功"②。不仅如此,伴随着对物质财富的追求,精神和道德上的滑坡同样在多民族发展中国家中出现,用来支持和凝聚一个国家的伦理道德失去了应有的凝聚作用,零和博弈规则瓦解着一个国家的共同价值。一个国家不能没有灵魂,一个民族不能没有自己的道德理想和精神追求。习近平指出:"中华民族具有5000多年连绵不断的文明历史,创造了博大精深的中华文化,为人类文明进步做出了不可磨灭的贡献。经过几千年的沧桑岁月,把我国56个民族、13亿多人紧紧凝聚在一起的,是我们共同经历的非凡奋斗,是我们共同创造的美好家园,是我们共同培育的民族精神,而贯穿其中的、最重要的是我们共同坚守的理想信念"。③ 坚信这一"理想信念",56个民族,13亿多人口能够

---

① 周恩来:《要尊重少数民族的宗教信仰和风俗习惯》,载中共中央文献研究室、中共新疆维吾尔自治区委员会编:《新疆工作文献选编》(一九四九—二〇一〇年),中央文献出版社,2010年,第145页。

② [美]蔡爱眉:《起火的世界:输出自由市场民主酿成种族仇恨和全球动荡》,刘怀昭译,中国大百科全书出版社,2005年,第11页。

③ 《习近平在全国人大闭幕会上讲话谈中国梦》(全文),http://news.cnhubei.com/xw/2013zt/2013qglh/201303/t2506841.shtm。

凝聚起来；坚信这一理想，各个民族共同团结奋斗，共同创造"美好家园"，推动着中华民族的进步与发展；坚信这一理想，兴邦强国就能实现，各个民族就能团结，奋发向上。

因此，确立社会主义核心价值观有着极其重要的价值和意义。2005 年中国共产党从和谐社会建设的高度审视了思想文化领域中的多样性，明确提出了"坚持以社会主义核心价值体系引领社会思潮，尊重差异、包容多样，最大限度地形成社会思想共识"的原则①。这一思想的提出不仅为处理意识形态与多元文化之间的关系提供了方向，也为不同民族合作治理奠定了思想基础。在当代中国，一方面，必须坚持社会主义基本价值的统领地位，保证中国共产党在思想、文化和政治上的领导地位；另一方面，又要尊重差异、包容多元，以社会主义的核心价值引领社会思想文化，为增进社会的最大共识提供更加广泛的基础。社会主义核心价值与文化差异之间的关系同样对中国这样一个多民族国家统一和民族团结同样具有指导意义。在当代中国，各个民族在长期的历史进程中，形成了各自的文化和认同。同时，各个不同民族群体都是中华民族大家庭中的成员。而社会主义的核心价值为实现各个民族的合作共存提供了前进方向，为巩固和发展中国特色的族际合作治理提供了思想基础。在当代诸多的多民族发展中国家中，社会主义的核心价值所具有的优势有力地保证了国家的统一和民族团结。

三、中国特色的社会主义族际合作治理机制

中国古代有着中央集权国家的历史，即使在这种制度下，民族地方也建立了体现"和而不同""因俗而治"的"羁縻制度"。近代以来，随着中国民族危机的加深和民族主义的兴起，中国的国家观念开始从古代的"文明国家"向近代的主权国家转变。受新的国家观念的影响，各个不同的派别就此进行了各种尝试，但始终没有找到一条合适的道路。

俄国十月革命的成功为中国民族独立与解放指明了道路，即政党领导。在此，中国民主主义革命的先行者孙中山认识到："苏联的感染力不在于列

---

① 新华网北京 10 月 18 日《中共中央关于构建社会主义和谐社会若干重大问题的决定》，ht-tp：／news. xinhuanet. com／politics／2006－10／18／content_5218639. htm。

宁对民族和殖民地问题的系统论述，而在于列宁主义的政党组织。1924 年，在国民党第一次全国代表大会上，孙中山强调指出，国民党要做两件事，一是改组国民党，二是用政党的力量去改造国家。改造国家的内容很广泛，不限于政府，但建立一个新型的政府是首要任务。建立党，以党改造国家，这是全新的思想。"①但孙中山把中国民族资产阶级，甚至是大资产阶级作为实现他的理想所依赖的力量。在半殖民地和半封建的中国，民族资产阶级和大资产阶级都不能肩负起国家建设的重任。此后，国民党政府表面上继承孙中山遗志，但它更多依靠的是封建地主、官僚买办和帝国主义势力。他们对内压迫和剥削人民大众，对外卖国求荣，从而使自己与人民大众对立起来。显然，以国民党为代表的国民政府并不能使中国摆脱苦难，实现国家的独立和解放。

与之不同的是，中国共产党在马克思主义的指导下，认识到无产阶级和广大劳动大众的解放才是实现中华民族独立和解放所依靠的力量。中国共产党将马克思主义基本原理与中国实践相结合，通过唤起民众加入争取民族解放的洪流中，实现了社会整合的革命。中国共产党之所以在领导各族人民争取民族解放和国家独立的斗争中成为中国政治整合的核心，其关键有四个重要方面：一是中国共产党提出的纲领代表和表达了各族民众的根本利益和要求，同时又通过自己成员的无私奉献精神努力带领人民去实现广大人民群众的根本利益，因而赢得了广大各族民众的认同。二是中国共产党提出的民族平等主张得到了各个民族的普遍接受，为各个民族的翻身解放提供了希望和基础，也为不同民族的团结奠定了基本原则。三是中国共产党吸纳了各方面的先进分子加入到自己的伟大事业中来，其中当然也包括将少数民族中的成员吸纳进来，使中国共产党真正成为中华民族的先锋队。正是通过来自不同民族群体成员的积极作用和影响，实现了党对全国的领导，对各个不同民族群体的领导。四是，中国共产党团结带领人民"完成了社会主义革命，确立社会主义基本制度，推进社会主义建设，完成了中华民族有史以来最为广泛而深刻的社会变革，为当代中国一切发展进步奠定了根本政治前提和制度基础，实现了中华民族由近代不断衰落到根本

---

① ［新加坡］郑永年：《中国模式》，浙江人民出版社，2010 年，第 23 页。

扭转命运、持续走向繁荣富强的伟大飞跃"①。

新中国的建立不仅为中国特色社会主义建设奠定了重要的政治基础，也为中国特色的族际合作治理提供了充分的政治保障。

首先，新中国是在废除旧的国家中建立起来的，旧政权的废除可以在一夜之间实现，新制度的建立并非一朝一夕之事。由于中国特色社会主义制度建立是一个前无古人的伟大事业，需要一个不断摸索的过程。如果以1978年的改革开放为界，此前新中国的发展大致经历了三个阶段，第一阶段为社会主义革命阶段，第二阶段为社会主义建设在曲折中发展阶段；第三阶段为"文化大革命"十年。其中，真正进行社会主义建设的时期主要是在第二个阶段。这一阶段严格说是社会主义道路的探索阶段。在这一阶段，中国在建立各项政治制度中，建立了具有中国特色的民族区域自治制度。不仅如此，随着社会主义的建设的展开，中国共产党的组织体系也深入到了民族和边疆地区。如在小凉山地区共发展党员101名，建立了12个农村基层党支部。② 红河民族地区共发展农村党员2455人，建立了215个农村党支部。在河口发展的114名党员中，少数民族91人，汉族23人，占20.2%。和汉族地区农村状况相同，民族地区的乡村也先后经历了农村合作组织，人民公社组织等。这种组织特点是政治与经济合一的组织，同时它有带有军事组织特点。农村的村民都是民兵。在西藏，20世纪50年代末进行民主改革后，1965—1975年间，西藏自治区绝大多数农村逐步建立了人民公社制。③由于中国共产党的组织体系在全国的普遍展开，整个国家组织了起来，原来"人民五亿不团圆"的局面得到了彻底改观，各个民族合作发展的局面由此奠定。

其次，形成了党主政辅格局。改革开放前的中国政治，一个突出特点就是党的一元化领导。这种一元化的领导方式有效地集中和组织了社会各方面的力量，在较短的时间内医治好战争的创伤，恢复和发展了经济，完成了

---

① 《习近平同志在中国共产党第十九次全国代表大会上的报告》，见本书编写组：《党的十九大报告：学习辅导百问》，党建读物出版社，2017年，第12页。

② 中共云南省委党史研究室编：《云南边疆民族地区民主改革》，云南大学出版社，1996年，第342页。

③ 北京大学社会学人类学研究所、中国藏学研究中心合编：《西藏社会发展研究》，中国藏学出版社，1997年，第30页。

社会主义的改造,建立了社会主义制度和社会基本秩序,发展了中国国防事业,巩固了新生的政权。在这一历史的变革之中,中国共产党承担起了建设国家、组织国家和领导国家的重任。党的政策和命令在不少情况下直接地转化为国家的政策和命令,具体到民族地区同样如此。形式上,1954年宪法规定了民族自治原则,但由于民族地区的党委直接隶属于上级党委或中央,按照党的章程,一方面,下级组织服从上级组织,个人服从组织,自然作为民族地区的党组织首先应服从上级党组织的指示和规定;另一方面,民族地区政府又处在党的直接领导下。对于革命和建设中的中国社会来说,党的这种直接领导不仅对维护国家统一、保证国家安全、实现经济发展和社会稳定是必要的,而且对有效地将各个民族整合到一起也是十分重要的。

1978年中国改革开放以来是中国多民族国家政治整合发展的又一伟大阶段。伴随计划经济向社会主义市场经济的转变,各个地区,不同民族也逐渐从原来封闭的状态中走了出来,各种不同的经济主体也在市场经济的大潮中实现了前所未有的展开。传统的奠定在农业经济或计划经济基础上的多元一体格局逐渐让位给了建立在市场和工业化基础上的多元一体格局。然而,市场经济是一把双刃剑,它在增进经济活力、促进不同民族之间交往的同时,也带来了不同民族之间以及不同民族内部利益上的分化和多元化、民族地区社会结构的变革和价值观念上的巨大变革。在这样一个开放的多元社会中,保证中国共产党在当代中国政治整合中的核心地位成为关键。

首先,坚持党的领导。中国的改革开放时代也是世界发生巨大变革的时代,尤其是苏联和东欧等社会主义国家发生巨大变革的时代。在这样一个利益和价值多元化的时代中,苏联或东欧国家改弦易辙,放弃了共产党领导,采取了多党政治,导致苏联的解体、南斯拉夫和捷克斯洛伐克的分裂。整个国家实力大幅下降,沦为了二流国家。严酷的事实使中国共产党和更多的中国人认识到,在中国环境下必须坚持党的领导。"离开了中国共产党的领导,谁来组织社会主义的经济、政治、军事和文化?谁来组织中国的四个现代化?"[①]在中国走向现代化,实现中华民族的伟大复兴中,唯有中国共产党是中国改革的领导者与组织者。有了这一领导者与组织者,各民族共同团结奋斗、共同繁荣发展的局面才有保证。习近平在党的十九大报告中,

---

① 《邓小平文选》(第二卷),人民出版社,1994年,第163页。

将党的领导和中华民族复兴联系起来,明确指出:"没有中国共产党的领导,民族复兴必然是空想。"①

其次,中国共产党有着自己的信仰和组织体系。中国共产党始终把马克思主义作为自己的指导思想,把共产主义作为自己的奋斗目标。在实现这一目标的路上,"中国共产党的初心和使命,就是为中国人民谋幸福,为中华民族谋复兴"②。正是有了这一信仰,在社会出现各种多元价值的条件下,中国共产党在这样一个信仰下组织起来,形成了一个具有高度凝聚力的组织。中国共产党有着自己的组织纪律,借助于这一纪律能够将庞大的党员队伍组织起来。中国共产党拥有遍布全国的组织体系。目前,中共党员已经达到近八千九百余万党员。③ 在当代中国人口总数中,大约平均不到二十个人中就有一名共产党员。在这一庞大的组织体系中,上有中共中央政治局,中间有各级党委,下有遍布全国的基层党支部。凭借这些基层组织深入到社会各个方面,就是偏僻的牧区和乡村,都可以看到党的组织和党员在那里活动。笔者曾走访了多个民族地区,参观了那里的乡村建设,每个乡村都有村的党组织。这些党的组织保证了党的领导的实现,推进了不同民族群体之间的合作事务的发展,族际合作治理实现了健康开展。

在中国国家政权体系中,人民代表大会是中国的最高权力机构,是人民主权的象征。各个不同民族的人民通过选举产生他们的代表,在人民代表大会这一舞台上表达所代表的地区人民群众的意愿和要求,并上升为法律,构成了人民代表大会的核心内容,既体现了民族平等的原则,也体现了当代中国民族共治特点。在《中华人民共和国全国人民代表大会和地方各级人民代表大会选举法》的规定中,民族地方选出代表本民族的全国人民代表大会代表,人口特别少的民族,即使达不到规定产生一名代表的人数,至少也有一名代表,足见族际合作治理机制已经在我国的人民代表大会制度中得到了集中体现。此外,为了适应中国民族众多这一特点,全国人大的各专门委员会中都有少数民族代表,尤其在民族委员会中,少数民族委员占绝大多

---

① 本书编写组:《党的十九大报告:学习辅导百问》,党建读物出版社,2017年,第13页。

② 同上,第1页。

③ 新华社北京2017年6月30日电(记者崔静)中央组织部最新党内统计数据显示,截至2016年年底,中国共产党党员总数为8944.7万名,比上年净增68.8万名,增幅为0.8%。党的基层组织451.8万个,比上年增加10.5万个,增幅为2.4%。

数。如在第十一届全国人民代表大会民族委员会27名委员中，少数民族代表就有23人。① 改革开放以来，人民代表大会每年一次，走上了正常化。它保证了各个民族通过自己的代表将本民族的意愿表达出来并成为法律，保证了各个民族通过人大对政府进行民主监督。

最后，统一战线是中国共产党实现新民主主义革命的重要法宝之一，也是当代中国实现族际合作的重要组织方式之一。第一，统一战线为代表国家核心力量的中国共产党与各民族之间铺设了桥梁。一方面，通过统一战线这一制度，中国共产党实现了对具有不同文化背景的多元民族的领导；另一方面，不同民族的代表通过统一战线与共产党进行对话协商，表达自己的想法和意见，从而为党制定正确的政策提供了强大的群众基础。在当代中国统一战线的实践中，中国共产党从中央到地方的各级党委中，都建立了专门的领导职位和部门，主抓统一战线工作。民族工作是其中的重要内容。国家民委、中央统战部、公安部、民政部、国家广电总局、新闻出版总署、国家宗教局2001年9月5日下发的《关于正确处理新形势下影响民族团结问题的实施意见》中明确规定了党委和政府在加强民族团结中的责任。规定了将"各级党委、政府要把加强民族团结工作列入重要议事日程……要建立快速、高效的处理民族团结问题的工作机制，落实党领导责任制。""少数民族人口较多的省、自治区、直辖市及市（地、州、盟）、县（市、区、旗）、乡（镇）和街道，党政领导班子中要有一名主要领导分管民族、宗教工作。"②

在当代中国，政治协商会议构成了统一战线的重要表现形式。人民政协虽然不是权力机关，但对保证国家决策的民主化和科学化同样意义重大。在政协，来自不同民族的委员履行政治协商、民主监督、参政议政职责。依靠制度、自律、共勉、主流舆论、文化以及政治影响参与国家大政方针的制定与监督，保障不同民族发挥人民当家做主的作用。人民政协虽然不具有国

---

① 第十一届全国人民代表大会民族委员会主任委员为马启智（回族），副主任委员为列确（藏族）、周声涛、陆兵（壮族）、阿不都热依木·阿米提（维吾尔族）、雷鸣球、牟本理、嘉木样·洛桑久美·图丹却吉尼玛（藏族）、哈斯巴根（蒙古族），委员（按姓名笔画排列）：龙刚（苗族）、田玉科（女，土家族）、达列力汗·马米汗（哈萨克族）、杨贵新（女，侗族）、余振贵（回族）、邹萍（女，彝族）、张美兰（女，哈尼族）、卓新平（土家族）、金硕仁（朝鲜族）、高洪（白族）、唐世礼（女，布依族）、雪克来提·扎克尔（维吾尔族）、符桂花（女，黎族）、彭祖意（瑶族）、粟成生（侗族）、赫冀成（满族）、管国芳（女，傣族）、谭永华。见全国人民代表大会网。

② 刘先传等主编：《统一战线文件汇编》，中央编译出版社，2007年，第120页。

家权力机关的强制性，但它在事实上的政治影响力和社会影响力同样起到民主监督和民族共治的作用。

第二，统一战线加强了各民族与国家之间的联系，有力地促进了中国特色的族际合作治理的建设和发展。一方面，党通过统一战线这一机制，吸收少数民族中的代表参与其中，表达他们对国家和政府的要求和想法。党的统战部门加强了"民族、宗教界代表人物和少数民族群众骨干队伍建设，充分发挥他们在加强民族团结、维护社会稳定方面的积极作用"①。同时，通过统一战线这一机制，党和民族群体、民族群体与民族群体之间相互沟通，及时了解民族群体的要求，同时也把党和政府的声音传达到各个民族中去，保证党和政府与不同民族群体之间相互理解，促进了族际合作治理的顺利实现。

第三，统一战线直接提升了各民族的国家认同感。在统一战线中，不同族群或宗教界的代表来源于不同的族群和宗教界，他们各有自己的民族或宗教身份，各有不同的认同，然而，在中国共产党领导下，通过对话与协商，通过社会主义价值观的引导，使这些具有不同认同的民族或宗教能够形成对国家的认同和对中国共产党的认同，这对增进国家的政治凝聚力起到了良好的机制作用。通过统一战线的组织形式，各个民族又聚合在党的领导下，实现了国家的统一与民族的团结。毛泽东指出："国家的统一，人民的团结，国内各民族的团结，这是我们的事业必定要胜利的基本保证。"②中国共产党领导的统一战线正为国家统一与民族团结提供了最重要的制度机制。习近平指出："统一战线是党的事业取得胜利的重要法宝，必须长期坚持。要高举爱国主义、社会主义旗帜，牢牢把握大团结、大联合的主题，坚持异质性和多样性统一，找到最大公约数，画出最大同心圆。坚持长期共存、互相监督、肝胆相照、荣辱与共，支持民主党派按照中国特色社会主义参政党要求更好履行职能。全面贯彻党的民族政策，深化民族团结进步教育、铸牢中华民族共同体意识，加强各民族交往交流交融，促进各民族像石榴籽一样紧紧抱在一起，共同团结奋斗、共同繁荣发展。"③

---

① 刘先传等主编：《统一战线文件汇编》，中央编译出版社，2007 年，第 140 页。
② 《毛泽东文集》（第 7 卷），人民出版社，1999 年，第 204 页。
③ 本书编写组：《党的十九大报告：学习辅导百问》，党建读物出版社，2017 年，第 32～33 页。

在实现族际合作上，民族区域自治制度同样发挥着重要作用。当代中国由56个民族组成，各个民族人口比重状况不同。根据2010年第六次人口普查结果报告，全国总人口为133972万人，其中55个少数民族总人口为13379.22万人，同2000年第五次人口普查相比，少数民族人口增加了736.26万人，增长了6.92%，少数民族人口占内地总人口比重的8.49%，同2000年相比，增加了0.08个百分点。[①] 从分布的范围看，全国几乎每个县都有至少一个以上的少数民族分布，但少数民族主要分布在东北、西北、西南地区。为了适应中国多民族状况，新中国建立后，经中央倡议，国务院提出议案，全国人民代表大会或人大常委会通过决议，继内蒙古自治区（1947年5月1日建立）后，又相继建立了四个自治区：新疆维吾尔自治区（1955年10月11日）、广西壮族自治区（1958年3月15日）、宁夏回族自治区（1958年10月25日）和西藏自治区（1965年9月9日），同时，其他基层的民族自治地方也逐步建立起来。截至2003年年底，全国共建立民族自治地方155个，其中自治区5个、自治州30个、自治县（旗）120个。55个少数民族中，有44个建立了自治地方。此外，作为民族区域自治的补充形式，还建立了1173个民族乡。实行区域自治的少数民族人口占少数民族总人口的71%，民族自治地方的面积占全国国土面积的64%。[②]

民族地方政权的民族性并不代表民族自治机关的民族身份单一化。因为无论从历史上的中国还是当代中国，民族地方除某个民族在人口上占有一定的优势外，同时还有其他民族与其共同居住在一起。内蒙古自治区有蒙、汉、回、满、朝鲜、达斡尔、鄂温克、鄂伦春等49个民族，广西壮族自治区有壮、汉、瑶、苗、侗、毛南、回、京、彝等52个民族，西藏自治区有藏族、回族、门巴、珞巴族、怒族、纳西族等民族，宁夏回族自治区有回、满、蒙、壮、朝鲜、土、苗、东乡、藏等30个民族，新疆维吾尔自治区有维吾尔、汉、哈萨克、回、柯尔克孜、蒙古、塔吉克、锡伯、满族、乌孜别克、俄罗斯、达斡尔、塔塔尔等民族。各个民族地区的文化传统，语言状况、宗教信仰迥然不同，构成了一个多元文化的集合体。民族自治区的这种多元一体状况，决定了民族地区政权的

---

① 中国国务院新闻办公室白皮书：《中国的民族政策与各民族共同繁荣发展》（2009年9月），人民出版社，2009年，第4页。

② 第六次全国人口普查少数民族相关数据，https://www.douban.com/note/312485628/。

民族性本身又是一种混合的民族性,包容的民族性。民族地区的自治不是单一民族的民族自治,而是民族共治,因而自治中本身就带有族际合作共治的意义。

同时,中国的民族区域自治是民族性与区域性的结合。这意味着中国的民族自治是民族区域自治而不是领土自治。按照《中华人民共和国民族区域自治法》:"在少数民族聚居地区实行区域自治,建立自治机关,行使自治权"。也就是说在少数民族成分占有一定比例的各民族杂居地区实行自治,它不是以民族领土为单位,也不是民族社会组织的自治,而是行政地方(民族区域)自治。所谓的民族共治可以从国家管理层面和民族地区的两个层面看,就国家管理层面说,指通过自治民族的代表参与国家立法机关的方式以保证他们对国家管理的权利。具体体现在全国人民代表大会中,它是由各个不同民族代表组成的。他们在行使人民赋予他们的代表权力同时,也经过人民代表大会将民族地区的要求和愿望转变为国家的意志。民族地方的治理,同样也体现了这种民族共治的特点。

参考文献

一、中文著作

(一)著作

1. 包刚升：《民主崩溃的政治学》,商务印书馆,2015 年。

2. 包刚升：《政治学通识》,北京大学出版社,2015 年。

3. 曹兴等主编：《全球化时代的跨界民族问题》,中国政法大学出版社,2015 年。

4. 常士闿：《异中求和:当代西方多元文化主义思想研究》,人民出版社,2008 年。

5. 陈家刚：《协商民主》,上海三联书店,2004 年。

6. 陈衍德：《对抗、适应与融合:东南亚的民族主义与族际关系》,岳麓书社,2004 年。

7. 陈衍德：《多民族共存与民族分离运动——东南亚民族关系的两个侧面》,厦门大学出版社,2009 年。

8. 陈永龄主编：《民族词典》,上海辞书出版社,1987 年。

9. 邓殿臣：《南传佛教史简编》,中国佛教协会出版 1991 年。

10. 丁力：《地缘大战略:中国的地缘政治环境及其战略选择》,山西出版集团,山西人民出版社,2010 年。

11. 董经胜：《拉丁美洲的殖民化与全球化》,江西人民出版社,2010 年。

12. 范磊：《新加坡族群和谐机制:实现多元族群社会的"善治"》,湖南人民出版社,2016 年。

13. 房宁：《民主与发展——亚洲工业化时代的民主政治研究》,社会科学文献出版社,2015 年。

14. 房宁:《自由、威权、多元:东亚政治发展研究报告》,社会科学文献出版社,2011年。

15. 傅景亮:《资本治理与政治转型:东亚地区民主化比较研究》,中央民族大学出版社,2013年。

16. 高奇琦:《比较政治学:学科、议题和方法》,上海人民出版社,2016年。

17. 高奇琦主编:《比较政治》,高等教育出版社,2016年。

18.《古代世界城邦问题译文集》,时事出版社,1985年。

19. 关凯:《族群政治》,中央民族大学出版社,2007年。

20. 哈全安:《土耳其共和国政治民主化进程研究》,上海三联书店,2010年。

21. 哈全安:《中东国家的现代化历程》,人民出版社,2006年。

22. 郝时远:《类族辨物——"民族"与"族群"概念之中西对话》,中国社会科学出版社,2013年。

23. 贺圣达等:《缅甸》,社会科学出版社,2005年。

24. 侯万锋、王宗礼:《多民族国家的政治整合研究》,兰州大学出版社,2011年。

25. 胡文秀:《外国内部武装冲突与和平解决》,中国社会科学出版社,2014年。

26. 黄云静:《发展与稳定:反思东南亚国家现代化》,时事出版社,2011年。

27. 姜永仁等:《东南亚宗教与社会》,国际文化出版公司,2012年。

28. 蒋真:《后霍梅尼时代伊朗政治发展研究》,人民出版社,2014年。

29. 金炳镐:《民族理论通论》,中央民族大学出版社,2007年版。

30. 金英君:《"亚洲价值观"之争》,北京大学出版社,2015年。

31. 蓝红星:《中国少数民族地区贫困问题研究》,经济科学出版社,2013年。

32. 黎家勇:《冷战时期的国际关系》,江西人民出版社,2008年。

33. 李安山:《非洲民族主义研究》,中国国际广播出版社,2004年。

34. 李渤:《民族宗教问题与国家安全》,时事出版社,2013年。

35. 李丹琳:《东南欧政治生态论析——冷战后地区冲突的起源和地区

稳定机制的建立》，社会科学文献出版社，2013 年。

36. 李红杰：《由自决到自治》，中央民族大学出版社，2009 年。

37. 李少军：《国际政治学概论》，上海人民出版社，2009 年。

38. 李文等：《东亚社会运动》，社会科学文献出版社，2009 年。

39. 李文：《东亚：宪政与民主》，中国社会科学文献出版社，2005 年。

40. 李文主编：《东亚：政党政治与政治参与》，世界知识出版社，2007 年。

41. 李义天：《共同体与政治团结》，社会科学文献出版社，2011 年。

42. 李志东：《新加坡国家认同研究：1965—2000》，中国人民大学出版社，2014 年。

43. 梁志明等：《多元·交汇·共生：东南亚文明之路》，人民出版社，2011 年。

44. 廖小健：《战后马来西亚族群关系：华人与马来人关系研究》，暨南大学出版社，2012 年。

45. 凌翔、陈轩：《李光耀传》，东方出版社，1998 年。

46. 刘泓：《世界地区性民族问题研究：当代岛屿争端》，中国社会科学出版社，2016 年。

47. 刘辉：《民族国家构建视角下的苏丹内战研究》，中国社会科学出版社，2011 年。

48. 刘军宁：《民主与民主化》，商务印书馆，1999 年。

49. 刘青建：《发展中国家与国际制裁》，中国人民大学出版社，2010 年。

50. 刘先传等主编：《统一战线文件汇编》，中央编译出版社，2007 年。

51. 刘作奎：《国家构建的"欧洲方式"——欧盟对西巴尔干政策研究（1991—2013）》，社会科学文献出版社，2015 年。

52. 卢正涛：《新加坡威权政治研究》，南京大学出版社，2007 年。

53. 鲁虎：《新加坡》，社会科学文献出版社，2004 年，

54. 马戎：《民族社会学——社会学的族群关系研究》，北京大学出版社，2004 年。

55. 马晓霖：《阿拉伯巨变：西亚、北非大动荡深层观察》，新华出版社，2012 年。

56. 马雪松：《政治世界的制度逻辑》，光明日报出版社，2013 年。

57. 马志刚：《新兴工业与儒家文化：新加坡道路及发展模式》，时事出版

社,1996 年。

58. 宁骚:《民族与国家——民族关系与民族政策的比较》,北京大学出版社,1995 年。

59. 彭树智:《东方民族主义思潮》,人民出版社,2013 年。

60. 彭宗超等:《合作博弈与和谐治理》,清华大学出版社,2013 年。

61. 秦晖:《南非启示录》,江苏文艺出版社,2013 年。

62. 尚会鹏:《印度文化传统研究:比较文化的视野》,北京大学出版社,2004 年。

63. 四川大学南亚研究所课题组:《阿富汗:后冲突时期的稳定与重建》,时事出版社,2015 年。

64. 孙士海等编著:《印度》,社会科学文献出版社,2003 年。

65. 唐慧:《印度尼西亚概论》,世界图书出版公司,2012 年。

66. 唐睿:《体制性吸纳与东亚国家政治转型:韩国、新加坡和菲律宾的比较分析》,中央编译出版社,2014 年。

67. 王鼎:《英国政府管理现代化:分权、民主与服务》,中国经济出版社,2008 年。

68. 王红生:《论印度的民主》,社会科学文献出版社,2011 年。

69. 王建娥、陈建樾等:《族际政治与现代民族国家》,社会科学文献出版社,2004 年。

70. 王剑峰:《族群冲突与治理》,社会科学文献出版社,2014 年。

71. 王联:《中东政治与社会》,北京大学出版社,2009 年。

72. 王林聪:《中东国家民主化问题研究》,中国社会科学出版社,2007 年。

73. 王希恩:《全球化中的民族进程》,社会科学文献出版社,2009 年。

74. 王炎编:《宪政主义与现代国家》,生活·读书·新知三联书店,2003 年。

75. 韦红:《东南亚五国民族问题》,民族出版社,2003 年。

76. 韦民:《小国与国际关系》,北京大学出版社,2014 年。

77. 韦森:《文化与制序》,上海人民出版社,2003 年。

78. 吴白乙:《拉美国家的能力建设与社会治理》,中国社会科学出版社,2015 年。

79. 吴文程：《政治发展与民主转型：比较政治的检视与批判》，吉林出版集团有限责任公司，2008年。

80. 吴彦：《沙特阿拉伯政治现代化进程研究》，浙江大学出版社，2011年。

81. 吴永年：《南亚问题面面观》，时事出版社，2015年。

82. 吴志成等主编：《欧洲研究前沿报告》，华东师范大学出版社，2007年。

83. 伍慧萍：《移民与融入：伊斯兰移民的融入与欧洲的文化边界》，上海人民出版社，2015年。

84. 夏吉生：《当代各国政治体制——南非》，兰州大学出版社，1998年。

85. 夏庆宇：《东欧的民族与国家》，社会科学文献出版社，2015年。

86. 熊坤新：《21世纪世界民族问题热点预警性研究》，民族出版社，2006年。

87. 徐勇：《现代国家、乡土社会与制度建构》，中国物资出版社，2009年。

88. 许利平：《亚洲极端势力》，社会科学文献出版社，2007年。

89. 许心礼：《新加坡》，上海辞书出版社，1983年

90. 严强：《社会发展理论》，南京大学出版社，2005年。

91. 严庆：《冲突与整合：民族政治关系模式研究》，社会科学文献出版社，2011年。

92. 严文明主编：《中华文明史》（第1卷），北京大学出版社，2006年。

93. 阎学通：《世界权力的转移：政治领导与战略竞争》，北京大学出版社，2015年。

94. 燕继荣：《国家治理及其改革》，北京大学出版社，2015年。

95. 杨翠柏：《南亚政治发展与宪政研究》，四川出版集团，巴蜀书社，2010年。

96. 杨光斌：《比较政治学：理论与方法》，北京大学出版社，2016年。

97. 杨光斌：《政治学导论》（第三版），中国人民大学出版社，2011年。

98. 杨恕：《世界分裂主义论》，时事出版社，2008年。

99. 杨曾文：《当代佛教》，东方出版社，1993年。

100. 叶兴增：《南非》，重庆出版社，2004年版。

101. 尹保云：《民主与本土化》，人民出版社，2010年。

102. 俞可平:《治理与善治》,社会科学文献出版社,2000 年。

103. 袁东振:《拉美国家的可治理性问题研究》,当代世界出版社,2010 年。

104. 昝涛:《现代国家与民族建构:20 世纪前期土耳其民族主义研究》,生活·读书·新知三联书店,2011 年。

105. 张会龙:《当代中国族际政治整合:结构、过程与发展》,北京大学出版社,2013 年。

106. 张洁:《民族分离与国家认同:关于印尼亚齐民族问题的个案研究》,社会科学文献出版社,2012 年。

107. 张康之:《合作的社会及其治理》,上海人民出版社,2014 年。

108. 张康之:《走向合作的社会》,中国人民大学出版社,2015 年。

109. 张树华:《民主化悖论:冷战后世界政治的困境与教训》,中国社会科学出版社,2015 年。

110. 张文木:《中国地缘政治论》,海洋出版社,2015 年。

111. 张锡镇主编:《东亚:变幻中的政治风云》,中国国际广播出版社,2002 年。

112. 张蕴岭等主编:《简明东亚百科全书》(下卷),中国社会科学出版社,2007 年。

113. 赵鼎新:《社会与政治运动讲义》,社会科学文献出版社,2006 年。

114. 赵磊:《国际视野中的民族冲突与管理》,社会科学文献出版社,2013 年。

115. 郑永年:《中国崛起:重估亚洲价值》,东方出版社,2016 年。

116. 中国现代国际关系研究所民族与宗教研究中心:《周边地区民族宗教问题透视》,时事出版社,2002 年。

117. 周少来:《东亚民主生成的历史逻辑》,中国社会科学文献出版社,2013 年。

118. 朱碧波:《苏联族际政治整合模式研究》,中国社会科学出版社,2015 年。

119. 朱伦:《民族共治:民族政治学的新命题》,中国社会科学出版社,2012 年。

120. 左常升主编:《国际发展援助理论与实践》,社会科学文献出版社,

2015 年。

(二)经典著作和官方文件

1.《马克思恩格斯选集》(第四卷),人民出版社,1972 年。

2.《马克思恩格斯选集》(第三卷),人民出版社,1972 年。

3.《马克思恩格斯全集》(第 19 卷),人民出版社,1963 年。

4.《斯大林选集》(上卷),人民出版社,1979 年。

5.《斯大林全集》(第 5 卷),人民出版社,1957 年。

6.《毛泽东文集》(第 7 卷),人民出版社,1999 年。

7.《邓小平文选》(第三卷),人民出版社,1993 年。

8. 周恩来:《要尊重少数民族的宗教信仰和风俗习惯》,中共中央文献研究室、中共新疆维吾尔自治区委员会编:《新疆工作文献选编》(1949—2010 年)。

9. 刘少奇:《关于民族区域自制问题》,中共中央文献研究室、中共新疆维吾尔自治区委员会编:《新疆工作文献选编》(一九四九—二〇一〇年),中央文献出版社,2010 年。

10. 中国国务院新闻办公室白皮书:《中国的民族政策与各民族共同繁荣发展》,人民出版社,2009 年。

(三)论文

1. 阿迪娜:《中国世界民族学会"当代世界民族热点问题"专家咨询会侧写》,《世界民族》,2016 年第 3 期。

2. 蔡文成:《多民族国家的国家认同:危机与重构》,《理论探索》,2015 年第 5 期。

3. 常士䛱:《和谐理念与族际政治整合》,《政治学研究》,2009 年第 4 期。

4. 常士䛱:《族际政治文明建设探析》,《政治学研究》,2015 年第 4 期。

5. 常士䛱、郭小虎:《后发多民族国家建构如何避免国家失败:以乌克兰为例》,《理论探讨》,2016 年第 3 期。

6. 常士䛱:《民主的悖论》,《民族研究》,2016 年第 4 期。

7. 常士䛱:《民族互惠共生与东南亚国家的政治整合》,《当代世界与社会主义》,2013 年第 5 期。

8. 常士闇:《两个共同与当代中国多民族国家政治整合》,《民族研究》,2014 年第 2 期。

9. 常士闇:《族际政治文明中的他者与多民族国家治理》,《理论探讨》,2015 年第 7 期。

10. 常士闇:《国家性建设与多民族发展中过国家政治整合》,《思想战线》,2016 年第 1 期。

11. 陈茂荣:《国家认同问题研究综述》,《北方民族大学学报》,2016 年第 2 期。

12. 储殷:《缅甸的民族和解为什么这么难》,《世界知识》,2016 年第 3 期。

13. 丁岭杰:《民主转型中族际冲突的政治制度原因探析》,《武汉科技大学学报》,2016 年第 5 期。

14. 丁志刚:《发展中多民族国家现代化进程中的政治整合》,《甘肃社会科学》,2011 年第 3 期。

15. 丁志刚:《政治认同的层次分析》,《学习与探索》,2010 年第 5 期。

16. 格非:《南非种族问题及其政治解决前景》,《时事报告》,1994 年第 1 期。

17. 冯绍雷:《乌克兰危机对欧洲的影响》,《国际政治》(中国人民大学复印资料),2015 年第 4 期

18. 高永久:《论多民族国家中的民族认同与国家认同》,《民族研究》,2010 年第 2 期。

19. 国晓光等:《国家能力的两张面孔——国家能力在民主巩固中的作用和局限》,《国外理论动态》,2015 年第 2 期。

20. 贺金瑞:《论从民族认同到国家认同》,《中央民族大学学报》,2008 年第 3 期。

21. 贺文萍:《中东变局后北非国家民主转型的困境》,《西亚非洲》,2015 年第 4 期。

22. 胡兆义:《从内涵和特点看民族认同与国家认同的关系》,《内蒙古大学学报》,2016 年第 5 期。

23. 胡微微等:《中东国家政治秩序失范与重构问题研究》,《陕西行政学

院学报》,2013 年第 1 期。

24. 黄民兴:《从民族国家构建的视角析当代中东国家的社会整合》,《国际政治》,2013 年第 10 期。

25. 扈红英:《"民族国家"与"多民族国家"概念的修辞学阐释与解读》,《云南社会科学》,2014 年第 4 期。

26. 蒋立松:《略伦"族群"概念的西方文化背景》,《黑龙江民族丛刊》,2002 年第 1 期。

27. 姜德顺:《不同语境下的"民族主义"》,《世界民族》,2002 年第 2 期。

28. 焦兵:《族群冲突的理性主义逻辑及其对中国的启示》,《国际展望》,2015 年第 2 期。

29. 金良祥:《伊朗的领袖治国模式刍议》,《西亚非洲》,2015 年第 4 期。

30. 兰青松:《多民族国家政治认同整合机制的实践思考》,《民族问题研究》,2013 年第 10 期。

31. 龙兰:《全球化与地区民族分裂主义的产生》,《西南民族大学学报》,2016 年第 9 期。

32. 雷勇:《"分离权"和民主权利关系辨析》,《政治学》(中国人民大学复印资料),2015 年第 12 期。

33. 李钢:《论社会转型的本质与意义》,《求实》,2001 年第 1 期。

34. 李路曲:《新加坡佛教的传播》,《五台山研究》,1996 年第 4 期。

35. 李捷:《泰南分离主义与极端主义:工具化与结合的趋势》,《南洋问题研究》,2015 年第 1 期。

36. 李艳枝:《试析土耳其现代化进程中的非穆斯林少数民族》,《世界民族》,2014 年第 5 期。

37. 刘辉:《南苏丹共和国部族冲突探析》,《世界民族》,2015 年第 3 期。

38. 刘锦前:《当前中东政局新发展中的部落文化因素分析》,《世界民族》,2014 年第 6 期。

39. 刘中民:《中东变局与阿拉伯的民主转型》,《当代世界与社会主义》,2014 年第 4 期。

40. 刘务等:《缅甸未来国家结构形式:联邦制、单一制还是其他?》,《南亚研究》,2015 年第 1 期。

41. 刘务:《1988 年以来缅甸少数民族武装民族政治目标变化初探》,

《世界民族》,2015 年第 4 期。

42. 罗柏林:《发展中国家的政治安全问题研究》,《理论探讨》,2015 年第 6 期。

43. 马俊毅:《论现代多民族国家建构中民族身份的形成》,《民族研究》,2014 年第 4 期。

44. 毛志浩:《威权主义视野下的埃及民主转型分析》,《亚非纵横》,2013 年第 2 期。

45. 彭刚:《发展中国家的定义、构成与分类》,《教学与研究》,2004 年第 9 期。

46. 彭勃:《自我、集体与政权:"政治认同"的层次及其影响》,《上海交通大学学报》(哲学社会科学版),2010 年第 1 期。

47. 任剑涛:《国家现代化进程中的政治制度安全问题》,《政治学》(中国人民大学复印资料),2015 年第 12 期。

48. 沈莉华:《乌克兰东西部纷争的历史根源》,《贵州社会科学》,2013 年 10 期。

49. 宋清润:《缅甸民主转型的进展与挑战》,《国际研究参考》,2014 年第 5 期。

50. 苏畅:《中亚与中东国家政治风险量化对比分析》,《战略决策研究》,2016 年第 4 期。

51. 舒展:《卢旺达民族和解探究与思考》,《西亚非洲》,2015 年第 4 期。

52. 唐文玉:《合作治理:权威型合作与民主型合作》,《武汉大学学报》,2011 年第 6 期。

53. 田钒平:《民族平等的实质内涵与政策限度》,《湖北民族学院学报》,2011 年第 5 期。

54. 王勃:《论后发多民族国家政治整合的民主化困境与民族冲突》,《云南民族大学学报》,2015 年第 3 期。

55. 王参民:《中东民族国家的独立及建构中的问题研究》,《赤峰学院学报》,2015 年第 9 期。

56. 王霏:《试论叙利亚的族群、教派与地域忠诚问题》,《阿拉伯世界研究》,2016 年第 1 期。

57. 王剑峰:《整合与分化:西方族群动员理论研究述评》,《民族研究》,

2013 年第 4 期。

58. 王联：《试析冷战后世界民族问题的发展态势》，《国际政治研究》，2014 年第 5 期。

59. 王占宇：《从"政治秩序与政治衰退"看福山的变与不变》，《当代世界社会主义问题》，2015 年第 1 期。

60. 王程：《泰国政治动乱原因研究》，《和平与发展》，2015 年第 3 期。

61. 王猛：《苏丹民族国家建构失败的原因解析》，《西亚非洲》，2012 年第 1 期。

62. 王鹏：《民族国家陷阱与多民族国家及构建》，《学术探索》，2013 年第 5 期。

63. 王彤：《尼迈里与苏丹南方问题》，《世界历史》，1994 年第 4 期，

64. 王希恩：《多民族国家和谐稳定的基本因素及其形成》，《民族研究》，1999 年第 1 期。

65. 王希恩：《从多元文化主义到多元一体主义的思考》，《世界民族》，2013 年第 5 期。

66. 王志立：《民族主义与国家民族建构》，《马克思主义与现实》，2016 年第 5 期。

67. 吴晓林：《国外政治整合研究：理论主张与研究路径》，《南京社会科学》，2009 年第 9 期。

68. 徐世澄：《玻利维亚的民族关系与民族政策》，《世界民族》，2012 年第 6 期。

69. 徐薇：《博茨瓦纳民族问题研究》，《世界民族》，2013 年第 2 期。

70. 闫健：《国家构建中的"双重悖论"与国家失败》，《亚非纵横》，2015 年第 1 期。

71. 杨立华：《南非的民主转型与国家治理》，《西亚非洲》，2015 年第 4 期。

72. 杨立华：《新南非十年：多元一体的国家建设》，《西亚非洲》，2004 年第 4 期。

73. 杨勉、翟亚菲：《苏丹分裂的原因与南苏丹独立面临的问题》，《亚非纵横》，2011 年第 4 期。

74. 严庆：《民族整合的理念、格局与举措》，《政治学研究》，2015 年第

1 期。

75. 于春洋:《研究进展与学界共识:民族国家及其建构问题简论》,《东方论坛》,2016 年第 1 期。

76. 余文胜:《达尔富尔危机的由来》,《国际资料信息》,2004 年第 9 期。

77. 俞飞:《朝野妥协,实现国家转型正义》,《南方周末》,2009 年 11 月 26 日。

78. 俞可平:《从统治到治理》,《学习时报》,2001 年 1 月 21 日。

79. 曾向红:《政治妥协与突尼斯的和平政治过渡》,《外交评论》,2016 年第 2 期。

80. 张宝增:《真相与和解委员会》,《世界知识》,1998 年第 1 期。

81. 张弘:《社会转型中的国家认同》,《俄罗斯中东欧研究》,2010 年第 6 期

82. 张吉君:《"后阿富汗战争时代"阿富汗国家治理前景:国家认同视角下的分析》,《南亚研究》,2015 年第 2 期。

83. 张俊杰:《俄罗斯避免民族纠纷与冲突的法律机制》,《辽宁大学学报》(哲学社会科学版),2008 年第 1 期。

84. 张康之:《全球化、后工业化背景下的组织研究》,《理论探讨》,2016 年第 1 期。

85. 张伟玉:《民主转型理论:研究路径、评论及发展》,《国际政治科学》,2015 年第 3 期。

86. 张一:《西方国家政治认同的内在逻辑》,《学术交流》,2016 年第 4 期。

87. 章远:《东盟在区域族裔宗教问题治理中的角色拓展》,《世界民族》,2015 年第 1 期。

88. 赵干城:《阿富汗问题与亚洲的安全治理》,《南亚研究》,2015 年第 1 期。

89. 中共中央党校"新形势下的民族宗教理论与实践"课题组:《新形势下的民族宗教理论与实践》,《中国社会科学内部文摘》,2012 年第 4 期。

90. 钟贵峰:《缅甸新政府族际关系治理探析》,《东南亚南亚研究》,2015 年第 1 期。

91. 钟贵峰:《多民族国家民族问题的治理要充分体现民族国家建设取

向》，《中国民族报》，2015 年 10 月 16 日。

92. 周光辉：《全球化时代发展中国家的国家认同危机与关系》，《中国社会科学报》，2013 年 7 月 26 日。

93. 周光辉等：《领土认同：国家认同的基础——构建一种更完备的国家认同理论》，《中国社会科学》，2016 年第 7 期。

94. 周平：《论构建我国完善的族际政治整合模式》，载于黄卫平、汪永成：《当代中国政治研究报告Ⅳ》，社会科学文献出版社，2005 年。

95. 周平、贺琳凯：《论多民族国家的族际政治整合》，《思想战线》，2010 年第 4 期。

96. 周平：《多民族国家的国家认同问题分析》，《政治学研究》，2013 年第 1 期

97. 朱传忠：《土耳其正义与发展党的保守民主理念与政治改革探析》，《西亚非洲》，2015 年第 4 期。

98. 朱伦：《论民族共治的理论与基本原理》，《世界民族》，2002 年第 2 期。

99. 朱毓朝：《当代国际关系中的民族问题》，《世界民族》，2004 年第 5 期。

100. 左宏愿：《选民民主与族群冲突：断裂型多族群国家的民主化困境》，《民族研究》，205 年第 2 期。

（四）电子文本：

1.《坚定不移沿着中国特色社会主义道路前进 为全面建成小康社会而奋斗》（胡锦涛在中国共产党第十八次全国代表大会上的报告），http://news. xinhuanet. com/18cpcnc/2012－11/08/c_113641526. htm。

2.《习近平在全国人大闭幕会上讲话谈中国梦》（全文），http://news. cnhubei. com/xw/2013zt/2013qglh/201303/t2506841. shtml。

3.《冲击中国：苏丹公投背后的中美博弈惊人内幕》，http://www. china5e. com/show. php? contentid =157606&page =4。

二、译著

（一）著作

1. ［美］阿伦·利普哈特：《多元社会中的民主：一项比较研究》，刘伟译，上海人民出版社，2013 年。

2. ［美］阿伦·利普哈特：《民主的模式：36 个国家的政府形式和政府绩效》，陈崎译，北京大学出版社，2006 年。

3. ［美］阿图罗·埃斯科瓦尔：《遭遇发展——第三世界的形成与瓦解》，汪淳玉等译，社会科学文献出版社，2011 年。

4. ［美］阿图尔·科利主编：《印度民主的成功》，牟效波等译，译林出版社，2013 年版，

5. ［英］安东尼·D. 史密斯：《全球化时代的民族与民族主义》，龚维斌等译，中央编译出版社，2002 年。

6. ［英］安德鲁·韦伯斯特《发展社会学》，陈一筠译，华夏出版社，1987 年。

7. ［美］安德鲁·海伍德：《政治学》（第二版），张立鹏译，中国人民大学出版社，2006 年。

8. ［美］爱德华·W. 萨义德：《东方学》，王宁根译，生活·读书·新知三联书店，2007 年。

9. ［美］爱德华·W. 萨义德：《文化与帝国主义》，李琨译，生活·读书·新知三联书店，2003 年。

10. ［英］埃德蒙·R. 利奇：《缅甸高地诸政治体系——对克钦社会结构的一项研究》，杨春宇等译，商务印书馆，2010 年。

11. ［英］阿莱克斯·汤普森：《非洲政治导论》，周玉渊等译，民主与建设出版社，2015 年。

12. ［美］埃里克·霍布斯鲍姆：《民族与民族主义》，李金梅译，上海人民出版社，2000 年。

13. ［美］艾莉诺·奥斯特罗姆：《公共事物的治理之道：集体行动的制度的演进》，余逊达等译，上海译文出版社，2012 年。

14. ［美］艾伦·李帕特：《当代民主类型与政治——二十一个国家多数

模型与共识模型政府》,陈坤森译,台北桂冠图书股份有限公司,1993 年。

15. [以色列]艾森斯塔德:《现代化抗拒与变迁》,张旅平等译,中国人民大学出版社,1988 年。

16. [法]埃米尔·涂尔干:《社会分工论》,渠敬东译,生活·读书·新知三联书店,2017 年。

17. [美]保罗·蒂利希:《文化神学》,陈新权译,工人出版社,1988 年。

18. [英]彼得·弗兰科潘:《丝绸之路:一部全新的世界史》,邵旭东等译,浙江大学出版社,2016 年。

19. [美]彼得·卡尔佛特:《革命与反革命》,张长东等译,吉林人民出版社,2005 年。

20. [美]彼得·布劳:《社会生活中的交换与权力》,孙非等译,华夏出版社,1988 年。

21. [英]彼得·丹尼尔斯:《人文地理学导论:21 世纪的议题》,邹劲风等译,南京大学出版社,2014 年。

22. [美]彼得·卡赞斯坦:《世界政治中的文明:多元多维的视角》,秦亚青等译,上海世纪出版集团,2012 年。

23. [美]彼得·H. 史密斯:《论拉美的民主》,谭道明译,译林出版社,2013 年。

24. [加拿大]贝淡宁:《超越自由民主》,李万全译,上海三联书店,2009 年。

25. [美]布劳:《社会生活中的交换与权力》,孙菲等译,华夏出版社,1987 年。

26. [美]布鲁斯·布恩诺·德·梅斯奎塔等:《繁荣的治理之道》,叶娟丽译,中国人民大学出版社,2007 年。

27. [美]C.恩伯、M.恩伯:《文化的变异》,杜彬彬译,辽宁人民出版社,1988 年。

28. [美]蔡爱眉:《起火的世界:输出自由市场民主酿成种族仇恨和全球动荡》,刘怀昭译,中国大百科全书出版社,2005 年。

29. [美]查尔斯·贝兹:《政治理论与国际关系》,丛占修译,上海译文出版社,2012 年。

30. [美]查尔斯·蒂利:《强制、资本和欧洲国家》,魏洪钟译,上海世纪出版集团,2007 年。

31.［美］查尔斯·蒂利:《民主》,魏洪钟译,上海世纪出版集团,
2009 年。

32.［德］查尔斯·霍顿·库利:《人类本性与社会秩序》,华夏出版社,
2015 年。

33.［英］理查德·雷德:《现代非洲史》,王毅等译,上海人民出版社,
2014 年。

34.［加拿大］查尔斯·泰勒:《自我的根源:现代认同的形成》,韩震译,
译林出版社,2001 年。

35.［英］戴安娜·弗朗西斯:《人民、和平与权力:冲突转化的实践》,陈
建荣译,南京出版社,2015 年。

36.［美］戴维·阿普特:《现代化的政治》,李剑等译,中央编译出版社,
2011 年。

37.［美］戴维·莱克:《国际关系中的等级制》,高婉妮译,上海世纪出版
集团,2013 年。

38.［英］戴维·米勒等:《布莱克威尔政治学百科全书》,邓正来等译,中
国政法大学出版社,1992 年。

39.［美］戴维·莱文森:《世界各国的族群》,葛公尚等译,中央民族大学
出版社,2009 年。

40.［美］戴维·奥塔韦:《德克勒克与曼德拉:用妥协和宽容重建南非》,
启蒙编译所译,上海社会科学院出版社,2015 年。

41.［美］戴维·瓦尔德纳:《国家构建与后发展》,刘娟凤等译,吉林出版
集团有限责任公司,2011 年。

42.［美］道格拉斯·C.诺斯:《暴力与社会秩序》,杭行等译,格致出版
社,2013 年。

43.［美］道格拉斯·诺斯:《制度、制度变迁与经济绩效》,杭行译,上海
三联书店,1994 年。

44.［美］德尼·古莱:《残酷的选择:发展理念与伦理价值》,高铦译,社
会科学文献出版社,2015 年。

45.［美］德里克·W.布林克霍夫:《冲突后社会的治理》,赵俊等译,民
主与建设出版社,2015 年。

46. [美]德隆·阿西莫格鲁等：《国家为什么会失败》，李增刚译，湖南科学技术出版社，2015 年。

47. [美]丹尼斯·C. 缪勒：《公共选择理论》，杨春学等译，中国社会科学出版社，2002 年。

48. [德]恩斯特·卡西尔：《人论》，甘阳译，上海译文出版社，1985 年。

49. [美]范达娜·得塞：《发展研究指南》（上册），杨先明译，商务印书馆，2014 年版。

50. [美]菲利克斯·格罗斯：《公民与国家——民族、部族和族属身份》，王建娥等译，新华出版社，2003 年。

51. [美]弗雷德·英格利斯：《文化》，韩启群等译，南京大学出版社，2008 年。

52. [挪威]盖尔·伦德斯塔德：《大国博弈》，张云雷译，中国人民大学出版社，2015 年。

53. [美]盖伊主编：《自治与民族：多民族国家竞争性诉求的协调》，张红梅等译，东方出版社，2013 年

54. [英]G. T. 加勒特主编：《印度的遗产》，陶笑红译，上海人民出版社，2005 年

55. [美]哈瑞尔达·考利：《2050 年的亚洲》，姚彦贝等译，人民出版社，2012 年。

56. [美]汉娜·阿伦特：《人的条件》，竺乾威译，上海人民出版社，1999 年。

57. [美]汉斯·摩根索等：《国家间政治：权力斗争与和平》（第七版），北京大学出版社，2006 年版。

58. [澳]何包钢：《民主理论：困境和出路》，法律出版社，2008 年。

59. [美]亨利·基辛格：《世界秩序》，胡利平等译，中信出版集团，2015 年。

60. [美]赫伯特·金迪斯：《人类的趋社会性及其研究：一个超越经济学的经济分析》，浙江大学跨学科社会科学研究中心译，世纪出版集团，2006 年。

61. [美]霍华德·J. 威尔德：《美国在冲突地区的外交政策》，陈媛媛等译，江苏人民出版社，2014 年。

62.［美］胡安·J. 林茨:《民主转型与巩固的问题:南欧、南美和后共产主义欧洲》,孙龙等译,浙江人民出版社,2008 年。

63.［美］贾蕾德·戴蒙德:《崩溃》,汪滢译,上海译文出版社,2008 年。

64.［美］吉列尔莫·奥唐奈等:《威权统治的转型》,景威等译,新星出版社,2012 年。

65.［美］杰克·奈特:《制度与社会冲突》,周伟林译,上海人民出版社,2009 年。

66.［美］杰克·普拉诺等:《政治学分析辞典》,胡杰译,中国社会科学出版社,1986 年。

67.［加纳］奎西·克瓦·普拉:《非洲民族:该民族的国家》,姜德顺译,民族出版社,2014 年。

68.［美］拉里·戴蒙德:《民主的精神》,张大军译,群言出版社,2013 年。

69.［德］拉尔夫·达伦多夫:《工业社会中的阶级和阶级冲突》,斯坦福大学出版社,1957 年。

70.［美］拉塞尔·哈丁:《群体冲突的逻辑》,刘春荣等译,上海世纪出版社集团,2013 年。

71.［英］莱斯利·格:《国家的权威》,毛兴贵译,中国政法大学出版社,2013 年。

72.［巴基斯坦］里亚兹·穆罕默德:《阿富汗和巴基斯坦:冲突·极端主义·抵制现代性》,曾祥裕等译,时事出版社,2014 年。

73.［加拿大］梁鹤年:《西方文明的文化基因》,生活·读书·新知三联书店,2014 年。

74.［新加坡］梁文松等:《动态治理:新加坡政府的经验》,陈晔等译,中信出版社,2010 年。

75.［美］鲁恂·W. 派伊:《东南亚国家的政治体系论》李伟成译,五南图书公司,1991 年。

76.［澳］罗·霍尔顿:《全球化与民族国家》,倪峰译,世界知识出版社,2006 年。

77.［美］罗伯特·A. 达尔:《规模与民主》,唐皇凤译,上海人民出版社,2013 年。

78. ［美］罗伯特·H. 贝茨：《热带非洲的市场与国家：农业政策的政治基础》，吉林出版集团责任有限公司，2011年。

79. ［美］罗伯特·E. 戈定主编：《牛津比较政治学手册》（上、下册），唐士其等译，人民出版社，2016年。

80. ［美］罗伯特·库珀：《和平箴言》，吴云等译，北京大学出版社，2007年。

81. ［美］罗伯特·D. 卡普兰：《无政府时代的来临》，骆伟阳译，山西人民出版社，2015年，

82. ［美］罗伯特·阿克赛尔罗德：《合作的复杂性：基于参与者竞争与合作的模型》，梁捷译，上海世纪出版集团，2008年。

83. ［美］罗伯特·基欧汉：《霸权之后：世界政治经济中的合作与纷争》，苏长和译，上海世纪出版集团，2001年，

84. ［美］罗伯特·达尔：《权力》，见《国际社会科学百科全书》英文版1976年。参见杨光斌：《政治学导论》（第三版），中国人民大学，2011年。

85. ［英］罗德·黑格：《比较政府与政治导论》，张小劲等译，中国人民大学出版社，2007年。

86. ［马来西亚］林水檺等：《马来西亚华人史》，马来西亚留台校友会总会（吉隆坡），1984年。

87. ［美］罗伯特·古丁等主编：《政治科学新手册》（上册），钟开斌等译，生活·读书·新知三联书店，2006年。

88. ［美］鲁恂·W. 派伊：《政治发展面面观》，任晓等译，天津人民出版社，2009年。

89. ［法］路易约斯：《南非史》，史陵山译，商务印书馆1973年版，

90. ［美］露斯·本尼迪克特：《文化模式》，王炜等译，社会科学文献出版社，2009年。

91. ［荷］M. A. 穆罕默德·萨利赫：《处在管理与统治之间的非洲国会》，张海香等译，民主与建设出版社，2015年。

92. ［波］马利茨基：《种族主义在南非》，温颖等译，世界知识出版社，1957年。

93. ［美］迈克尔·曼：《民主的阴暗面》，严春松译，中央编译出版社，2015年。

94.[美]马丁·N.麦格:《族群社会学》,祖力亚提·司马义译,华夏出版社,2007年。

95.[美]曼纽尔·卡斯特:《认同的力量》,曹荣湘译,社会科学文献出版社,2006年。

96.[美]马克·凯塞尔曼:《转型中的欧洲政治》,史志欣译,人民出版社,2016年。

97.[比利时]马克·马尔蒂尼埃罗:《多元文化与民主》,尹明明等译,社会科学文献出版社,2015年。

98.[英]马克·B.索尔特:《国际关系中的野蛮与文明》,肖欢容译,新华出版社,2004年。

99.[德]马克斯·韦伯:《民族国家与经济政策》,甘阳等译,生活·读书·新知三联书店,1997年版,

100.[美]马汉:《海权论》,一兵译,同心出版社,2012年。

101.[美]马莎·L.科塔姆:《政治心理学》,胡勇等译,中国人民大学出版社,2013年。

102.[美]玛莎·芬尼莫尔:《国际社会中的国家利益》,袁正清译,上海世纪出版集团,2012年。

103.[美]迈克尔·赫克特:《遏制民族主义》,韩召颖译,中国人民大学出版社,2012年。

104.[美]迈克尔·赫茨菲尔德:《人类学》,刘衍等译,华夏出版社,2009年。

105.[美]迈克尔·曼:《民主的阴暗面》,严春松译,中央编译出版社,2015年。

106.[美]曼库尔·奥尔森:《国家兴衰探源:经济增长、滞胀与社会僵化》,吕应中等译,商务印书馆,1999年。

107.[美]曼瑟尔·奥尔森:《集体行动的逻辑》,陈郁等译,上海三联书店,1995年。

108.[美]梅里利·S.格林德尔:《打造一个好政府:发展中国家公共部门的能力建设》,孟华等译,商务印书馆,2015年。

109.[英]米歇尔·E.布朗:《亚太地区的政府政策和民族关系》,张红梅译,人民东方出版社,2013年。

110. [比利时]马克·马尔蒂尼埃罗：《多元文化与民主：公民身份、多样性与社会公正》，尹明明等译，社会科学文献出版社，2015 年。

111. [新西兰]尼古拉斯·塔林主编：《剑桥东南亚史》（第 2 卷），陈明华等译，云南人民出版社，2003 年，第 432 页。

112. [美]诺姆·乔姆斯基：《失败的国家：滥用权力和践踏民主》，白璐译，上海译文出版社，2009 年。

113. [印度]帕萨·查特杰：《被治理者的政治：思索大部分世界的大众政治》，田立年译，广西师范大学出版社，2007 年。

114. [法]皮埃尔·罗桑瓦龙：《法兰西模式：1789 年至今公民社会与雅各宾主义的对立》，高振华译，生活·读书·新知三联书店，2012 年。

115. [美]加布里埃尔·A. 阿尔蒙德等：《发展中地区的政治》，任晓晋等译，上海人民出版社，2012 年。

116. [美]加布里埃尔·A. 阿尔蒙德等：《比较政治学：体系、过程和政策》，曹沛霖等译，上海译文出版社，1987

117. [美]加布里埃尔·A. 阿尔蒙德等：《公民文化：五个国家的政治态度和民主制度》，张树明译，商务印书馆，2015 年。

118. [美]加布里埃尔·A. 阿尔蒙德等：《重访公民文化》，李国强译，东方出版社，2014 年。

119. [美]克利福德·格尔茨：《文化的解释》，刘东等译，译林出版社，1999 年。

120. [美]乔尔·S. 米格代尔：《社会中的国家：国家与社会如何相互改变与相互构成》，李杨等译，江苏人民出版社，2013 年。

121. [美]乔尔·S. 米格代尔：《强社会与弱国家：第三世界的国家社会关系及国家能力》，张长东等译，江苏人民出版社，2009 年。

122. [美]乔尔·科特金：《全球族：新全球经济中的种族、宗教与文化认同》，王旭等译，社会科学文献出版社，2010 年。

123. [英]乔恩·埃尔斯特：《社会黏合剂：社会秩序的研究》，高鹏程译，中国人民大学出版社，2009 年。

124. [美]乔纳森·H. 特纳《社会学理论的结构》，吴曲辉等译，浙江人民出版社，1987 年。

125. [美]萨利·L. 马丁：《民主国家的承诺：立法部门与国际合作》，刘宏松译,上海世纪出版集团,2010年。

126. [美]斯蒂芬·金泽:《千丘之国:卢旺达浴火重生及其织梦人》,延飞等译,世界知识出版社,2014年。

127. [美]塞缪尔·亨廷顿:《变革社会中的政治秩序》,李盛平等译,华夏出版社,1988年。

128. [美]塞缪尔·亨廷顿:《第三波——20世纪后期民主化浪潮》,刘军宁译,上海三联书店,1988年。

129. [美]塞缪尔·亨廷顿:《文化的重要作用——价值观如何影响人类进步》,程克雄译,新华出版社,2002年。

130. [美]塞缪尔·亨廷顿:《文明的冲突与世界秩序的重建》,周琪等译,新华出版社,1998年。

131. [美]塞缪尔·鲍尔斯、赫伯特·金迪斯:《合作的物种:人类的互惠性及演化》,张弘译,浙江大学出版社,2015年。

132. [美]塞斯·D. 卡普兰:《修复脆弱的国家:发展的新范例》,颜琳译,民主与建设出版社,2015年。

133. [美]索尔·科恩:《地缘政治学》,严春松译,上海社会科学院出版社,2011年。

134. [印尼]苏加诺:《苏加诺演讲集》,世界知识社编辑,世界知识出版社,1956年。

135. [美]特伦斯·E. 库克:《分离、同化或融合:少数民族政策比较》,张红梅译,东方出版社,2015年。

136. [美]特伦斯·K. 霍普金斯:《转型时代:世界体系的发展轨迹:1945—2025》,吴英译,高等教育出版社,2002年。

137. [法]涂尔干:《社会分工论》,渠东译,生活·读书·新知三联书店,2000年。

138. [美]V. 奥斯特罗姆等编:《制度分析与发展的反思:问题与抉择》,商务印书馆,1996年。

139. [挪威]文立安:《全球冷战"美苏对第三世界的干涉与当代世界的形成》,牛可等译,世界图书出版公司,2012年。

140. [加拿大]威尔·金利卡:《少数的权利:民族主义、多元文化主义和公民》,邓红风译,上海世纪出版集团,2005年。

141. [新加坡]吴元华:《新加坡良治之道》,中国社会科学院出版社, 2014 年。

142. [黎巴嫩]肖克:《真实的黎巴嫩真主党》,世界知识出版社, 2015 年。

143. [美]小约瑟夫·奈等:《理解全球冲突与合作:理论与历史》,张小明译,上海世纪出版集团,2012 年。

144. [日]星野昭吉:《全球化时代的世界政治——世界政治的行为主体与结构》,刘小林等译,社会科学文献出版社,2004 年。

145. [美]伊曼纽尔·沃勒斯坦:《现代世界体系》,尤来寅等译,高等教育出版社,1998 年。

146. [美]伊曼纽尔·沃勒斯坦:《变化中的世界体系》,王鹏振译,中央编译出版社,2016 年。

147. [澳]约翰·基恩:《生死民主》(上、下),安雯译,中央编译出版社, 2016 年。

148. [美]约翰·博德利:《发展的受害者》,何小荣等译,北京大学出版社,2011 年。

149. [美]约翰·D. 多纳林:《合作:激变时代的合作治理》,徐维译,中国政法大学出版社,2015 年。

150. [美]约翰·罗尔克:《世界舞台上的国际政治》,宋伟译,北京大学出版社,2005 年。

151. [英]约翰·S. 密尔:《代议制政府》,汪暄译,商务印书馆,2007 年

152. [美]约翰·塞尔:《人类文明的结构:社会世界的构造》,文学平等译,中国人民大学出版社,2015。

153. [英]亚历克斯·乔西:《李光耀》,安徽大学外语系,上海人民出版社,1976 年。

154. [美]亚历山大·温特《国际政治的社会理论》,秦亚青译,上海世纪出版集团,2008 年。

155. [美]詹姆斯·N. 罗西瑙:《没有政府的治理》,张胜军等译,江西人民出版社,2001 年。

156. [美]詹姆斯·G. 马奇:《重新发现制度:政治的组织基础》,张伟等译,生活·读书·新知三联书店,2011 年。

157.［美］詹姆斯·F.霍利菲尔德等:《通往民主之路:民主转型的政治经济学》,何志平等译,社会科学文献出版社,2012 年。

158.［英］詹姆斯·梅奥尔:《民族主义与国际社会》,王光忠译,中央编译出版社,2009 年。

159.［新加坡］郑永年:《中国模式》,浙江人民出版社,2010 年。

（二）译文

1.［爱尔兰］艾丹·里根:《欧洲资本主义多样中的政治紧张关系:欧洲民主国家的危机》,《政治学》(中国人民大学复印资料),2015 年第 12 期。

2.［日］井上治:《走向分裂的印尼》,《南洋资料译丛》,2002 年第 2 期。

3.［法］雅克·贝特朗等:《民主化与少数民族:冲突还是和解》,《民族问题研究》(中国人民大学复印资料),2015 年第 11 期。

三、英文文献

（一）著作

1. Aidan Hehir, eds., *State-Builing: Theory and Practice*, Rouledge, 2007.

2. Alain-G Gagnon, ed. *The Conditions of Diversity in Multinational Democracies*, The Institute for Reseach on Public Policy, 2003.

3. Albert Somit, *The Failture of Democracatic Nation Building*, Palgrave Macmillan, 2005.

4. Allison McCulloch, *Power-Sharing and Political Stability in Deeply Divided Society*, Routledge, 2014.

5. Andrew Finlay, *Governing Ethnic Conflict: Consociation, Identity and the Price of Peace*, Routliedge, 2011.

6. Andrew Reynord, *Designing in a Dangerous World*, Oxford University Press, 2011.

7. Arent Lijphart, *Debocracy in Plural Societies: A Comparative Exploation*, Yale University, 1980.

8. Anthony D. Smith, *The Cultural Foundations of Nations: Hierarchy, Covenant, and Republic*, Blackwell, 2005.

9. Arthur Benz, eds., *Governance and Democracy: Comparing Naional, European and International Experiences*, Routledge, 2006.

10. Baogang He, *Federalism in Asia*, Cheltenham, UK. Edward Elgar, 2007.

11. Barbara Harff., *Ethnic Conflict in World Politics*, Second Edition, Westview, 2004.

12. Beate Kouch, Rainer Eising, *The Transformation of Governance in the Europeannion*, London: Routledge, 1999.

13. Beata Huszka, *Secessionist Movements and Ethnic Conflict: Debate-Framing and Rhetoric in Independence Campaigns*, Roulledge, 2014.

14. Beng-Huat Chua, *Communitarian Ideology and Democracy in Singapore*, Rouledge, 1995.

15. Benjamin Reilly, *Democracy and Diversity: Political Engineering in the Asian-Pacific*, Oxford University Press, 2006.

16. Bipan Chandra, *India after independence, 1947 – 2000*, London: Penguin Books, 2000.

17. B. Guy Peter, *Institional Theory in Political Science: The "New Institutionalism"*, London Pinter, 1999.

18. Charles Tilly, *The Formation of National States in Western Europe*, Introduction, Princeton University Press, 1975.

19. Chua Beng Huat, *Commuitatian Politcs in Asia*, Rultledge, 2004.

20. Claire Alexander, ed., *Mapping Changing Identities: New Directions in Uncertain Times*, Routledge, 2014.

21. Conor O'Dwyer, *Runaway State-Building: Patronage Politics and Democratic Development*, The Johns Hopins University Press, 2006.

22. D. D. Basu, *Introduction to the Constitution of India*, New Delhi, Prentice Hall of India, 1997.

23. Damien Kingsbury and Harry Aveling, eds., *Autonomy and Disintegration in Indonesia*, Routledge, 2002.

24. Dan Slater, *Ordering Power: Contentious Politics, State-Building, andAuthori-tarian Durability in Southeast Asia*, A dissertation submitted to the Faculty of the Graduate School of Emory University in partial fulfillment of the Require-

ments for the degree of Doctor of Philosophy Department of Political Science,2005.

25. Daniel A. Bell,ed.,*Toward Illiberal Democracy in Pacific Asia*, Macmilian Press LTD,1995.

26. Daniel Bell,*The End of Ideology:on the Exhaustion of Political Ideas in the Fifties*, Cambridge: Harvard University Press,1988.

27. David Bennett,*Multiultural states*,*Rethinking Difference and Identity*, Rouledge,1998.

28. Donald L. Horowitz,*Democracy in Divived Societies*,See Edited by Larry Diamond and Marc F. Plattner,Nationalism,*Ethnic Conflict*, *and Democracy*,The Johns Hopkins University Press,1994.

29. Donald L. Horowitz,*Democratic South Afria? Constitutional Engineering in a Divided Society*, Berkeley:University of California Press,1991.

30. Douglas E. Ramage,*Politics in Indonisia:Democracy*,*Islan and the Ideology of Tolerance*,Routledge,1995.

31. EdmondJ. Keller,*Identity*,*Citizenship*, *and Political Conflict in Africa*, Indiana University Press,2014.

32. Ellis Cashmore,ed.,*Dictionary of Race and Ethnic Relation*, London and New York,1994.

33. Eran Vigoda-Gadot,*Building Strong Nations:Improving Governability and Public Management*,ASFGATE,2009.

34. Ernst B. Hass, *The Uniting of Europe: Political*, *Social and Economic Force.* Stanford University Press,1958.

35. Emille Durkheim, *The Elementary Forms of the Relegiou Life*, London: George Allen&Unwin,1915.

36. Fearon J. Laitin D,*Ordinary Language and External Validity: Specifying Concepts in the Study of Ethnicity.* Presented at Meet. Lab. Comp. ethn. Polit,Oct. 20 – 22,Univ. Penn.,Philadelphia,2000.

37. FearonJ. Ethnic, *Structure and Cultural Diversity by Country*, J. Econ, Growth8(2),2003.

38. Grorg Sorensen,*Changes in Statehood:the Transformation of Internation-

al Relations, London: Palgrave, 2001.

39. Guido Bolaffi, ed., *Dictionary of Race, Ethnicity and Culture*, SAGE Publications, 2003.

40. Haldun Gulalp, *Citizenship and Ethnic Conflct: Challenging the Nation-state*, Roultledge, 2006.

41. Harry H. Smithet al., *Area Handbook for Afghanistan*, 4th ed, Washigton, 1973.

42. Herbert Feith, *The Decline of Constitutional Democracy in Indonesia*. Cornell University Press. Ithaca. N. Y., 1962.

43. Ian Marsh ed., *Democratisation, Governance and Regionalism in East and Southeast Asia: A Comparative Study*, Routledge, 2006.

44. J. Joseph Hewitt, eds., *Peace and Conflict 2012*, Paradigm Publishen, 2012.

45. Jacques Bertrand and Oded Haklai, ed., *Democratization and Ethnic Minorities: Conflict or Compromise*? Routledge Taylor &Francis Group, 2014.

46. Jacques Bertrand, *Nationalism and Ethnic Conflict in Indonesia*, Cambridge, UK, Cambridge University Press, 2004.

47. Joel S. Migdal, *Boundaries and Belonging: Stetes and Societies in the Struggle toShape Identities and Local Practics*, Cambridge UniversityPress, 2004.

48. Jan-Erik Lane, *Constitutions and Political Theory*, Manchester: Manchester University Press, 1996.

49. John Rex and Gurharpal Singh, ed., *Governance in Multicultura Societies*, Great Britain, ASHGATE, 2004.

50. John S. Dryzek, *Foundations and Frontiers of Deliberative Governance*, Oxford University Press, 2010.

51. John S. T. Quan, *In Search of Singapore's National Values*, Singapore: Times Academic Press, 1990.

52. Jurgen Ruland, *Parliaments and Political Change in Asia*, ISERS, Singapore, 2005.

53. K. Deutsch, *Nationalism and Its Alternatives*, 1969.

54. Keller, Edmond J. Identity, *Citizenship, and Political Conflict in Africa*,

Indiana University Press, 2014.

55. Kusuma Snitongse, ed., *Ethnic Conflicts in Southeast Asia*, ISEAS, Singapore, 2005.

56. Lan O'Flynn, *Deliberative Democracy and Divided Societies*, Edinburgh University Press, 2006.

57. Larry Diamond and Marc F. Plattner, *Nationalism, Ethnic Conflict, and Democracy*, The Johns Hopkins University Press, 1994.

58. Leonardo R. Arriola, *Multiethnic Coalitions inAfrica, Business Financing of Opposition Election Campaigns*, Cambridge University Press, 2013.

59. Louis Dupree, Tribalism, Regionalism, and Oligarch: Afghanistan, in. H. Silvertert ed., *Expectant Peoples: Nationalism and Development*, New York, 1963.

60. Lucian W. Pye, *Asian Power and Politics: The Cultural Dementions of Authority*, The Belknap Press of Harvard University Press, 1985.

61. Max Weber, *Economy and Society*, ed. Guenther Roth and Claus Witich (Berkeley: University of California Press Merle Lipton, Captalism and Apartheid: South Africa, 1010 – 84, Totowa, NJ, Rowman and Alianheld, 1985.

62. Michael E. Brown ed., *Nationalism and EthnicConflict*, The MIT Press, 2001.

63. Michael Hill, *The Politics of Naiton Building and Citizenship in Singapore*, Rouledge, 1995.

64. Michael J. Sullivan Ⅲ, *Comparing State Polities: Aframework for Analuzing 100 Governmants*, Greenwood Press, 1996.

65. Micheal Leifer, *Dictionary of the Modern Politics of Soth-East Asia*, Third Edition, Routledge, 1995.

66. Michael O'Neill, ed. *Democracy and Cultural Diversity*, Oxford University Press, 2000.

67. Myron Weiner, Political Integration and Political Development, Annals of the American Academy of Political and Social Science, Vol. 358, *New Nations: The Problem of Political Development* (Mar. 1965).

68. Neal G. Jesse and Kristen P. Williams, *Identity and Institutions: Conflict*

Reduction in Divided Societies, Stat University of New York Press, 2005.

69. Nicholas Tarling, eds., *The State*, *Development and Identity in Multi-Ethnic Societies*, Rouledge, 2008.

70. Peter Kivisto, *Multiculturalism in a Global Society*, Blackwell Publishing, 2002.

71. Peter Kivisto, *Incorporating Diversity*: *Rethinking Assimilation in a Multicultural Age*, Paradigm Publishers, 2005.

72. Randall, Vicky. Why Have the Political Trajectories of India and China Been Different?, in David Potter, et al., eds. *Democratization*, Cambridge: Polity Press, 1997

73. Ramon Maiz and Ferran Requejo, *Democacy*, *Nationlism and Multiculturalism*, Frank Cass, 2005.

74. Richard Boyd and Tak-Wing Ngo, *State Making in Asia*, Routledge, 2006.

75. Rachel Tsang, *The Cultural Politics of Nationlism and Nation-Building*: *Ritual and Performance in the Forging of Nations*, Rouledge, 2014.

76. RobertM. Price, *The Aprtheid State in Crisis*: *Political Transformation in South Africa 1975 – 1990*, Ne York and Oxford: Oxford University Press, 1991.

77. Robert A. Scalapino, ed., *Asian Political Institutionalization*, Regent of the University of California, 1980.

78. RobertI. Rotberg, ed., *When States Fail*: *Causes and Consequences*, Priceton University Press, 2004.

79. Robert W. Hefner, ed., *The Politics of Multiculturalism*: *Pluralism and Citizenship in Malaysia*, *Singapore*, *and Indonesia*, University of Hawai'i Press, Honolulu, 2001.

80. Roland Paris, eds., *The Dilemmas of Statebuilding*; *Confrontingthe Contradictions of Postward Peace* Operations, Rouledge, 2009.

81. R. S. Milne and Diane K. Mauzy, *Singapore*: *The Lagacy of Lee Kuan Yew*, *Westview Press*, Boulder, San Francisco, & Oxford, 1990.

82. R. William Liddle, *Ethinicity. Party*, *and National Integration*: *An Indonesian Case Study*, New Haven: Yale University Press, 1970.

83. Sandre Fullerton Joirerman, *Nationalism and Political Identity*, Continuum, 2003.

84. S. Coleman &C. Rosberg Jr. edited, *Political Parties and National Integration in Tropical Africa*, University of California Press(Berkeley), 1964.

85. Scott H. Boya, eds., *Cultural Difference and Social Solidarity：Critical Cases*, Cambridge Scholars, 2012.

86. Shalendra D. Sharma, *Development and Democracy in India*, London, 1999

87. SusanJ. Henders, *Democratization and Indentity：Regimes and Ethnicity in East and Southeast Asia*, Lexington Books, 2004.

88. S. W. R. de A. Samarasinghe and Reed Coughlan, *Ecomomic Dimensions of Ethnic Conflct*, St. Martin's Press, New York, 1991.

89. StephenJ. King, *The New Authoritatarianism in the Middle East and North Africa*, Indiana University Press, 2009.

90. Talcott Parsons, *Essays in Sociological Theory*, Glencoe：Fress Press, 1954.

91. Ted Cantle, *Community Cohension：A Ne Framework for Race and Diversity*, Palgrave Macmiltan, 2005.

92. Ted Robert Gurr, *Peoples versus States：Minorities at risk in the New Century*, United States Institute of Peace Press Washinton, D. C., 2000.

93. Ted Robert Gurr, *Ethnic Conflict in World Politics*, Westview Press, 2002.

94. Tifflany Howard, *Failed Staates and the Origins of Violence：Comparative Analysis of State Failure as Root Cause of Terroriam and Political Violence*, Ashgate, 2014.

95. Tuong Vu, *Paths to Development in Asia*, Cambridge University Press, 2010.

96. Ulrich Schneckener, ed., *Managing and Settling Ethnic Conflicts ：Perspectives on Successes and Failures in Europe, Afric and Asia*, HURST &Company, London, 2004.

97. Valentina Gentile, *From Identity-Conflict to Civil Society：Restoring Hu-

man *Dignity and Pluralism in Deeply Divided Societies*, LUISS University Press, 2012.

98. Uri Ra' Anan, ed., *State and Nation in Multi-ethnic Societies*, Manchester University Press, 1991.

99. Will Kymlicka&Baogang He, *Multiculturalism in Asia*, Oxford University Press, 2005.

100. William Ascher, eds., *Development Strategies, Identities, and Conflict in Asia*, Palgrave Macmillan, 2013.

101. William Case, *Politics in Southeast Asia, Democracy or Less*, CURZON, 2002.

102. W. K. Che Man: *Muslim Separatism: The Moras of Southern Philippines and the Malays of Southern Thailand*, by Oxford University Press, 1990.

（二）英文论文

1. Ashutosh Varshney, Discovering the "State-Naiton", *Journal of Democracy*, Vol. 23, No. 2, April 2012.

2. Aung Lwin Oo, Aliens in a Bind, *Irrawaddy*, Vol. 12, No. 7, July2004.

3. Andreas Vasilache, *Precarious Stateness and the Fleeting Boundaries of Sovereignty*: Reflextions on Giorfio Agamben, Transition Theory, and Indonesian Case, GARNET Working Paper: No. 12/07.

4. Carol Skalnik Leff, Democratization and Disintegration in Multinational States: The Breakup of the Communist Federations, *World Politics* 51.2(1999).

5. Claude Ake, Charismatic Legitimation and Political Integration, *Comparative Studies in Society and History*, Vol. 9, No. 1(Oct., 1966).

6. Claude Ake, Political Integration and Political Stability: A Hypothesis, *World Politics*, Vol. 19, No. 3(Apr., 1967).

7. D. L. Sheth, Statee, Nation and Ethnicity: Experience of Third World Countries, *Economic and Political Weekly*, Vol. 24, No. 12(Mar. 25, 1989).

8. Edemealem Mekuriyaw, The Idea of Political Integraton in Africa: Challenges and Prospects, *International Journal for Social Studies*, Vol. 02, July2016.

9. Ernst B. Hass and Philippe C. Schitter, Economics and Differetial Patterns

of Political Integration: Projections about Unity in Latin America, *International Organization*, *Vol.* 18, No. 4 Autumn, 1964.

10. Fearon J. Laitin D, Ordinary Language and External Validity: Specifying Concepts in the Study of Ethnicity. *Presented at Meet. Lab. Comp. ethn. Polit*, Oct. 20 – 22, Univ. Penn., Philadelphia. 2000.

11. Joaquin G. Avila, The Importance and Necessity of Political Integration, *Berkeley La Raza Journal*, Vol. 3 Number(2002).

12. Junko Kato, Institutions and Rationality in Politics: Three Varieties of Neo-Institu-tionalists, *British Journal of Political Scince*, Vol. 26, 1996.

13. Karl W. Deutsch, The Growth of Nations: Some Recurrent Patterns of Political and Social Integration, *World Politics*, Vol. 5, No. 2(Jan., 1953).

14. Leonard Binder, National Integration and Political Development, *The American Political Science Review*, Vol. 58, No. 3(Sep., 1964).

15. Mostafa Rejai and Cynthia H. Enloe, Nation-States and State-Nations, *International Studies Quarterlu*, Vol. 13, No. 2(Jun., 1969).

16. Myron Weiner, Political Integration and Political Development, *The Annals of American Academy of Political Science*, Vol. 358, New Nations: The Problem of Political Development(Mar., 1965).

17. Nikola Lj. Ilievski, MA, The Concept of Political Integration: The Perspectives of Neofunctionalist Theory, *Journal of Liberty and International Affairs*, Vol. No. 1, 2015.

18. PeterA. Hall and Rosemary C. R. Taylor, Political Science and Thress New Institutionalism, *Political Studies*, Vol. 44, 1996.

19. Sinisa Malesevic, Rational Choice theory and the Sociology of Ethnic Relation: *A Critique and Racial Studies*, *Ethnic and Racial Studies*, Vol. 25, No. 2, 1 March 2002.

20. UN, Governance Indicators : A Users, www. undp. org.

21. New Center for Peace in Burma Opens Tomorrow, Shan Herakd Agency for News, February26th, 2014.

22. President U Thein Sein Delivers Inaugural Address to Pyidaungsu, *The New Light of Myanmar*, March31st, 2001.

政治文化与政治文明书系书目